广东省**示范性产**
高等职业教育**案例式**教材

# 商务谈判与推销技巧

## 第二版

蒋小龙　韩继坤 ◎主　编
颜　石　袁　媛 ◎副主编

化学工业出版社
·北京·

## 内容简介

本书从实践出发，以商务谈判理论为依据，以培养商务谈判的实际技能为重点，对商务谈判的基本理论和实践中的具体应用做了全面而详细的介绍，使理论与实践紧密结合。本书相关案例的选用充分考虑了国际与国内行情、文化背景，侧重培养国际商务谈判能力及推销技能，既易于理解掌握，又有利于指导商务谈判的具体实践。

本书主要对商务谈判概论、商务谈判组织与管理、商务谈判程序、商务谈判语言技巧、国际商务谈判、推销概述、推销人员管理、推销沟通管理、推销程序管理的基本知识以及实际应用过程中的技巧及方法进行系统阐述和归纳。每章内容中章前结合学习导读、学习目标、职业指引等指南来引导读者学习章节知识，节后配合情景训练来提升实际能力，章后安排相应的题目来巩固理论知识，三位一体的学习系统旨在帮助读者提高商务谈判及推销技能。

本书适合作为高职高专院校国际商务、市场营销、企业管理等相关专业课程的配套教材，同时也可以作为自考和在职人员的学习用书。

**图书在版编目（CIP）数据**

商务谈判与推销技巧 / 蒋小龙，韩继坤主编.
2版. -- 北京：化学工业出版社，2024. 9. -- ISBN
978-7-122-46220-6

Ⅰ. F715.4；F713.3

中国国家版本馆CIP数据核字第20244UW328号

---

责任编辑：周家羽　蔡洪伟　　　　　　　装帧设计：王晓宇
责任校对：田睿涵

---

出版发行：化学工业出版社（北京市东城区青年湖南街13号　邮政编码100011）
印　　装：河北延风印务有限公司
787mm×1092mm　1/16　印张17　字数488千字　2024年11月北京第2版第1次印刷

---

购书咨询：010-64518888　　　　　　　　售后服务：010-64518899
网　　址：http://www.cip.com.cn
凡购买本书，如有缺损质量问题，本社销售中心负责调换。

---

定　　价：48.00元

# 前言

随着数字时代的发展，商务谈判与推销面临着全新的挑战与机遇。在这个信息快速传播和全球化交流的时代，谈判参与者需要适应日新月异的环境，采取创新的策略来提高谈判和推销效果。本书将思政教育元素融入商务谈判课程，围绕立德树人根本导向设计实践项目活动，旨在培养学生的思想政治素质、道德品质、国际视野、创新精神，使其在商业活动中能够更好地发挥作用。

本书在编写过程中倾注了编著人员多年的教学心得和实践经验，充分考虑国际行情，我国国情、文化背景和职教理念，遵循了理论联系实际、工学结合的客观性原则，结合了以知识传授为主的传统学科课程教学模式，以培养实际商务谈判能力及推销技能为主线，强调了"必需、够用"的方法，以适应高等职业教育为目标，设计了该书的基础性知识、科学理论和实践应用等相关内容，并引用了大量案例，以增强实用性和可操作性。本书着重强化商务谈判、推销技巧各个环节的技能训练，并把理论学习与实践学习的结构比例落在实处，实训内容占总书内容的40%。通过对本书的学习，可以掌握商务谈判与推销技巧的基本概念、原理和方法，掌握企业商务谈判与推销技巧岗位技能，使读者学习本书后的谈判能力及推销技巧有显著的提高，并在实践训练中提升读者的职业素养，使其成为专业理论、岗位技能、职业素养兼备的合格人才。

本书由蒋小龙（广东机电职业技术学院）、韩继坤（广州市升谱达音响科技有限公司）担任主编，并为本书的编写设计总体思路；颜石（广东机电职业技术学院）、袁媛（广东工贸职业技术学院）担任副主编，韩继坤董事长（广州市升谱达音响科技有限公司）、吴淑英总经理（广州市绿光森林餐饮服务有限公司）参与编写并为本书提供大量实际谈判案例。全书共分为九章，其中第一、二、九章由蒋小龙编写，第三、四章由蒋小龙、韩永平共同编写，第五章由颜石编写，第六、七章由袁媛、韩继坤共同编写，第八章由韩继坤、吴淑英共同编写。本书参考和引用了部分国际、国内相关著作和教材的资料与案例（详见参考文献），在此对所有为本书付出努力的同志们致以诚挚的谢意。

由于编写人员水平有限，书中难免存在不当与疏漏之处，还请同行专家和读者给予批评指正。

编　者
2024 年 4 月

# 目　录

## 第一章　商务谈判概论 /1

第一节　商务谈判概念 ………………………………………………………………… 2
一、谈判的概念 …………………………………………………………………… 2
二、商务的概念 …………………………………………………………………… 5
三、商务谈判的概念 ……………………………………………………………… 5
第二节　商务谈判基本要素 …………………………………………………………… 6
一、商务谈判的基本要素 ………………………………………………………… 6
二、商务谈判的特点 ……………………………………………………………… 7
三、商务谈判的内容 ……………………………………………………………… 8
第三节　商务谈判原则及方法 ………………………………………………………… 11
一、商务谈判原则 ………………………………………………………………… 11
二、商务谈判方法 ………………………………………………………………… 13
三、商务谈判的价值标准 ………………………………………………………… 15
第四节　商务谈判的类型 ……………………………………………………………… 17
一、商务谈判的类型及分类 ……………………………………………………… 18
二、商务谈判的作用 ……………………………………………………………… 22

## 第二章　商务谈判组织与管理 /26

第一节　谈判人员的准备 ……………………………………………………………… 27
一、谈判队伍的规模 ……………………………………………………………… 27
二、谈判人员素质要求 …………………………………………………………… 27
三、谈判人员的构成及分工 ……………………………………………………… 30
四、谈判人员的选拔 ……………………………………………………………… 32
第二节　商务谈判背景调查 …………………………………………………………… 34
一、谈判信息调查 ………………………………………………………………… 35
二、对谈判环境的调查 …………………………………………………………… 36
三、对谈判对手的调查 …………………………………………………………… 38
四、对自身的分析 ………………………………………………………………… 41
五、对竞争对手的调查 …………………………………………………………… 41
第三节　商务谈判的管理 ……………………………………………………………… 43
一、商务谈判前的管理 …………………………………………………………… 43
二、商务谈判中的管理 …………………………………………………………… 45

三、商务谈判后的管理 ............................................................ 46

**第四节　商务谈判的基本策略** ............................................... 49

一、商务谈判策略概念及特点 ................................................ 50

二、商务谈判策略的程序 ........................................................ 50

三、商务谈判策略的种类 ........................................................ 51

四、商务谈判策略的内容 ........................................................ 51

## 第三章　商务谈判程序　　/ 56

**第一节　开局** .......................................................................... 57

一、谈判开局准备 .................................................................... 57

二、谈判开局导入 .................................................................... 59

三、商务谈判开局气氛 ............................................................ 59

四、营造良好谈判开局气氛的方法 ........................................ 62

五、谈判开局策略 .................................................................... 64

**第二节　报价** .......................................................................... 68

一、报价基础 ............................................................................ 68

二、报价原则 ............................................................................ 68

三、报价方式 ............................................................................ 69

四、报价的策略 ........................................................................ 70

五、应价的策略 ........................................................................ 72

**第三节　磋商** .......................................................................... 73

一、议价 .................................................................................... 73

二、让步 .................................................................................... 75

三、僵局 .................................................................................... 81

**第四节　结束** .......................................................................... 85

一、谈判结束阶段的主要标志 ................................................ 85

二、促成缔约的策略 ................................................................ 86

三、谈判的收尾工作 ................................................................ 87

## 第四章　商务谈判语言技巧　　/ 92

**第一节　语言技巧概论** ........................................................... 93

一、谈判语言的分类 ................................................................ 93

二、影响谈判语言运用的因素 ................................................ 94

三、商务谈判语言运用原则 .................................................... 96

四、提高谈判语言能力的策略 ................................................ 97

**第二节　有声语言技巧** ........................................................... 98

一、听的技巧 ............................................................................ 98

二、问的技巧 ............................................................................ 100

三、说的技巧 ............................................................................ 101

四、答的技巧 ............................................................................ 102

五、辩的技巧 ............................................................................ 104

**第三节　无声语言技巧** ........................................................... 105

一、首语 ·············································· 106

二、目光语 ·········································· 106

三、眉语 ·············································· 106

四、嘴语 ·············································· 107

五、上肢语 ·········································· 107

六、下肢语 ·········································· 109

七、腰腹语 ·········································· 110

八、其他姿势语 ···································· 110

## 第五章　国际商务谈判　　　/ 114

第一节　国际商务谈判概论 ·························· 115

一、国际商务谈判与国内商务谈判的共同点 ·· 115

二、国际商务谈判与国内商务谈判的区别 ···· 116

三、国际商务谈判成功的基本要求 ·············· 118

第二节　美洲地区商人的谈判风格 ·············· 119

一、美国商人的谈判风格 ························ 120

二、加拿大商人的谈判风格 ···················· 122

三、拉丁美洲商人的谈判风格 ················· 122

第三节　欧洲地区商人谈判风格 ················· 123

一、英国商人的谈判风格 ························ 123

二、德国商人的谈判风格 ························ 124

三、法国商人的谈判风格 ························ 125

四、意大利商人的谈判风格 ···················· 126

五、俄罗斯商人的谈判风格 ···················· 126

第四节　亚洲地区商人谈判风格 ················· 127

一、日本商人的谈判风格 ························ 127

二、韩国商人的谈判风格 ························ 129

三、东南亚地区商人的谈判风格 ··············· 129

四、阿拉伯国家商人的谈判风格 ··············· 130

第五节　其他国家和地区谈判风格 ·············· 132

一、大洋洲商人的谈判风格 ···················· 132

二、非洲商人的谈判风格 ························ 132

## 第六章　推销概述　　　/ 134

第一节　推销概论 ··································· 135

一、推销的概念 ···································· 135

二、推销活动的特征 ······························ 136

三、推销过程 ······································· 137

四、推销的重要性 ································· 138

第二节　推销方格理论 ····························· 139

一、推销方格 ······································· 140

二、客户方格 ······································· 142

三、推销方格与客户方格的关系 .................................................. 144

第三节 客户购买心理 ............................................................... 146
　一、客户心理 .................................................................... 146
　二、顾客购买行为类型 ....................................................... 148
　三、客户心理活动过程 ....................................................... 149

第四节 推销模式 .................................................................... 152
　一、埃达模式 .................................................................... 153
　二、迪伯达模式 ................................................................ 155
　三、埃德帕模式 ................................................................ 156
　四、费比模式 .................................................................... 157


## 第七章　推销人员管理　　　　　　　　　　　　　　　　　　/ 161

第一节 推销人员的职责 ........................................................... 162
　一、推销人员分类 ............................................................. 162
　二、推销人员职责 ............................................................. 164

第二节 推销人员的素养 ........................................................... 167
　一、推销人员的职业素质 .................................................... 168
　二、推销人员的职业能力 .................................................... 171
　三、推销人员的基本礼仪 .................................................... 173

第三节 推销人员管理 ............................................................... 177
　一、推销人员选拔管理 ....................................................... 178
　二、推销人员培训管理 ....................................................... 180
　三、推销人员绩效管理 ....................................................... 181
　四、推销人员薪酬管理 ....................................................... 183
　五、推销人员激励管理 ....................................................... 185
　六、推销人员行动管理 ....................................................... 185
　七、推销人员管理技巧 ....................................................... 186


## 第八章　推销沟通管理　　　　　　　　　　　　　　　　　　/ 189

第一节 推销沟通概论 ............................................................... 190
　一、沟通概念 .................................................................... 190
　二、沟通过程 .................................................................... 190
　三、推销过程 .................................................................... 190
　四、推销沟通概念 ............................................................. 191
　五、推销沟通作用 ............................................................. 191

第二节 推销沟通方式 ............................................................... 192
　一、沟通的方式 ................................................................ 193
　二、推销沟通的方式模型 .................................................... 193
　三、语言沟通方式 ............................................................. 195
　四、非语言沟通方式 .......................................................... 196

第三节 推销沟通技巧 ............................................................... 199
　一、影响消费者决策的因素 ................................................. 200

二、推销沟通的障碍 ............................................................................ 201

三、推销沟通技巧 ............................................................................ 202

## 第九章　推销程序管理　　　　　　　　　　　　　　　　　／206

第一节　寻找客户 ............................................................................ 207

一、寻找准客户的必要性 ............................................................ 208

二、寻找准客户的方法 ................................................................ 208

三、寻找准客户的步骤 ................................................................ 213

第二节　客户资格鉴定 .................................................................... 214

一、客户资格鉴定概念 ................................................................ 214

二、客户资格鉴定要件 ................................................................ 214

三、客户的信用状况审查 ............................................................ 217

第三节　推销约见及接近 ................................................................ 218

一、约见准客户 ............................................................................ 218

二、接近准客户 ............................................................................ 222

第四节　推销洽谈 ............................................................................ 226

一、提示法 .................................................................................... 227

二、演示法 .................................................................................... 229

第五节　客户异议处理 .................................................................... 230

一、客户异议的产生 .................................................................... 230

二、客户异议的类型 .................................................................... 231

三、客户异议的原因 .................................................................... 233

四、处理客户异议的原则 ............................................................ 235

五、处理客户异议的时机 ............................................................ 235

六、处理客户异议的方法 ............................................................ 237

第六节　客户成交 ............................................................................ 240

一、客户的成交信号 .................................................................... 240

二、成交的基本策略 .................................................................... 241

三、成交的方法 ............................................................................ 243

四、成交后跟踪 ............................................................................ 247

第七节　客户关系维护 .................................................................... 250

一、客户关系管理理念 ................................................................ 251

二、巩固老客户的方法 ................................................................ 252

三、日常客户管理 ........................................................................ 253

## 附　录　　　　　　　　　　　　　　　　　　　　　　　　／260

测试试卷A ...................................................................................... 260

测试试卷B ...................................................................................... 262

## 参考文献　　　　　　　　　　　　　　　　　　　　　　　／264

# 第一章
# 商务谈判概论

## 学习导读

美国著名谈判专家荷伯·柯恩说："人生就是一大张谈判桌，不管喜不喜欢，你已经置身其中了。""就像在生活中一样，你在商务上或工作上不见得能得到你所要的，你需要靠谈判得到你所要的。"著名企业家李嘉诚就是从长年累月的推销工作中有效提高谈判能力，取得了事业上的成功。因此，谈判是一个无法回避的事实，要想在工作和生活中取得满意的谈判结果，掌握谈判的基本规律和方法非常重要。

中国自古就有"财富来回滚，全凭舌上功"的说法。在现代商业活动中，谈判是交易的前奏曲，是销售的主旋律。可以毫不夸张地说，从事商业经营活动，除了谈判别无选择。然而尽管谈判天天都在发生，时时都在进行，但要使谈判的结果尽如人意，却不是一件容易的事。怎样才能做到在谈判中挥洒自如、游刃有余，既实现己方目标，又能与对方携手共庆呢？从本篇开始，我们来一起走进谈判的圣殿，领略其博大精深的内涵，解读其运筹帷幄的奥妙。

## 学习目标

通过对本章的学习，需要把握和领会以下知识要点。
① 谈判、商务谈判的概念。
② 商务谈判的基本要素。
③ 商务谈判特征。
④ 商务谈判的基本原则。
⑤ 商务谈判的类型及商务谈判的作用。

## 学习导航

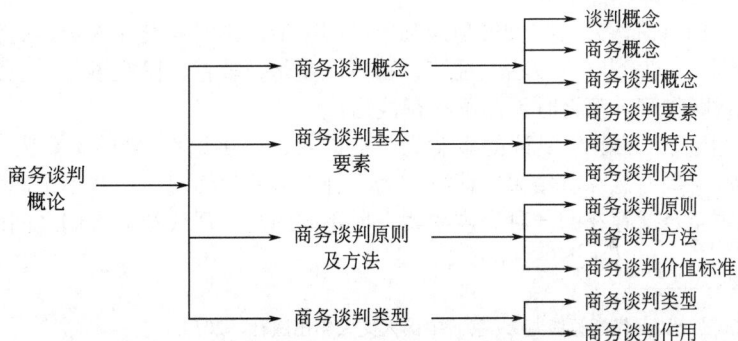

💡 **职业指引**

　　商务谈判是现代市场营销、企业管理的重要内容，也是营销的关键性环节和主要手段。在市场经济机制条件下，市场供求与合作越来越常见。合作各方利益体通过谈判的手段来消除误会、分歧、矛盾，通过谈判来加强沟通与合作，进而寻求彼此的共识，因此商务谈判已成为社会经济生活中的普遍现象。从企业营销的角度来看，商务谈判不仅是企业市场营销活动的主要内容，而且其成败与否，也在很大程度上影响着企业的可持续发展和外部的机遇。因此要了解和学习商务谈判的一些基本技能和知识、方法和技巧，这对营销工作甚至对企业管理工作都有着非常重要的指导意义。

# 第一节　商务谈判概念

📑 **导入案例1-1**[1]

　　2021年，我国某公司要从德国购买一套先进的机械设备，派一位高级工程师与德商谈判，为了不负使命，这位高工做了充分准备工作，他查找了大量有关机械设备的资料，花了很大的精力对国际市场上机械设备的行情及德国这家公司的历史和现状、经营情况等了解得一清二楚。

　　谈判开始，德商一开口要价300万美元。经过多轮讨价还价压到130万美元，中方仍然不同意，坚持出价100万美元。德商表示不愿继续谈下去了，把合同往中方工程师面前一扔，说："我们已经做了这么大的让步，贵公司仍不能合作，看来你们没有诚意，这笔生意就算了，明天我们回国了。"中方工程师闻言轻轻一笑，把手一伸，做了一个优雅的请的动作。德商真的走了，公司的其他人有些着急，甚至埋怨工程师不该抠得这么紧。工程师说："放心吧，他们会回来的。同样的设备，去年他们卖给法国只要98万美元，国际市场上这种设备的价格100万美元是正常的。"果然不出所料，一个星期后德方又回来继续谈判了。工程师向德商点明了他们与法国的成交价格，德商愣住了，没有想到眼前这位中国工程师如此精明，于是不敢再报虚价，只得说："现在物价上涨厉害，比不了去年。"工程师说："每年物价上涨指数不超过5%。几年时间，你们算算，该涨多少？"德商被问得哑口无言，在事实面前，不得不让步，最终以103万美元达成了这笔交易。

　　问题：谈判有什么作用？人们为什么要进行谈判？

## 一、谈判的概念

### 1. 谈判是人类的一种普遍社会行为

　　如导入案例所述，谈判成为社会中普遍存在的现象，几乎存在于人们生活和工作的方方面面，是人类生活中无法跨越的部分。

　　长期以来，人们习惯认为谈判仅仅是谈判人员的事情，是职业交往人员、商务人员、政治家专属的事情。实际上，大到国家政治、经济、军事、文化、教育、民族事务，小到个人婚姻、社交、工作甚至消费购物等，都无时无刻不存在谈判。

　　《辞海》中"谈判"的解释：谈的本意为"彼此对话、讲论"，判的本意为"评断"。可见，"谈"意味着过程，"判"意味着结果。谈判作为一种普遍的生活现象，并不是现代社会才有的独特现象，而是从古至今就存在的一种客观事实。所不同的是，现代社会人们之间的交往更多、更

---

[1] 资料来源：徐文，谷泓. 现代商务谈判. 北京：中国人民大学出版社，2012.

频繁，从而使谈判参与的层面越来越广，与古代相比，通过谈判来协调事务的比例大大增加。❶

实际上来讲，谈判有广义和狭义之分。广义的谈判包括一切磋商、交涉、商讨等；狭义的谈判是指正式场合下的谈判，如马关谈判、重庆谈判、中国"入世"谈判等。谈判不仅是人类的普遍社会行为，更需要我们理性、认真地去对待。谈判动机的选择、谈判计划安排、谈判的进程如何、谈判结果如何，这些因素都可能导致我们的生活和工作发生改变。一次成功的谈判可能使得一个国家或一个企业化解重大危机，一次错误和失败的谈判可能为国家带来新的战争，为企业带来危机。

**2. 谈判的含义及特征**

要弄清楚谈判到底有什么效果和意义，人们首先需要弄清楚什么是谈判。

谈判是什么？谈判有什么作用？有人认为谈判就是两者相争，即谈判就是弱肉强食的过程；也有人认为谈判就是一种骗术，没什么艺术性、科学性和规律性可言。随着社会的发展和经济的进步，人们在工作实践和生活需要中发现谈判越来越需要理论指导，否定谈判的科学性和必要性的人越来越少。但是由于文化背景、历史渊源、思维方式的不同，人们对谈判的定义仍然存在很大差异。

其实有关谈判的定义，诸多学者都提出了自己的观点。要给谈判下一个准确的定义，并不是件容易的事情，因为谈判的内容极其广泛，人们很难用一两句话准确、充分地表达谈判的全部内涵。因而我们试图从谈判的形式、内容和特征等方面入手，对谈判的内涵进行分析，描绘出谈判比较清晰的轮廓，以便把握谈判的基本概念。总结以上观点，我们将谈判的定义归纳如下。

谈判就是指某些组织或个人为达到协调关系、缓解矛盾、化解冲突、实现利益等具体目的，通过磋商、沟通、协调等方式来达成一致性意见的行为过程。为理解谈判这一具体定义，有必要掌握谈判所具有的主要特征。

**（1）谈判总是以某种利益的满足为目标**　它是建立在人们需要的基础上的，这是人们进行谈判的动机，也是谈判产生的原因。尼伦伯格指出，当人们想交换意见、改变关系或寻求同意时，人们开始谈判。这里，交换意见、改变关系、寻求同意都是人们的需要。这些需要来自于人们想满足自己的某种利益，这些利益包含的内容非常广泛，有物质的、精神的，有组织的、个人的等。当需要无法仅仅通过自身而需要他人的合作才能满足时，就要借助于谈判的方式来实现，而且，需要越强烈，谈判的要求越迫切。

**（2）谈判是两方以上的交际活动，只有一方无法进行谈判活动**　只有参与谈判各方的需要有可能通过对方的行为而得到满足时，才会产生谈判。比如，商品交换中买方和卖方的谈判，只有买方或者只有卖方时，不可能进行谈判；当卖方不能提供买方需要的产品时，或者买方完全没有可能购买卖方想出售的产品时，也不会有双方的谈判。至少有两方参与是进行谈判的先决条件。

**（3）谈判是寻求建立或改善人们的社会关系的行为**　人们的一切活动都是以一定的社会关系为条件的。比如商品交换活动，从形式上看是买方与卖方的商品交换行为，但实质上是人与人之间的关系，是商品所有者和货币持有者之间的关系。买卖行为之所以能发生，有赖于买方或卖方新的关系的建立。谈判的目的是满足某种利益，要实现所追求的利益，就需要建立新的社会关系，或巩固已有的社会关系，而这种关系的建立和巩固是通过谈判实现的。但是，并非所有的谈判都能起到积极的社会效果，失败的谈判可能会破坏良好的社会关系，这可能会激起人们改善社会关系的愿望，产生又一轮新的谈判。

**（4）谈判是一种协调行为的过程**　谈判的开始意味着某种需求希望得到满足、某个问题需要解决或某方面的社会关系出了问题。由于参与谈判各方的利益、思维及行为方式不尽相同，存在一定程度的冲突和差异，因而谈判的过程实际上就是寻找共同点的过程，是一种协调行为的过

---

❶ 资料来源：龚荒. 商务谈判与推销技巧. 4版. 北京：北京交通大学出版社，2023.

程。解决问题、协调矛盾，不可能一蹴而就，总需要一个过程。这个过程往往不是一次，而是随着新问题、新矛盾的出现而不断重复，意味着社会关系需要不断协调。

## 案例赏析1-1❶

在特定的客观环境中，社会关系往往复杂多变，而随着新问题、新矛盾不断重复地出现，本来是敌对的双方在一定的谈判场合中，可本着共同的目的实现利益转换，这就需要谈判人员充分利用谈判技巧来改善彼此的关系。

三国时期，为了贯彻联吴抗曹的战略，说服周瑜与曹操决一死战，诸葛亮只身来到东吴同周瑜进行谈判。晚间时，鲁肃领着诸葛亮来见周瑜，周瑜出中门迎接诸葛亮的到来。两人相互行完礼，分宾主落座。鲁肃先问周瑜："现在曹操带领大批人马南下攻击我们，投降还是决战，主公决定不了，全凭都督一人决策。都督有何打算？"周瑜说："曹操以天子的名义出兵，不可抗拒，而且他的势力庞大，不可轻敌。如果和曹操决战，必定不是对手。如果投降，则可以得到安宁。我已经下定决心了，明天见了主公，我会将想法回禀，然后派使臣投降。"由于诸葛亮的到来，周瑜故意说向曹操投降的反语，一来可以试探诸葛亮的虚实，二来也想使孔明主动求助于自己，以便在谈判中居于主动地位。

周瑜说完之后，鲁肃急忙反驳周瑜不该投降，诸葛亮在一旁冷笑不已，周瑜问："先生为何冷笑？"诸葛亮说："我不是笑别人，而是笑子敬不识时务。"接着孔明针对周瑜的降曹反语，将计就计，智激周瑜。孔明继续说："曹操非常善于用兵，天下没有人敢同他抗衡。以前只有吕布、袁绍、袁术和刘表敢和他对抗，现在这些人都被曹操灭掉了。天底下再也没有人敢和他对抗了。如今只有我家主公刘备不识时务，勉强与曹操相争，现在孤身一人在江夏，不知道什么时候遭到灭亡的灾难。都督决定投降曹操，至少能够保住自己的妻子和孩子，可以继续得到荣华富贵，只是吴国首都从此属于别人！"孔明的这番话，明枪暗箭，直刺周瑜：第一，周瑜年轻气盛，仗英雄之义，而孔明竟然说他不善用兵，懦弱无能，不敢抵抗曹兵；第二，诸葛亮指出周瑜降曹的目的是想保全妻子儿女，换来荣华富贵，一心为着自己，全然不顾大局。

然后诸葛亮又说："我看不如派个使臣，将两个人送到江上曹操的大营，曹操得到这两个人，就可以带着他的大军回北方去了，东吴再也不必遭受灭顶之灾了。"究竟是哪两个人可以抵得上好酒好肉、几十万兵将和东吴的印墨呢？诸葛亮偏偏不说明是谁，等着周瑜来问自己。果然，周瑜按捺不住好奇心，问诸葛亮："请问先生，到底是何二人，能有如此能耐？"诸葛亮说："江东去了这两个人，就像大树丢掉一片树叶、粮仓里丢了一颗谷粒，不会有什么损失。而曹操得到这两个人，则必然大喜而去。"他不说明究竟是哪两个人，只将两个人看得对江东无关紧要，此举正是为了让周瑜再次问自己，为激励周瑜造声势。

周瑜果然又问："这两个人究竟是谁？烦请先生直言相告。"周瑜连连发问，将诱使诸葛亮求助自己的打算搁置一旁，渐渐地陷入被动地位。诸葛亮回答说："我在隆中时，听说曹操在漳河新建造了一座铜雀台，非常壮观华丽，广选天下美女到铜雀台中。曹操本是好事之徒，当年他曾经强掠张绣的婶娘。早就听说江东乔玄有两个女儿，姐姐名叫大乔，妹妹名叫小乔，这两人均有沉鱼落雁之容，闭月羞花之貌。曹操曾经发过誓言，说他有两个愿望，一是平定四海君临天下，二是得到二乔，请到铜雀台，好在晚年享乐，虽死无憾。曹操南下江南，其实，真正的目的就是二乔。江东现在如果将二乔送给曹操，不就可以避免被曹操百万大军击溃的命运吗？"

周瑜大怒道："先生有所不知，大乔是孙策将军之妻，小乔已下嫁了公瑾，曹贼欺我太甚！

---

❶ 资料来源：周琼，吴再芳.商务谈判与推销技术.北京：机械工业出版社，2017.

我东吴必将与老贼势不两立！"至此，诸葛亮的激将法已经取得了成功。双方经过进一步谈判，达成了共同抵抗曹操的协议，诸葛亮联吴抗曹的战略得到了贯彻实施。

▲点评：诸葛亮有效地利用语言改变了吴、蜀关系，使双方之间保持了暂时的联合，这说明谈判中合理使用语言技巧很关键。

（5）任何一种谈判都选择在参与者认为合适的时间和地点举行  这是区分狭义的谈判和广义的谈判的一个很重要的依据。谈判时间与地点的选择实际上已经成为谈判的一个重要组成部分，对谈判的进行和结果都有直接的影响。如购销谈判、项目谈判、外贸谈判等都对时间和地点的选择十分重视，尤其是军事谈判，更注重地点的选择。

## 二、商务的概念

传统的商务概念，是企业在具体进行一个商务交易过程中的实际操作步骤和处理过程，由交易前的准备、贸易磋商、合同与执行、支付与清算等环节组成。简单来讲，商务指一切有形和无形资产的交换和买卖活动。商务行为分为以下四类。

① 直接进行有形商品的交易活动，可称为"买卖商务"，也称为"第一商务"，如批发、零售等直接从事商品收购与销售的活动。

② 为有形商品的交易活动直接服务的商业活动，可称为"辅助商务"，也称为"第二商务"，如运输仓储、加工整理等。

③ 间接为商业活动服务的，可称为"媒介商务"或"第三商务"，如金融、保险、信托、租赁、中介等。

④ 服务贸易活动，可称为"润滑商务"或"第四商务"，如宾馆、影剧院、娱乐厅，以及信息、咨询、广告等服务贸易。

## 三、商务谈判的概念

商务谈判，也被称为商业谈判，是指在一定商务环境下，买卖双方为促进交易、实现自身利益、解决双方争端而进行的意见交流、磋商的一种方法和手段。其实任何一项协议和合约，都是因为各方利益不同才产生达成协议和合约的愿望，进而通过谈判来达成一致性意见。在商品和贸易谈判中，卖主和买主对商品和货币都喜爱，但彼此偏好、购买力的差异等导致双方存在分歧，但为各取所需，兴趣与爱好的使然最后使买卖双方放弃分歧和成见，交易反而达成了，这就是谈判的魅力所在。

因此，共同性的利益和可以互补的分歧性利益，都可能促进彼此为达成协议而进行谈判行为。商务谈判不是弱肉强食，不是瓜分剩余价值，也不是你争我抢，更不是为了打倒对方。谈判是一种竞争，但更是一种合作，必须求同存异，只有目标一致，才能使双方互惠互利。

## 📥 情景训练1-1

### 情景材料

你的朋友告诉你一条出售二手车的信息，要求有意购买者亲自面谈，但是当你亲自出马时，却发现对方并非出售者本人，而是他指定的代理商，这种情况下，你选择怎么做？原因是什么？

### 训练要点

在了解商务谈判的基本概念的基础上拓展、丰富谈判知识，加深对商务谈判的深入理解；充分运用相关商务谈判理论从事商务谈判活动。

**训练步骤**

① 根据该案例，拟定需要讨论分析的主要问题及解决方案。

② 确定案例训练组织方式；分组集体讨论（4～6人为一组）。

③ 根据案例讨论结果（时间大约30分钟），各小组选出一名代表阐明本小组的分析要点及主要解决措施。

④ 各组之间进行相互评价，最后教师进行点评与总结。

⑤ 各小组在讨论分析案例的基础上按以下要求撰写、提交"案例分析报告"，要求文字表述精练、观点明确。

"模拟谈判情景——二手汽车交易"案例分析报告

时　　间：

分　析　者：

班　　组：

问题分析：

问题1：坚持与车主本人谈判。

问题2：问该代理人是否有权代理，是否不必征求车主的意见。

问题3：以边谈边观察的方式与代理人进行谈判。

问题4：留下联系方式，要求车主本人与自己联系。

# 第二节　商务谈判基本要素

## 导入案例1-2

为做好节能降耗工作，运用新技术优化机组经济运行指标，广州某公司计划于2024年12月对本企业主机设备进行改造，预算费用5600万元。考虑到项目改造效果，本项目直接与原厂家进行议价采购。由于与原厂家议价采购属于单一来源采购，为在议价谈判中争取最大利益，取得谈判成功，该公司在本项目商务谈判中采取了一系列的商务谈判策略与技巧。根据计划，技术谈判组于4月6日与原厂家技术人员开展技术谈判，经过多次协商，于4月26日确定技术协议条款。为给厂家人员造成心理压力，某公司提出待商务价格谈判达成一致意见后再签订技术协议。

问题：1. 他们进行的是什么类型的谈判？

2. 案例中，谈判的构成要素是什么？

## 一、商务谈判的基本要素

谈判要素是指谈判的构成因素和内部结构。谈判的基本要素有4个，即谈判主体、谈判客体、谈判行为和谈判目标。

### 1. 谈判主体

谈判主体一般是指参与谈判的当事人，主体必须具备相应的权力和科学知识能力，不是任何人都可以成为谈判主体。对谈判主体有关规定的认识是很有必要的。因为谈判主体是谈判的前提，在谈判中要注意避免出现因谈判主体的不合格而使谈判失败的情况。如果谈判的主体不合格，便无法承担谈判的后果；如果未经授权或超越代理权的谈判行为都不合格，谈判主体都不会承担相关责任。

在现实谈判中，由于忽视了事先考虑己方或对方的主体资格审查，从而使谈判归于无效并遭受经济损失的案例比比皆是。

**案例赏析1-2**

　　珠海某知名药厂与所在市经济开发区的一个代理公司签订了代理出口中药酒至澳门地区的合同，由于药厂未审查对方能否按照合同内容承担履约义务的主体资格，导致大批产品被海关扣押，这不仅使双方遭受经济损失，而且还导致澳门商人索赔的不良后果。

　　▲点评：谈判主体的确认对谈判成果的形成非常关键，这需要谈判人员在谈判开始之前对谈判主体资格进行认真审查。

**2. 谈判客体**

　　谈判的客体是指进入谈判环节的议题、人和各种物质要素结合而成的内容。有属于资金方面的问题，如价格和支付条件；有属于技术方面的问题；也有属于商品本身的问题，如商品的标准、规格、数量、保险等；还有进入谈判主题的相关谈判人员。总之涉及交易双方利益的一切问题，都可以成为谈判的议题，在一定的社会环境中，谈判的事项受到诸如法律、政策、道德等内容的制约。涉及的对方人员是我们首先需要说服的，能接受我们的观点和意志。涉及的具体议题则需要磋商解决。

**3. 谈判行为**

　　谈判的行为是指谈判的主体围绕谈判事项进行的信息交流和观点的磋商，如果我们把谈判主体看作"谁来谈"，谈判客体是指"谈什么"，那么谈判行为则是指"怎样谈"。谈判行为主要包括信息交流，意见互换，谈判胜负评价标准，谈判技巧和方法、方式、策略等。

**4. 谈判目标**

　　谈判的直接目标就是达成协议，间接目标可能是建立良好关系、促进长期合作等。往往谈判双方是对立的，需要不断协商。没有目标的谈判不是真正的谈判，就像行驶在大海中没有方向的帆船一样，始终无法靠岸。所以谈判目标是谈判双方之间努力和奋斗的一个方向。

**二、商务谈判的特点**

**1. 商务谈判具有广泛性和不确定性**

　　商务谈判的广泛性和不确定性是指谈判对象的广泛性和客观情况的不确定性。广泛性是指参与商务谈判的人员活动可能是跨国籍、地区的，谈判中的谈判对象因此也具有区域的广泛性；谈判客观情况的不确定性是指具体的交易可能随着竞争而发生变化。因此在谈判中需要我们掌握市场行情，维护老客户，发展新客户，树立良好形象提高自身的知名度和美誉度。

**2. 谈判双方的排他性和合作性**

　　谈判是双方合作和冲突的对立统一，彼此具有分歧和矛盾，但同时又有共同利益，需要达成一致意见形成协议。协议至少能最低限度地被谈判双方所接受，因此对双方来说都是有利的，为了取得利益，双方必须力求合作，彼此不合作的谈判无法成功，因此双方必须学会换位思考，必须共同解决问题，彼此做出适当让步，以便最终达成某项对双方都有利的协议，这就是谈判合作性的一面。与此同时，双方主体都希望在谈判中获得最大利益，谈判双方的目标始终存在差异，作为买方当然要力求买价最低，作为卖方当然希望商品的卖价最高，双方为此而积极地进行讨价还价，这是谈判主体双方相互排斥的一面。

**3. 谈判的多变性和随机性**

　　谈判过程中，市场环境和经济活动在不断发生变化，有可能谈判活动跟不上市场行情的脚步，市场非常敏感，谈判的形势也会随之变化的，有时有利有时不利。谈判中要把握机会，当机立断，随时做出改变。

**4. 谈判的公平性与不平等性**

"一场成功的谈判就是一场不欢而散的谈判。"谈判双方由于随市场变化，总有觉得不尽如人意的地方，谈判的结果多多少少对某一方来说会感觉不平等。但是从另外的角度来看，只要谈判是经过双方磋商、交流来达成的协议，谈判双方对结果就随时都有否决权，一旦协议达成，这说明权利和机会是均等的，谈判就是公平的。

**5. 谈判的目的性和经济性**

古人云："天下熙熙，皆为利来；天下攘攘，皆为利往。"在古代的交往中，人们往往追逐的是利益，而在商务谈判中，更是如此，谈判者以获取经济利益为基本目的，在满足经济利益的前提下才会涉及其他非经济利益。一般来讲，谈判双方在其他非经济利益上的得失，在很多情况下都可以转化为经济利益，谈判者都比较注意谈判所涉及产品的价格和技术的成本、谈判的效率和效益。所以人们习惯以获取经济利益的多少和好坏来评价谈判活动的成功与否，不讲求经济利益的商务谈判就失去了谈判本身的意义和价值。

**6. 谈判的科学性和艺术性**

谈判具有科学性，因为谈判拥有自己的理论体系，谈判理论是从长期的实践中总结出来的。这是一门综合性的边缘性交叉学科，吸收了管理学、市场学、逻辑学、心理学、经济学、传播学、公共关系学等诸多学科知识的理论基础，它具有某些操作过程中的规范和要求，具有系统思维过程和工作步骤，可以有完整的计划、策略、操作技巧以及实施方案；与此同时谈判也具有艺术性，谈判者应该掌握扎实的基础知识和必要的谈判技术，同时还需进行谈判专业知识方面的训练，在实际谈判工作中要创造性开展工作，根据不同对象、不同环境使用不同技巧和策略。谈判中如果没有艺术性的成分可能会使谈判气氛变得死气沉沉，也不利于双方的交流和合作。

## 三、商务谈判的内容

商务谈判中双方磋商的内容大概有哪些呢？我们以商品贸易谈判、技术贸易谈判、劳务合作谈判3种类型来予以说明。

### （一）商品贸易谈判内容

**1. 品质**

商品的品质是指商品的内在质量和外观形态。它们由商品的自然属性决定，具体表现为商品的化学成分、物理性能、外在造型、结构、色泽、味道等。不同类产品有不同的品质表示方法。常用方法有如下几种。

（1）**规格** 商品的规格是反映商品品质的技术指标，如成分、含量、维度、大小、长短、粗细等方面的指标。由于各种商品的品质特征的差异，所以规格也有所不同。如果谈判双方以规格来表示商品品质，并作为商品谈判条件，就叫作"凭规格买卖"。一般来讲，凭规格买卖是比较准确的，在平时的商品交易活动中，大多采用这种方法。

（2）**等级** 商品的等级，是指同类商品规格的差异分类。根据生产和商务的实践，通常用一、二、三或甲、乙、丙或大、中、小等数字、文字、尺寸符号来区分，以反映同类商品的差异。

（3）**标准** 标准分为政府机关和有关团体统一制定的规格和等级。

（4）**商标（商品的标记）**

**2. 交易数量**

商品交易的数量是商务谈判的主要内容，成交商品数量多少，不仅关系到卖方的销售计划和买方的采购计划是否能完成，而且与商品的价格有关。确定买卖商品的数量，首先要根据商品的性质明确计量单位，掌握好度量衡换算关系。在商务谈判中最容易引起争议的是商品的重量，对商品重量的计量方法一定要明确。常用的重量计算方法有两种：毛重和净重。

**3. 包装**

在商品交易中，除了裸装货、散装货，一般的商品都需要包装。包装分为运输包装和消费包装，商品需要采取何种包装，主要取决于商品的特点和买方的客观要求。双方在谈判过程中需要明确包装的种类、材料、规格、技术、供应方法、包装费用。

**4. 价格**

商品价格是商务谈判中最重要的内容，它的高低直接影响贸易双方的经济利益。商品价格是否合理是决定商务谈判成败的重要条件。商品价格的构成一般受商品成本、商品质量、成交数量、供求关系、竞争条件、运输方式、价格政策等多种因素的影响。谈判人员一般需要货比三家确定合理价格，需要注意的是数量大小是讨价还价的筹码。此外还需要考虑市场供求关系、生命周期、市场购买力等。一般来讲，合同期内交货，无论市场是否变动，仍按合同执行，如果过期交货，市价上涨按合同执行，市价若下跌按下跌价执行。

**5. 运输**

在合同中，对商品的装运和交接问题做出明确的规定，可以维护双方的利益。考虑到运输方式、运输费用、装运时间和地点、交货时间和地点的差异，必须根据商品特点及买卖双方的客观需要，在谈判中明确以上运输相关内容。

**6. 保险**

保险是指以投保人交纳的保险费集中组成保险基金用来补偿因意外事故或自然灾害所造成的经济损失或个人因死亡、伤残给予物质补偿的一种方式。被保险的货物若在运输过程中遭受自然灾害或意外事故造成经济损失，则保险人负责对保险险别责任范围内的损失，按保险金额及损失程度赔偿保险利益人。

在国内贸易谈判中，谈判人员可以根据实际情况，把保险条件与交货地点联系起来考虑，即如果在卖方所在地交货，则可由买方办理运输保险；如果在买方所在地交货，可由卖方办理运输保险。无论是何方办理保险，都应将保险费用计入经营成本。

在国际贸易中，商品价格条款中的价格术语确定后，也会明确双方的保险责任。对同类商品，各国在保险的险别、投保方式、投保金额的通用做法，或对商品保险方面的特殊要求和规定，双方必须加以明确。

**7. 货款结算及支付**

在商品贸易中，货款的结算和支付是一个重要问题，直接关系到谈判双方的利益，影响双方的生存与发展。在商务谈判中应注意货款结算支付的方式、期限、地点等。国内贸易货款结算方式一般都是现金和转账（汇款、支票结算、信用证）两种结算方式，现金结算就是一手交钱一手交货，直接以现金支付货款的结算方式；转账结算是通过银行在双方账户上划拨的非现金结算，主要有先供货后付款、先付款后供货两种方式。

**8. 商品检验**

商品检验是对交易商品的品种、数量、质量、包装等项目按照合同规定的标准进行检查和鉴定。通过检验需要有关检验部门出具相关证明，作为买卖双方成交依据。商品检验主要包括商品检验机构、检验内容、检验证书、检验时间、检验地点、检验方法、检验标准。

**9. 索赔仲裁与不可抗力**

在商品交易中，买卖双方通常会因彼此的权利和义务引起争议，并因此而引起索赔、仲裁等情况的发生。为了使争议得到顺利处理，买卖双方在洽谈交易中，对由争议提出的索赔和解决争议的仲裁方式，事先应进行充分商谈，并做出明确的规定。

（1）索赔 索赔时出现一方认为对方未能履行合同或部分不履行合同规定的情况时，向对方提出赔偿的要求。一般来说，买卖双方在洽谈索赔问题时应先洽谈索赔的依据、索赔期限和索赔金额等内容。

（2）**仲裁**　仲裁是双方当事人在谈判中磋商约定，在合同履行过程中发生争议，经协商或调解不成时，自愿把争议提交给双方约定的第三者（仲裁机构）进行裁决的行为，在仲裁谈判时应洽谈的内容有仲裁地点、仲裁机构、仲裁程序规则和裁决的效力等内容。

（3）**不可抗力**　不可抗力因素即人力不可抗力的因素。通常是指合同签订以后，不是因为当事人的疏忽过失，而是由于当事人所不可预见也无法事先采取预防措施的事故，如地震、水灾、旱灾等自然灾害，或因战争、政府封锁、禁运、罢工等社会原因造成的不能履行或不能如期履行的合同相关条款。在这种情况下，遭受事故的一方可以据此免除履行合同的责任或推迟履行合同，另外一方也无权要求其履行合同或索赔。

### （二）技术贸易谈判内容

技术贸易谈判是以技术引进、转让或者有偿使用为中心的贸易谈判。技术作为交易的商品，成为贸易谈判中越来越重要的内容，主要有专利技术、技术服务、工程服务、商标、专营权等。技术贸易谈判包括上述技术商品的引进与转让。谈判中涉及的主要内容包括：技术类别、名称、规格，即技术的经济要求；转让期限；交换形式，包括所有权的转移和使用权的许可两个方面；技术贸易的计价和结算方式；责任和义务等。

### （三）劳务合作谈判内容

劳务合作谈判是指向某些国家或地区输出劳务人员进行建设和工作的服务项目谈判。目前，劳务合作谈判的主要形式有：国际工程承包、劳务输出。劳务合作谈判主要内容包括劳务层次，数量，素质，职业，劳动地点、时间、条件，劳动报酬、工资福利、劳动保险。劳务层次是指学历、知识、经验、职业要求；劳务数量是指劳动者人数；劳务素质是指人员智力和体力的总和；职业是指依据国民经济行业分类分成的13个行业；劳动地点、时间、条件是指劳动者主要考虑离家远近、交通状况，结合劳动时间、劳动条件等选择工作；劳动报酬、工资福利、劳动保险是双方磋商的核心问题。劳务合作作为经济合作的重要组成部分，已经得到了国内外的普遍关注和重视。20世纪70年代以来，国际劳务合作高速发展，市场竞争十分激烈。我国的国际劳务合作事业从1979年开始起步，并在改革开放政策的推动下不断发展，已经成为我国出口创汇的重要途径。

## 情景训练1-2

### 模拟谈判

#### 情景材料

你在家具商城看中了一套红木家具，标价是18600元，你分析各方面的情况后觉得价格太高，最多只能付11000元。家具销售经理介绍完这套家具的优点之后，你表示对这套家具非常感兴趣，并告诉他最多只能付9000元。

#### 训练要点

通过该项目的训练，把握商务谈判中价格的重要性，运用谈判的基本原则和自己的一些基本技巧充分进行讨价还价来获得谈判的成功。

#### 训练要求

根据案例先设计几套不同的商务活动场景方案，根据教学班级分组情况，按一定数量的小组分别选择不同的场景进行设计和现场表演。

**训练步骤**

对教学班级的同学进行分组，确定组长，进行组内分工。

设计有关的商务活动场景。

各组对所选择的商务活动场景进行分析，并设计有关的情节。

各项目小组根据场景进行表演。

同学们对本次实训综合成绩进行自评、老师点评。

# 第三节　商务谈判原则及方法

**导入案例1-3**[1]

一位顾客来买盘子，他向卖盘子的店员问道："这个铜盘子多少钱？"

精明的店员回答："你的眼光不错，75块钱。"

顾客说："别逗了，这儿还有块压伤呢，便宜点。"

店员说："那你出个价吧。"

顾客说："我出15块钱，行就行，不行拉倒。"

店员说："15块钱，简直是开玩笑。"

顾客做出让步："那好，我出20块钱，75块钱我绝对不买。"

店员说："小姐，你真够厉害，60块钱马上拿走。"

顾客又开出了25块钱，店员说进价也比25块钱高。顾客最后说，37.5块钱，再高就走了。店员让顾客看看上面的图案，说这个盘子花纹和颜色都很好。

　　问题：1. 该案例属于何种方式的商务谈判？为什么？

　　　　　2. 试分析顾客和店员的让步过程。

## 一、商务谈判原则

在了解商务谈判的基本概念和内容的基础上，为了更好地实施商务谈判，还必须把握商务谈判的基本原则。商务谈判原则是谈判的指导思想、基本准则。它确定了谈判者在谈判过程中将采用什么样的谈判策略和技巧，以及怎样运用技巧来获得谈判的成功。这些原则都是在长期谈判实践中获得的经验积累，应该为商务谈判者所重视。

**1. 合作原则**

商务谈判是企业经营活动与市场竞争的重要手段，参与谈判的人员并非是完全竞争者与敌对者，而是合作者。我们从以下两方面来认识这个问题。

① 人们谈判是为了满足需要，建立和改善关系，是一个协调行为的过程，这就要求双方配合和合作。

② 谈判不是纯粹的比赛或者战斗，如果双方只能对立，千方百计地想压倒对方，以达到自己的目的，这样做的最终结果往往是双方关系破裂。曾经有这样一个案例：美国印刷工会领导伯特伦·波厄斯以"谈判不让步"而出名。在一次与报社业主谈判过程中，他不顾客观情况，坚持强硬立场，甚至两次号召工人罢工，迫使报社业主满足他们的要求，报社被迫同意增加工人工资，并且承诺不采用自动化先进技术，防止工人失业，伯特伦·波厄斯获得大胜，但报社业主却

---

[1] 资料来源：易开刚. 现代推销学. 4版. 上海：上海财经大学出版社，2017.

陷入困境，成本提高，结果很多报社破产，数千名工人失业。这说明过于贪求谈判桌上的胜利，会导致双方实际利益的完全损失。为此在谈判中我们要求谈判者必须着眼实际利益，建立和改善双方合作关系，同时要坚持坦率、诚挚的态度。

**2. 互惠互利原则**

在商务活动中，双方是为了满足各自需要才坐在一起进行磋商，如果没有共同利益的驱使，就不可能有真正意义上的谈判，为此双方都必须换位思考利益共性。在同一事物的利益上不一定是完全矛盾的，是此消彼长的关系，谈判如果只有利于一方，不利方就会退出谈判，谈判的胜利方就不复存在，只要一方发现不能得到某些预期的目标，就会停止谈判，所以商务谈判都必须做好各项准备，在平等的基础上，满足对方的某些要求，不仅自己要遵循这一原则，而且也要让谈判对手知道这一原则。

### 案例赏析1-3

一位女顾客的视力不太好，她使用的手表指针，必须长短针分得非常清楚才行。可是这种手表非常难找，她费了很大力，总算在一家名表店发现了一只能看得很清楚的手表。但是，这只手表的外观实在丑陋，很可能是因为这个缘故，一直卖不出去。就此而论，2000元的定价似乎是贵了点。

顾客："2000元似乎是太贵了。"

经理："这个价格是非常合理的，这只手表精确到一个月只差几秒钟而已。"

顾客："时间太精确的表对我来讲并不重要，你看我现在这只表，才800元，已经使用10年了，这只表一直是很管用的。"

经理："喔！经过10年了，以您的身份应该只有更名贵的手表了。"

顾客："可是价格有些贵了。"

经理："您是不是希望手表让您看得清楚？"

顾客："是的。"

经理："我从来没有看过这么一只专门设计让人们容易看清楚的手表。这样吧，1680元，便宜一点，数字也好听。"

顾客："好吧，就这样吧。"

▲点评：案例中销售经理非常委婉、含蓄地表达价格，证明该表物超所值，最后又做出合理让步，完全满足女顾客的购买心理，这是一次既互惠又互利的成功交易。

**3. 利益至上原则**

谈判过程中我们可能会遇到这样那样的困难及不同于自身立场的问题，人们持有某种立场为的就是争取获得所期望的利益，立场的对立无疑来自于利益的冲突。在商务谈判中，彼此立场相互对立，完全可以通过合作来消除矛盾，也就是立场必须服从利益，实现利益至上，集中注意力于利益上而不是所谓的立场或面子。如两个人在图书馆发生争执，一个要关窗户，一个要开窗户，工作人员来了，两个人都讲了自己的道理，一个说要开窗户保持空气流通，一个说风会把纸吹乱了，工作人员了解情况后就把旁边的屋子窗户打开。这件事是非常容易解决的，但双方之间互不相让，使双方矛盾加剧，结果不得不请工作人员出马解决。在商务谈判活动中，为了做到利益至上，我们应注意以下几点。

① 立场上讨价还价违背谈判基本原则，谈判中利益是目标。立场是由利益而派生出的，是为利益服务的。

② 坚持立场容易破坏气氛，就变成意志的较量。

③坚持立场容易产生不明智的协议。产生矛盾后双方很少考虑对方的利益，容易偏离利益目标。

#### 4. 对事不对人原则

商务谈判所涉及的是有关双方利益的事务，而不是谈判者本身，所以对事应是强硬的、坚持原则，而对人应该是友好的、温和的、关系融洽的。在谈判过程中，当双方互不理解，出现争执，以及因人论事时，想解决问题达成协议是极其困难的。因为谈判者是有血有肉、有情绪、有脾气、有自我价值观的人。在谈判中，双方要建立起一种良好互信、诚实友好、理解尊重的和谐气氛，区分人与事的问题，把谈判对手的态度和讨论问题的态度要区分开来，把争论和冲突的焦点集中在"事"上，所攻击的是"问题"本身，而不是人本身，不要因人误事。要维护双方的自尊，做到就事论事。

#### 5. 求同存异原则

商务谈判既然是作为谋求一致意见而进行的协商，必然存在利益上的"同"与"异"。求同原则就是要求谈判双方首先要立足于共同利益，在总体上、原则上必须一致，不要纠缠细枝末节的分歧和立场的分歧，应使谈判的各方尽量感到满意。存异原则要求谈判各方承认彼此的分歧，必须为整体利益做出适当让步，允许与自己的要求不一致的对方存在于谈判之中。求同存异原则是商务谈判中营造良好气氛、协调关系的关键，也是谈判高手拥有的智慧。

#### 6. 坚持使用客观标准原则

在商务谈判中，当谈判双方之间产生矛盾和分歧时，有些谈判者往往持强硬态度，试图迫使对方不断让步；有些谈判者则过分突出感情的因素，在对方的压力面前不断退让，这些分歧的产生多半是由于各自坚持不同的标准。双方只有在客观标准统一的基础上，才能尽快达成一致。选择的客观标准应是独立于意志之外的切实可用的标准，并且双方是可以认可和接受的，如市场行情、专业标准、道德准则、价格指数等，只有这样才能有效消除和调和彼此的分歧，达成协议。

#### 7. 遵纪守法原则

一切商务活动的宗旨是合法盈利，因此，任何谈判都是在一定的法律约束下进行的，谈判必须遵循遵纪守法原则。遵纪守法原则，是指谈判及其合同的签订必须遵守相关的法律法规。所谓遵纪守法，主要体现在4个方面：谈判主体必须遵纪守法；交易项目必须遵纪守法；谈判过程中的行为必须遵纪守法；签订的合同必须遵纪守法。比如，广告法要求广告内容应当真实、合法，不得欺骗消费者身心健康，符合社会主义精神文明要求，广告商与厂商进行广告业务的谈判时，首先要求符合法律规定。如果将非法广告发布出去，双方的自然人、法人、新闻单位都要受到严厉的处罚。国际谈判应当遵守国际法及尊重谈判对方所在国家的有关规定。

谈判主体合法是谈判的前提条件。无论是谈判的行为主体还是谈判的关系主体，都必须具备谈判的资格，否则就是无效的谈判。交易项目合法是谈判的基础。如果谈判各方从事的是非法交易，那么他们为此举行的谈判不仅不是合法的谈判，而且其交易项目应该受到法律的禁止，交易者还要受到法律的制裁。非法交易项目包括：贩卖毒品、贩卖人口、走私货物等。谈判行为合法是谈判顺利进行并且取得成功的保证。谈判要通过正当的手段达到目标，而不能通过一些不正当的手段谋取私利，如行贿受贿、暴力威胁等。只有在谈判中遵循合法原则，谈判及其签订的合同或协议才具有法律效力，谈判当事人的权益才能受到保护，实现其预期的目标。

## 二、商务谈判方法

### （一）软式谈判法

软式谈判法又称让步性谈判，为维护双方合作关系，谈判者总是力图避免冲突，随时准备让步，希望达成双方满意的协议。该谈判法的基本做法是提议、让步、信任、保持友善，以及为了避免冲突而屈服于对方。

　　软式谈判法的基本特征：①在无声无息中强化自己的立场或原则。在商务活动中，杠杆原理指的是运用实际拥有的资产，获得大量利益的能力。这种能力体现在商务谈判中就是当处于逆境，或谈判气氛不融洽，或游戏规则不利于自己的时候，能够审时度势、顺势巧妙地借用对方的观点、立场或提案，在无声无息中强化你所持有的立场或原则，以便妥善地处理谈判各方分歧。②借力用力是公平的。在商务谈判中，如果对方坚持强硬的立场或原则，己方即使使用温柔的态度正面反驳的话，都有可能激化矛盾。如果把对方强硬立场或原则比作一种"力量"的话，己方就应该借用这一力量，克"敌"制胜。软式谈判法就是运用对手的力量为己谋利的一种方法。

　　软式谈判法的具体运用：①寻找立场背后本质问题的方法。在商务谈判中，当对方强硬地坚持他的立场时，你不必立即表态，应该寻找对方立场背后的真实意图，揣摩对方所表达的原则，策划因势利导的改良方法。②主动征求对方意见的方法。在商务谈判中，谈判各方经常将时间耗费在彼此批评对方的提案或陈述上。但是优秀的谈判者却不是这样，他们除了不对对方的提案或者观点正面批评之外，还主动征求对方对己方方案的意见。要想成为一个谈判高手，面对不愿意配合的对手，不要拒绝对方对你提出的提案或客观标准的批评，应该对对方的批评持开放欢迎的态度，并且要学会引导对手转换双方的立场来讨论问题。③有效退让的方法。在商务谈判中，经常会遇到自恃才高、争强好胜、我行我素的对手。如果与对方正面抗衡，双方表达得云里雾里，天花乱坠，结果是于事无补的。相反，你应该退避三舍，欲擒故纵，耐心倾听对方的表达，再不时地送对方几顶"高帽子"戴，不时给些鼓掌，以便满足对方骄傲自大的心理需求。一旦对方的这种虚荣或高傲心态得以满足，就有可能以某种积极的态度配合你，共同促进谈判的发展。④制服人身攻击的方法。在商务谈判中，有时会遇到这种尴尬，对手出言不逊，向你发怒，出口伤害你，你可报之以微笑，听他宣泄完毕，或者提议休会10分钟。你利用休会，揣摩对方发火的原因，采取冷静的方式，处理对方对你的人身攻击。这里告诉大家一个秘诀——缄默，因为你的沉默，将使对方感到不安，有时候，沉默不语反而是最巧妙的谈判方法。

## （二）硬式谈判法

　　硬式谈判法又称立场型谈判，是指谈判者在谈判开始即提出一个极端立场，只关心自己的利益，注重维护自己的立场，态度强硬，立场坚定，并极力维护、固守，只有在迫不得已的情况下，才会做出极小的让步，而看不到对方需求和双方利益共同点的谈判。

　　硬式谈判法的最大特点表现在"硬"上面，具体特点有：①在观点认识上谈判人员把发生在谈判中的任何情况都看成是一场意志力的较量。②在具体做法上谈判人员在谈判中将注意力放在如何维护自己的立场，否定对方的立场上，迫不得已才肯做出点让步。③在结果上可出现3种情况：a. 导致双方关系紧张，降低谈判效率；b. 很难达成协议；c. 即使达成协议，也没有真正的胜者。因此，在谈判中尽量不要采用硬式谈判法。

### 案例赏析1-4[1]

　　某国一工程承包公司在非洲承包了一项工程任务。当工程的主体建筑完工之后，由于不需要大量的劳动力，该公司便将从当地雇用的大批临时工解雇，谁知此举导致了被解雇工人持续40天的大罢工。该公司不得不同当地工人进行了艰苦的谈判，被解雇的工人代表提出让该公司按照当地的法律赔偿被解雇工人一大笔损失费，此时该公司工作人员才意识到他们对这里的法律太不了解了。根据这里的法律规定，一个临时工如果持续工作一星期以上而未被解雇则自动转成长期工，作为一个长期工，他有权获得足够维持两个妻子和三个孩子的工资，此外，还有交通费和失业补贴等费用。一个非熟练工人如果连续工作一个月以上则自动转成熟练工，如果连续工作三个月以上则提升为技术工人。工人的工资也应随着技术的提升而提高。而该公司的管理人员按照其国内形成的对临时工、长期工、非熟练工、熟练工以及技工的理解来处理情况，结果为自己招来了如此大的麻烦。谈判结果可想而知，该公司不得不向被解雇的工人支付一大笔失业补贴，总数目相当于已向工人支付的工资数额，而且这笔费用属于意外支出，并未包括在工程的预算中，全部损失由公司自行承担。

▲点评：谈判前必须要了解当地的文化、风土人情和法律。

### （三）原则性谈判法

原则性谈判法还被称作价值谈判法、满意谈判法、实质利益谈判法。最早由哈佛大学谈判研究中心提出，故又称"哈佛谈判术"。所谓原则性谈判法是指谈判双方遵循一定准则来解决分歧意见、评价对方的立场或者观点、权衡彼此利益的准则，参与者既注重维护合作关系，尊重对方，又重视争取合理利益，既理性又富有人情味。没有规矩，不成方圆；有了规矩，贵在遵循。

原则性谈判法的基本特征如下。

① 客观准则是解决所有分歧的准则。在商务谈判中应该遵循的客观准则大体可以分两类：一类是具有客观性质的规则，也就是通常说的客观标准，另一类是在商务谈判实践中，人们约定俗成或经实践证明切实可行的惯例、案例、先例等，亦称游戏规则。②淡化主观意识在原则中的作用。商务谈判的无数实践证明，谈判的任何一方试图以主观意志来演绎原则，调节对立的利益，都会付出很高的代价。③公正性特征。取多予少，是人性的一个弱点，总希望在交往中多占些便宜而少点付出。这种心态对谈判的负面影响是，要么一方得胜而归，则另一方自认吃亏，要么损害了谈判者之间的关系。要避免出现这两种结果就需要双方共同遵循某种标准进行公正谈判。

原则性谈判法的注意事项：①坚定信心，锲而不舍。一旦认定选择的方法有助于实现谈判目标时，就应该坚定自己的信心，决不动摇。②充分协商，切忌强制。如果各方都同意按照原则性谈判法进行谈判，但对选择的客观标准存在异议。无论是己方还是对方提出某种提案的标准，通常都需要对客观标准进行充分磋商。③坚持标准，富有弹性。不要试图先声夺人，不要一进入谈判就公开表示自己的原则。许多商务谈判新手在谈判一开始时，为了证实自己立场和观点的准确性，多方引用惯例、先例、案例或其他"游戏规则"，试图先声夺人。其实，这种想法和做法都是不可取的，其结果是堵塞自己的回旋余地，往往导致谈判陷入泥潭。

## 三、商务谈判的价值标准

什么样的谈判才是成功的谈判呢？是不是实现了己方利益最大化的谈判就是最成功的谈判？我们先来看下面一个实例。

### 案例赏析1-5[1]

三源公司已连续两年亏损，目前财务状况资不抵债，最大的债主是荣欣公司。三源公司所剩资产正好相当于对荣欣公司的负债，债务利息更无着落，为此两家公司进行了多次谈判，仍无解决办法。最近，三源公司进行了改组，新任总经理决心改变经营方向。他们与生化研究所联系，提出对研究所的一些实用性强的研究专利进行生产开发。但研究所对这些专利索

[1] 资料来源：本案例由作者根据网络相关资源改写。

价800万元，这是三源公司难以承受的，况且正式开展生产，三源公司还缺少一笔约为100万元的启动资金。

新任总经理召开领导班子会议，研究分析"二企一所"之间的关系与各自的需要。三源公司要还债、要起死回生改变经营方向，需要资金，包括购买专利的资金和启动资金；荣欣公司要讨还债款和利息；生化研究所要出让专利。经过详细的探讨，在这个会议上形成了一个既满足自身需要又满足对方需要的计划。

新任总经理首先与生化研究所谈判，诚恳说明己方的开发计划和能力，希望对方能以500万元的价格出让专利，并以参股形式将此笔款项作为投资。显然研究专利关在研究所里是不会产生效益的，对研究所来说，以专利作投资可以获得长期稳定的收益，是一种有吸引力的理想投资方式，但500万元的价格偏低了，经过磋商，谈定专利的价值为620万元。

接着三源公司总经理又找荣欣公司谈判，把他的计划及与生化研究所的谈判作了详细介绍，着重说明新的经营方向的美好前景，提出延期偿还债务，同时为实现此项生产，再向荣欣公司增借100万元启动资金，希望能得到荣欣公司的理解和支持。事实上，如果一定要三源公司立刻偿清以前的债务，那三源公司只好倒闭，其资产的账面价值虽与债务数额相当，但若通过拍卖，将这些资产变现，可能还不足以抵偿债务数额的700万元，而生化专利项目的发展前景确实广阔，研究所不是也以入股方式作了投资吗？荣欣公司经过对风险和收益的认真调查，终于同意三源公司的计划，他们与三源公司详细研究了启动所需的资金，经过又一轮磋商，确定新增贷款100万元。至此谈判取得了圆满成功，这是一个漂亮的、三赢的结局。

▲点评：商务谈判以经济利益为目的，以价格问题为核心，但并不等于说能够取得最大经济利益，尤其是最大的短期利益的谈判就是成功的谈判。在进行谈判之前，明确谈判的目标，合理把握评价谈判成败的标准，对最终顺利地实现谈判目标，有着十分重要的意义。

商务谈判的成败，最关键的是要看谈判结束后各方面的结果是否对企业目前和未来的发展有利。从这一角度出发，谈判人员的眼光不能局限于经济利益，特别是短期的经济利益，而必须要善于从长远和全局的观点看问题；不能仅仅看通过努力所取得的成果的大小，还必须要看为取得这一成绩所付出的成本的大小。一般说来，可以从以下三个方面评价谈判成功与否。

**1. 谈判目标实现的程度**

谈判是一种具有很强目的性的活动，如商品买卖谈判中卖方的主要目的是以理想的价格和支付条件销售一定数量的产品，或是与特定买主之间建立长期稳定的合作关系，而买方的主要目的则是以较为低廉的价格和支付条件购买一定数量的产品，或是与特定卖主之间建立较为稳定的供货关系。评价谈判的成败，首先就是要看是否实现了这些最基本的目的。

**2. 所付出的成本的大小**

谈判过程是一个"给"与"取"兼而有之的过程。为了达到自身的目的，获取企业所希望获取的利益，通常就需要向对方提供一定的既定的利益，需要付出一定的成本代价，即为获取所得而向对方所提供的直接利益及其风险的大小。如一个拥有较高知名度的品牌的企业为获得进入某一地区或国家市场的机会而与当地的某一企业合作，其所获得的是当地企业将协助其建立销售网络，所付出的则是允许该企业在一定期限内使用知名品牌。如果该公司在与当地企业签订协议时，没有对当地企业使用知名品牌的限制措施，如对商品质量的监督、销售数量乃至地区的控制，则该企业为获得对方在建立渠道方面的合作所付出的成本就可能太高，会蒙受很大的风险。

对谈判成本的考虑不仅要包括为获得对方所提供的一定利益而提供给对方的利益和风险的大小，而且要包括进行谈判所需要支付的时间成本和直接的货币成本投入，包括人力、物力等。这里尤其值得注意的是时间成本。企业经营活动对谈判时间有一定的要求。比如工厂要保持生产的连续性或要在限定的时间内完成一定的生产任务，就需要或加大原材料的库存量，或是缩短原材料采购谈判的时间和程序，在库存材料不敷使用的情况下，对谈判的时间则有极其严格的要求。时间的重要不仅仅在于企业的生产经营活动具有一定的时间要求，而且还在于时间本身就具有重要的经济价值，在于商业机会的价值会随着时间的变化而发生重大的变化。有些经营活动只有在特定的时间内进行才可能取得较为理想的效果。时间的流逝很可能使一个原本极有价值的商业机会变得毫无价值。

机会成本是在评价谈判成败时应当考虑的另一项成本。企业与特定对手谈判合作，就可能失去了与另一些企业合作的机会，而与失去的企业合作也可能为企业带来更为理想的合作效果。在决定与某一企业在某一领域合作后，企业同样也就可能失去了利用其有限的资源在其他投资领域谋取较好的经济利益的机会。所有这些机会损失都构成企业利用与某一对象谈判合作谋取一定利益的机会成本，必须在做出谈判决策时予以考虑。一项成功的谈判应当能为企业把握住最好的商业机会创造条件。

**3. 双方关系改善的程度**

成功的谈判应当有助于维持或改善企业与谈判对手之间的关系，有助于树立良好的企业形象。在现代市场经济环境下，越来越多的企业决策者认识到树立良好的企业形象、建立与合作伙伴之间的良好关系的重要性。谈判者在谈判桌上所树立的形象是企业形象的一个重要组成部分。双方在一次谈判中所形成的关系状况将直接影响到相互之间在未来的合作。在企业的产品市场或原材料来源较为集中，仅限于几个对象的情况下，通过谈判建立良好的关系就具有特别重要的价值。即便是双方将来不太可能再度合作，但在许多企业都较为注重了解潜在的合作对象以往的谈判行为的情况下，树立良好的形象，仍具有一定的价值，可能为企业带来新的合作机会。鉴于此，在一般情况下，一项成功的谈判在以较低的成本实现谈判目标的同时，应当能够促进双方之间合作关系的改善，树立良好的谈判形象，至少应当能够维持双方之间原有的合作关系。

## 情景训练1-3

创作一个小情景剧，展现商务谈判过程各种方法的运用。
思考题：1. 商务谈判中各种方法的运用步骤是什么？
　　　　2. 各种方法运用时应注意的问题是什么？

# 第四节　商务谈判的类型

## 导入案例1-4

X国与A国建交快30年了，两国政府为了进一步加强合作关系，准备在建交30周年时组织一些庆典活动。恰逢X国有一笔政府贷款用于A国水电站建设，X国的Y公司正与A国的B公司进行水电站项目的合同谈判。由于经济形势变化较大，原贷款额不够，A国组织了一个由政府官员和B公司代表组成的谈判组到X国首都与X国的Y公司进行谈判。

问题：1. 该案例属何类商务谈判，为什么？

2. 该谈判构成的因素是什么？

3. B公司与Y公司各自应如何组织谈判？

## 一、商务谈判的类型及分类

### （一）按地区划分

按地区划分，可分为国内商务谈判及国际商务谈判。

**1. 国内商务谈判**

国内商务谈判是指国内各种经济组织、个人之间进行的谈判。此种处于相同的文化背景，避免了因文化背景不同而产生的差异。谈判的主要问题在于调整双方不同的利益，寻找共同点。国内商务谈判需要注意事项如下。

① 人们重视国际商务谈判，对国内商务谈判缺乏应有的认识，比较突出的问题就是双方不太注意合同条款的协商和履行。

② 国内商务谈判人员一般准备工作都做得不够充分，对谈判的相关内容也考察得不细致。

③ 谈判人员法律观念淡薄，单纯认为交易靠双方关系、面子甚至交情。合同过细觉得容易损伤彼此感情，一般不明确规定违约责任。

国内商务谈判主要类型有商品购销、商品运输、仓储保管、经营承包、借款、财产保险等。

**2. 国际商务谈判**

国际商务谈判是指本国政府及各种经济组织之间与外国政府及各种经济组织之间进行的商务谈判。国际商务谈判的注意事项如下。

① 首要的问题就是语言的差异，谈判中如果一方不能准确理解另一方表达的含义和内容，会造成误会产生分歧，影响谈判的进程。谈判开始前，需要明确使用哪一种语言，选择优秀的翻译人员，如果谈判人员本身精通外语是最有利的条件。

② 个人偏见和成见在所难免。文化之间的差异形成的观念对谈判的影响更为深远，如：西方人时间观念强，中东国家的人不注重时间，即使内容明确没有分歧他们也会拖延签约的时间，再如美国人注重个人能力、自由、随意性强，谈判中尽量展现个人力量；日本人注重集体智慧谈判中尽量不表现自己，十分维护集体利益；法国人健谈、民族感强、国家意识强，喜欢把法语作为交流语言；意大利人独断、僵硬、缺乏民族色彩，喜欢争论；德国人古板和力求完美。

③ 价值观念不同。谈判中有些人以获得对方让步为满足，有的人则认为以获得对方的尊重为满足。在国际商务谈判中我们要尽量避免用己方的想法、意愿去推测对方的意图，要尽可能在谈判前去收集资料，了解对方行为特点、生活方式、谈判风格，做到胸有成竹，应充分体谅和尊重对方的行为。如：北欧商人最讲究礼仪，喜欢被人尊重，谈判结果不重要，关键在于是否得到重视，而且他们喜欢桑拿，喜欢去桑拿房谈判。

④ 谈判内容的广泛性。由于交易的货物可能涉及两个国家以上，因此谈判的内容一般比较广泛。包括数量、价格、质量、运输等常规问题，还有双边贸易问题，如贸易保护法案例、禁运条款、进出口关税、许可证等。

⑤ 心理障碍问题。不同的生活背景必将导致人们的行为差异产生心理反射，许多在国内潇洒自如、从容不迫、临危不乱的谈判人员在国外表现出呆板、犹豫不决的反常行为。在国际商务谈判中要克服谈判人员的心理障碍，加强对谈判人员的心理训练，提高其心理承受能力。

国际商务谈判主要类型有国际产品贸易、补偿贸易、各种加工与装配贸易、现汇贸易、技术贸易、劳务合作等商务谈判。

**案例赏析1-6**

　　20世纪80年代，中国民航从英国航空发动机制造公司购进一台斯贝发动机，使用至90年代末期，由于发动机故障频繁，经常被送进维修厂修理甚至送至生产地英国返修。负责在英国监督检修的我国民航女工程师薛其珠与英方人员相处的日子里，感到大批发动机故障是由于设计缺陷造成的，她正式代表中国民航向英国航空发动机制造公司提出索赔要求，索赔提出后，双方关系十分紧张。谈判中英国人失去了原有的风度，并大叫大嚷，竟然还不辞而别。我方指责对方理由有三：第一，英国人将未改进的发动机卖给中方；第二，设计缺陷为什么履历本上没有说明；第三，英国人态度傲慢、素质低下、毫无诚意。于是要求英方给予合理答复。经过数次交锋，我方据理力争，让英国人理屈词穷，并赔礼道歉，还一次性赔偿损失费304万美元。
　　▲点评：国际商务谈判往往稍显复杂，除了语言障碍之外，还存在文化、价值观念等差异，对谈判人员的技术能力、心理素质等都要求较高。

### （二）按照谈判内容划分

　　按照谈判内容划分为商品贸易谈判与非商品贸易谈判。
　　商品贸易谈判又分为农副产品谈判、工矿产品谈判等，非商品贸易谈判包括工程贸易、技术贸易、资金。工程贸易谈判一般比较复杂，涉及使用方、设计方、承建方等多方谈判工作；技术贸易谈判主要包括技术设备名称、型号、规格、性能、质量保证、培训、生产验收、价格、税收、仲裁、索赔内容的协商等；资金谈判主要包括商讨货币、利率、还款、保证条件、违约责任等内容的谈判。

### （三）按照谈判人员数量划分

　　根据参加谈判的利益主体的数量，可以把商务谈判划分为一对一谈判、小组谈判、大型谈判。一对一谈判是只有两个利益主体参加的谈判，小组谈判、大型谈判则是指有两个以上的利益主体参加的谈判。在这里，利益主体实际上就是指谈判行为主体，可以是自然人，也可以是法人组织。
　　任何一项谈判都必须至少有两个谈判方，当然在某些情况下也完全可以多于两方。比如政府为阻止罢工而卷入了工会与资方的谈判之中，或者两个以上的国家共同谈判一项多边条约，等等。但无论谈判是由一对一，还是小组或多方参与，谈判各方都必然存在着特定的利益关系。一般而言，小组谈判、大型谈判的利益关系比较明确、具体，彼此之间的协调比较容易。一对一谈判难度最大，各自为战，得不到帮助，适用于有主见、决策力强、判断力强的人，而不适合性格软弱、优柔寡断的人。

**案例赏析1-7**

　　日本松下电器公司创始人松下幸之助先生刚"出道"时，曾在一次"一对一"的谈判活动中被对手以寒暄的形式探知了自己的底细，因而使自己大受损失。他第一次只身一人到东京找批发商进行谈判时，刚一见面，批发商就友善地对他说："我们是第一次打交道吧？以前我好像没见过你。"批发商想用寒暄托词，来试探对手究竟是生意场上的老手还是新手。松下先生缺乏经验，恭敬地回答："我是第一次来东京，什么都不懂，请多关照。"正是这番极为平常的寒暄答复却使批发商获得了重要的信息：对方只是个新手。批发商问："你打算以什么价格卖出你的产品？"松下又如实地告知对方："我的产品每件成本是20元，我准备卖25元。"批发商了解到松下在东京，人生地不熟，又暴露出急于要为产品打开销路的愿望，因此趁机杀价，"你首次来东京做生意，刚开张应该卖得更便宜些。每件20元，如何？"

结果没有经验的松下先生在这次交易中吃了亏。

▲点评：一对一谈判，不但要求谈判人员具有丰富的谈判经验，同时对谈判人员的判断力及决策能力都要求较高。

小组谈判一般需要2～8人，适用于较大的项目，分工合作、取长补短，可以缩短时间，能有效提高效率。

大型谈判是重大项目的谈判，如影响国家声望、关系国计民生的谈判，为此需要谈判班子是阵营强大、拥有各种高级专家的顾问团、咨询团和智囊团。

相比之下，小组谈判、大型谈判的利益关系较为复杂，各方的协调要困难得多。比如在建立中外合资企业的谈判中，如果中方是一家企业，而外方也是一家企业，彼此的关系就比较容易协调。如果中方有几家企业，外方也有几家企业，谈判的难度或将明显增大。因为中方几家企业之间存在利益上的矛盾，互相要进行协商，求得一致；外方几家企业之间也存在着利益冲突，同样需要进行协商。在此基础上，中外双方企业之间才能进行合资谈判。在谈判过程中，中外双方都应该不断调整自己的需要，做出一定程度的让步。而无论是中方或是外方做出让步，都会涉及中方各企业或外方各企业之间的利益，因而中方企业之间及外方企业之间又必须通过不断协商，求得彼此的协调一致。而最终形成的协议也必须兼顾到每个谈判方的利益，使参与谈判的各个企业都能得到相应的利益和满足。与双边谈判相比，多边谈判的利益关系错综复杂，各方之间不易达成一致意见，协议的形成往往十分困难。

### （四）根据谈判地域划分

根据谈判地域划分为主座谈判、客座谈判、中立地谈判。

主座谈判是指在本方所在地进行的谈判，作为东道主时，礼貌最为关键，谈判对手会积极思考东道主提出的要求。

客座谈判是指在他方所在地进行的谈判，客座谈判需要做到入境问俗、入国问禁。还要审时度势争取主动，化被动为主动，争取在谈判中把握主动权，客座谈判中语言也是一个不容忽视的问题，力求采用通用语言。

中立地谈判是指在谈判双方所在地以外的其他地点进行的谈判。不同的谈判地点使谈判双方具有了不同的身份，并由此导致了双方在谈判行为上的某些差别。如果某项谈判在某一方所在地进行，该方就是东道主，他在资料的获取、谈判时间与谈判场所的安排等各方面都将拥有一定的便利条件，就能较为有效地配置该项谈判所需的各项资源，控制谈判的进程。对另一方来说，他是以宾客的身份前往谈判地，己方的行为往往较多地受到东道主一方的影响，尤其是在对谈判所在地的社会文化环境缺乏了解的情况下，面临的困难就更大。当然，谈判双方有时完全不必固于身份的差异，可以采取灵活的策略和技巧来引导谈判行为的发展。但身份差异所造成的双方在谈判环境条件上的差别毕竟是客观存在的。为了消除可能出现的不利影响，一些重要的商务谈判往往选择在中立地进行。

### （五）投资谈判、货物买卖谈判与技术贸易谈判

根据谈判的事项即所涉及的经济活动内容，可以把商务谈判划分为多种形态，其中最主要的

是投资谈判、货物（劳务）买卖谈判和技术贸易谈判，其他还有租赁谈判、承包谈判等。

**1. 投资谈判**

投资，就是把一定的资本（包括货币形态的资本、所有权形态的资本、物质形态的资本和智能形态的资本等）投入和运用于某一项以盈利为目的的事业。投资谈判，是指谈判双方就双方共同参与或涉及双方关系的某项投资活动，对该投资活动所要涉及的有关投资的目的、投资的方向、投资的形式、投资的内容与条件、投资项目的经营与管理，以及投资者在投资活动中权利、义务、责任和相互之间的关系所进行的谈判。

**2. 买卖谈判**

货物买卖谈判是一般商品的买卖谈判。即买卖双方就买卖货物本身的有关内容，如数量、质量、货物的转移方式和时间，买卖的价格与支付方式，以及交易过程中双方的权利、责任和义务等问题进行的谈判。劳务买卖谈判是劳务买卖双方就劳务提供的形式、内容、时间，劳务的价格、计算方法和劳务费的支付方式及有关买卖双方的权利、责任、义务关系所进行的谈判。由于劳务具有明显区别于货物的各项特征，因此劳务买卖谈判与一般的货物买卖谈判有所不同。

**3. 技术贸易谈判**

技术贸易谈判是指技术的接受方（即买方）与技术的转让方（即卖方）就转让技术的形式、内容、质量规定、使用范围、价格条件、支付方式及双方在转让中的一些权利、责任、义务关系问题所进行的谈判。技术作为一种贸易客体有其特殊性。比如技术的交易过程具有延伸性，技术市场价格完全由交易双方自由议定等。因此，技术贸易谈判不仅有别于一般的货物买卖谈判，与劳务买卖谈判相比，也存在一定的差异。

### （六）口头谈判与书面谈判

根据谈判双方接触的方式，可以将商务谈判区分为口头谈判和书面谈判。口头谈判是双方的谈判人员在一起，直接进行口头的交谈协商；书面谈判则是指谈判双方不直接见面，而是通过信函、邮件等书面方式进行商谈。

**1. 口头谈判**

口头谈判的优点主要是便于双方谈判人员交流。在谈判过程中，双方谈判人员之间保持着经常性的接触，不仅频繁地就有关谈判的各个事项进行磋商，而且彼此之间的沟通往往会超出谈判的范畴，有利于谈判双方提出条件及意见，也便于谈判者察言观色，掌握心理，施展谈判技巧，在谈判以外的某些问题上取得一致的认识，进而使谈判过程融入了情感的因素。不难发现，在某些商务谈判中，有些交易条件的妥协让步就完全是出于感情上的原因。此外，面对面的口头谈判，有助于双方对谈判行为的发展变化做出准确的判断。谈判人员不仅可以透过对方的言谈，分析、把握其动机和目的，还可以通过直接观察对方的面部表情、姿态动作了解其意图，并借以审查对方的为人及交易的诚信程序，避免做出对己方不利的决策。但是，口头谈判也有其明显的不足。在一般情况下，双方都不易保持谈判立场的不可动摇性，难以拒绝对方提出的让步要求，另外没有充分的考虑时间，对谈判者要求较高，一旦决策失误没有回旋的余地，费用开支较大。比较适用于首次交易、同地区商务谈判、长期谈判、大宗交易、贵重商品等谈判。

**2. 书面谈判**

书面谈判在双方互不谋面的情况下即可进行，借助于书面语言互相沟通，谋求彼此的协调一致。它的好处在于：在表明己方的谈判立场时，显得更为坚定有力，郑重其事；在向对方表示拒绝时，要比口头形式方便易行，双方都有充足的考虑时间，费用及成本较低。特别是在己方与对方人员建立了良好的人际关系的情况下，通过书面形式既直接表明了本方的态度，又避免了口头拒绝时可能出现的尴尬场面，同时也给对方提供了冷静分析问题、寻找应对策略的机会，在费用支出上，书面谈判也比口头谈判节省得多。书面谈判的缺点在于：不利于双方谈判人员的相互了解，并且信函、邮件等所能传递的信息是有限的，文字要求精练，如果文字词不达意，容易造成差异，引起争议与纠纷；无法通过对方的语态、表情、情绪，以及习惯动作来判断对方的心理活动；谈判人员仅凭借各种文字资料，难以及时、准确地对谈判中出现的各种问题做出反应，因而谈判的成功率较低。书面谈判需要保证通信条件良好，若出现故障容易失去交易时机。书面谈判最大的忌讳就是处理函件不及时。

一般来说，书面谈判适用于那些交易条件比较规范、明确，谈判双方彼此比较了解的谈判。对一些内容比较复杂、交易条件多变，而双方又缺乏必要了解的谈判，则适宜采用口头谈判。随着交换方式的变革及现代通信业的发展，电话谈判作为介于口头谈判与书面谈判之间的一种新的谈判类型，已经逐渐地发展起来。

### （七）传统谈判与现代式谈判

根据谈判理论、评价标准分为传统谈判与现代式谈判。传统谈判是指谈判的单方妥协与让步，谈判步骤为首先确定各自立场，进而维护自己的立场，在维护自己的立场过程中要么让步、妥协，要不就谈判破裂、失败。而现代式谈判则是谈判双方共同解决谈判中出现的分歧和矛盾，谈判双方彼此力求双赢，谈判步骤则是首先确定彼此需要，其次则是探询彼此需要，站在彼此立场上设想解决途径。

### 案例赏析1-8[1]

有一个妈妈把一个橙子给了邻居的两个孩子。这两个孩子讨论如何分这个橙子。两个人最终达成了一致意见，由一个孩子负责切橙子，而另一个孩子选橙子。结果，这两个孩子按照商定的办法各自取得了一半橙子，高高兴兴地拿回家去了。

第一个孩子把半个橙子拿到家，把皮剥掉扔进了垃圾桶，把果肉放到果汁机里打果汁喝。另一个孩子回到家把果肉挖掉扔进了垃圾桶，把橙子皮留下来磨碎了，混在面粉里烤蛋糕吃。

▲点评：从上面的情形，我们可以看出，虽然两个孩子各自拿到了看似公平的一半，然而，他们得到的东西却未物尽其用。这说明，他们在事先并未做好沟通，也就是两个孩子并没有申明各自利益所在。没有事先申明价值导致了双方盲目追求形式上和立场上的公平，结果各自的利益并未在谈判中达到最大化。

商务谈判的过程实际上也是一样。好的谈判者并不是一味固守立场，追求寸步不让，而是要与对方充分交流，从双方的最大利益出发，创造各种解决方案，用相对较小的让步来换得最大的利益，而对方也是遵循相同的原则来取得交换条件。在满足双方最大利益的基础上，如果还存在达成协议的障碍，那么就不妨站在对方的立场上，替对方着想，帮助扫清达成协议的一切障碍。这样，最终的协议是不难达成的。

## 二、商务谈判的作用

商务谈判不仅是一种常见的社会行为，而且是一种必须要予以认真对待的生活现实。商务谈判进行的过程如何，取得怎样的结果，对人们的未来生活和工作可能会产生十分重大的影响。谈判的过程及其结果直接关系到当事各方的有关利益能否得到满足，关系到决策各方的未来关系，关系到有关各方在未来相当长的时期内的活动环境。一次成功的商务谈判可能帮助企业化解重大危机，一场失败的谈判则可能将企业为开拓一个新的市场所付出的若干努力付诸东流。其具体作用有如下几方面。

[1] 资料来源：冯华亚. 商务谈判. 3版. 北京：清华大学出版社，2015.

### 1. 传递信息，沟通情报

谈判人员是公司桥梁，谈判使沟通成为现实，在全部的控制过程中，谈判的双方都会得到诸如产品设计、质量、竞争对手，以及市场占有等各方面的资料。

### 2. 推销的保障，开拓市场的主要方法

谈判的首要任务是销售产品，推销的成功与失败完全依赖于产品条件及谈判技巧，企业发展壮大需要开拓市场，企业不仅要老客户，还要开发新客户。

### 3. 维护和发展业务关系

长期的买卖与合作关系对双方都是有利的，不能单纯依赖老路线和老客户推销自己的产品，需要谈判者发展新的业务。

### 4. 谈判是复杂技术和设备工程交易的需要

从营销战略的角度来讲，企业除了常规产品的销售之外，企业间购进技术、工程设备等非常规性产品是必须谈判的。

### 5. 克服传统的定价方式

从商品经营的角度来说，企业都需要固定不变的价目表，部分企业已经愿意讨论定价问题，也经常愿意以选择定价的方式来提供额外的服务方式给对方优惠，这种定价方法的实现最终是需要谈判来实现的。

## 情景训练1-4

### 模拟谈判——丝绸销售

#### 情景材料

一位美国商人爱德华来到了绍兴某丝绸厂。买卖双方为此进行商务谈判，作为卖方的范厂长不愿意失去做这次生意的机会，爱德华也非常喜欢绍兴某丝绸厂的产品。请为此进行场景设计，并组织同学们进行模拟商务谈判。

#### 训练要点

了解商务谈判的类型，根据商务谈判类型及特点去应对主座谈判。

#### 训练要求

先制订一定的商务活动场景，根据教学班级分组（小组6～7人）情况，单数号组扮演卖方（范厂长），双数号组扮演买方（爱德华），选择不同的场景进行设计和现场表演。

#### 训练步骤

对教学班级进行项目分组，并确定组长人选，组长进行组内分工。

设计有关的商务活动场景。

演练的同学对该商务活动场景进行分析，做好有关细节。

各项目小组根据场景进行表演。

对本次实训综合成绩进行评定。

#### 章节回顾

本章节着重介绍了商务谈判的概念、特征、原则，不同商务谈判的类型和内容，以及商务谈判的国际惯例。通过对本章节的学习，学生能够理解商务谈判的概念，准确把握商务谈判的主要特点，理解商务谈判的内容，了解商务谈判的原则，并使学生能够区分商务谈判的类型，能够比

较各种商务谈判原则及内容的不同，明白商务谈判在营销、管理工作中的重要性。

## 关键词汇

谈判；商务谈判；价值标准；软式谈判；立场型谈判；原则式谈判

## 知识训练

### 一、单项选择题

1. 下列关于商务谈判理论论述正确的是（　　）。
A. 商务谈判的主体是相互独立的利益主体
B. 商务谈判主要评价标准是价格
C. 商务谈判必须达成书面的谈判协议
D. 商务谈判合同注重条款的严密性和准确性

2. 按谈判中双方所采取的态度，可以将谈判分为立场型谈判、原则型谈判和（　　）。
A. 软式谈判　　　　B. 集体谈判　　　　C. 横向谈判　　　　D. 投资谈判

3. 在商务谈判中，双方地位平等是指双方在（　　）上的平等。
A. 实力　　　　B. 经济利益　　　　C. 法律　　　　D. 级别

4. 商品贸易谈判的核心内容是（　　）。
A. 商品品质　　　　B. 商品数量　　　　C. 商品价格　　　　D. 商品检验

### 二、多项选择题

1. 谈判在人类社会中产生的主要原因是人类的（　　）。
A. 经济利益需要　　　　　　　　B. 安全需要
C. 社交需要　　　　　　　　D. 生存发展需要
E. 自我实现需要

2. 评价商务谈判成败的价值标准是（　　）。
A. 取得最大经济利益　　　　　　B. 谈判目标实现的程度
C. 所付出成本的大小　　　　　　D. 双方关系改善的程度
E. 谈判花费时间的多少

3. 商务谈判的基本原则包括（　　）。
A. 合作原则　　　　B. 互利互惠　　　　C. 利益至上　　　　D. 对事不对人
E. 和平共处

4. 商务谈判的基本要素包括（　　）。
A. 谈判主体　　　　B. 谈判客体　　　　C. 谈判行为　　　　D. 谈判目标
E. 谈判方式

### 三、名词解释

1. 谈判
2. 商务谈判原则
3. 原则式谈判
4. 谈判主体

### 四、简答题

1. 什么是商务谈判？怎样理解商务谈判的含义？
2. 商务谈判有哪些基本原则？
3. 商务谈判的类型有哪些？
4. 商务谈判有什么作用？
5. 你认为什么样的谈判才算得上真正成功的谈判？

## 五、案例解析

### [案例1]

美国约翰逊公司的研究开发部经理，从A公司购买一台分析仪器，使用几个月后，一个价值2.95美元的零件坏了，约翰逊公司希望A公司免费调换一个。A公司不同意，认为零件损坏是由于约翰逊公司人员使用不当造成的。双方为这件事争执了很长时间，A公司召集了几位高级工程师费了九牛二虎之力证明了零件的损坏责任在约翰逊公司一方。A公司取得了谈判的胜利。但此后整整20年时间，约翰逊公司再未从A公司买过一个零件，并且告诫公司的职员，今后无论采购什么物品，宁愿多花一点钱，多跑一些路，也不与A公司发生业务交往。

请你来评价一下，A公司的这一谈判究竟是胜利还是失败？原因何在？

### [案例2]

江苏某工厂、贵州某工厂、黑龙江某工厂、北京某工厂要引进环形灯生产技术，各家的产量不尽相同，北京某进出口公司是其中某一工厂的代理商。知道其他三家工厂的计划后，进出口公司主动联合这三家工厂在北京开会，建议统一谈判。这三家工厂觉得有意义，同意联合。该进出口公司的代表将四家工厂召集在一起为谈判做准备。根据市场调查，亚洲有两家环形灯生产厂，欧洲有一家，有的曾来过中国，有的还与国内的工厂做过技术交流。进出口公司组织工厂与外商进行了第一轮谈判。

第一轮谈判后，有的工厂看大家联合在一起，自己的优惠也不多，于是提出退伙。外商故意不报统一的价格，并与想与自己成交的工厂直接联系，请工厂代表吃饭，单独安排见面等，工厂认为这对自己有好处故来者不拒。进出口公司的代表知道后劝说与外商单独联系的工厂，工厂不听。最终这四家工厂各自为政，联合对外谈判也宣告失败。

问题：1. 这是什么类型的谈判？

　　　2. 外商谈判成功的原因在哪里？

　　　3. 是否可以将来自不同省市的工厂联合起来共同谈判呢？怎么做才能实现共同的目标？

## 六、自检训练

每位同学在参加商务谈判情景训练前都要不断练习，提醒自己树立积极的谈判观，下表是一张提醒卡，请你在每次谈判前认真读卡、填卡。

| 商务谈判人员自我督促小卡片 |
| --- |
| 请认真默念以下条款： |
| 1. 人人都可以成为谈判高手 |
| 2. 我希望获得更好的条件，这是我的权利 |
| 请自检：我做到了□　　　　　我还需努力□ |

### 💿 心得体会

_____

_____

_____

# 第二章
# 商务谈判组织与管理

## 学习导读

商业谈判是最常见的商业活动之一，在买卖交易、企业兼并、技术引进乃至各种商业冲突中，人们都可能采取谈判的手段来解决问题，所以从某种意义上说，商业谈判就是谈判双方进行的情报博弈。在这场博弈中起重要作用的因素不仅仅有谈判者的口才、素质、公司的实力及地位，更重要的是各自所掌握的相关情报。被称为"全世界最佳谈判手"的霍伯·柯恩曾经说过：做到知己，许多人认为最容易，其实不然，了解自己并不比了解对手轻松。俗话说"当局者迷"，人们一般会过高或者过低地评估自己的实力。

## 学习目标

通过对本章的学习，需要把握和领会以下知识要点。
① 谈判人员素质要求。
② 商务谈判信息收集方法。
③ 如何制订商务谈判计划。
④ 谈判风格的选定。
⑤ 商务谈判心理及策略的运用。

## 学习导航

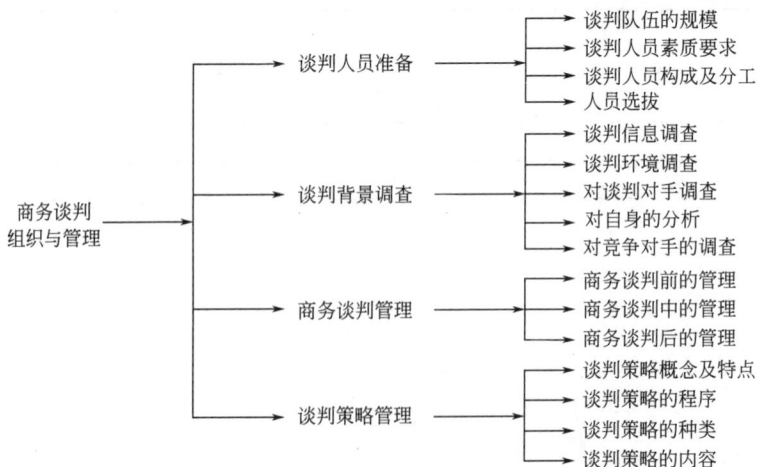

**职业指引**

　　对谈判活动的有效组织和管理，将会放大个人的力量，并且形成一种新的力量，这就是组织的总体效应。组织力量的来源，一方面是组织成员的个人素质和能力，另一方面是组织成员之间的协同能力。学习本章内容能有效把握商务谈判人员选择技巧，提高个人对团队的管理能力以及信息的搜集方法以及加强对谈判的管理，加强对商务谈判策略的运用。

# 第一节　谈判人员的准备

**导入案例2-1❶**

　　在某次交易会上，我方外贸部门与一位客商洽谈出口业务。在第一轮谈判中，客商采取各种招数来摸我们的底，罗列过时行情，故意压低购货的数量。我方立即中止谈判，搜集相关的情报，了解到日本一家同类厂商发生重大事故停产，又了解到该产品可能有新用途。在仔细分析了这些情报以后，谈判继续开始。我方掌握情报后发制人，告诉对方我方的货源不多，产品的需求很大，日本厂商不能供货。对方立刻意识到我方对交易背景的了解程度，接受了我方的价格，购买了大量产品。

## 一、谈判队伍的规模

### 1. 人员数量的多少

　　谈判组织理想规模是一个人，因为这样谈判人员会充分发挥作用，不会在协作和沟通上出现问题，可以完全控制自己。但是谈判也需要很多信息和知识，一个人不可能在各个方面是权威，谈判也没有时间去观察对方，以至于一个人不能灵活做出选择，容易为对方提供机会。因此，通常一个正规的谈判班子的人数超过一个人，由主谈人和陪谈人组成。谈判应超过一人，但不是越多越好。

　　谈判班子人数的多少没有统一的标准，谈判的具体内容、性质、规模以及谈判人员的知识、经验、能力不同，谈判班子和规模就不同。实践表明直接上谈判桌上的人不能太多。一个谈判班子的合理规模以4人左右为宜，这样的谈判班子的工作效率高，具有最佳的管理幅度，满足谈判所需的知识范围，也便于谈判班子成员的调换。

### 2. 参加谈判人员需要及时更换

　　谈判人员应随谈判内容的变化而变化，在谈判初期，一般不需要法律行业的人员，在谈判即将结束的时候一般不需要经济行业的人员。就谈判所需的知识范围来看，长达几个月的大型谈判会涉及许多专业性知识，但每一个洽谈阶段所需专业知识不会超过三四种。从谈判的全过程来看，参加谈判的人员也并非一成不变，随着各个阶段内容的不同，谈判人员需要及时变更。比如：在谈判开始阶段，负责起草协议的律师就无须登场；但是在协议阶段，生产技术人员又完成使命了，如果需要更多的专家参加谈判，他们可以作为谈判顾问，没有必要以正式成员的身份出席谈判。

## 二、谈判人员素质要求

　　谈判人员选择的关键在于发现并任用那些具备基本的能力，能够并且愿意完成谈判任务的

---

❶ 资料来源：方明亮.商务谈判与礼仪.2版.北京：科学出版社，2011.

人员。对理想的谈判者的要求通常包括多个方面。艾克尔在《国家如何进行谈判》一书中提出的"完美无缺的谈判者的标准"，几乎包括了人类的一切美德。艾克尔写道："一个完美无缺的谈判家，应该心智机敏，而且具有无限的耐心；能巧言掩饰，但不用欺诈行骗取信于人，不轻信他人；能谦恭节制，但又刚毅果敢；能施展魅力，但不为他人所惑；能拥巨富、藏娇妻，但不为钱财和女色所动。"在现实的商务活动中，几乎很难找到类似的"完美无缺"的谈判者。但一个优秀的商务谈判人员至少应符合以下几个基本的素质要求。

### （一）健全完善的思想素质

谈判是各方之间在精力和智力上的对抗，对抗的环境在不断变化，对方行为带有很大的不确定性，要在这种对抗中实现预定目标的谈判人员必须具有良好的心理素质。

**1. 谈判人员应遵纪守法，忠于国家、忠于组织集体**

有些谈判人员不能抵御对方变化多端的攻击方法，为了个人私欲损公肥私，通过向对手透露己方信息，甚至与外商合作谋划等方式，使国家、企业蒙受损失，因此谈判人员在谈判中思想素质应过硬，不应考虑个人得失，发扬奉献精神。

**2. 有顽强的意志力和心理协调力**

谈判的艰巨性不亚于任何其他事业，谈判桌上枯燥乏味，无论在高潮或低潮阶段都要心平如镜。古往今来很多政治家、军事家都以"戒躁、止怒、留静、贵虚"作为自我修炼的方法。

**3. 良好的职业道德**

不同社会通常有不同的道德标准、价值观念，同一社会不同人群的道德标准往往也有一定的差别。但就商务活动来说，无论处于怎样的社会，一个理想的谈判者都必须要遵守基本的商业道德规范、诚实待人，能够正确处理公司与个人之间的利益关系。作为企业的代表，在谈判过程中，应当积极谋求符合企业利益的目标的实现，而不以谋求个人利益为目标。

### 案例赏析 2-1

沃尔·斯特里特公司的一位男鞋推销员去拜访他的一个购货商。在推销过程中，这位商人抱怨说："知道吗？最近两个月，我们订货的发送情况简直糟透了。"这一抱怨对推销员来说无疑是一个巨大的威胁，谈判有陷入僵局的危险。

男鞋推销员的回答很镇定："是的，我知道是这样，不过我可以向您保证，这个问题很快就能解决。您知道，我们只是个小型鞋厂，所以当几个月前生意萧条并有 9 万双鞋的存货时，老板关闭了工厂。如果您订的货不够多，在工厂重新开工和有新鞋出厂之前，您就可能缺货。最糟糕的是，老板发现由于关闭工厂他损失了不少生产能手，这些人都去别处干活了，所以，在生意好转之后，他一直难以让工厂重新运转。他现在知道了，过早惊慌地停工是错误的，但我相信我们老板是不会把现在赚到的钱存起来而不投入生产的。"

那商人一听就笑了，说："我很感谢您，您让我在一个星期之内头一次听到了如此坦率的回答。我的伙计们会告诉你，我们本周一直在与一个购物中心谈判租赁柜台的事，但他们满嘴瞎话，使我们厌烦透了。谢谢您给我们带来了新鲜空气。"这个推销员用他的诚恳态度赢得了客户的极大信任，他不但做成了这笔生意，还为以后的生意打下了良好的基础。

▲点评：这是一个关系营销的时代，生意的往来越来越建立在人际关系的基础上，人们总是愿意与他所熟识和信任的人做买卖。而获得信任的最重要的途径就是良好的职业道德，做人需待人诚恳。在商务谈判出现僵局的时候，如果谈判者能从谈判对手的角度着眼考虑问题，急人之所急，想人之所想，对谈判对手坦诚以待，对方也必然会做出相应的让步，僵持不下的局面也就随之消失。

#### 4. 充满信心、沉着应战

充满信心，就是要求谈判者相信自己的实力，相信自己具有说服对方的能力。没有自信心，没有毅力，就难以取得谈判的成功。利益差异决定了绝大多数谈判都需经过多个回合的反复磋商才能达成协议，必胜的信念是促使谈判者在不利的条件下坚定地走向胜利的重要保证。自信必须建立在充分占有材料的基础上，必须建立在对谈判双方实力科学分析的基础上，否则自信就是盲目的自信、危险的自信。此外，值得指出的是自信不是唯我独尊。缺乏自信心，不能坚持正确的观点是错误的、盲目的自信，坚持明显错误的观点也可能使谈判最终趋于失败。因此谈判者的自信还应包括及时改变自己的不正确决定的能力。

处变不惊、含而不露是一个优秀的谈判者所应具备的素质之一。面对复杂多变的形势，谈判者既要善于"以变应变"，根据谈判情形的变化修正自己的目标和策略，又要善于"以不变应万变"，沉着冷静地处理各种可能出现的问题。

### (二) 正确客观认知和评价自身实力

#### 1. 学会塑造自我

塑造己方谈判人员的性格，树立信心、培养耐心、具备诚心。性格暴躁的人很容易陷入不利局面，一般人在情绪恶化的时候不愿思考，也很容易被对方不错的建议所诱惑。生气的人很难改变主意，即使发现自己做出了荒谬的决定，由于情绪不稳定，也会任由事态的发展。自负的人一旦遇到对方有可能对你阿谀奉承的情况，可能在飘飘然中就悄然陷入别人的陷阱。

#### 2. 分析手中的谈判资本

己方谈判人员要清楚知道手中所拥有的优势，分析在谈判中对手的真实需要，结合自己手中的谈判资本跟对手周旋；其次还要合理利用谈判人员的个性特质，在谈判中做到有的放矢。

#### 3. 提前对内容进行分析

对方能提出什么样的要求，我们能为对方提供什么样的产品，作为一名合格的谈判人员也要对这些内容提前进行分析。

### (三) 谈判人员需要拥有良好的知识结构

商务谈判是围绕着交易或合作有关的商务及技术条件而展开的。这里涉及政治知识、经济知识、商务知识、技术知识、管理知识、法律知识、语言知识等，谈判双方要加深关系、促进沟通、营造良好气氛，都需要拥有语言的共同点。在谈判中能够获得怎样的利益，特别是获得怎样的经济利益，主要体现在双方通过谈判所商定的商务和技术条款中，这也涉及到相关商务知识、技术知识、经济知识。有鉴于此，谈判者必须要熟悉与谈判有关的各方面知识。只有拥有良好的知识结构才能在商务谈判中谈吐自如，收放有度。一个优秀的谈判人员还应熟悉有关的社会、政治和法律知识，能够接受文化差异等。

### (四) 谈判人员的能力素养要求

#### 1. 语言表达能力

谈判者应通过语言感染力准确无误地表达自己的情感、意愿。要求谈判者能言善辩并不是要求他滔滔不绝，自吹自擂，谈判不是演讲比赛，而是双方的交流。谈判是一个信息交流的过程，要能胜任谈判任务，谈判者还要具备较强的沟通能力，善于恰当地传递信息，及时准确地理解、接受有关信息，并充分利用有关信息为实现谈判目标而服务。

#### 2. 观察认知能力

谈判人员在谈判过程中应注意观察对方的行为，学会察言观色，通过观察、思考来判断、分析谈判过程，从对方的言行和行动迹象中判断真伪，了解对方真实意图。一般从手势来说，张开双手表示接纳；紧握双拳意味防范；当对方的手使劲握住桌角，证明你的观点击中要害。从面部表情来看，如嘴唇紧闭、眉角下弯，瞪大眼睛盯住你，表明对方对你充满敌意且具有攻击力；若眼睛突然往下看，脸部转向旁边，多表明拒绝或厌恶你的讲话。需要指出的是，判断言行举止是一个比较复杂的问题，要结合实际情况来分析。因此需要谈判人员自身要有一定的观察认知能力，单纯凭经验来判断往往效果不尽如人意。

**3. 组织应变能力**

谈判也是一项需要多人密切配合的集体活动，每个成员都要在组织中发挥自己的特殊作用，所以谈判人员要有组织协调能力，分清主次，抓住重点，合理掌握时间，才能发挥出重大的战斗力。另外，任何细致的谈判准备都不可能预料到谈判时发生的所有情况，谈判者务必保持沉着，发挥机智、灵活的应变能力，主要包括处理事故的能力、化解谈判僵局的能力、巧妙袭击的能力等。

**4. 主观决策能力**

谈判的风云变幻，既要求谈判人员处变不惊、沉着冷静，又要求有大将风度，这样才能妥善、理智地处理好问题。否则，谈判人员感情用事将会做出不合理的决策，如进入拍板阶段后，谈判人员就应该当机立断。

**5. 创造性思维能力**

谈判人员要具备丰富的想象力和不懈的创造力，拓展商务谈判的新思维、新模式，在谈判过程中提高分析问题和解决问题的能力。

### （五）健康的身体素质

身体是革命的本钱，谈判人员只有精力充沛、体魄健康才能适应谈判超负荷的工作需要。

## 三、谈判人员的构成及分工

### （一）谈判人员的组成及分工

**1. 首席代表**

首席代表也叫主谈人，对谈判的作用十分关键。他不仅要具备一般谈判人员的素质，还要具有更强的控制能力和协调能力。主谈人除了对谈判对手所提的问题要善于应答外，还要有效地指挥与协调谈判班子每个成员的活动，发挥谈判班子的群体效应，监督谈判程序，掌握谈判进程，决定谈判过程中的重要事项，协调班子成员意见，代表单位签约，还要及时向领导汇报谈判工作，担负起谈判的组织和领导责任。具体地说，主谈人的职责可归纳为以下几个方面。

（1）做好谈判前的准备工作  谈判桌上的成功主要还是来自谈判桌外的准备工作。作为主谈人，准备工作抓得实与虚直接影响谈判结果。主谈人在履行这一条职责时必须坚持一个"明"字。所谓"明"字就是务必明确了解与谈判有关的各种信息，务必使谈判目标有明确的定量指标和定性要求，务必使谈判组的全体成员都明白无误地了解谈判目标和策略，务必使每个谈判成员明白自己的工作与谈判目标和策略的关系，听取其他谈判人员的建议、说明，务必使每个谈判成员明白自己的工作规范和行为准则。总之，主谈人要能领悟上级的指示精神并能向其他参与人员透彻地讲明，组织参与人员依此共同行动并能实现目标。同时，主谈人也应考虑谈判中如发生意外情况，将如何向上级汇报，以便领导及时做出决策。

（2）发挥谈判核心人的作用  主谈人的特定身份和谈判的惯例，决定了他是谈判组织的正式发言人。一方面，主谈人代表着上级的指示精神；另一方面，主谈人代表着谈判过程中一方的正式立场。无论对方在陪谈人身上做了多少工作，最终签约还取决于主谈人的意见。主谈人是双方互通信息的连接点。因此除了试探对方动向外，有经验的谈判者都会直接与对方的主谈人就实质性问题交换意见以免浪费时间或造成误解。

正因为主谈人是一方的正式发言人，他必须是信誉的代表。言出必信，承担责任，使对方认识到主谈人的信息具有权威性和契约性是主谈人的职责；否则主谈人朝令夕改，反复无常，让对方感到无法信任，对方便会失去对话的信心，不是要求更换主谈人，就是中止谈判。在实际谈判中，主谈人的成熟与能力并不完全在于"有问必答"或"有问必会答"，而是有问必须回答得准确、时机得当、分寸适度并且出言不悔。

（3）在谈判中寻找主攻点　谈判协议是双方妥协的结果。谈判过程就是双方共同寻找妥协点的过程。由于双方利益的矛盾性和共存性，都希望对方做出最大让步使自己能守住阵地，激烈的争论也往往由此产生。主谈人的责任就是寻找对方能力范围内可能妥协的条款作为主攻点。主攻点并不是要对方提出最终的妥协目标，而是抓住对方最虚、最不合理的提议作为主攻方向。抓住了对方的弱点，就可起到"牵一发而动全身"的作用，从一点突破推动全局的进展。

（4）调动全体成员的积极性　谈判班子活动的源泉，在于全体成员的积极性、智慧和创造力。主谈人是组织在谈判桌前的代表，也是一线的指挥员。主谈人对组织成员分工是否得当，能否听取陪谈人的意见，能否使谈判班子集合统一力量，并按整体的意愿共同议定谈判策略，是调动全体成员积极性的关键。主谈人在履行这条职责时，要充分注意尊重陪谈人的意见，当与陪谈人意见相左时，应平心静气，认真思考。如果谈判遇到挫折或发生问题要及时平息陪谈人的思想波动，共同找出解决问题的办法。

### 2. 专业人员

应是熟悉本组织的专业技术特点并能决定技术问题的工程师或技术领导。在谈判中，技术人员主要负责有关技术性能、技术资料和验收办法等问题。应阐明己方的愿望、条件，弄清对方的意图，同对方进行专业细节方面的磋商，向首席代表提出解决专业问题的建议，为最后决策提供专业论证。

### 3. 商务人员

主要负责有关价格、交货、支付条件、风险划分、信用保证、资金筹措等商务性条款的谈判。需熟悉谈判总体的财务情况，分析、计算谈判方案的修改所带来的收益变动，提供财务分析表，了解对手在项目中预期期望指标，给首席代表提供建议。

### 4. 法律人员

谈判组织的法律人员，应是熟悉各种相关法规并有一定签约和辩护经历的专业人员。在谈判中，法律人员应懂得和解释协议、文件中各种条款的法律要求，并能根据谈判情况草拟协议文本，确认谈判对方的经济组织的法人地位，监督谈判在法律许可范围内进行，检查法律文件的完整性和准确性。

### 5. 翻译人员

如是涉外谈判，谈判组织还应配备自己的译员。译员不仅要熟悉外文，还要懂得一些基本的与谈判内容有关的知识。在谈判中译员应积极主动，准确传递谈判双方的意见、立场、态度，遵纪守法，切不可任意发挥、歪曲本意。

### 6. 记录人员

大型谈判中还需要配备专门的记录人员，要求记录人员必须准确、完整、及时地记录谈判内容。

以上各类人员在商务谈判中并不是单兵作战，而是相互密切配合，各自根据所掌握的材料和知识经验，对谈判全局提出参考意见，共同制订谈判方案，并经上级批准，分头实施，在谈判桌上根据既定方案伺机而动，彼此呼应，形成目标一致的谈判统一体。

## （二）谈判小组人员构成原则

### 1. 知识具有互补性
谈判人员所具备的知识结构最好不要重复，这样彼此能在谈判桌上互相呼应。

### 2. 性格具有互补性
性格是一个人比较固定的对人对事的态度和行为方式，是最主要的个性心理特征。在一个合理而完整的谈判班子中，成员的性格应当是协调的。所谓性格协调，并不要求其成员在性格上完全一致而是要求各种性格的人兼容并蓄。通过"性格补偿作用"使多种人才相互补充、相互协调，各种性格人员的集合能有效控制谈判场面。

**3. 成员分工要明确**

谈判开始之前，首席代表必须协调班子成员的职责。

## 案例思考 2-1 [1]

某县一家饮料厂欲购买意大利固体橘汁饮料的生产技术与设备。派往意大利的谈判小组包括以下 4 名核心人员：该厂厂长、该县主管工业的副县长、县经贸委主任和县财政办主任。

问题：你对如此安排谈判人员有何看法？以上安排谈判人员理论上会导致怎样的后果？应如何调整及调整的依据是什么？

## 四、谈判人员的选拔

### （一）商务谈判人员识别的基本观点

**1. 放大眼光看人的观点**

放大眼光看人的观点是指从较广的范围和较多的人员中选拔适当的商务谈判人员。有些组织选拔谈判人员往往出现这种情况：领导班子的眼光仅仅盯着自己熟悉的几个人，如果感到这几个人也不合适，就让不熟悉业务的"领导"参加谈判，或要求上级机关派人。真正符合谈判素质要求的人员由于没有进入被选拔的视野，得不到合理的选择，谈判班子难以实现最优组合。目前来看，选择谈判人员存在的主要问题是论资排辈。这在一些较大型的谈判和涉外谈判中表现得较为明显。谈判组织如果由一个有资历的人主持谈判，说三道四的人就少；如果要任用一个没有资历却很有谈判能力、能控制谈判局面的"无名小辈"，就可能会招致各种苛刻的非议。商务谈判是一种综合能力的反映，人员选拔适当与否将关系到谈判的成败。为了做到放大眼光看人，选拔人员要不拘一格，不为老观念束缚，要在竞争中择优选拔。

**2. 扬长避短看人的观点**

选拔谈判人员要一分为二，分清本末、主次。在分析谈判人员的素质时应看到每个人既有长处也有短处。选拔谈判人员应首先考虑其优点、长处是什么，这些优点和长处是否适合参加谈判。有的人尽管有缺点和短处，但这些缺点与短处不至于影响谈判时也不应排斥这样的人参加谈判。唯有如此，才会选拔出适合发挥其优点和长处的谈判人员。选拔谈判人员应重主流轻支流，懂得事物的性质是由矛盾的主要方面决定的，人才是由其长处决定的。九方皋相马"得其精而忘其粗，在其内而忘其外。见其所见，不见其所不见；视其所视，而遗其所不视。"这种富有哲理的识才之道值得选拔谈判人员时借鉴。当然，识人所长并不是不见其短，而是不要揪住人才的缺点不放。

**3. 在实践中看人的观点**

任何人才的成长都要有一个发展过程，掌握了相关的谈判理论，在实务中并不一定就能运用自如，运用的效果也并不一定会很好。因为人才的成长有一个成熟过程，成熟不取决于谈判人员的年龄，而是取决于谈判人才必不可少的实践过程。谈判人才的成长是一个由"潜"性人才向"显"性人才发展的过程。潜性人才只有在谈判实践中做出成绩与贡献才能转化为显性人才。要给潜性人才创造参加谈判实践的机会，使他们在谈判中脱颖而出。因此识别谈判人才不能凭印

---

[1] 资料来源：本案例由作者根据网络相关资源改写。

象、凭个人好恶，而是要通过实践加以检验。人的素质高低、业务能力强弱、谈判成效大小，只有在实践中才能被检验出来。

### (二) 商务谈判人员的选择方法

#### 1. 经历跟踪法

经历跟踪法是对备选者在较长时间内的有关情况进行了解，收集其工作情况、受教育情况、工作经历、社会地位、性格特点等有关资料，研究其心理和能力的发展过程；同时，分析其有关谈判活动或相近活动的工作成绩。通过对工作成绩的分析，可以了解备选人员的智力水平、个性心理特点、谈判技能的熟练程度、兴趣爱好、工作态度等。

#### 2. 观察法

观察法是在自然条件下，通过对备选者的行动、语言、表情等有计划、有目的、有系统地观察，了解备选人员的各种能力和心理特点。运用观察法可以获得比较真实的情况并做出实事求是的评价。但是，如果是无计划、片面地观察，所获得的结果就会片面，难以做出公正的结论。全面而系统的观察应包括动作的速度、准确性和协调性，记忆力的速度、保持性和准确性，思维力的广度、深度、灵活性和创造性，想象力的生动性、丰富性和新颖性，情绪状态、理智感、道德感、兴趣、意志、气质、语言、面部表情等。

#### 3. 谈话法

谈话法是通过与备选者进行语言交流，了解其各种能力和心理特点的方法。在谈话中应注意：事先要拟定好谈话的主要内容；最好采取面对面的对话形式，并要记录谈话内容；谈话时可设计激烈、轻松、打断等情景以便了解备选人的应变应答能力。

#### 4. 谈判能力测验法

谈判能力测验法是根据所要测验的内容设计各种答卷进行测验评分，用数字化表示备选者能力和心理特点的方法。这种方法的优点是能在较短的时间内、在较大范围内取得调查材料以便分析对比，择优录取；缺点是测验答卷的水平不同，结果也会不尽相同，备选者不一定按其真实意思回答问题。谈判能力测验法在不同时间使用，可测验出谈判人员各种能力的变化。

### (三) 商务谈判成员的性格选择

一般而言，谈判人员的性格可以分为以下几种类型。

#### 1. 独立型

这类人员的特点是：性格外露，善于交际，决断能力强，敢负责任，上进心强，为人热情，善于洞察谈判对手心理。他们不愿意接受他人过多的命令和约束，有的甚至期望指挥他人，乐于承担自主性强和能充分发挥个人才能的工作。

#### 2. 活跃型

这类人员的特点是：性格外露，活泼开朗，情感丰富，精力旺盛，富有朝气和想象力；善于交际，思维敏捷，善于捕捉时机，容易与对手迅速成交，技术熟练，但情绪易波动，业务学习和工作有时也不够踏实，因而成熟度不够。这类人员适于从事流动性大、交际广的工作。

#### 3. 急躁型

这类人员的特点是：性格开朗，为人率直，情感易变，性情急躁，接待对方谈判人员时态度热情，但显得浮躁，与对方发生矛盾时容易激动，态度因情绪波动而变动。这类人员适于从事简单的、易于快速完成的工作。

#### 4. 顺应型

这类人员的特点是：性格柔和，为人随和，独立性差，喜欢按别人的意见办事，情绪比较稳定，接待谈判对手时态度谦和、诚恳认真，介绍情况实事求是，能尊重对方的意见，尽量满足对方的要求，很少与对方发生争吵。但一旦发生矛盾就显得束手无策，依赖于他人解决问题。他们适于从事正常的、不紧迫的工作。

**5. 精细型**

这类人员的特点是：性格沉着冷静，情绪稳定，工作细致，有条不紊，善于观察对方心理，对谈判对手的态度反应极为敏感，与对方发生矛盾时能细致分析、冷静处理，但工作缺乏魄力和开拓精神。这类人员一般适于从事精密细致的工作。

**6. 沉静型**

这类人员的特点是：性格内倾，性情孤僻，高傲自赏，不爱交际，情感内隐，对待谈判对手表现得较冷淡，沉默寡言，但一般较耐心，很少与对方发生争吵，对谈判对手提出的问题一般用简单的语言回答，反应迟缓。这类人员一般适于从事较少交往的独立工作。

## 情景训练2-1

### 情景材料

新科公司想聘一名商务代表，要求：大专以上学历，大学英语四级以上，两年以上企业管理经验，具有应用软件销售的实际工作经验，熟悉计算机操作，能说流利的普通话和粤语，事业心强，有较好的开拓进取精神，具有良好的人际沟通与协作能力，语言表达能力强。

### 训练要点

在了解商务谈判组织与管理工作的基础上，拓展、丰富谈判人员的准备知识；充分运用相关知识来构建谈判小组，该训练主要测试学生的交际能力、表达能力、心理素质。

### 训练步骤

1. 根据该案例，设计一份面试提纲。

2. 确定案例训练组织方式；分组进行演练（4～6人为一组）。

3. 各小组选出一名代表实行角色扮演，一人演面试者，另一组的同学演应聘者，其余同学演观察员。

4. 角色扮演的同学自我评价，观察员进行点评，最后由教师进行点评与总结。

# 第二节 商务谈判背景调查

## 导入案例2-2

2007年6月，广州市某机床厂厂长在韩国首尔同当地一家A公司进行机床销售的谈判。双方在价格问题的协商上陷入了僵持的状态，这时我方获得情报：韩国A公司原与日商签订的合同不能实现，因为日本对韩国、中国实施提高了关税的政策，使得日商迟迟不肯发货，而韩国A公司又与自己的客户签订了供货合同，对方要货甚急，A公司陷入了被动的境地。我方根据这个情报，在接下来的谈判中沉着应对，A公司终于沉不住气购买了230台中国机床。

▲点评：在谈判中，不仅要注重自己方面的相关情报，还要重视对手的环境情报，只有知己知彼知势，才能获得胜利。

谈判中领导者主要根据组织的需要来确定目标。谈判操作都是以目标实现为导向的。这一目标体系通常有三个层次：第一目标即基本目标，这是谈判必须达到的利益标准，它的实现决定谈判的价值；第二目标即一般目标，这是争取达到的利益目标，通常是不到万不得已时坚决不予以放弃；第三目标是理想目标，这是不影响整体利益的目标，在必要时可以适当取舍。显然，第一目标是达成谈判协议，这也是最基础的要求，也是三个目标中最低要求，它的选定一定要把握准。

狭义的信息收集、整理工作只涉及谈判对象本身的有关信息。而广义的信息收集、整理工作包括政治、经济、社会环境、宗教信仰、谈判对手、竞争对手、国家政策法律等了解。

## 一、谈判信息调查

就交易的角度来讲，每次商务谈判最终的目的是通过某项交易达成双方一致的协议。在开展每项具体交易之前，企业必须事先寻找意向中的交易对象（暂还未成为谈判对手）。例如为了采购某原材料需要寻找原材料供应商，为了销售产品需寻找代理商、终端客户。有时交易对象可能只有一个，也就是说在同行业中处于垄断地位。有时交易对象可能有多个，此时要确定未来的谈判对象就必须经过一个比较、筛选的过程，之后才能"择优录用"。在对交易对象的考察中，不论数目多少，都不可避免涉及信息的收集、整理工作。简单说，信息的收集、整理工作在整个商务谈判前期准备工作中的地位也正如商务谈判前期准备工作在整个商务谈判全过程中的地位一样，都起到基础性作用。

### 案例赏析2-2[1]

#### 获得有效情报，正确认定价值

荷兰某精密仪器厂与中方就某种产品的商务谈判在价格条款上一直没有达成协议，因此双方决定专门就价格进行谈判。

谈判一开始，荷兰方面对自己企业在国际上的知名度进行了详细的介绍，并声称按照其知名度其产品单价应定为4000美元。但是中方代表事先作了详尽的调查，国际上的同类产品价格大致在3000美元左右。因此中方向荷兰方面出示了非常丰富的统计资料和有很强说服力的调查数据，令荷兰方面十分震惊。荷兰方面自知理亏，因此立刻将产品价格降至3000美元。

然而中方人员在谈判前早已得知对方在经营管理上陷入了困境，卷入了一笔巨额债务，急于回收资金，正在四处寻找其产品的买主。根据这种情况，我方以我国《外汇管理条例》中的有关用汇限制为理由，将价格压至了2500美元。对方以强硬态度表示无法接受，要终止谈判。我方当即表示很遗憾，同意终止谈判，而且礼貌地希望双方以后再合作。对方未料到中方态度如此坚决，只好主动表示可以再进一步讨论，最后双方以2700美元的价格成交。

▲点评：在商务谈判中，谈判者对各种信息的拥有量，以及谈判者对谈判信息的收集、分析和利用能力，对谈判活动有着极大的影响。如果在谈判之前多掌握些有效的情报，也许结果会完全不同。

在商务谈判中，收集信息的渠道是多种多样的，信息收集的方法主要有如下几种。

#### 1. 收集和分析"公开情报"

主要对文献资料、统计报表、报纸杂志、图表画册、广告、报告、用户来信、企业简历等整理、分析、研究。

#### 2. 直接调查

由谈判人员直接或间接地获取相关情况和资料的方法，如通过与该企业往来的银行了解其财务状况、经营情况的信息，与该企业有过交往的人员了解其经营特点、谈判习惯等。

---

[1] 资料来源：本案例由作者根据网络相关资源改写。

### 3. 建立情报站

设立情报网、建立办事处，在目标市场设立情报站。如日本某著名株式会社早在20世纪80年代把他们的情报人员派到70个国家、120多个城市从事经济开发、海外贸易工作，并成立专门的调查情报部，情报部一天24小时不停地收到来自世界各地的大量经济情报，以及同经济有关的政治情报。

### 4. 委托购买

人们通过咨询服务系统快捷查询、调查、收集有关的信息。信息提供者可以是企业，也可以由社会的专门机构提供。

总之，谈判开始之前，需要将收集的信息"去其糟粕、留其精华"。

## 二、对谈判环境的调查

### 1. 政治因素

**（1）国家对企业的管理制度** 即国家对企业自主权的大小问题、国家对企业的领导形式问题。若管理程度高，那么政府就会干预和限定谈判内容及过程；如果管理程度小，那么企业人员就可以自主决定谈判的内容和目标。在计划经济体制下，企业自主权较小；在市场经济体制下，企业建立独立自主的管理机制，有较大自主权。

**（2）政治背景** 即谈判项目是否有政治的关注？哪些领导人比较关注？领导者权力如何？涉及关系国家大局的重要贸易项目，涉及影响两国外交的敏感性很强的贸易往来，都会受到政治因素的制约。

**（3）政局的稳定** 即谈判对手当局政府的稳定性如何？政局是否会有变动？是否与谈判项目相关？一般情况下，政局不稳定、爆发战争，谈判往往被迫终止，协议就容易变成废纸。

**（4）政府间的关系** 即买卖双方政府之间的关系如何？如果友好，贸易是受欢迎的。如果两国有矛盾，贸易可能被干预或禁止。

### 2. 法律制度

法律产生于商品交换，商品交换依靠法律来调整，谈判的内容只有符合法律规定，才能受到法律保护。以下因素需要在谈判前考虑。

① 该国（地区）的法律制度是什么？是根据何种法律体系来制定的？

② 在现实生活中，法律执行程度如何？法律执行情况不同将直接影响到谈判成果能否受到保护。实际中，要研究对方所在国家和地区是否法制健全、是否有法可依、是否依法办事。

③ 该国（地区）法院受理案件的时间长短。当谈判双方在交易过程中以及合同履行过程中出现问题，不能进行有效解决，递交法院后，是否可以及时得到解决。

④ 该国（地区）对执行国外的法律仲裁判决的程序。国际商务活动必然会涉及两国法律适用问题，必须清楚该国（地区）执行国外法律仲裁需要哪些程序和条件。还得弄清楚，在某一个国家裁决的纠纷拿到对方国家是否具有同等法律效力。若不具有同等法律效力，那么需要什么样的条件和程序才能生效。

⑤ 该国（地区）法院与司法部门是否相当独立。要研究法院与司法部门是否各自独立，是否不受行政机关影响。

⑥ 该国（地区）当地是否有完全可以信任的律师。如果必须聘请律师，一定要考虑是否能聘请到公正可靠的律师。因为律师在商务谈判过程中始终起着重要的参谋作用。

### 3. 宗教信仰

**（1）该国占主导地位的宗教信仰** 首先搞清楚该国（地区）占主导地位的宗教信仰是什么，其次要研究这种占主导地位的宗教信仰对谈判人员的思想行为会产生哪些影响？如佛教、基督教、伊斯兰教等宗教信仰对人的道德观、价值观、行为方式都有直接影响。

（2）该宗教信仰是否会产生重大影响　政治事务：该国政府的施政方针、政治形势、民主权利是否受该国宗教信仰的影响。

法律制度：宗教色彩浓厚的国家其法律制度不能违背宗教教义，甚至某些宗教教规具有至高无上的权力（甚至高于法律）。

社会交往与个人行为：对社会交往、方式、范围都有一定的影响。对个人的社会工作、社交活动、言谈举止都有这样那样的限制。

节假日与工作时间：不同宗教信仰的国家都有自己的宗教节日和活动，谈判期间不应与该国的宗教节日、祷告日、礼拜日冲突，尊重对方习惯。如阿拉伯国家在斋月期间一般不接见外宾，更不从事商务活动。

**4. 商业习惯因素**

每个国家和地区都有自己的商业习惯，而这些习惯要求谈判人员要采用与之适应的谈判手法，如印度商人喜欢收送礼品，而阿拉伯国家商人尤其讨厌贿赂。谈判人员要了解该国的企业经营制度，是否喜欢文字协议，谈判和签约过程中律师是否只负责审核合同的合法性，正式谈判场合是否注重礼仪，是否有商业间谍在从中活动，是否喜欢同时跟几家公司进行谈判，喜欢使用什么语种等一些具体的商业习惯因素。

**5. 财政金融因素**

谈判时要了解经济形势和市场状况，对经济周期、国际收支、外贸政策、金融外汇管理等变化情况都要及时掌握，必要时调整谈判策略。

### 案例赏析2-3❶

以下是我国一家石油公司经理与一阿拉伯国家的谈判代表进行谈判后的自述：我曾经在会见一位阿拉伯国家的谈判代表时，与他协商协议书上的一些细节问题。谈话时，他渐渐地朝我靠近，直到离我大约15厘米才停下来。当时我并没意识到什么，我对中东地区商业习惯不太熟悉，我往后退了退。在我们两人之间保持着一个我认为适当的距离，大约60厘米。这时，只见他略略迟疑了一下，皱了皱眉，随即又向我靠过来，我不安地又退了一步。突然，我发现我的助手正焦急地盯着我，并摇头向我示意。我终于明白了他的意思，我站住不动了，在一个我觉得最别扭、最不舒服的位置上完成了此次交易的谈判。

▲点评：在谈判中，不仅要了解己方的情况，还要重视对手的商业习惯，只有知己知彼知势，才能获得胜利。

**6. 社会习俗**

俗话说："入乡随俗、出国问禁"，作为谈判人员应该要了解和尊重对手国家的社会风俗习惯。社会风俗习惯是群居的人们自发形成，并为社会大多数人经常重复的行为方式，对人们行为的控制是非强制性的，是潜移默化的，是特定社会的产物，与社会制度变革有密切关系。如俄罗斯人喜欢用面包和盐来招待贵客；过年时我国彝族同胞有火把节，布依族姑娘要抢第一担水、荡秋千、高山族同胞有围炉坐，侗族同胞有芦笙会。谈判人员要了解对方在称呼、衣着、赠送礼物、社交活动、如何看待荣誉和名声等方面的习惯。这些社会习俗对人们的行为产生影响和约束力，必须清楚了解。

**7. 基础设施及后勤供应系统**

这是指该国的人力、物力、财力及当地运输条件、邮电通信状况等。在谈判中是需要一定的基础条件及后勤保障系统的。应当了解该国是否有熟练工人？该国建筑材料、建筑设备、维修设

---

❶ 资料来源：本案例由作者根据网络相关资源改写。

备如何？当地的运输条件如何？是否有三通？

**8.气候因素、地理条件**

谈判人员对当地的地理条件和气候方面也应有所了解，做到有备无患，避免因气候、地理条件带来的不便。如英国伦敦多云多雾、重庆大多为山地地理条件等。

以上几种因素，从各个方面制约和影响着谈判工作，是谈判前准备工作中的重要调查因素。

## 三、对谈判对手的调查

### （一）对谈判对手的心理需要分析

谈判者能否取得成功，不在乎在谈判过程中做了些什么，关键在于谈判人的心理素质。心理是人脑对客观现实的主观能动的表现。商务谈判心理是指在商务谈判活动中谈判者的各种心理活动。

**1.谈判的心理基础——需要**

（1）**需要的含义**　需要是人缺乏某种东西时产生的一种主观状态，是人对客观事物的某种欲望。人的活动总是为某种需要所驱使，而行动的目的又总是反映某种需要，所以，谈判活动也是建立在人们需要的基础之上。需要的特点是：第一，具体的、有针对性的；第二，反复的、连续的；第三，发展的、提高的。

（2）**谈判中需要的发现**　在谈判中获得对方需要有以下4个手段。准备阶段多收集谈判对手的资料，谈判过程中多提问题，谈判过程中善于察言观色。

**2.马斯洛的需要层次理论**

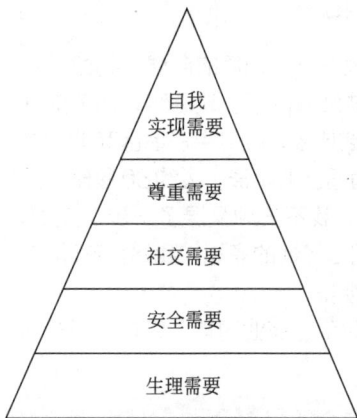

图2-1　马斯洛需要层次理论图

美国著名心理学家马斯洛在1943年发表的《人类动机理论》一书中提出"需要层次"理论，见图2-1所示。

（1）**需要是分层次的**　只有低级需要得到满足后，才会产生高一级需要。

（2）**需要可以并存**　只是需要的重要程度不同。

**3.需要层次理论与商务谈判**

① 必须较好地满足谈判者的生理需要。

② 为谈判营造一个安全的氛围。

③ 双方建立一种信任、融洽的谈判气氛。在谈判中营造信任的融洽的气氛需要真诚地关心别人，善于倾听别人说话。

④ 注意对谈判对手尊重，同时也要保持自尊。

⑤ 自我实现的需要。

**案例思考2-2**[1]

据记载，一位美国代表被派往韩国谈判。韩方在接待的时候得知美国代表需于两个星期之后返回美国。韩国人没有急着开始谈判，而是花了一个多星期的时间陪她在韩国旅游，每天晚上还安排宴会。谈判终于在第12天开始，但每天都早早结束，为的是客人能够去打高尔夫球。在第14天时谈判谈到重点，但这时候美国代表已经该回国了，没有时间和韩方周旋，只好答应韩方的条件，签订了协议。

[1] 资料来源：本案例由作者根据网络相关资源改写。

> 问题：阅读此案例后谈谈你对商务谈判心理的感受，一个成功的商务谈判人员应注重收集哪些信息？

#### 4. 对谈判对手的心理分类

根据马斯洛需要层次理论，我们根据心理情况将谈判对手分成以下 3 类。

（1）**进取型兼权力型的谈判对手**　心理需求：对成功的期望很高；对"关系"的期望很低；对权力的期望很高。这种类型的谈判者采取强权的办法求得利益，他急于求得最大利益，因此极力向对方施加影响。

谈判对策：可以让他负责进行谈判的程序的准备，以满足他对权力的需求，让他第一个做陈述，从而使他觉得自己获得了一种特权。但是，与此同时，谈判人员必须有策略地控制谈判进程，坚持要求有一个明确的谈判计划，并使这个计划贯彻始终。

谈判禁忌：不让他插手谈判程序的安排，屈服于压力，轻易让步。

（2）**"关系"型的谈判对手**　心理需求：对成功的期望很高；对"关系"的期望很高；对权力的期望很低。这种类型的人也醉心于带着他认为最值得骄傲的成绩凯旋。但是，由于他对"关系"的需求很高，他更加期望对他的老板和公司里的同事尽责，他希望带回去的成果，不仅他自己而且他的老板和同事也认为是有价值的。他也较多地注重与对方的谈判人员保持友好关系。他热衷于搞好"关系"而不追求权力，这就意味着他在谈判过程中更容易处于被动地位。

谈判策略：如果由一个性格类似的人与他进行谈判，那么，我们可以很有把握地预计，他们在第二天晚上就能走出谈判大厅去庆祝某一具有高度创造性的、令人满意的谈判。但是，如果是一个权力型的人与他谈判，其结果将取决于关系型谈判者及对方谈判人员的训练水平。如果关系型谈判者受过较好的训练，他就会很好地利用谈判的每个阶段取得令人满意的结果，虽然他并不喜欢同权力欲极强的对手交战。如果权力型的对方受过较好的训练，那么，他将操纵谈判程序。这样关系型谈判者最多也只能够摆脱对方的控制，从而不至于过多地给予对方。

谈判的禁忌：对其热情的态度掉以轻心，不主动进攻，苛求对方。

（3）**权力型的谈判对手**　心理需求：对成功的期望一般；对"关系"的期望一般；对权力的期望一般。

谈判策略：权力型谈判者与众不同的特点是他对"关系"和对权力的要求相同，属这种类型的人，对这两者要求过高是极少的，因为权力要求过高就可能使别人产生敌对情绪，因而不可能与别人保持很好的关系。他对于"关系"和权力的期望都一般，他只希望能够影响别人而不是支配别人。权力型谈判者有成为最理想的谈判人的潜力，但必须是在他受过很好的训练并充分发挥他的智慧的前提下。

谈判禁忌：不要企图去控制他，支配他，更不要提出过于苛刻的条件，滥施压力让他做出过多的让步。

### （二）对谈判对手资信情况的把握

#### 1. 对手的合法资格的审查

（1）**对法人的资格审查**　法人应当具备下列条件：①依法成立；②有必要的财产或经费；③有自己的名称、组织机构和场所；④能够独立承担民事责任。组织结构是法人各项事务的主体，法人必须拥有自己的财产，法人必须要有权利能力和行为能力。只有拥有上述条件后才能进行注册登记成为法人。审查方式主要有：要求对方提供相关文件（如法人成立地注册登记证明、法人所属资格证明、营业执照、掌握对方企业名称、法定地址、成立时间、注册资本、经营范围等）、弄清对方法人的组织性质、确定法人的国籍即他应该受哪个国家法律的管辖。

（2）**对代表的资格和签约资格进行审查**　一般来讲，洽谈时由公司的董事长、总经理出面，

40

但更多的是部门的负责人。若为部门负责人出面就涉及代表资格和签约资格的问题，要对其被授权范围严格把关。

**2. 对谈判对手商业信誉和资本的审查**

商业信誉审查主要看经营历史、经营作风、产品的市场声誉、金融机构的财务状况，以及以往的谈判经历。

资本审查主要看对手的注册资本、资产负债表、收支状况、销售状况等。

### （三）对谈判对手的合作欲望情况的调查

在谈判中我们要了解对方的合作程度及合作欲望，只有了解对方的真实意图，才能在谈判中合理利用相关策略及技巧。

**案例赏析2-4❶**

我国某厂与美国某公司谈判设备购买生意时，美商报价218万美元，我方不同意，美方降至128万美元，我方仍不同意。美方诈怒，扬言再降10万美元，118万美元不成交就回国。我方谈判代表因为掌握了美商交易的历史情报，所以不为美方的威胁所动，坚持要求再降价。第二天，美商果真回国，我方毫不吃惊。几天后，美方代表又回到中国继续谈判。我方代表亮出在国外获取的情报——美方在两年前以98万美元将同样设备卖给匈牙利客商。情报出示后，美方以物价上涨等理由狡辩了一番后将价格降至合理。

▲点评：从某种意义上讲，谈判中的价格竞争也是情报竞争，把握对手的精确情报就能在谈判中的价格竞争中取胜。

### （四）对谈判对手成员构成情报的调查

了解谈判人员的权限，了解谈判组织组成情况，了解谈判人员个人情况（包括：资历、能力、信念、性格、心理类型、谈判风格、爱好与禁忌等），了解谈判对手的目标、谈判对手对自己的信任程度、所追求的中心利益与特殊利益。

**案例赏析2-5❷**

某市百货大楼为了更多地吸引顾客，提高商店信誉和知名度，作出一条规定：凡在百货大楼购买的商品，如果购后顾客觉得不满意，只要未损坏商品原样，均可在6个月内免费退货。这条规定作出后，在社会上引起了强烈的反响，百货大楼顾客量剧增，日销售额直线上升。

但是在这过程中也遇到了一些问题。顾客宋某，系市建筑工程公司工人，半月前在大楼鞋帽商场买了一双皮鞋，价格为290元。在这半个月中，他发现鞋帮开胶，鞋底也有轻微断裂。于是他到商店要求退货。柜台营业员认为鞋类属于特殊商品，穿用后已不能再退货，且鞋帮开胶的主要原因是剧烈运动造成的，属人为原因；鞋底断裂虽属质量事故，但也和运动有直接关系，因此不同意退货，但同意给予修补，其费用由商场负责。而这位顾客认为，鞋坏主要是质量不过关造成的，坚持退货。双方互不相让，发生争执，最后这位顾客找到商场商管科投诉。

---

❶ 资料来源：本案例根据网络相关资源改写。
❷ 资料来源：本案例根据网络相关资源改写。

商管科的同志认为，这位顾客的要求有一定道理，商店应该对这起质量事故负责任，但考虑到实际情况，此鞋经修补后还有使用价值，故建议鞋帽商场与顾客协商，按修补处理，并给顾客一定的经济补偿。但鞋帽商场领导认为，鞋是由业务部门组织进来的，商品发生质量事故理应有业务部门向厂商索赔，商场不能承担其责任。这位顾客又找到了业务科。业务科认为他们大批量进货，不可能因一两双鞋而找厂家，况且业务科只管进货前的质量问题，商品在销售过程中发生的质量问题，应由鞋帽商场负责。

这位顾客在商场各部门受到推诿、冷落，感到非常气愤，一怒之下找到了市消费者协会，要求对此作出公正合理的仲裁。市消费者协会认真听取了顾客的意见，和商场进行了沟通，并委托质量检验部门对皮鞋进行了严格检验。

▲点评：本来一个不大的投诉问题，因为双方处理不好，最后导致事态扩大。

## 四、对自身的分析

对谈判者自身的了解，就是做到所谓的"知己"。例如本次交易对我方的重要性，己方在竞争中的地位，己方对有关商业行情的了解程度，己方谈判人员的经验等。需要注意的是，在进行自身条件的分析时，一定要客观公正。分析自身的优势、劣势，主要从以下几个方面来入手。

**1. 己方经济实力**

主要包括己方产品及服务的市场定位、财务状况、销售状况、企业有形资产和无形资产的价值、企业经营管理的水平及决策的成败记录等。

**2. 谈判项目的可行性分析**

主要包括对项目涉及的资金、原材料、销售背景及企业综合实力影响的全面评估。

**3. 己方谈判的目标定位**

包括最低目标和最高目标，在谈判中同时必须很好满足谈判者需要。

**4. 己方谈判人员的实力评价**

包括己方谈判人员的知识结构、心理素质、谈判的经验、人际交往及谈判的能力、以往参加各种谈判活动的状况，成员之间的水平等。

**5. 己方所拥有的相关资料的准备状况**

包括拥有资料的齐全程度、核心情况的把握程度、己方谈判人员对资料的熟悉程度等。

通过对自身的各方面条件进行客观分析，有助于我们弄清自身在谈判中的优势和薄弱环节，有针对性地制订谈判策略，以便在谈判中扬长避短，取得良好效果。

## 五、对竞争对手的调查

企业现实的和潜在的竞争者范围是很广泛的。一个企业很可能被潜在的竞争对手而不是当前的竞争者打败。因此，商务谈判中不但要了解当前主要竞争者的情况，还要了解潜在竞争者的基本情况。对竞争者的调查包括竞争者的类型、数量、目标、产品性能、服务措施、价格、营销手段等方面的信息。

## 情景训练2-2

### 训练要点

信息的收集包括对自身情况的分析，了解自己的真实性格是否适合做商务谈判工作。

## 情景选择题

1. 当你正准备去上班时，你的一个朋友打来电话，让你帮助他解决心中的苦闷，此时你该怎么办？（　　）

A. 耐心地听，宁可迟到

B. 在电话中埋怨

C. 告诉他：迟到要受到批评，可能还要被扣钱

D. 向他解释上班要迟到了，不过答应他午饭时间给他打电话。

2. 星期天你忙了一整天把房间打扫干净，你父母一回家就问饭有没有准备好，你怎么办？（　　）

A. 虽然你心里想出去吃饭，但是仍然勉强煮了一顿饭，然后责怪父母不体贴人

B. 保持沉默

C. 气得当晚不吃饭

D. 对父母说："爸爸妈妈，我实在很累，我们到外面吃饭吧。"

3. 在餐厅里要了一份盒饭，饭做得太咸，你怎么办？（　　）

A. 向同桌的人发牢骚

B. 破口大骂，粗鲁地责备厨师无用

C. 默默地吃下去，然后把碗筷搞得乱七八糟

D. 平静地告诉服务员

4. 你父母说你最近胖了，你怎么办？（　　）

A. 吃更多的饭

B. 回敬她（他）几句，不要多管闲事

C. 告诉他们如果少买些鸡蛋、肉，你就不会增肉了

D. 你自己也有同感，希望他们帮助你一起节食

5. 一位热情的售货员向你介绍了很多产品，但你都不满意，此时你怎么办？（　　）

A. 买一件你不想要的东西

B. 粗鲁地说这些产品质量不好

C. 向他道歉，说是给朋友买东西，不能够买朋友不喜欢的东西

D. 说一声谢谢，然后离去

6. 被人喜欢对你来说是否重要？（　　）

A. 无所谓　　　　　　B. 不重要　　　　　　C. 一般　　　　　　D. 重要

7. 你是否相信商务谈判时别人告诉你的话？（　　）

A. 不　　　　　　　　B. 一般怀疑　　　　　C. 大概相信　　　　D. 非常相信

8. 你每次谈判之前是否先准备好资料再进行谈判？（　　）

A. 都没有　　　　　　B. 有时　　　　　　　C. 时常　　　　　　D. 每次

9. 你面对直接的冲突有何感觉？（　　）

A. 直接发火　　　　　　　B. 非常不舒服，但忍住脾气

C. 气得一言不发　　　　　D. 有些不喜欢，但仍然面对它

10. 你与一家外地公司进行产品代理的谈判，该谈判已陷入僵局数天，你发觉双方都一直在维护既有的立场，此时该怎么办？（　　）

A. 等候对手提出新方案

B. 稍作退让以打破僵局

C. 改变谈判的主题

D. 提议休会

# 第三节　商务谈判的管理

### 导入案例2-3

　　事情发生在美国一家生产家用厨房用品的工厂和它的采购商之间，它们的合同即将签订，一切都仿佛可以顺利进行了。然而有一天工厂接到了采购负责人打来的电话。"真是很遗憾，事情发生了变化，我的老板改了主意，他要和另一家工厂签订合同，如果你们不能把价钱降低10%的话，我认为就为了5%而毁掉我们双方所付出的努力真是有些不近人情。"

　　工厂慌了手脚，经营状况不佳已使他们面临破产的危险，再失去这个客户就像濒于死亡的人又失去了他的救命稻草。他们不知道在电话线另一面的采购负责人正在等着他们来劝说自己不要放弃这笔生意。工厂的主管无可避免地陷入了圈套，他问对方能否暂缓与另一家工厂的谈判，给他们时间进行讨论。采购负责人很"仗义"地应允下来，工厂讨论的结果使采购负责人达到了目的，价格被压低10%。要知道这10%的压价并不像采购负责人在电话里说的那样仅仅是10%，它对工厂着实是个不小的数目。

　　如果我们能看清这场交易背后的内幕，就会发现工厂付出的代价原本是不应该的，那么采购方是如何把这笔金额从工厂那里卷走而只留给他们这项损失的呢？

　　事情还要追溯到合同签订前的一个月，工厂的推销员在一次与采购负责人的交谈中无意中泄了工厂的底。他对精明的采购负责人说他们的工厂正承受着巨大的压力，销售状况不佳，已使他们面临破产。对他的诚实，采购负责人并没有寄予同情，而是趁机压榨了一下，因为他已知道工厂在价格问题上会让步。

　　一次不经心的谈话，使工厂被掠走大量利润。所以，讨价还价者们应时刻提醒自己提高警惕，对涉及己方利害关系的信息三缄其口，在这种情况下，如果再能讨得对方的信息，则是上上策了。

　　作为讨价还价的负责人，应让其成员严守秘密，需要透露的重要信息只能由负责人传递给对方。当涉及人员太多负责人无法监督每个成员是否能贯彻保密制度时，保密工作就更为重要了，关键信息只能由几个关键人物掌握。

　　问题：你认为谈判活动中有哪些是组织管理的重点？

　　充分地组织、计划为商务谈判的成功奠定了基础，但仅限于此也是远远不够的。商务谈判过程是一个动态、多变、复杂的过程，谈判者必须面对、适应复杂多变的谈判环境，随时灵活处理各种可能出现的问题，如果离开了严格的管理，谈判者的行为就可能偏离既定的计划和目标的要求，甚至蒙受巨大的损失。从某种意义上讲，商务谈判的管理，不仅关系到某一项交易的成败得失，还对以后的谈判工作产生潜在的影响。只有通过科学、严格的管理，才能有效地利用各项资源，把各个因素、各个方面的工作有机地结合起来，提高谈判活动的效率。商务谈判的管理一般包括谈判前的管理、谈判过程中的管理及谈判后的管理等内容。

## 一、商务谈判前的管理

　　商务谈判前对人员的选拔及信息的收集在前两节已描述过，这里主要是强调商务谈判前计划的拟定及谈判风格的选择。

### (一) 谈判计划的拟定

#### 1. 确定谈判的主题和目标

　　谈判主题指参加谈判的目的，谈判目标则是谈判主题的具体化。整个谈判活动是围绕谈判主题和目标进行的。谈判的主题必须简单明确，最好能用一句话来概括和表述，比如"以最优惠的价格引进某项技术"等。谈判主题是己方公开的观点，不一定非得和对方的谈判主题完全一致。

谈判目标是对主要谈判内容确定期望水平，一般包括技术要求、考核、验收标准、技术培训要求、价格水平等。

### 2. 选定谈判的时间和地点

谈判地点的选择不是件随意的事情，恰当的地点选择往往有助于取得谈判的成功。在谈判中地点的选择和布置尤为重要，地点的布置需要注意如下几点。

①谈判场所要宽敞明亮、幽雅舒适、宁静和谐。

②谈判场所所在地应交通方便，便于人员来往。

③在谈判场所旁边应安排休息场所，以便谈判人员休息和场外谈判。

④场景的选择应以暗色和暖色为主。这种色调容易建立信任感。

⑤谈判座位的安排，要体现位置的层次感和轻重感。

⑥安排客人的饮食起居。

谈判双方现在已经不局限在谈判桌上进行，谈判双方可以选择在高尔夫球场、茶楼、酒会、宴会上，这种寓谈判于游玩或交际之中的谈判要求更高。

### 3. 控制谈判的议程和进度

①议程安排要根据己方的情况，在程序上能扬长避短，即在谈判的程序安排上，保证己方的优势得到充分的发挥。

②议程的安排和布局，要为自己出其不意地运用谈判手段埋下契机。

③谈判议程的内容要能体现己方谈判的总体方案，典型的谈判议程至少包括以下3项内容：谈判在何时举行？为期多久？谈判在何处举行？哪些事情列入讨论？哪些事情不列入讨论？讨论的事项如何编排先后顺序？

### 4. 合理选择谈判策略

（1）**知己知彼、不卑不亢**　谈判前要尽量收集完整可靠信息，了解对手，了解自己，谈判中不要紧张，同时尊重谈判对手。

（2）**抢占先机、把握议程**　在谈判中需要反客为主，努力占得先机，尽量营造良好的开局气氛。

（3）**以主待客、地利人和**　谈判的准备过程中，要注重礼仪，对客人礼貌周到、热情服务，千万不能怠慢客人，争取有利的谈判环境，并让谈判对手对主人的招待满意。

（4）**兵来将挡、水来土掩**　谈判过程往往是复杂多变的，实时调整谈判策略及方法，以不变应万变，争取在谈判中不落下风。

## （二）商务谈判风格的选择

### 1. 谈判风格的含义

谈判风格是指谈判人员在谈判过程中通过言行举止表现出来的建立在其文化积淀基础上的与对方谈判人员明显不同的关于谈判的思想、策略和行为方式等的特点。

### 2. 谈判风格的类型

（1）**合作型**　合作型风格的人，对待冲突的方法是：维持人际关系，确保双方都能够达到个人目标。他们对待冲突的态度是：一个人的行为不仅代表自身利益，而且代表对方的利益，当遇到冲突时，他们尽可能地运用适当的方式来处理冲突、控制局面，力求实现"双赢"的目标。

（2）**妥协型**　妥协型的特点不是双赢，而是或者赢一点，或者输一点。采用妥协型风格的人，他们在处理冲突时，既注重考虑谈判目标，又珍视双方关系。其特点是说服和运用技巧，目的是寻找某种权宜性的、双方都可以接受的方案，使双方的利益都得到不同程度的满足，妥协型风格意味着双方都采取"微输微赢"的立场。

（3）**顺从型**　采用顺从型风格的人，对待冲突的态度是不惜一切代价维持人际关系，很少或不关心双方的个人目标。他们把退让、抚慰和避免冲突看成是维护这种关系的方法。这是一种退让或"非输即赢"的立场，其特点是，对冲突采取退让—输掉的风格，容忍对方获胜。

（4）控制型　采用控制型风格的人对待冲突的方法是，不考虑双方的关系，采取必要的措施，确保自身目标得到实现。他们认为，冲突的结果非赢即输，谈判取胜才能体现出一定的地位和能力。

## 二、商务谈判中的管理

### 1. 谈判人员的行为管理

谈判活动是由谈判人员推动的，而且在多数谈判场合，谈判双方的合作是通过彼此选配的谈判小组来完成的。谈判过程的发展变化，不是取决于某一个谈判人员，而是谈判小组成员共同努力的结果。为了保证谈判小组的协调一致，谈判双方都必须对谈判人员的行为加以管理。

谈判人员行为管理的核心是制订严格的组织纪律，并在谈判过程中认真地予以执行。一个谈判组织的组织纪律应包括以下几个方面的内容。

（1）坚持民主集中制的原则　一方面在制订谈判的方针、方案时必须充分地征求每一个谈判人员的意见，任何人都可以畅所欲言，不受约束，与谈判有关的信息应及时传达给每一个谈判人员以使他们都能对谈判的全局与细节有比较清楚的了解。另一方面应由谈判小组的负责人集中大家的意见做出最后的决策。决策确定以后任何人都必须坚决地不折不扣地服从，绝对不允许任何人把个人的见解和看法带到谈判桌上去。

（2）不得越权　企业对谈判小组的授权是有限的，同样在谈判中，每个谈判人员的权力也是有限的。任何人都不得超越权限范围做出承诺或提出某些要求。原则上，是否让步或承诺某项义务应由谈判负责人做出决策。

（3）分工负责、统一行动　在谈判中，谈判人员之间要进行明确的职责分工，每位成员要承担某一方面的工作，都应把工作严格控制在自己的职责范围之内，绝不可随便干预他人的工作；同时，每位成员又都必须从谈判的全局出发，服从统一的调遣。除非允许，否则任何人都不得单独地与对方接触，商谈有关内容，以免在不了解全局、考虑不周的情况下盲目作出决定。

（4）谈判组织负责人与直接负责该谈判的上级领导联系　当谈判小组需要与企业主管部门联系时，特别是在客方谈判的情况下必须实行单线联系的原则，即必须遵循只能由谈判组织的负责人与直接负责该谈判的上级领导进行联系的原则。

谈判组织内其他成员就有关问题与企业相应的职能部门领导进行联系原则上是不允许的。某个谈判成员如果在某一问题上需要请示，必须通过谈判小组的负责人来进行，由谈判小组的负责人与企业的主管取得联系，并由主管直接与有关人员协商，做出决策。这一程序看上去比较费力费时，但对谈判负责人有效地控制谈判的全过程却是非常重要的。首先，他必须审核这种联系的必要性，并检查其安全性；其次，任何一个职能部门的咨询意见都难免带有一定的不完整性或片面性，比如财务部门与制造部门对技术的评价往往侧重点不一样，结论也有差别；最后从维护谈判组织负责人的权威角度，由谈判组织的成员自己向其部门主管汇报，并据以对抗谈判组织负责人的做法，对保证谈判组织内部领导权力的集中也是极为不利的。

### 2. 谈判信息的管理

信息在谈判中的作用是不言而喻的。谁掌握的信息越多，谁就能在谈判中占得主动和优势。对谈判信息的管理包括两个方面的内容，一是信息的收集与整理，二是信息的保密。信息的收集渠道非常广泛，在双方接触过程中对方的语言、表情、手势乃至体态都蕴含着一定的信息，谈判人员要善于获取这种信息。为保证信息的真实性和可靠性，还必须对信息进行分析、去伪存真。在信息的保密方面以下两种情况需要特别注意。

（1）客场谈判的保密措施　涉外商务谈判在客场进行时谈判小组与国内的管理机构进行联系时应该采取必要的保密措施。比如，凡发往国内的电报、邮件一律由小组成员自己亲手去发，不要轻信旅馆的服务员、电话总机员，避免因此而泄露机密。又如，对那些在政治上属于敏感性的问题或者是商业上的机密内容，应该运用事先约定的密码暗语与国内进行通信、联络。电报、邮件有时会被其他竞争对手窃获。

（2）谈判小组内部信息传递的保密　在谈判桌上，为了协调本方谈判小组各成员的意见和行动，或者为了对对方的某一提议做出表态而需商量对策时，谈判小组内部需要及时传递信息。由于这种传递本身就处于谈判对手的观察之中，保密就显得尤为重要。

有些人习惯在谈判桌上或谈判室内把本方人员凑在一起商量，自以为声音很低，又是用本国语言或本地方言对方不是听不见、听不清，其实这样做是很危险的。对方或许有人能听清、听懂语言。即使听不懂，但从小组成员的眼神、面部表情中就能判断出你们之间传递的信息内容。

因此，在谈判桌上如确有必要进行内部信息传递和交流，应尽可能采用暗语形式，或者通过事先约定的某些动作或姿态来进行，或者到谈判现场以外的地方去商量，以求保密。

除了上述两个方面应该注意以外，谈判人员还应注意培养自己良好的保密习惯。第一，不要在公共场所，如车厢里、出租汽车内及旅馆楼道等地方讨论业务问题；第二，在谈判休息时，不要将谈判文件留在洽谈室里，资料应随身携带，如果实在无法带走，就要保证自己第一个进入洽谈室；第三，如果自己能解决，那么最好不要叫对方复印、打印文件等，如果迫不得已则应在己方人员的监督下完成，而不要让对方单独去做；第四，不要将自己的谈判方案暴露在谈判桌上，特别是印有数字的文件，因为对方可能是一个倒读能手；第五，在谈判中用过又废弃的文件、资料、纸片等不能随便丢弃，对方一旦得到，很可能获得有价值的情报。

**3. 谈判时间的管理**

时间的运用是谈判中一个非常重要的问题；忽视谈判时间的管理，不仅会影响到谈判工作的效率，更重要的是，它有可能使谈判人员在时间的压力下做出错误的决策。因此，从某种意义上讲，掌握了时间也就掌握了主动。

（1）谈判日程的安排　在客场谈判的情况下，做客谈判的一方总会受到一定的时间限制。在安排谈判日程时，要尽可能在前期将活动排满，尽快进入实质性谈判，以防止因时间限制而匆忙做出决策。为此，在客场谈判时，一定要有强烈的时间意识和观念，不能被对方的盛情招待所迷惑。

如果在主场谈判，由于我方在时间安排方面比较宽裕，应想方设法晚进入实质性谈判，以缩短双方讨价还价的时间。为此在谈判的前半段，要尽可能安排一些非谈判性质的商务活动，如游览、酒宴、参观、晚会等，从而在谈判时间上赢得良好的、主动的、积极的谈判氛围。

（2）对本方行程的保密　客方确定何时返回，这是做东谈判的一方最想知道的信息。因为一旦掌握了这个信息，就可以有针对性地调整和安排谈判日程与谈判策略。因此，客场谈判时绝对不要向对方透露本方准备何时返回，预订机票、车票等工作应回避对方。

## 三、商务谈判后的管理

商务谈判后的管理主要是对签约以后的有关工作进行管理。

**1. 谈判总结**

合同签订后，本方谈判小组应对本项谈判进行总结。总结的内容主要包括以下两个方面。

第一，从总体上对本方谈判的组织准备工作、谈判的方针、策略和战术进行再评价，即事后检验。据此，可以发现哪些是成功的，哪些是失败的，哪些方面还有待改进。同时每个谈判人员还应从个人的角度，对自己在谈判中的工作进行反思，总结经验和教训。通过上述总结，可以有效地培养和提高本方谈判人员的谈判能力。

第二，对签订的合同进行再审查。虽然合同已经签字生效，在一般情况下没有更改的可能。但是，如果能尽早地发现其中的不足就可以主动地思考对策，采取弥补措施，早作防范。

**2. 保持与对方的关系**

协议的达成并不意味着双方关系的了结；相反，它表明双方的关系进入了一个新的阶段。从近的方面来看，合同把双方的关系紧紧地联结在一起；从远的方面而言，本项交易又为以后的交易奠定了基础。因此，为了确保合同得到认真彻底的履行，以及维持今后双方的业务关系，应该安排专人负责与对方进行经常性的联系以使双方的关系保持在良好的状态。

**3. 资料的保存与保密**

对本项谈判的资料，包括总结材料，应编制成客户档案，善加保存。这样，在以后再与对方进行交易时，上述材料即可成为非常有用的参考资料。在保存资料的同时，还应就有关资料的保密工作进行恰当的安排。如果有关本项谈判的资料特别是关于本方的谈判方针、策略和技巧方面的资料为对方所了解，那么不仅为对方在今后的交易中把握己方的行动提供了方便，而且也可能直接损害目前合同的履行和双方的关系。客户的档案，无关人员未经许可不得查阅，这应成为企业的一项制度。

**4. 对谈判人员的激励**

行为科学揭开了人有自我实现的需要，谈判人员总是希望通过出色完成任务来证明自己的价值，这种自我"激励"往往影响程度深、持续时间长，对焕发谈判人员的创造潜力具有重要的推动作用。因此，无论是企业领导人还是谈判小组负责人，都应高度重视下属人员的这种自我实现的需要，充分承认他们的工作成绩，不断给予各种挑战与机会，让下属在工作中得到满足。当然，如果将外在激励与自我激励相配合，效果就更为理想。如足够的薪金、津贴及额外的奖金不仅是对谈判人员艰苦工作的补偿，也是对他们工作成效的一种认可；再如高度紧张的谈判工作后工作人员的疲乏与劳累是不言而喻的，若能给予他们必要的休假与调整的机会，不仅有利于他们恢复过度消耗的体力与精力，而且能使其在心理上得到润足，使他体会到上级主管对其工作价值的充分认识。

## 情景训练2-3

### 训练要点

测试商务谈判的风格类型及心理素质。

### 情景测试

1. 你让秘书晚上加班两个小时完成工作，可她说她晚上有事。

黑桃：这是她自己的问题，她自己想办法解决。你是她的上司，她没有权力讨价还价。

红桃：那就算了，你自己加班把工作做完，反正你算明白了，谁都是不能指望的。

方块：你询问她有什么要紧事，她说她的孩子独自在家，于是你建议说你愿意给她介绍一个临时保姆，费用由你来出。

梅花：你退了一步，让她加班一个小时，而不是两个小时。

2. 你在和上司谈判加薪问题。

方块：你先陈述自己的业绩，然后把自己真实期望的薪水数目说出来。

黑桃：你强硬地说出一个数目，如果他不答应你就准备辞职。

梅花：你提出一个很高的数目，然后准备被他砍下一半——那才是你真实期望的数字。

红桃：你等他说出数目，因为你实在不愿张口。

3. 多年来你一直在男友的父母家度过除夕夜。

红桃：你觉得很委屈，可有什么办法？生活的习俗就是如此。

梅花：好吧，但大年初二或初三他一定要陪你回你的父母家。

方块：你利用春节假期安排了一次国外旅行，这样一来，他就无法要求你回他父母家过除夕了。

黑桃：你整个除夕晚上都闷闷不乐。

4. 忙了整整一个星期，你终于可以在周末好好休息了，可这时男友建议你们和他的朋友一起去跳舞。

红桃：他难得想跳舞，你不愿意让他失望。

黑桃：反正你不会去，他愿意去的话就自己去。

梅花：你建议把跳舞改成聚餐。

方块：你说你很疲倦也很抱歉，然后建议下个星期再一起约朋友去跳舞。

5. 你10岁的侄子总让你给他买这买那，这次他想要个小摩托车。

梅花：你说你最多给他买辆儿童自行车。

黑桃：你断然拒绝，没什么可商量的。

红桃：你让步了，这样他就不会再缠着你了。

方块：好吧，但他应该先去学驾驶。

6. 你的男友拒绝和你分担刷碗的家务。

方块：你耐心地解释说你希望他分担一些家务。

梅花：如果他一周能刷一次碗，你就很满意了。

红桃：他不愿意就算了，还是由你自己来刷。

黑桃：你不能容忍一个不做家务的男人，要不他答应，要不就走人。

7. 你在餐厅用餐，邻座的客人在吸烟，烟味都飘到了你这边。

黑桃：你大声提出抗议，"现在的人怎么都这么不自觉！"

方块：你微笑着对他解释说烟味呛到你了。

梅花：你请求侍者给你换张桌子。

红桃：你默默忍受着，可一晚上都不开心。

8. 凌晨三点，你的邻居家里还在开派对。

红桃：你用棉球把耳朵塞住。

黑桃：你打"110"报警。

方块：你马上去他家敲门，说你需要睡觉。

梅花：你也去加入他们的派对。

9. 和男友从电影院走出来，他想吃泰餐，而你想吃日本菜。

梅花：今晚吃日本菜，下次吃泰餐。

黑桃：就吃日本菜，否则就各自回家！

红桃：好吧，那就吃泰餐吧，如果他真的这么想吃。

方块：既然你们都想去异国情调的餐厅那不如去吃印度餐。

10. 你约一个朋友一起看服装秀，演出已经开始了，她还没有到。

梅花：你自己进去看。

黑桃：你把她的票卖掉了，这能给她一个教训。

方块：你不停给她的手机打电话询问她到哪里了。

红桃：你一直等着她。

11. 你的同事在会议上吸烟。

红桃：你什么也没说，因为担心他会记恨你。

黑桃：你对他说他至少应该学会尊重别人。

梅花：你对他说应该尽量少吸一些烟，这对他的健康有好处。

方块：你建议休息一会儿，让想吸烟的人吸一支。

12. 你新买的洗衣机坏了……

梅花：你气愤地打电话给厂家，要求退货或折扣。

红桃：你自责是不是自己没有按照程序操作。

方块：你给"消费者协会"写信，状告厂家。

黑桃：你去厂家售后服务部大吵大闹。

测试结论

方片最多：你是具有合作态度的谈判者。

你认为在所有的人际关系中，冲突是不可避免的。你知道如何控制自己的情绪，面对对方的提议表示尊重，尽量避免争吵、个人攻击和威胁。你的倾听和善解人意是实现你自己目的的最有力手段。你的目的：找到乐观的、让大家都满意的解决方案。

结果：你能找到最佳途径，既解决了问题，又多交了一个朋友。

梅花最多：你是一个妥协派的谈判者。

你认为只要事情能够得到解决，双方都应该做出让步，就像在市场上讨价还价的时候，只能谋取一个中间数值。根据谈判对方的性格特点，你有的时候强硬，有的时候柔和。

你的目的：在双方利益的中间找到一个妥协点。有时更靠近你，有时更靠近他的。

结果：这个方法可以帮助你解决一个问题，但无法从根本上解决。其结果很可能是你和对方都不满意，你们都没有达到自己的目的，只是找到了一个暂时的解决办法而已。

黑桃最多：你是一个控制型谈判者。

你喜欢飞舞的盘子和摔得啪啪响的门，或者说，你喜欢赢！对你来说，一切谈判都是力量的较量，只有坚持到底才能获胜。你一定要求对方让步，拒绝听新的建议，为了维护自己的利益，你可以用牙咬，用指甲抓，不惜使用威胁和暴力。

你的目的：在力量的较量中取胜。

结果：当然，你有的时候会赢，可更多的时候，你的态度会使你的谈判者更加抵触，并在未来长时间里与你对抗。

红桃最多：你是一个顺从型的谈判者。

你实在太好说话了，在所有的谈判中你都会让步，因为你害怕冲突，愿意让对方满意，维持你们的关系。为此你不惜牺牲自己的利益，忽视自己的意愿，在心中默默咀嚼失望和苦涩。

你的目的：不要让对方发怒，只要满足了他的条件，你就能获得安宁。

结果：不仅你自己感到郁闷，对方也会进一步提出条件，而不是像你设想的那样感激你的善良。

# 第四节　商务谈判的基本策略

## 导入案例2-4[1]

日本一家航空公司的四位代表，同巴西某家企业的一批精明的谈判人员进行谈判。谈判从上午8时开始，巴西某企业的谈判人员首先介绍本公司的产品，他们利用了图表、图案、报表，并用3个幻灯机将其打在屏幕上，图文并茂，持之有据，以此来表示他们的开价合情合理，产品品质优良超群。这一推销性的介绍过程整整持续了两个半小时。在这两个半小时中，四位日本商人一直安静地坐在谈判桌旁，一言不发。介绍结束了，巴西方面的一位主管充满期待和自负地打开了房里的电灯开关，转身望着那四位不为所动的日本人说："你们认为如何？"一位日本人礼貌地笑笑，回答说："我们不明白。"那位主管的脸上顿时失去了血色，吃惊地问道："你们不明白？这是什么意思？你们不明白什么？"

---

[1] 资料来源：本案例根据网络相关资源改写。

另一个日本人也礼貌地笑笑，回答道："这一切。"那位主管的心脏几乎要停止跳动，他问："从什么时候开始？"第三个日本人也礼貌地笑笑，回答说："从电灯关了开始。"第四位日本人则疑惑不解地一直望着对方。

那位主管倚墙而立，松开了昂贵的领带，气馁地呻吟道："那么我们该怎么办？"

四个日本人一齐回答："你们可以重放一次吗？"

结果，巴西人士气受挫，要价被压到了最低。

问题：以上案例中使用了什么样的谈判策略？

在现实的工作中，随着业务的拓展及市场的开拓，我们的谈判工作可能面临不同的谈判对象、内容、目标，谈判的环境也将有所改变，因此商务谈判具有很大的不确定性，谈判的手段和方法也不能一成不变。我们随着谈判客体的变化，与之采用相适应的方法，而商务谈判策略就是谈判者对谈判过程中各项具体的活动所作的一种具体谋划。谈判策略所解决的主要是采取什么手段或使用什么方法的问题，目的是将实际的谈判活动纳入预定的方向和轨道，最终实现预期的谈判目标。商务谈判是一个有序的行为过程，具有很强的阶段性特征，因而谈判策略的制订与实施应该根据不同阶段的特点和要求来进行，它是各种谈判方式的具体运用。

## 一、商务谈判策略概念及特点

策略原是军事术语，有人将它称为计谋和谋略，是相对于战略而言，一般是指谈判者为解决某一具体问题而采取的对策和行动方案。什么是商务谈判策略呢？目前还没一个统一的定义，从商务谈判的角度来看，商务谈判策略是谈判者在谈判过程中，为了达到己方某种预期目标所采取的行动方案和对策。

商务谈判策略的特点有如下几点。

### 1. 策略具有超常性

策略超越普通的思维方式、行为方式，以与众不同的面貌出现。

### 2. 策略具有可行性

表面上看，策略的表现往往不一定合乎常规，但商务谈判要想取得成功就必须要有创新性，并且创新性的思维一定要有可行性。

### 3. 策略具有假象性

策略往往能掩盖其真实动机，使对手以假乱真，决策错误。

### 4. 策略具有高效性

策略和普通的做法相比，能多、快、好、省地解决实际问题。

### 5. 策略具有阶段性

商务谈判各个阶段所使用的商务谈判策略应是不一致的，因此谈判策略具有阶段性。该内容在本书的第三章将会详细介绍。

### 6. 策略具有时效性

商务谈判策略作为一种精神文化同样随着人类社会的发展而进步。早期的商务谈判因社会和人的因素比较单纯，谈判过程、方法也比较单纯。如今的社会关系复杂，谈判也更多变，不用策略的商务谈判很难见到。即使己方不用策略也难确保另一方不用策略。因为不同策略的使用具有的效果是完全不一样的。

## 二、商务谈判策略的程序

### 1. 现象分解

在谈判中要善于分析问题及谈判对手的各种行为表象，根据对方的姿态、语言、行为做出适当的分析。

**2. 寻找关键问题**

在谈判中，我们要确定谈判对手的真实需要，根据对方的真实需要来确定其所展现出来的关键问题，俗话说"万变不离其宗"，谈判人员需要认真分析其行为、语言，从中找出问题的症结点及主要目的。

**3. 确定目标**

当谈判人员找到了关键问题，确定了谈判对手的真实需要及谈判对手的关键人物及主要目标，就可以做到针对谈判对手来确定自己的谈判目标，进而以主要目标来制订相关方法。

**4. 形成假设性解决方案**

谈判中所确定的目标经过一系列分析和对谈判对手的行为方式总结得出，目标一旦明确，就可以围绕目标来制订几套可行的假设性解决方案，以此来保证目标得以实施。

**5. 对解决方案进行比对、选择**

根据科学方法及数据分析对围绕目标形成的几个方案做出比较，从比较中选择一套最有效、最可行的解决方案。

**6. 具体谈判策略的生成**

当确定了具体的可行方案，那么配合方案的实施就用具体的策略，以此来保证方案的实施，围绕方案来制订有效的方法及手段。

## 三、商务谈判策略的种类

根据谈判过程的不同方式，谈判策略可以分为探盘策略、开局策略、讨价还价策略、让步策略、终局策略；从策略的特点来看，谈判策略可以分为心理战策略、满足需要策略、时间策略、空间策略、信息策略、客观标准策略等；若运用传统理论来衡量，谈判策略可以分为缓兵之计、激将法、反间计、反客为主、先发制人等。

## 四、商务谈判策略的内容

商务谈判策略的内容十分广泛，它体现在商务谈判的不同环节和各个方面。商务谈判目标的确定、程序和安排、方式的采用及面对不同谈判对手都需要制订和采用正确的谈判策略。这里仅介绍几种常用的谈判策略。

**1. 投石问路策略**

投石问路策略，又称假设条件策略，是指在商务谈判过程中，一方提出一些假设条件以探测对方意向，抓住有利时机达成交易的一种策略。

**2. 沉默寡言策略**

在谈判中先不开口，保持沉默，让对方尽情表演，以此暴露对方真实的动机和最低的谈判目标的策略。采用沉默寡言策略应注意以下问题。

① 事先做好准备。

② 耐心等待。

③ 利用行为语言，搅乱对手的思维。

**3. 声东击西策略**

己方为达到某种目的和需要，有意识地将洽谈的议题引到无关紧要的问题上，从而给对方造成一种错觉，使其做出错误的或违反事实本来面目的判断。

采用声东击西策略的目的如下。

① 作为一种障眼法，转移对方视线。

② 为以后真正会谈铺平道路。

③ 拖延时间。

### 4. 欲擒故纵策略

对志在必得的交易谈判，故意通过各种措施，让对方感到自己是满不在乎的态度，从而压制对手开价，确保己方成功。

采用欲擒故纵策略应注意以下问题。

① 立点在"擒"。

② 冷漠之中有意给对方机会。

③ 注意言谈与分寸

### 案例思考2-3

#### A先生与营业员

A先生到某商店去买一台冰箱。营业员指着A要买的冰箱说："这种冰箱每台售价489.5美元。"

A先生说："可是，这冰箱外表有一点儿小瑕疵！你看这儿。"

营业员说："我看不出什么。"

A先生说："这一点儿小瑕疵似乎是一个小割痕。有瑕疵的货物通常不都要打一点儿折扣吗？"

A先生又问："这一型号的冰箱一共有几种颜色？"

营业员回答："20种。"

"可以看看样品本吗？"

"当然可以。"营业员说着，马上拿来了样品本。

A先生边看边问："你们店里现货中有几种颜色？"

"共有8种。请问，你要哪一种？"

A先生指着店里现在没有的颜色说："这种颜色与我的厨房颜色相配。其他颜色同我厨房的颜色都不协调。颜色不好，价格还那么高，若不调整一下价钱，我就得重新考虑购买地点了。我想，别的商店可能有我需要的颜色。"

A先生打开冰箱门，看了一会儿后问道："这冰箱附有制冰器？"

营业员回答："是的，这个制冰器一天24小时可以为你制造冰块，1小时只需2分钱电费。"他满以为A先生会对此感到满意。

A先生却说："这太不好了，我孩子有慢性喉炎。医生说绝对不能吃冰，绝对不可。你可以帮助我把这个制冰器拆掉吗？"

营业员说："制冰器是无法拆下来的，它同门一起存在。"

A先生说："我知道……但是这个制冰器对我根本没用，却要我付钱，这太不合理了。价格不能便宜一点儿吗？便宜一点儿我就认了，马上买了走。"

营业员："既然这样，我就便宜你50美元，这可是绝无先例的。"

问题：A先生是如何取得"打折"胜利的？

### 5. 针锋相对策略

是指针对谈判对手的论点和论据，逐一予以驳回，进而坚持自己的立场的做法。

采用针锋相对策略应注意以下问题。

① 针对性强。

② 理由要充分。

③ 既坚持原则又力主灵活。

④ 注意场合。

### 6. 以退为进策略

先让一步，顺从对方，然后采取主动、反守为攻的策略。

采用以退为进策略表现如下。

① 替己方留下讨价还价的余地。

② 不要让步太快。

③ 让对方先开口说话。

④ 不做无谓的让步。

### 7. 最后通牒策略

是指当谈判双方因某些问题纠缠不休时，其中处于有利地位的一方向对方提出的最后交易条件。包括两种情况：一是利用最后期限，也称"死线"；二是以强硬的口吻或书面语言向对方提出最后一次必须回答的条件，否则取消谈判。采用最后通牒策略表现如下。

① 谈判者自知己方处于强有力的地位。

② 其他方法都无效。

③ 己方将条件降到最低限度。

④ 对方经过持久谈判已无法担负失去这笔交易的损失。

成功采用最后通牒策略的必备条件如下。

① 送给对方最后通牒的方式和时间要恰当。

② 言辞要委婉。

③ 让事实说话。

④ 送给对方最后通牒的内容应有弹性。

⑤ 给对方留有考虑或请示的时间。

### 8. 权力有限策略

是指谈判者为了达到降低对方条件、迫使对方让步或修改承诺条文的目的，假借其上司或委托人等第三者之名，故意将谈判工作搁浅，再趁机反攻的策略。采用权力有限策略的作用如下。

① 有效地保护自己。

② 使谈判者立场更加坚定。

③ 作为对抗对方的盾牌。

### 9. 货比三家策略

在谈判某笔交易时，同时与几个供应商或采购商进行谈判，以选出其中最优的一家的策略。采用货比三家策略应注意以下问题。

① 选的对象要势均力敌。

② 对比的内容要科学。

③ 平等对待参加竞争的对手。

④ 慎守承诺。

## 情景训练2-4

### 情景材料

你准备在某高档小区买一套商品房，地点、楼层、风向你均满意，但房地产公司报价155万，你认为价格太贵，你能接受的价格在110万左右。同时你了解到，该房地产公司急需资金周转，在该房地产公司的商品房附近还有其他几处别的商品房在建，近期即将开盘。你试图采用一些策略说服房地产公司老板降价，该怎么做？设计一套谈判方案。

## 训练要点

着重把握商务谈判策略的运用。

## 训练步骤

1. 根据该材料拟定需要讨论分析的主要问题及解决方案。
2. 确定案例训练组织方式；分组集体讨论（4～6人为一组）。
3. 根据案例讨论结果（时间大约30分钟），各小组选出一名代表阐明本小组的分析要点及主要解决策略。
4. 各组之间进行相互评价，最后教师进行点评与总结。

## 章节回顾

本章讲述了谈判人员的准备、谈判队伍的构建、信息的收集方法以及信息收集的主要内容，以及对谈判进程中的管理和策略的制定及谈判策略的内容。我国有句名言："知己知彼，百战不殆；凡事预则立，不预则废。"商务谈判需要完整地计划、组织准备、信息收集、策略运用，这样才能使商机确定下来。

## 关键词汇

谈判人员素质；谈判班子；首席代表；马斯洛需要层次理论；谈判风格；谈判管理；谈判策略

## 知识训练

### 一、复习思考题

1. 谈判人员应具备哪些基本素质？对比一下，你自己已经初步具备了哪些素质，还需要做哪些努力？
2. 谈判班子应配备哪些专业人员？其主要职责是什么？
3. 选拔商务谈判人员的原则和方法有哪些？
4. 何为主谈人、陪谈人？两者关系如何？
5. 对谈判小组的组织纪律主要包括哪些内容？
6. 对谈判信息、谈判时间的管理应分别做好哪些工作？
7. 谈判后管理工作主要包括哪些内容？

### 二、案例解析

**[案例1]谈判中的拖延战术**

2018年，广州某一企业的商务代表被派往澳大利亚进行商品采购谈判。澳方在接待他的时候得知对方需于7天之后返回。澳大利亚人每天安排的谈判时间不长，每天从10点开始，到下午3点结束。谈判中采用多种拖延战术，例如要请示领导、主谈家里有急事、公司有重要会议要召开等理由拖延谈判。谈判工作终于在第5天开始谈到重点，但这时候该代表已经该回广州了，已经没有时间和对方周旋，只好答应对方的条件，签订了协议。

问题：1. 谈判中哪方更愿意使用拖延战术。

2. 一个成功的商务谈判者应注重收集哪些信息？

**[案例2]中日电石谈判**

日本某公司向中国某公司购买电石。两公司已经交易了5个年头，去年谈价时，日方压低价格为410美元/吨，今年又要压到390美元/吨。据日方讲，他已拿到多家报价，有430美元/吨，有370美元/吨，也有390美元/吨。据中方了解，370美元/吨是个体户报的价，430美元/是生产能力较小的工厂的供货价格，供货厂的厂长与中方公司的代表共4人组成了谈判小组，由中方公司代表为主谈。谈前，工厂厂长与中方公司代表达成了价格共同的意见，工厂可以以390美元/吨成交，因为工厂需订单连续生产。

中方公司代表与小组成员讲，对外不能说价格，价格水平他会掌握。公司代表又向其主管领导汇报，分析价格形势；主管领导认为价格不取最低，因为我们是大公司，讲质量，讲服务。谈判中可以灵活，但步子要小，若在400美元/吨以上则可成交，拿不下时把价格定在405～410美元/吨，然后主管领导再出面谈，请工厂配合。中方公司代表将此意见向工厂厂长转达，并达成共识。经过交锋，每吨价格仅降了10美元，在400美元/吨成交，比工厂厂长的成交价高了10美元/吨。工厂代表十分满意，日方也满意。

问题：1. 怎么评价该谈判结果？

2. 该谈判组织中主谈人的经验如何？

# 第三章

# 商务谈判程序

## 学习导读

当彼此有利益冲突的时候，要想解决冲突、顺利签订协议，那么矛盾双方必须在约定的时间、地点进行面对面的谈判工作。经过沟通与交流之后，消除分歧，达成协议，使双方的利益需求都获得一定的满足。商务谈判工作是一个循序渐进的过程，一般包括开局、报价、磋商、结束4个阶段。

## 学习目标

通过对本章的学习，需要把握和领会以下知识要点。
① 商务谈判开局的基本程序。
② 商务谈判的报价策略。
③ 商务谈判讨价还价的技巧。
④ 商务谈判结束的基本原则。
⑤ 商务谈判合同处理的注意事项。

## 学习导航

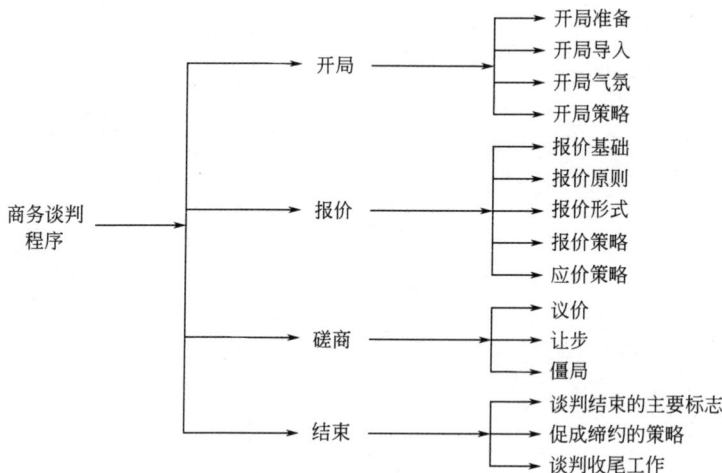

商务谈判程序
- 开局
  - 开局准备
  - 开局导入
  - 开局气氛
  - 开局策略
- 报价
  - 报价基础
  - 报价原则
  - 报价形式
  - 报价策略
  - 应价策略
- 磋商
  - 议价
  - 让步
  - 僵局
- 结束
  - 谈判结束的主要标志
  - 促成缔约的策略
  - 谈判收尾工作

## 职业指引

本章主要介绍商务谈判的开局、报价、磋商、结束4个基本程序以及商务谈判各个程序的处理技巧及基本策略，在策略运用的过程中能掌握做事的基本方法并形成大局观念，能够利用谈判策略来处理日常生活、学习中以及将来工作中的一些具体问题。

# 第一节　开局

## 导入案例3-1[1]

某房地产公司的小王听说加佳公司的陈经理近日有购房的打算，立刻去陈经理的公司进行拜访。"陈经理，听说您打算购置一套住房，是吗？""是有这个打算。现在住房太挤，住着一点也不舒服。因此，我想换个大点的房子！""我们公司现在有几栋楼房，正在出售，不知您有没有兴趣？品质和样式准能使您称心如意！"随后，小王带陈经理去了公司房子所在地。他边走边介绍："这里的房子是4室2厅，宽敞明亮，总价才580万元，这在市区内已经十分便宜了，您认为怎么样！""太贵了，太贵了！我的预算是400万以内。""您等一下，我和主管商量商量。"一段时间后，小王回来对陈经理说："刚才我和主管商量了一下。主管说，我们在郊区也有一处类似的房子，样式、面积和这差不多，周围环境更优美，而价格才380万，符合您的要求，您觉得怎样？""那去看看吧！"

陈经理看完郊区的房子以后，感觉还不错，于是就和小王签了订购单。签单之后，小王又适宜地补充了一句："我们公司设计的房子有配套的装修服务，如果需要请联系我们。"因为服务好、价格公道，后来陈经理又找小王购买装修材料。所以，小王的推销谈判是非常成功的。

▲点评：想顾客之所想，忧顾客之所忧，为顾客解决难题，这样的推销员顾客才喜欢。如果推销员不能把握顾客的需求，那肯定不会拿到订单，要想成功拿到订单就必须为顾客着想，从顾客的需求出发。

好的开端是成功的一半。在商务谈判中，由于谈判的开局是双方开始接触的阶段，是谈判的开始，是彼此见面、互相介绍、互相熟悉以及就谈判内容和事项进行初步接触的过程。谈判的开局阶段也称为非实质性谈判阶段，但开局的好坏在很大程度上决定着整个谈判能否顺利进行下去。因为从生理上来讲，人在谈判活动的开始阶段，精力总是最充沛的。开局的时间虽然不长，但它基本上决定双方的态度和谈判的气氛，基本上确定了正式谈判的方式和风格。因此谈判开局在整个谈判过程中具有举足轻重的意义，我们有必要充分重视和利用谈判开局来营造良好的气氛。

## 一、谈判开局准备

谈判开局前一定要做好充分的准备工作，准备好谈判所需的各种物质、设备，谈判环境要舒服、可靠。美国前总统杰弗逊曾经针对谈判环境说过这样一句意味深长的话："在不舒适的环境下，人们可能会违背本意，言不由衷。"因此谈判开局的准备工作一定得全面考虑、注重细节，主要从以下几方面来准备谈判所需的各种条件。

**1. 制订谈判计划**

谈判计划是指人们在对谈判信息进行全面分析、研究的基础上，根据双方的实力对比，为本次谈判制订的总体设想和实施步骤。谈判计划能指导谈判人员的行动安排，有效控制和组织谈判活动。在制订谈判计划的时候要确立谈判方向，同时计划要有目标和具体方案。

**2. 拟定谈判纲要**

在谈判开始前，谈判人员一定要在谈判计划的基础上简明扼要地拟定一份谈判纲要，确定谈

---

[1] 资料来源：李伟. 商务谈判. 北京：科学出版社，2006.

判的程序，确定谈判目标、谈判进度、谈判人员。

**3. 制订谈判方案**

根据谈判的目标及计划来制订谈判方案。谈判方案包括谈判的方针、策略、交易条件、合同条款、价格谈判的幅度等具体内容。

**4. 需要作谈判的可行性分析**

对多个谈判方案进行有效分析，再结合谈判出现的各种因素确定一个最优方案，以此来保证谈判目标的有效实施。

**5. 谈判物质准备**

英国政界领袖欧内斯特·贝文则说，根据他参加的各种会谈的经验，在舒适明朗、色彩悦目的房间内举行的会谈，大多比较成功。由此可见，谈判前的物质准备也是相当关键的。谈判的物质准备主要是两方面的内容，一方面是需要准备好谈判场所，将谈判所用的主谈室、密谈室、休息室都要整理好，将座位安排妥当；商务谈判正规场合通常用长方形条桌，若是规模小或双方人员比较熟悉，可以用圆形谈判桌。谈判场所也要适当检查控制谈判所用的照明灯、空调等设备，保证电力、网络、通信等基础设备的正常使用。另一方面是要做好谈判人员食宿安排。商务谈判是一项艰苦复杂、体力消耗大、精神高度紧张的工作，对谈判人员的精力及体力有较高的要求，要根据谈判人员的饮食习惯，尽量安排可口的饭菜，尽量安排安全、舒适的住宿条件。

**案例赏析 3-1**

广州某音响公司韩总拥有多年的谈判经验，他认为商务谈判通常都是比较严谨和正式的，而如果能够在开始谈判前进行适当的日常交流，消除相互之间的隔阂，往往会对谈判起到一定的积极作用。韩总说到几点沟通谈判前的破冰的方法。

1. 在谈判之前，谈判人员可以把话题锁定在对方身上。如果谈判双方都是女性，就可以从对方的外表入手，比如，对其这样说："你的皮肤真好，平时都用什么方法保养啊？喜欢什么牌子的化妆品？"这种称赞加询问的方法，通常可以顺利地把对方引入话题，如果对方感到不适，说："我也没有刻意地选择牌子和保养方法，都是平常大家司空见惯的那些。"那么，这个时候可以这样接："原来是天生丽质，你生长的地方一定水土特别好，你是哪里人啊？"这样一来，话题就自然而然地打开了。

2. 从谈判环境切入话题也是不错的方法。一般情况下，谈判的地点都会选择在会议室。那么，谈判人员在想要和对方交谈的时候就可以说："这间会议室装修得真不错，你们老板真是个有品位的人。"这种自然而然的称赞会赢得对方的好感，而客套几句也是在所难免的。此时，谈判人员就可以接着话题说："尤其是地板的用料，我觉得质地非常好，不知道是什么牌子的？因为我们公司近期也要装修，你能告诉我吗？"出于客气，对方通常会简单介绍一下，但也有可能对方真的不了解或者仍然没有交流的欲望，而作出了否定的回答。这时主动的一方就可以这样接话："没关系，我也只是想了解一下。"

3. 需要谈判者提前有所准备，主要是对对方进行专门的信息搜索，了解对方的兴趣爱好。比如，对方比较喜欢古筝演奏，那么谈判人员就可以抽出时间，去古筝培训班进行学习，了解一些古筝的历史常识等等，这很容易就可以和对方展开话题。如果对方的造诣颇深，那么谈判人员则只需尽力保持倾听和学习的姿态即可。

4. 以婉转式的方法切入谈判，能有效避免谈判正式开始时的生硬感，让整个谈判自然而然地开始。这种方法虽然不适合特别正规的谈判场合，但是大多数商业谈判其实就是一种营销手段。

▲点评：商务谈判开局需要双方建立起一定的好感，然后才能进行有效的沟通，终使谈判事半功倍。

## 二、谈判开局导入

俗话说："万事开头难。"导入是指从步入会场到寒暄结束这段时间。导入的时间虽短，但其作用却很大。在导入阶段，为便于双方接触，一般以站立交谈为好。虽然每个人的行为方式、个性特征各不相同，但从总体要求上应注意以下几个方面。

（1）**入场**　在谈判开始前谈判人员应径直走向会场，表情自然放松，以开诚布公、友好的态度出现。

（2）**握手**　谈判开局过程中谈判双方人员应自然握手，同时要掌握握手的力度、时间与方式，握手应亲切郑重。

（3）**介绍**　谈判双方人员可以自我介绍，也可由双方的主谈人向对方介绍己方的谈判人员。

（4）**问候、寒暄**　谈判介绍完毕后，不应立即进入主题，应进行简短的问候、寒暄，在问候的过程中语言应尽量亲切、和蔼、轻松。在谈判中为营造良好的气氛，可适当选择一些大家感兴趣的话题来交谈。

## 三、商务谈判开局气氛

### （一）商务谈判气氛的定义

气氛是指特定环境中给人强烈感觉的景象和情调。气氛是看不见、摸不着的，但却是客观存在的。这有点类似于物质世界中的磁场、电场、力场，物质之间相互作用有时不需要直接接触，通过看不见摸不着的场就能发挥作用。而谈判开局是双方在情绪上最紧张的时刻，谈判气氛的好坏在很大程度上决定着整个谈判的走向和发展趋势。因此，一个"和气"的开局气氛将为谈判的成功奠定坚实的基础。

### 案例赏析 3-2[1]

日本有一家木村事务所想扩建厂房，他们看中一块土地，但同时有几家商社也想购买这块地，董事长木村前后多次费尽口舌，但还是遭到这块土地所有者——一位倔强的老太太的拒绝。一个下雪天，老太太进城购物顺便到木村事务所，她很想去告诉木村先生死了这份心。老太太推门刚要进去，突然犹豫起来，原来屋内很干净，而自己脚下沾满雪水，肮脏不堪。正当老太太想退出房间时，一位年轻的姑娘出现在她面前，并说"欢迎光临"。小姑娘马上回屋想为老太太找一双拖鞋，可恰好没了，姑娘就脱下自己的鞋整齐地放在老太太面前，微笑说："很抱歉，请穿这个好吗？"老太太犹豫了："你不在乎脚冷吗？""别客气，请穿上吧。"等老太太换好鞋以后，姑娘才问道："老人家请问我能为您做些什么？""哦，我要找木村先生。"姑娘就像扶母亲一样，小心翼翼地把老太太扶上楼，老太太在踏进木村办公室的瞬间改变了主意，决定把地卖给木村先生。

后来，那位老太太告诉木村先生："在我漫长一生里，遇到的大多数人都是冷酷的，我也去过其他几家想买我地的公司，他们的接待人员没有一个像你们的工作人员这样，对我这么好的，你的年轻职员体贴漂亮，她们令我感动。"就这样一个企业家费了半年工夫都无法解决的事情被一个有礼貌的女职员解决了。

▲**点评**：上述案例中，打动老太太的正是公司的服务人员给她营造的温暖、亲切的气氛，这种气氛从实质上改变了老太太的想法。商务谈判的气氛在一定程度上，能够影响谈判人员的心理、情绪和感觉，并影响整个谈判的结果。

---

[1] 资料来源：李嘉珊. 国际商务礼仪. 3版. 北京：电子工业出版社，2018.

### （二）商务谈判气氛的类型

商务谈判中某一方控制了谈判气氛，那么，在某一种程度上就等于控制了谈判对手。一般来说，每一场谈判都会因谈判内容、谈判形式和谈判地点、场景的不同，而具有独特的气氛，常见的商务谈判气氛有以下4种。

#### 1. 热烈友好的谈判气氛

热烈、积极、友好的谈判气氛是指谈判双方态度诚恳、真挚，彼此明白对方需要；谈判双方见面时气氛轻松，情感交流顺畅，常有幽默的语句。这种谈判气氛下，谈判双方为成功的结果奠定基础，这种谈判气氛对谈判的开展起到一种积极促进作用。

**案例赏析3-3❶**

中国一家彩电生产企业准备从某国引进一条生产线，于是与某国一家公司进行了接触。双方分别派出了一个谈判小组就此问题进行谈判。谈判那天，当双方谈判代表刚刚就座，中方的首席代表（副总经理）就站了起来，对大家说："在谈判开始之前，我有一个好消息要与大家分享。我的太太在昨天夜里为我生了一个大胖儿子！"此话一出，中方职员纷纷站起来向他道贺。某国代表于是也纷纷站起来向他道贺。整个谈判会场的气氛顿时高涨起来，谈判进行得非常顺利。中方企业以合理的价格顺利地引进了一条生产线。

▲点评：谈判开始之前用道贺的方式能让整个谈判氛围变得友好、积极。

#### 2. 冷淡紧张的谈判气氛

这种谈判气氛又称低调的谈判气氛，和欢快热烈的气氛正好相反，是指谈判中一方或双方态度冷淡，言语犀利甚至带有嘲讽、猜疑的口气，表现出不信任、戒备等行为。这种谈判气氛较为特殊，如果运用不当，容易引发或加剧矛盾，致使谈判破裂。这种谈判气氛多出现在谈判双方存在利益冲突的场合中，有时为了达到某种特殊目的一方也刻意营造这种氛围。

#### 3. 平静和谐的谈判气氛

这种谈判气氛又称为自然的谈判气氛，既不热烈，又不低沉，双方的态度一般都比较严肃、认真，心态比较平和、自然，情绪比较稳定。这种气氛一般不需要刻意营造，大多数谈判都是在这种气氛中进行的。相对其他几种谈判气氛，平静和谐的谈判气氛更有利于谈判双方能比较真实、准确地传递信息。

#### 4. 松弛缓慢的谈判气氛

松弛缓慢的谈判气氛多由于谈判的一方缺乏诚意引起。在该气氛下，谈判人员精神不振、懒散或漫不经心，显出一种可谈可不谈的无所谓的态度。这种谈判效率低下，常常因故中断。

在实际谈判过程中，谈判的气氛很难保持不变，会随着议题的更改、进程的推进发生变化。

### （三）商务谈判开局气氛

根据谈判需要，谈判人员要掌握不同的谈判开局气氛的营造方法。一般来讲，商务谈判开局气氛有高调气氛、低调气氛和自然气氛3种。

#### 1. 高调气氛

高调气氛是指谈判情势比较热烈，谈判双方情绪积极、态度主动的开局气氛，适用于己方占有优势，希望尽早与对方达成协议的情况。营造高调气氛有如下4种方法。

（1）感情攻击法　感情攻击法是指通过某一特殊事件来引发普遍存在于人们心目中的因素，

---

❶ 资料来源：本案例根据网络相关资源改写。

并使感情迸发出来，从而达到营造气氛的目的。

（2）**称赞法**　称赞法是指通过称赞来削弱对方的心理防线，从而激发对方的谈判热情，调动对方的情绪，营造高调气氛。

（3）**幽默法**　幽默法是指用幽默的方式来消除对手的戒备心理，使其积极参与到谈判中，从而营造高调的谈判开局气氛。

（4）**问题挑逗法**　问题挑逗法是指提出一些尖锐的问题诱使对方与自己争议，通过争议使对方进入角色。这种方法通常是在对方热情不高时采用，类似于激将法。问题挑逗法很难把握住火候，在使用时要慎重，要选择好退路。

## 案例赏析3-4

　　东南亚某个国家的华人企业想要为日本一著名电子公司在当地做代理商。双方几次磋商均未达成协议。在最后的一次谈判中，华人企业的谈判代表发现日方代表喝茶及取放茶杯的姿势十分特别，于是他说："从日方的谈判代表喝茶的姿势来看，您十分精通茶道，能否为我们介绍一下呢？"这句话正好点中了日方代表的兴趣所在，于是他滔滔不绝地讲述起来。结果，后面的谈判进行得异常顺利，那个华人企业终于拿到了他所希望的地区代理权。

　　▲点评：投其所好的话题能让对方心情舒畅，以此可以营造良好的谈判气氛。

### 2. 低调气氛

低调气氛是指十分严肃、低落的谈判气氛。这种谈判气氛会导致一方情绪消极、态度冷淡。低调气氛会给谈判双方造成较大的心理压力，在这种情况下，哪一方心理承受力弱，往往就会妥协让步。因此在营造低调气氛时，己方一定要做好充分的心理准备并要有较强的心理调适能力。营造低调气氛有以下4种方法。

（1）**感情攻击法**　营造低调气氛的感情攻击与营造高调气氛的感情攻击两者性质一样，即都是以情感诱发作为营造气氛的手段，但两者的作用方向是相反的。营造高调气氛的感情攻击是指激发产生积极情感，使谈判开局充满热烈的气氛；营造低调气氛的感情攻击，是要诱使对方产生消极情感，致使一种低沉、严肃的气氛笼罩在谈判开始阶段。

（2）**疲劳战术**　疲劳战术是指使对方对某一个问题或某几个问题反复进行陈述，从生理和心理上让对手疲劳，降低对手的热情，从而达到控制对手并迫使对方让步的目的。一般来讲，人在疲劳状态下，思维敏捷度下降，容易出现错误，热情降低，工作情绪不高，比较容易屈从于别人的想法。

（3）**沉默法**　沉默法是以沉默的方式来使谈判气氛降温，故意向谈判对手施加压力。这里讲的沉默并非一言不发，而是本方尽量避免就谈判实质问题来发表相关言论。

（4）**指责法**　指责法是指对对手的某项错误（包括礼仪问题）吹毛求疵、严加指责，使对方感到内疚，从而营造低调气氛，迫使对方让步。

### 3. 自然气氛

自然气氛是指谈判双方情绪平稳，谈判气氛既不热烈也不低沉。自然气氛无需刻意营造，许多谈判都在这种谈判气氛中开始的。这种气氛可在谈判一方对谈判对手的情况了解甚少，对手的谈判态度不甚明朗时进行摸底使用。

营造自然气氛时应注意自己的言行；不要与对手就某个话题过早产生争论；运用中性话题开场，缓和气氛；尽量正面回答对方的提问。

总之，谈判气氛并非是一成不变的。在谈判中，谈判人员可以根据需要来营造适合自己的谈判气氛。但是，谈判气氛的形成并非完全是人为因素，客观条件也会对谈判气氛有重要的影响，如节假日、天气状况、突发事件等。因此，在营造谈判开局气氛时，一定要注意外界客观因素的影响。

## 四、营造良好谈判开局气氛的方法

谈判应是互惠的，一般情况下双方都会谋求一致，为了达到这一目的，洽谈的气氛必须具有诚挚、合作、轻松、愉悦、认真的特点。要想取得这一洽谈气氛，需要有一定的时间，不能在洽谈刚开始就进入实质性谈判。因此，要花足够的时间，利用各种因素，协调双方的思想或行动。如何创造一个良好的谈判气氛，给谈判双方留下什么样"先入为主"的印象，具体有如下几点。

### （一）营造轻松的谈判环境

#### 1. 合理选择谈判地点

谈判地点的选择对谈判人员的心理有不小的影响。在谈判者所在地谈判，可以随时向上级领导和专家请教、查找资料、提供样品等；在生活方面饮食、起居都不受影响，而且处于主人地位，心理上占有优势。客观上来讲，对重大的商务谈判应力争在本地进行，一般的商务谈判可以选择客座谈判，也可以选择在中立地进行谈判。

#### 2. 精心布置谈判会场

谈判场所最好选择在一个幽静、不受干扰的地方。房间大小适中，桌椅摆设要紧凑、合理，环境要温馨，灯光要明亮，颜色要明快，具体的步骤如下。

（1）**做欢迎横幅** 将横幅做好后，要悬挂在大门口显眼的位置，横幅上有"热烈欢迎某某公司代表"等字样。

（2）**"流水牌"安排** 在企业内部从大堂到会议室的通道上竖立显眼的"流水牌"，从对方代表所住楼层的电梯间到谈判会议室安放显眼的"流水牌"。这样可以方便对方谈判代表不论是从外部进入酒店时还是从房间到会议室都能很方便地找到。

（3）**会议室内横幅安排** 如果谈判中会用到投影仪，可在屏幕的上方挂上"祝谈判取得圆满成功"内容的横幅，也可以挂在对方谈判代表座位对面的墙上。可以提醒对方取得谈判的成功是我们共同的目标。

（4）**会议室的布置** 色彩选择，即选择、确定谈判场景的总体色调。一般而言，谈判场景的总体色调应以暗色、暖色为主，可采用暗红色、褐色、暗黑色或朱色。但是，总体色调也不能过于暗淡，否则会给人以压抑的感觉，不利于最后的签约。如果谈判场景的总体色调过于暗淡，那么可以引入一些亮色进行调整，如绿色、浅红色、蓝色、银白色等。具体方法有：用鲜花均匀点缀在会场内；使用白色或银白色的茶具；利用灯光进行调节。

（5）**会议室谈判桌及座次安排** 正式的谈判座次安排通常选用长方形谈判桌，谈判双方各占一边，双方对等。通常谈判的首席代表居中而坐，己方的其他成员分坐在首席代表两边。

（6）**会议室设备安排** 如果谈判中有需要的话，要保证麦克风、音响、投影仪、灯光、电源、计算机、空调等设备工作正常。

（7）**辅助文具安排** 不管对方是否自己准备，正式的谈判主方都应该为每个谈判代表准备好至少两支削好的铅笔、足够的纸张、计算器等文具。如果谈判中还要涉及画图，也要准备画图工具。这些工作也可以在租赁会议室时交由酒店负责。

（8）**茶水饮品安排** 谈判进行中的饮品一般有咖啡、茶水或者矿泉水。

（9）**休息时间水果及糕点安排** 谈判的时间安排如果预计会超过两个小时，就必须在中间安排休息时间。一方面是因为要为谈判者考虑到上洗手间的问题，另一方面，如果谈判进展不顺利，出现较为激动的场面时，主方可以提议休息一会儿以缓和气氛。在休息的时间可以安排大家用一点时令水果或者糕点。一般酒店都会提供这样的服务，如果酒店不提供，主方也可以自己安排。

### (二) 树立良好的谈判者形象

#### 1. 通过面部表情来控制谈判气氛

在谈判中，谈判人员的表情可能会影响对方的情绪。树立自信、友善、和谐、轻松愉快的气氛还是怀疑、敌对、紧张、呆滞的气氛都可以通过人的面部表情来体现。如：眼神闪烁不定代表谈判对手在努力掩饰内心的秘密；眉毛迅速上下移动，表示谈判对手力图友好；眉毛向上挑起表示谈判对手处于疑惑；如果对手紧紧抿嘴，表现出意志坚决；撇起嘴代表不满意或准备攻击对方；遭受失败时一般死死咬住嘴唇。因此为避免表情的不恰当，谈判时要适当控制自己的面部表情，尽量做出富有自信、友善、和谐、轻松的表情。与此同时，谈判者的目光也要专注。俗话说：眼睛是心灵的窗户。谈判人员的心理微妙的变化很多时候可以通过目光表示出来，但与人谈话时的眼神一定要专注，不要显示出漠不关心的样子，消除对方的戒备。

#### 2. 仪表要得体

俗话说："佛要金装、人要衣装。"服装是形象好坏的重要因素，服装具有历史性、社会性、审美性，谈判服装一般选择深色衣服。服装色调与清洁状况反映谈判人员的心理特征，谈判人员要做到谈判服美观、大方、整洁。

**资料阅读 3-1**

#### 服装穿着的TOP原则

"TOP"实际上是三个英语单词的缩写，它们分别代表时间（Time）、场合（Occasion）和地点（Place），即着装应该与当时的时间、所处的场合和地点相协调。

时间原则——不同时段的着装对女士尤其重要。男士有一套质地上乘的深色西装就足以打天下，而女士的着装则要随时间而变换。白天工作时，女士应穿着正式套装，以体现专业性；晚上出席酒会时就要多加一些修饰，如佩戴上有光泽的首饰，围一条漂亮的丝巾等。服装的选择还要适合季节、气候的特点，保持与潮流大势同步。

场合原则——衣着要与场合相协调。与顾客会谈、参加正式会议时，衣着应庄重考究；听音乐会或看演出时，最好要着正装；出席正式宴会时，则应穿中国的传统旗袍或西方的长裙晚礼服；而在朋友聚会、郊游等场合，着装应轻便舒适。

地点原则——在自己家里接待客人，可以穿着舒适的休闲服；如果是去公司或单位拜访，穿职业套装会显得专业；外出时要顾及当地的传统和风俗习惯，如果去教堂或寺庙等场所，就不能穿过于暴露的服装。

#### 3. 仪态要优美

一个人的举止既能体现出他的道德修养、文化水平，又能体现出与他人交往的诚意。在社会交往中，应做到"举止得体、文明礼貌"，有些动作相当简单，却影响深远，如在一些西方国家，若用右手同别人握手，左手搭在别人肩上，容易被认为轻狂、傲慢；但这些动作在另一些国家却认为表示相见恨晚。公共场合一般不能做如下动作：指手画脚、打呵欠、喷烟圈、伸懒腰等。总之，在公共场合，男人要有阳刚之美，女士要优雅得体。

#### 4. 仪容要合礼

谈判人员要注意自己的仪容，女性要略施淡妆，双手指甲要经常修剪保养，小指甲不能蓄留过长，不要涂抹过艳的指甲油；男性头发不能过长且不能脏乱；皮鞋要保持光亮，女性要随身带备用丝袜以避免出现袜子破损无法更换的现象。

### （三）学会在开场时抢占先机取得优势

学会获得信息，对方谈判经验和技巧无须语言就可以体现出来，比如他的姿势、表现以及入题能力，如果在寒暄时不能应对自如，或者突然单刀直入谈起生意来，那么可以断定，他是谈判生手。谈判作风在开场阶段中会体现出来。

### （四）运用中性话题

谈判的开局一般都不会直奔主题，一见面就直接涉及谈判主题，往往不利于谈判的正常进行，破坏良好的谈判气氛形成。开局应该谈点什么，才能创造和谐的谈判气氛呢？在见面洽谈开始时，应选择合适的中性话题，最好是松弛的、非业务性的，比如双方可涉及谈判者各自以前的经历；近期的社会新闻、体育新闻、文娱节目；谈谈家庭状况，私人问候，表现出你真正关心他人的情况，不带任何胁迫的语调；谈判所处地区的气候、季节及适应性；旅途中的经历；名人轶事；较轻松的玩笑；过去成功的合作。

### （五）注意利用正式谈判前的非正式接触

在正式开始谈判前，双方可能有一定的非正式接触机会（指非正式会谈），如欢迎宴会、礼节拜访、商务接待等，利用此类机会加强关系，增进感情，也可充分影响对方人员的谈判态度，有助于在正式谈判时建立良好的谈判气氛。

## 五、谈判开局策略

谈判开局策略是谈判者谋求谈判开局有利地位和实现对谈判开局的控制而采取的行动方式或手段。营造适当的谈判气氛实质上就是为实施谈判开局策略打下基础。谈判开局策略因时间、地点、事件、人员不同，采取的策略也各不相同。下面介绍几种基本的开局策略。

#### 1. 协商式开局策略

协商式开局策略，也称为一致式开局策略，是指以协商、肯定的语言进行陈述，使对方对己方产生好感，创造双方对谈判的理解充满"一致性"的感觉，从而使谈判双方在友好、愉快的气氛中展开谈判工作，适合高调气氛、自然气氛时。协商式开局策略比较适用于谈判双方实力比较接近，双方过去没有商务往来的经历，都希望有一个好的开端的情况。运用协商式开局策略，在首次见面时应多用外交礼节性语言、中性话题，使双方在平等、合作的气氛中开局。协商式开局策略的目的在于创造取得谈判胜利的条件。运用协商式开局策略的具体方式有很多，比如，谈判双方进行简单自我介绍后，谈判一方以协商的口吻来征求谈判对手的意见，然后对对方意见表示赞同或认可，双方达成共识。

需要注意的是，征求对方意见的问题应该是无关紧要的问题，对手对该问题的意见不会影响我方的利益。例如进行产品的自我介绍、经营介绍等，这就避免对方的意见对己方的利益造成损伤。在赞同对方意见时，谈判人员的态度要不卑不亢，表现出充分尊重对方意见的态度，语言要友好礼貌，但又不刻意奉承对方。协商式开局策略可以在平静和谐或热烈的谈判气氛中运用，但最好不要在冷淡紧张的谈判气氛采用，以免给谈判对手造成可以讨好的误解，使己方陷入被动的局面。协商式开局策略还有一种重要途径，就是在谈判开始时以问询方式或者补充方式诱使对手走入己方的既定安排，从而使双方达成共识。所谓问询式，是指将答案设计成问题来询问对方，例如，"你看我们把价格和付款方式问题放到后面讨论怎么样？"所谓补充方式，是指借以对对方意见的补充，使自己的意见变成对方的意见。

#### 2. 保留式开局策略

保留式开局策略又叫慎重式开局策略，是指应用严谨、凝练的语言进行陈述，对谈判对手的关键问题不作确切、彻底回答，有所保留造成神秘感，表达出对谈判的高度重视和鲜明的态度，目的在于使对方放弃某些不适当的意图，以达到把握谈判的目的，适合低调、自然气氛。

保留式开局策略一般适用于谈判双方有过商务往来，但对方曾有过不太令人满意的表现，己方要通过严谨、慎重的态度，引起对方对某些问题的重视。运用此策略可以采取的方法有很多，例如，可以对过去双方业务关系中对方的不妥之处表示遗憾，并希望通过本次合作能够改变这种状况；也可以用一些礼貌性的提问来考察对方的态度、想法，但不要急于拉近关系，注意与对方保持一定的距离。这种策略也适用于己方对谈判对手的某些情况存在疑问，需要经过简短的接触摸底。当然慎重并不等于没有谈判诚意，也不等于冷漠和猜疑，这种策略正是为了寻求更有效的谈判成果而使用的。

## 案例赏析3-5 ❶

江西省某工艺雕刻厂原是一家濒临倒闭的小厂，经过几年的努力，产值已有200多万元，产品打入了日本市场，被誉为"天下第一雕刻"。有一年，日本3家株式会社的老板同一天到该厂订货。其中一家资本雄厚的大商社，要求原价包销该厂的佛坛产品。这应该说是好消息，但该厂想到，这几家原来都是经销韩国、我国台湾地区产品的商社，为什么争先恐后、不约而同到本厂来订货？他们查阅了日本市场的资料，得出的结论是本厂的木材质量上乘，技艺高超是吸引外商订货的主要原因。于是该厂采用了"待价而沽""欲擒故纵"的谈判策略。先不理那家大商社，而是积极抓住两家小商社求货心切的心理，把佛坛的梁、榴、柱，分别与其他国家的产品做比较。在此基础上，该厂将产品当作金条一样争价钱、论成色，使其价格达到理想的高度。首先与小商社拍板成交，造成那家大客商产生失落货源的危机感。那家大客商不但更急于订货，而且想垄断货源，于是大批订货，以致订货数量超过该厂现有生产能力的好几倍。

▲点评：本案例中该厂谋略成功的关键在于其策略不是盲目的、消极的。首先，该厂产品确实好，而几家客商求货心切，在货比货后让客商折服；其次，是巧于审势布阵。先与小客商谈，并非疏远大客商，而是牵制大客商，促其产生失去货源的危机感。这样订货数量和价格才有大幅增加。注意在采取保留式开局策略时不要违反商务谈判的道德原则，即以诚信为本，向对方传递的信息可以是模糊信息，但不能是虚假信息。否则，会将自己陷于非常难堪的局面之中。

### 3. 坦诚式开局策略

坦诚式开局策略，也称开诚布公策略，是指谈判一方以开诚布公的方式向对手陈述自己的观点或意愿，尽快打开谈判局面，适合关系很好比较了解或者实力不如对方时。

运用坦诚式开局策略的目的在于，通过开诚布公的形式，获得谈判对手的信赖和好感，这有助于谈判的顺利进行，并提高谈判效率，节省时间，还能避免一些不必要的误解和矛盾的产生。坦诚式开局策略比较适用于谈判双方过去有过商务往来，而且关系较好，双方有比较深的了解。在陈述中要真诚、热情地畅谈双方过去的友好合作关系，并适当地称赞对方在商务往来中的良好信誉。由于双方关系比较密切，不用太多的客套，可以减少很多外交辞令，直接坦率地陈述自己的观点、要求或对对方的期望等，使对方产生信任感。采用这种策略时，要综合考虑多种因素，例如，自己的身份、与对方的关系、当时的谈判形势等。

---

❶ 资料来源：本案例根据网络相关资源改写。

## 案例赏析3-6❶

北京某区一位党委书记在同外商谈判时，发现对方对自己的身份有强烈的戒备心理。这种状态妨碍了谈判的进行。于是，这位党委书记当机立断，站起来对对方说道："我是党委书记，但也懂经济、搞经济，并且拥有决策权。我们摊子小，并且实力不大，但人实在，愿意真诚与贵方合作。咱们谈得成也好，谈不成也好，至少你这个外来的'洋'先生可以交一个我这样的'土'朋友。"寥寥几句肺腑之言，打消了对方的疑惑，使谈判顺利地向纵深发展。

▲点评：采用坦诚式开局策略时，要综合考虑多种因素，例如，自己的身份、与对方的关系、当时的谈判形势等。坦诚式开局策略有时也可用于谈判力弱的一方。当我方的谈判力明显不如对方，并为双方所共知时，坦率地表明己方的弱点，让对方加以考虑，更表明己方对谈判的真诚，同时也表明对谈判的信心和能力。

**4. 进攻式开局策略**

进攻式开局策略是通过语言或者行为来表达自己强硬的姿态，从而获得对手必要的尊重，制造心理优势，使谈判顺利进行下去。适合在发现对手在制造低调气氛时使用，但不利于讨价还价，容易使谈判进入僵局。

这种进攻式开局策略只有在特殊情况下才使用。例如发现谈判对手居高临下，以某种气势压人，有某种不尊重己方的倾向，如果任其发展下去，对己方是不利的。因此要及时地变被动为主动，不能被对方气势压倒。采取以攻为守的策略，捍卫己方的尊严和正当权益，使双方站在平等的地位上进行谈判。采取进攻式开局策略时一定要谨慎，必须注意有理、有利、有节，不能使谈判一开始就处于剑拔弩张的气氛中。在运用此策略时，要切中问题要害，对事不对人，不能进行人身攻击或给对方的行为定性。在语言表达中，既表现出己方的自尊、自信和认真的态度，又不能咄咄逼人，使谈判气氛过于紧张，一旦问题表达清楚，对方也有所改观，就应及时调节一下气氛，使双方重新建立起一种友好、轻松的谈判气氛。

## 案例赏析3-7❷

某国一家著名的汽车公司在美国刚刚"登陆"时，急需找一家美国代理商来为其销售产品，以弥补他们不了解美国市场的缺陷。当某国汽车公司准备与美国的一家公司就此问题进行谈判时，某国公司的谈判代表在来的路上因塞车迟到了。美国公司的代表抓住这件事紧紧不放，想要以此为手段获取更多的优惠条件。某国公司的代表发现无路可退，于是站起来说："我们十分抱歉耽误了你的时间，但是这绝非我们的本意，我们对美国的交通状况了解不足，所以导致了这个不愉快的结果，我希望我们不要再为这个问题耽误宝贵的时间了，如果因为这件事怀疑到我们合作的诚意，那么，我们只好结束这次谈判。我认为，我们所提出的优惠代理条件是不会在美国找不到合作伙伴的。"某国代表的一席话说得美国代表哑口无言，美国人也不想失去这次赚钱的机会，于是谈判顺利地进行下去。

▲点评：采用进攻式开局策略一定要谨慎，因为，在谈判开局阶段就设法显示自己的实力，使谈判开局就处于剑拔弩张的气氛中，对谈判进一步发展极为不利。本案例中，某国谈判代表采取进攻式的开局策略，阻止了美方谋求营造低调气氛的企图。

---

❶ 资料来源：本案例根据网络相关资源改写。

❷ 资料来源：李品媛. 现代商务谈判.4版. 大连：东北财经大学出版社，2020.

**5. 挑剔式开局策略**

挑剔式开局策略是指开局时，对对手的某项错误或礼仪失误严加指责，使其感到内疚，从而达到营造低调气氛，迫使对方让步的目的。

**案例赏析3-8**

　　巴西一家公司的代表到美国去采购成套设备。巴西代表因为上街购物耽误了时间，当他们到达谈判地点时，比预定时间晚了45分钟。美方代表对此极为不满，花了很长时间来指责巴西代表不遵守时间，没有信用，如果这样下去的话，以后很多工作很难合作，浪费时间就是浪费资源、浪费金钱。对此巴西代表感到理亏，只好不停地向美方代表道歉。谈判开始以后美方代表似乎还对巴西代表来迟一事耿耿于怀，一时间弄得巴西代表手足无措，说话处处被动。无心与美方代表讨价还价，对美方提出的许多要求也没有静下心来认真考虑，匆匆忙忙就签订了合同。等到合同签订以后，巴西代表平静下来，头脑不再发热时才发现自己吃了大亏，上了美方的当，但已经晚了。

　　▲点评：本案例中美国代表成功地使用挑剔式开局策略，迫使巴西代表自觉理亏，在来不及认真思考的情况下匆忙签订对美方有利的合同。

## 情景训练3-1

**训练要点**

1. 根据已撰写好的谈判背景调查，设计一份谈判开局实施方案。
2. 模拟谈判开局的会面场景。

**训练步骤**

1. 以小组为单位，根据项目已经完成的背景报告和谈判方案的内容，确定要营造的开局气氛，并设计一份开局气氛营造计划。
2. 选择2种以上的开局策略，制订一份开局策略实施方案。
3. 确定本组人员在谈判中所扮演的角色身份、职位、职务。
4. 根据已设定好的职务，每人设计一张名片。
5. 设计谈判会场的布置与座次安排，并绘制成草图。
6. 对上述5个步骤的成果进行整理、汇总，形成一份谈判开局实施方案，并制作成PPT形式，以小组为单位，轮流上台演示。教师点评，小组修订后准备实施。
7. 采取抽签的方式，2组为一单位，模拟开局的会面场景。

**知识目标**

1. 掌握谈判气氛的类型。
2. 理解营造开局气氛的方法。
3. 掌握开局策略和技巧。
4. 了解有关谈判开局礼仪的知识。

---

❶ 资料来源：本案例由作者根据网络相关资源改写。

<h1 style="text-align:center">第二节 报价</h1>

### 导入案例3-2[1]

2012年，广州某上市公司与美国公司就引进PLC自动化控制技术进行工作洽谈，德国人与日本人获得消息后，分别向广州该公司进行报价，价格为1960万美元和1870万美元。经该上市公司调查取证，德国和日本两家公司技术与服务条件都大致相当，但从技术成熟度及应用能力的角度考虑，该广州上市公司想与德国人成交。在终局谈判中，该广州公司安排总经理与总工程师同德国人进行谈判，而全权委托技术科长与日本人谈判。德国公司得知此消息后，主动大幅度降价至1780万美元与广州公司签约。

问题：商务谈判报价有什么注意事项？

商务谈判的报价事关双方的切身利益，报价要基于产品的成本、品牌、公司期望利润值和市场竞争关系。上述案例充分体现了报价与竞争的关系。报价是商务谈判的一个重要阶段，这里所讲的报价，不仅是指双方在谈判中提出的价格方面的要求，而是泛指谈判中某一方向对方提出自己的所有要求，交易条件的确立是以报价为前提的。报价不仅表明了谈判者对有关交易条件的具体要求，还集中反映着谈判者的需要与利益；并且通过报价，谈判者可以进一步分析、把握彼此的意愿和目标，以便有效地引导谈判行为。在报价阶段，谈判者的根本任务是正确表明己方的立场和利益。

## 一、报价基础

报价表示双方价格谈判的正式开始，同时也体现了双方对物质性的要求程度。然而，报价水平的高低并不是由报价一方随意决定的。一般应先确定报价目标，报价目标一定要与企业谈判目标结合起来，明确己方的最低价格标准，根据所搜集和掌握的各种渠道的商业情报和市场信息，对其进行分析、判断，在预测的基础上加以制订，使报价在双方价格谈判的合理范围内。因此，应首先掌握市场行情，这是报价的基础，其中应着重研究市场供求及价格动态；其次要通过开场陈述来获取对方意图，最后还有必要搞清楚对方是什么类型的谈判者。

## 二、报价原则

报价并非就是简单地提出己方的交易条件，这一过程实际上是非常复杂的，稍有不慎就有可能陷自己于不利的境地。大量的谈判实践告诉我们，在报价过程中是否遵循下述几项原则，对报价的成败有着决定性的影响。

### 1. 开盘价是最"高"期望价

对卖方而言，开盘价必须是最高的；相应地，对买方而言，开盘价必须是最低的，但也是最高期望、最希望成交的价格。开盘价是最"高"期望价这一原则是报价的首要原则。对此可以从以下几个方面进行分析。

第一，作为卖方来说，最初的报价即开盘价。实际上为谈判的最终结果确定了一个最高限度。因为在买方看来，卖方报出的开盘价无疑表明了他们追求的最高目标，买方将以此为基准，要求卖方做出让步。在一般情况下，买方不可能接受卖方更高的要价，买方最终的成交价将肯定在开盘价以下。

第二，开盘价的高低会影响对方对本方的评价，从而影响对方的期望水平。比如卖方产品价

---

格的高低，不仅反映着产品的质量水平，还与市场竞争地位及销售前景等直接相关，买方会由此而对卖方形成一个整体印象，并据此来调整或确定己方的期望值。一般来说，开盘价越高，对方对己方的评价越高，其期望水平可能就越低。

第三，开盘价越高，让步的余地就越大。在谈判过程中，双方都必须做出一定的让步。如果在一开始就能为以后的让步预留足够的回旋余地，在面对可能出现的意外情况，或对方提出的各种要求时就可以做出更为积极有效的回应。

第四，开盘价高，最终成交价的水平也就比较高。或者说，最初的报价越高，最终所能得到的往往就越多。因为要价越高，就越有可能与对方在较高的价格水平上达成一致。

### 2. 开盘价必须合情合理

开盘价必须是最高的，但这并不意味着可以漫天要价，相反报价应该控制在合理的界限内。如果本方报价过高，对方必然会认为你缺乏谈判的诚意，可能立即中止谈判；或者对己方报价中不合理的成分一一提出质疑，迫使己方不得不很快做出让步。在这种情况下，即使己方已将交易条件降至比较合理的水平，但这一合理的条件在对方看来仍然可能是极不合理的。

因此，己方提出的开盘价，既应服从于己方寻求最高利益的需要，又要兼顾对方能够接受的可能性。开盘价虽然不是最终的成交价，但如果报价高到被对方认为是荒谬的程度，从一开始就彻底否定本方报价的合理性，双方的磋商是很难顺利进行下去的。在确定报价水平时，一个普遍认可的做法是：能够找到足够的理由证明己方报价是合理的，这时报出的价格可尽量提高。

### 3. 报价应该坚定、明确、清楚

谈判者首先必须对己方报价的合理性抱有充分的自信，然后才可希望得到对方的认可。在提出己方的报价时应该坚决而果断，在言谈举止上表现出任何的犹豫和迟疑，都有可能引起对方的怀疑。报价还应该非常明确、清楚，报价时所运用的概念的内涵、外延要准确无误，言辞应恰如其分，不能含混模糊，以免对方产生误解。为确保报价的明确、清楚，可以预先备好印刷好的报价单。如果是口头报价，也可适当地辅以某些书面材料，帮助对方正确理解己方的报价内容。

### 4. 不主动对报价加以解释、说明

谈判人员对己方的报价一般不应附带任何解释或说明。如果对方提出问题，也只宜作简明的答复。在对方提出问题之前，如果己方主动地进行解释，不仅无助于增加己方报价的可信度。反而会由此使对方意识到己方最关心的问题是什么，这无异于主动泄密。有时候，过多说明或辩解，还容易使对方从中发现己方的破绽和弱点，让对方寻找到新的进攻点和突破口。

## 三、报价方式

所谓的报价方式，就是指报价的方法及其形式，包括交易条件的构成、提出条件的程序及核心内容的处理等。简单地说，报价方式解决的就是如何报价的问题。

前面分析的几项报价原则，对现实谈判中的报价有着非常重要的指导意义。但在涉及某项具体的商务谈判时，还必须结合当时的实际情况，尤其是特定的谈判环境及谈判双方的相互关系，灵活地确定报价方式。如果双方关系良好，又有过较长时间的合作关系，报价就不宜过高。如果双方处于冲突程度极高的场合，报价不高就不足以维护己方的合理利益。如果己方有多个竞争对手，应把报价压低到至少能受到邀请参与谈判的程度。

在国际商务谈判中，有两种典型的报价方式可供我们借鉴。需要注意的是，除了这两种方式之外，还可以有其他报价方式，谈判者完全不必拘泥于已有的固定模式，而应该根据实际情况做出决策。

### 1. 高价报价方式

这种方式的一般做法是，卖方首先提出留有较大余地的价格，然后根据谈判双方的实力对比和该项交易的外部竞争状况，通过给予各种优惠，如数量折扣、价格折扣、佣金和支付条件方面的优惠（延长支付期限、提供优惠信贷等），逐步接近买方的条件，建立起共同的立场，最终达

到成交的目的。这种方式与前面提到的有关报价原则是一致的，只要能稳住买方使之就各项条件与卖方进行磋商，最后的结果往往对卖方是比较有利的。

高价报价方式普遍为西欧国家厂商所采用，因此又称为西欧式报价。

## 案例思考3-1

2015年，浙江某公司欲从外国引进RFID射频控制技术，意大利公司报价为280万美元。经过多轮谈判，意大利公司将价格降到200万后不再降价。在终局谈判中，浙江公司暗示公司采购预算只有110万美金，已经临时追加了20万预算，如果意大利公司仍不降价，此次采购将被迫取消。为了达成交易，意大利公司大幅降价至130万美元，最后意大利公司顺利与浙江公司签约。

问题：意大利公司的报价方式怎样的？

### 2. 低价报价方式

也称日本式报价。一般做法将最低价格列于价格表中，首先以低价唤起买方的兴趣。而这种低价格一般是以对卖方最有利的结算条件为前提，并且与此低价格相对应的各项条件实际上又很难全部满足买方的要求。只要买方提出改变有关的交易条件，卖方就可以随之相应提高价格。因此，买卖双方最终成交的价格，往往高于卖方最初的要价。在面临严峻的外部竞争时，日本式报价是一种比较有效的报价方式。首先，它可以排除竞争对手的威胁从而使己方与买方的谈判能够现实地发生。其次，其他卖主退出竞争后，买卖双方就都无优势，卖方就可以根据买方在有关条件下提出的要求逐步地提高要价。

日本式报价虽然最初提出的价格是最低的，但它却在价格以外的其他方面提出了最利于己方的条件。对买方来说，要想取得更好的条件，就不得不考虑接受更高的价格。因此，低价格并不意味着卖方愿意放弃对更高利益的追求。可以说，它实际上与西欧式报价殊途同归，两者只有形式上的不同，而没有实质性的区别。一般而言，日本式报价有利于竞争，西欧式报价则比较符合人们的价格心理。多数人习惯于价格由高到低，逐步下降，而不是相反的变动趋势。

## 四、报价的策略

### 1. 报价的时间策略

在任何一项商务谈判中，谈判双方在报价的时间上通常都有一个先后次序，而且报价的先后往往会对最后的结果产生重大影响。可供谈判者选择的时间策略有两种，己方先报价和对方先报价。在实际情况下应该选择哪一种报价方式，要根据条件和每种报价的利弊关系来决定，一般来说，后报价比先报价更有利。

先报价的优势：首先它为谈判的结果设定了一个框架，最终的协议可能在这一框架内形成。其次，先行报价会在一定程度上支配对方的期望水平，进而影响到对方在随后各谈判阶段的行为。尤其在报价出乎对方预料的情况下，可能会迫使对方仓促调整原来的计划。

劣势：其一，先报价容易为对方提供调整行为的机会，可能会使己方丧失一部分原本可以获得的利益。在本方先行报价之后，由于对方对本方的利益界限有了相应的了解，他们就可以及时修改原来的报价，获取某些超出其预期的利益。比如卖方报价某货物每吨1000美元，而买方的期望价格可能是1100美元。在卖方报价后，买方显然会调整原先的报价，其报价会低于1000美元。这样对买方来说，后报价就使他至少获得了100美元的利益，而这，恰恰是卖方所失去的利益。其二，在某些情况下，先报价的一方往往会在一定程度上丧失主动。在本方报价后，有些谈判对手会对我方的报价提出各种质疑，不断向我方施加压力，迫使我方一步一步地降价，而矢口不谈他们自己的报价水平。在这种情况下，先报价的一方应坚持让对方提出他们的交易条件，以免使己方在随后的磋商中陷入被动。

从某种意义上讲先报价的上述不足之处，也正是后报价的优点所在。我们换个角度再去理解这个道理，假如我们是买家，去买一样产品，知道它的成本是10元，那我们是先报价还是后报价？假如我们不知道它的成本是多少，我们是先报价还是后报价？显而易见，两种情况都是后报价更为有利。

### 案例赏析3-9[1]

#### 专家也会犯错

有家IT公司与张工联系，请他为公司的高级经理办一次有关谈判问题的培训会。公司董事长事前约见了他，征询他对培训会主题的意见，张工扼要地讲了对于培训会的想法，董事长说："你的想法不错，能使我的员工受益匪浅。"接下来他们还谈了些其他细节，他要张工放手去做，临告别时，张工提到了报酬问题。

董事长问："你想要多少？"

张工说："通常是一天3000元。"他心想董事长大概会嫌要价太高，必然会砍价。

哪知道董事长回答得很痛快："可以！请开发票来。"

至今，张工还没搞清楚该要多少劳务费才算合适。

▲点评：专家也会犯错。

选择后报价的策略有时不仅十分有效，而且也是非常必要的。在选择报价时机时，谈判者应充分考虑下述几个方面的因素，根据实际情况做出决策。

（1）**谈判的冲突程度**　在冲突程度极高的商务谈判中，能否把握谈判的主动权往往是至关重要的，因而先报价比后报价更合适。在比较合作的谈判场合，先报价与后报价则没有多大差别，因为谈判双方都将致力于寻找共同解决问题的途径，而不是试图施加压力去击垮对方。

（2）**谈判双方的实力对比**　如果己方的谈判实力强于对方，或己方在谈判中处于相对有利的地位，先行报价是比较有利的。如果己方实力较弱，又缺乏必要的谈判经验，应让对方先报价。因为这样就可以通过对方的报价来了解对方的真实动机和利益所在，以便对己方的报价做出必要的调整。

（3）**商业习惯**　就一般的社会习惯而言，发起谈判的一方通常应先行报价。在有些商务谈判中，报价的先后次序也有一定的先例，比如货物买卖谈判，多半是由卖方先报价，买方还价，与之相反的做法则比较少见。

#### 2. 报价的时机策略

在价格谈判中报价时机也是一个策略性很强的问题。有时卖方的报价比较合理，但却并没有使买方产生交易的欲望，原因往往是买主首先关心的是此商品能否给他带来价值，带来多大的价值，其次才是带来的价值与价格的比较。所以，价格谈判中，应当首先让对方充分了解商品的使用价值和能为对方带来多少收益，待对方对此发生兴趣后再谈价格问题。实践证明，提出报价的最佳时机，一般是对方询问价格时，因为这说明对方已对商品产生了购买欲望，此时报价往往水到渠成，比较自然。

有时，在谈判开始时对方就询问价格，这时最好的策略应当是听而不闻。应首先谈该商品或

❶ 资料来源：方明亮. 商务谈判与礼仪. 2版. 北京：科学出版社，2011.

项目的功能、作用，能为交易者带来什么样的好处和利益，待对方对此商品或项目产生兴趣，交易欲望已被调动起来时再报价比较合适。

### 3. 报价差别策略

由于购买数量、付款方式、交货期限、交货地点、客户性质等方面的不同，同一商品的购销价格不同。这种价格差别，体现了商品交易中的市场需求导向，在报价策略中应重视运用。例如，对老客户或大批量购买的客户，为巩固良好的客户关系或建立起稳定的交易联系可适当实行价格折扣；对新客户，有时为开拓新市场，也可适当给予折让；对某些需求弹性较小的商品，可适当实行高价策略等。

### 4. 价格分割策略

价格分割是一种心理策略。卖方报价时，采用这种技巧，能制造买方心理上的价格便宜感。价格分割包括两种形式。

（1）用较小的单位报价　例如：茶叶每千克200元报成每两10元；大米每吨1000元报成每千克1元。国外某些厂商刊登的广告也采用这种技巧，如"淋浴1次8便士""油漆1平方米仅仅5便士"。巴黎地铁公司的广告是："每天只需付30法郎，就有200万旅客能看到你的广告。"用小单位报价比大单位报价会使人产生便宜的感觉，更容易使人接受。

（2）用较小单位商品的价格进行比较　例如："每天少抽一支烟，每天就可订一份×报纸""使用这种电冰箱平均每天0.5元电费，0.5元只够吃1根最便宜的冰棍""一袋去污粉能把1600个碟子洗得干干净净""××牌电热水器，洗一次澡，不到1元钱"。

用小商品的价格去类比大商品会给人以亲近感，拉近与消费者之间的距离。

### 5. 心理价格策略

人们在心理上一般认为9.9元比10元便宜，而且认为零头价格精确度高，给人以信任感，容易使人产生优惠、实在的感觉，而这种在十进位以下的在心理上被人们认为较小的价格叫作心理价格。因此，市场营销中有奇数定价这一策略，例如标价49.00元，而不标50.00元，标价19.90元，而不标20.00元。

## 五、应价的策略

报价是谈判一方向对手而不是向自己提出交易的条件，因此，必然就存在着另一方对报价的反应过程。所谓的应价，就是指谈判的一方对另一方报价所作的反应。在任何一项商务谈判中，报价与应价是构成价格谈判形成合理要求的两个不可缺少的方面，两者相互依存、互为条件。

在谈判双方报价之后，两边肯定是有一定差距的，彼此都不可能无条件地接受对方的全部要求，而是会相应地作出这样或那样的反应。一个老练的谈判者必须能正确应对对方提出的任何条件和要求，包括那些出乎意料的建议、要求。既然交易的条件是由双方共同来确立的，而不是仅取决于某一方的主观臆断，那么，在对方提出报价以后，己方也应该通过一定的途径进行应价。对己方来说，应价不仅仅是对对方的报价提出质疑、做出评价，它还直接或间接地表明了己方对交易条件的要求，反映着己方的立场、态度和基本利益。

从时间顺序上看，应价是伴随报价而发生的，但就其实质而言，两者并无二致。因此，应价一方绝不能将自己置于被动应对的地位，而应该采取积极有效的措施对报价过程施加影响，使之朝有利于己方的方向发展，努力使己方的交易条件得到对方认可，争取谈判的主动权。事实上，应价对谈判行为过程的影响力绝不亚于报价，只要处理得当，谈判者完全可以"后发制人"，取得满意的谈判结果。

应价时两种基础的策略可供选择：一种是要求对方降低其报价，另一种是提出己方的报价。比较而言，选择第一种策略可能更为有利。不论运用哪种策略，都是己方对报价一方发动的反击，客观上都向对方传递了某些重要信息，包括本方的决心、态度、意愿等。不过，前一种策略表现得更为隐蔽一些，因此己方既没有暴露自己的报价内容，更没有做出任何相应的让步；而对自己往往因对条件缺乏足够的了解，不得不做出某种让步。

## 情景训练3-2

### 情景材料

A公司为生产电脑的厂家，B公司为其客户，A公司与B公司已签订合同，合同款项为20万元，但由于物价上涨，成本升高，A公司需将合同总价提高为25万元才能保证不亏本。作为A公司的经理，你怎么和B公司经理谈判呢？

根据已撰写好的谈判背景，设计一份谈判实施方案。

# 第三节 磋商

## 导入案例3-3

我国某机械进出口公司准备购买一台先进的机械设备，在收到了众多的报价单后，看中了某国公司的产品，因为他们的设备和技术都比较先进，所以，决定邀请他们来我国进一步谈判。谈判的焦点集中在价格问题上，外商的报价和谈判中的报价一样，都是20万美元，而中方的还价是10万美元。

双方都认为有可能在14万~15万美元的价格范围内成交，但以往的经验告诉他们，成交之前会经历好几个回合的讨价还价过程，双方才能在价格问题上达成一致意见。面对让步的节奏和幅度问题，中方代表团内部产生了意见分歧，主要包括以下三种方案。

第一种方案，认为要速战速决，既然对方开价20万美元，我方还价10万美元，双方应该互利互惠，本着兼顾双方利益、消除差距、达成一致的原则，所以，在第二回合中，直接还价14万美元为好。

第二种方案，否定第一种方案，认为这种让步节奏太快，幅度太大，别说还价14万美元，就是还价11万美元，幅度也太大。该方案认为，在第二个回合中，我方让步不能超过5000美元，即增加到10.5万美元，以后每次报价增加5000美元。

第三种方案，否定第一、第二种方案，认为第一种方案让步的节奏太快、幅度太大，而第二种方案的让步节奏太慢、幅度太小。该方案认为，我方的让步应分为几步：第一步，增加到11.5万美元（增加了1.5万美元）；第二步，继续增加到12.7万美元（增加了1.2万美元）；第三步，继续增加到13.5万美元（增加了8000美元）。这样几个回合讨价还价下来，最后再增加5000美元，每次增加幅度要越来越小，这样就有可能在14万美元的价格上成交。

问题：每种方案都有自己的特点，你觉得哪种方案最好呢？

磋商阶段是商务谈判的核心环节，磋商的过程及其结果直接关系到谈判双方所获利益的大小，决定着双方各自需要的满足程度。因而，选择恰当的策略来规划这一阶段的谈判行为，无疑有着重要的意义。

磋商既是双方求同存异、协商确定交易条件的过程，也是双方斗智斗勇，在谈判实力、经验和智力等诸多方面展开全面较量的过程。磋商阶段包括议价及让步、僵局三个过程。

## 一、议价

议价即讨价还价。在一般情况下，当谈判一方报价之后，另一方不会无条件地接受这一报价，而是要求报价方提供更优惠的价格，报价方则会要求对方就报价提出自己一方的价格条件，谈判双方于是展开讨价还价。

### （一）议价的概念

#### 1. 讨价

讨价是谈判中的一方报价之后，另外一方认为离自己的期望目标太远，而要求对方重新报价或改善报价的行为。讨价一般分为以下3个阶段。

（1）**讨价开始阶段** 采用全面讨价法，即要求对方从总体上改善报价。

（2）**讨价进入具体内容阶段** 采用有针对性的讨价方法，即在对方报价的基础上，针对一些不合理的部分要求改善报价。

（3）**讨价的最后阶段** 仍采用全面讨价方法，即从总体上要求对方改善价格。

讨价的这3个阶段是可以不断重复、连续进行的过程。讨论次数的多少应根据心中保留价格与对方改善价格的情况而定。谈判中应抓住主要矛盾，对重要、关键的条款予以讨价，要求改善，也可以同时针对若干项，形成多方位强大攻势的讨价，争取得到对方的让步，获得较大的收效。

#### 2. 还价

所谓还价，是指谈判一方根据对方的报价和自己的谈判目标，主动或应对方要求提出自己的价格条件。还价通常是由买方在一次或多次讨价后应卖方的要求而做出的。

（1）**还价起点** 还价起点是指第一次还价的价位。还价起点的确定对谈判的进程有重要影响。从买方来说，还价太高有损己方的利益，还价太低则显得缺乏诚意，均不利于谈判的正常进行。

还价起点受以下3个因素的制约：预订成交价、交易物的实际成本和还价次数。预订成交价是买方根据自己的预算所确定的可以接受的成交价格。从理论上讲，还价起点应在预订成交价之内。

还价必须要考虑对方接受的可能性。事实上，买方的第一次还价很少立即被卖方接受。因此，买方在确定还价起点时即应考虑对方的再次攻击及自己的防守余地。若能一次还价成功，还价起点可适当提高一些。

（2）**还价的时机** 还价时机是指何时还价。还价时机选择得当可以减少还价次数，改善还价效果，因此还价时机是谈判者十分重视的问题。首次还价应在报价方对讨价做出并改善报价后进行，其最佳时机是在报价人对报价作了两次改善之后。

### （二）议价的方法

#### 1. 暂缓议价法

是指针对对方报价与己方报价过于悬殊的一种方法，在分析的基础上，找出对方报价条款中的不合理之处，逐条与对方协商，目的在于迫使对方撤销原报价，重新考虑比较实际的报价。

#### 2. 低价议价法

这是与高报价针锋相对的一种策略。只要理由充分，还价就尽可能低，这种做法可限制对方期望值，起到纠正讨价还价起点的作用。有时也可不考虑对方的报价，而由己方采用口头或书面的形式重新报价，探测对方的反应。

#### 3. 列表议价法

把还价问题列成两张表，一张是己方不能让步的问题和交易条件，常可写成合同条款形式。另一张是我方可以考虑让步或给予优惠的具体项目，附上数字，表明让步的幅度和范围，用于彼此信任度较高、有长期合作关系的谈判。

#### 4. 条件议价法

以让步换取让步的方法。如果双方想法和要求差距很大，并且坚持不让步妥协，谈判就会陷入僵局，这种局面是双方都不愿意看到的，为打破僵局，争取谈判成功，常用此法。

### (三) 议价时的语言技巧

#### 1. 针对性要强

模糊、啰唆的语言容易使对方疑惑、反感，降低己方威信；在谈判中根据场合、内容、谈判对手，要有针对性使用语言，才能保证谈判成功。如脾气暴躁、性格直爽的对手要运用简短明快的语言，慢条斯理的对手采用春风化雨般的倾心长谈可能效果更好。

#### 2. 表达方式要婉转

谈判中的表达要委婉，这样对方容易接受，如：否决对方要求时，可以说："您说的有一定道理，但实际情况稍微有出入"，然后再不露痕迹地表达自己的观点。这样做不会让对方失面子，又让对方认真倾听己方的意见。

谈判高手往往把自己的意见用委婉的方式伪装成对方的意见，以提高说服力，先问对手如何解决问题，当对方做了回答以后，所阐述的意见和自己的意见一样，要让对方相信这是他自己的观点。这种情况下，谈判对手有被尊重的感觉，就会认为反对这个方案就是反对他自己。

#### 3. 语言灵活应变

谈判中往往会遇到一些尴尬的事情，这要求谈判者要有灵活多变的语言能力，并采取有效的应急手段，巧妙摆脱困境。如当对手逼迫你做出选择时，你可以说"想一想"或"暂时很难解决"之类的话，或可以看看表，然后礼貌地告诉对方："现在9点了，我得出去一下，与一个朋友通通电话，请稍等5分钟。"于是，就有了思考时间。

#### 4. 恰当地运用无声语言

在某些特殊环境下，沉默比有声语言效果更好。

## 二、让步

谈判本身是一个讨价还价的过程，也是一个理智取舍的过程。在任何一项商务谈判中，谈判双方都必须做出某些让步，可以说没有让步，也就没有谈判的成功。从某种意义上讲，让步是作为谈判双方谋求一致的手段而存在的，服从于谈判者追求自身最大利益的需要。让步是难免的，在许多情况下，谈判双方常常要做出多次的让步，才能逐步地趋于一致。但是，何时让步，在哪些方面做出多大的让步，却又是极为复杂的问题，这与让步的具体方式是直接相关的。

### (一) 让步技巧

#### 1. 有原则的让步

首先决定哪些条件是必须坚持的，哪些条件是可以让步的，然后遵循一些原则。谈判中一般让步需要遵守的原则有：一方的让步必须与另一方的让步幅度相同；双方让步要同步进行；为了尽可能满足对方需要，不惜做出让步，但让步是为了换取己方的利益，必须让对方懂得己方每次做出的让步牺牲很大；以适当的速度向预定的成交点靠近，适当的速度指不要一次让步太多太快。

#### 2. 有步骤的让步

列出让步磋商清单，保持和谐气氛。

#### 3. 有方式的让步

在最需要的时候让步；以乐意换乐意，把让步变成一种条件的交换；运用"弃车保帅"做法，保持全局优势。

### (二) 主动让步的策略

#### 1. 假设的让步模式

谈判中的让步涉及谈判双方的行为。一方做出某项让步，常常源于对方的要求，迫于其压力，或者是给予对方的一种回报，也就是说，是对方付出了一定的努力后取得的结果。某项让步是否能取得理想的结果，并不仅仅取决于量的绝对值，还取决于是怎样做出这个让步的，或者说对方是如何争取到这一让步的。

谈判者应避免轻易做出让步，更不能做无谓的让步。在准备做出让步时，要充分考虑到每一次让步可能产生的影响，准确预见对方可能做出的反应，尽量使对方从中获得较大的满足。只有这样，才能坚守每一个让步的阵地，并以此为契机，争取理想的效果。可以通过表3-1来说明这一问题。

表3-1　卖方的让步模式　　　　　　　　　　　　　单位：元

| 让步模式 | 第一阶段 | 第二阶段 | 第三阶段 | 第四阶段 |
| --- | --- | --- | --- | --- |
| 1 | 0 | 0 | 0 | 60 |
| 2 | 15 | 15 | 15 | 15 |
| 3 | 24 | 18 | 12 | 6 |
| 4 | 28 | 20 | 11 | 1 |
| 5 | 40 | 20 | 0 | 0 |
| 6 | 6 | 12 | 18 | 24 |
| 7 | 50 | 10 | −2 | 2 |
| 8 | 60 | 0 | 0 | 0 |

表3-1是一个假设的卖方让步模式，假设卖方最大的让价金额为60元，让步分成四个阶段进行。不难发现，不同的让步方式所产生的影响及其结果是各不相同的。

第一种模式：这是一种冒险型的让步方式。前三个阶段卖方始终坚持原来的报价，不肯作丝毫退让。意志薄弱的买方可能屈服于卖方的压力，或者干脆退出，谈判意志坚强的买方则会坚持不懈，继续要求卖方做出让步。而第四阶段卖方的大幅度退让，很可能引发买方提出更高的要求，往往使谈判陷入僵局。

第二种模式：这是一种刺激型的让步方式。这种等额的让步容易使买方相信，只要他有足够的耐性，卖方就将继续做出退让。因此，在第四阶段以后，尽管卖方已无法再作让步，但买方却仍期待卖方进一步的退让。这种让步方式容易导致僵局，甚至造成谈判破裂。

第三种模式：这是一种希望型的让步方式。卖方逐步减少其让步金额，显示出卖方的立场越来越强硬，不会轻易让步。对买方来说，虽然卖方仍存在让步的可能，但让步的幅度是越来越小了。

第四种模式：这是一种妥协型的让步方式。在这里，卖方表示了较强的妥协意思，同时又明确地告诉了买方，所能做出的让步是有限的。卖方在前两个阶段的让步有提高买方期望的风险；但后两个阶段的让步则可让买方意识到，要求卖方作更进一步的退让已是不可能的了。

第五种模式：这是一种危险型的让步方式。前两个阶段大幅度的退让，大大提高了买方的期望水平，而在第三阶段卖方又拒绝做出任何让步，买方往往很难接受这一变化，容易使谈判陷入僵局。卖方虽然在最后又做了一定让步，但与买方的期望值相比，可能仍有很大的差距。

第六种模式：这是一种诱发型的让步方式。这种递增型的让步方式足以使买方相信，只要坚持下去，卖方还将做出更大的退让。买方的期望会随时间的推延而增大。第四阶段以后，卖方虽已无路可退，却又无法取得买方的信任，很容易出现僵局甚而导致谈判破裂。

第七种模式：这是一种虚伪型的让步方式。这种方式是由第五种让步方式变化而来的。第三阶段的加价显示了卖方更为坚定的立场，第四阶段为表善意而做出的小小退让，目的则在于增强买方的满足感。

第八种模式：这是一种愚蠢型的让步方式。卖方大幅度的退让大大提高了买方的期望水平，买方势必将在随后的几个阶段争取更大的让步。但由于卖方在一开始就将自己的让步余地全部断送，实际上已不可能再做出任何退让，在这种情况下，双方极有可能产生尖锐的对抗，如果不能进行有效的沟通，很容易使谈判陷入僵局。

上述八种模式基本上概括了现实谈判中的各种让步方式。从谈判的实践来看，第三种、第四种方式比较理想；第五和第七种让步方式在运用时需要较高的技巧，风险较大；第一种、第六种和第八种方式则很少采用。

## 案例思考3-2[1]

意大利某公司与中国某公司谈判出售某项技术已进行了一周，但仍没有突破，于是意方代表罗尼先生告诉中方代表李先生，他还有两天时间可谈判，希望中方配合在次日拿出新的方案来。次日上午中方在分析了实际情况的基础上拿了一份比原要求（意方降价40%）改善5%（要求意方降价35%）的方案。意方罗尼先生说："李先生，我已降了两次价，共计15%，还要再降35%，实在困难。"双方相互解释了一阵后，建议休会，14：00再谈。下午复会后，意方先要中方报新的条件，李先生将其定价的基础和理由再次向意方做了解释并要求意方考虑其要求。罗尼先生又讲了一遍其理由，还是认为中方要价太高。谈判到16：00时，罗尼先生说："我为表示诚意向中方拿出最后的价格，请中方考虑，最迟明天12：00以前告诉我是否接受。若不接受我就乘14：30的飞机回国。"说着把机票从包里抽出在李先生面前显了一下。中方把意方的条件理清后，（意方再降5%）表示仍有困难，但可以研究。谈判即结束。中方代表一方面向领导汇报，与助手、项目单位商量对策；另一方面派人确认明天14：30是否有飞往意大利的航班。调查结果显示该日14：30没有去意大利的飞机，李先生认为意方的最后还价、机票是演戏，判定意方可能还有降低可能。于是在次日上午10点中方给意方打了电话，表示："意方的努力，中方很赞赏，但双方距离仍存在，需要双方进一步努力。作为响应，中方可以在意方改善的基础上，再降5%，即从30%降到25%。"意方听到中方有改进的意见后，没有走，但仍认为中方要价太高，不肯签约。

问题：1. 案例中采用了何种让步的方式？
2. 意方和中方在谈判的进取性上各表现如何？

### 2. 互惠的让步方式

前面的分析虽然充分考虑了让步对买方的实际影响及其可能产生的结果，但并未涉及买方是否做出相应的让步，以及如何让步的问题。在商务谈判中，让步不应该是单方面的，谈判者要善于通过自己的让步来争取对方的某些让步。互惠的让步方式就是指以本方的让步换取对方在某一方面的让步，谋求互利结果的一种让步方式。互惠的让步方式的实质是以让步换取让步。双方都需要付出一定的代价，然后才能获取相应的利益，并且，利益交换的结果对双方而言又都是有利的。从理论上讲，运用这一方式的关键问题是控制让步的事项，即确定在哪些事项上可以向对方做出让步，哪些是不能做出任何退让的。在实际的让步过程中，谈判者应善于透过彼此的分歧发现双方共同的立场和利益所在。除了在那些对己方来说是至关重要的方面必须坚持外，在某些辅助事项上不要过于固执，而应灵活地做出让步，以便使己方的利益在其他方面得到一定的补偿。谈判者可以通过下述两种方式来争取互惠的让步。

（1）对等式让步　谈判双方在某一问题上针锋相对相持不下时，为了打破僵局，双方做出同等程度的让步。举一个简单例子，如买卖双方的出价分别为80元和100元，可各让一步，即90

---

[1] 资料来源：李炎炎. 国际商务沟通与谈判. 北京：中国铁道出版社，2012.

元成交。

（2）互补式让步　谈判双方不在同一个问题、同一种利益上对等让步，而是在不同问题或利益上交叉进行让步。例如，一方在价格上做了让步，另一方则在产品品质或交货期、付款方式等方面让步，作为对对方的补偿或者回报。相对于对等式让步，互补式让步更具有灵活性，更有利于促进交易。

### （三）迫使对方让步的策略

谈判是一项互惠的合作事业，谈判中的让步也是相互的。但在现实的谈判活动中，谈判双方又各有其追求的目标，在许多情况下，谈判者不会积极主动地做出退让，双方的一致是在激烈的讨价还价中逐步达成的。精明的谈判者往往擅于运用诱导或施压等策略迫使对方做出让步，从而为己方争取尽可能多的利益。

**1. 软硬兼施策略**

软硬兼施策略也称红白脸策略，就是在谈判人员的角色搭配及手段的运用上软硬相间，刚柔并济。在某一方的谈判班子中，有的人扮演"强硬者"，坚持己方的原则和条件，向对方进行胁迫，其他的人则以"调和者"的面孔出现，向对方表示友好予以抚慰。这种做法的效果就是，当"强硬者"寻找借口离开谈判现场之后，对方变得更愿意向扮演"调和者"的"好人"提供更多的材料。从某种意义上讲，这实际上是一种变相的"对比"效应。通常，这种策略在对付那些初涉谈判场合的对手作用较大，而那些谈判高手对此则是会应对自如的。

**2. 制造竞争策略**

在商务谈判中，谈判者应该有意识地制造和保持对方的竞争局面，在筹划某项谈判时可以同时邀请几方，分别与之进行洽谈，并在谈判过程中适当透露一些有关竞争对手的情况。在与其中一方最终形成协议之前，不要过早地结束与另外几方的谈判，以使对方始终处于几方相互竞争的环境中。

有的时候，谈判者可巧妙地制造假象来迷惑对方，以借此向对方施加压力。

**3. 虚张声势策略**

在有些谈判中，双方在一开始都会提出一些并不期望能实现的过高的要求，随着时间的推移，双方再通过让步逐渐修正这些要求，最后在两个极端之间的某一点上达成协议。谈判者可能会将大量的条件放进议事日程中，其中大部分是虚张声势，或者是想在让步时给对方造成一种错觉，似乎他们已做出了巨大牺牲，但实际上只不过舍弃了一些微不足道的东西。

过分的要求并不一定表示实力的强大，但却可能动摇对方的信心，迫使其修改自己的期望，并降低自己的目标和要求。

**4. 各个击破策略**

如果对方的谈判班子由几个成员构成，成员之间必然会存在理解力、意见及经验等方面的差异，这些差异可能在开始表现得并不明显，然而只要存在极小的差异，就可能会被扩大。利用对方谈判人员之间不一致的方面来分化对手，重点突破，各个击破。其具体做法是，把对方谈判班子中持有利于本方意见的人员作为重点，以各种方式给予鼓励和支持，与之结成一种暂时的无形同盟，反之则采取比较强硬的态度。

**5. 吹毛求疵策略**

吹毛求疵策略也称先苦后甜策略。它是一种先用苛刻的虚假条件使对方产生疑虑、压抑、无望等心态，以大幅度降低对手的期望值，然后在实际谈判中逐步给予优惠或让步的策略。由于双方的心理得到了满足，便会做出相应的让步。该策略由于用"苦"降低了对方的期望值，用"甜"满足了对方的心理需要，因而很容易实现谈判目标，使对方满意地签订合同，己方从中获取较大利益。

**案例赏析 3-10**

苹果熟了，果园里一片繁忙景象。一家果品公司的采购员来到果园。

"多少钱一公斤？""2元。"

"1.5元行吗？""少一分也不卖。"

目前正是苹果上市的时候，不久，又一家公司的采购员走上前来。

"多少钱一公斤？""2元。"

"整筐卖多少钱？""零买不卖，整筐1.7元一公斤。"

接着这家公司的采购员挑出一大堆毛病来，如质量、大小、色泽等，其实他是在说明：瞧你的商品多次。卖主显然不同意他的说法，在价格上也不肯让步。买主却不急于还价，而是不慌不忙地打开筐盖，拿起一个苹果掂量着、端详着，不紧不慢地说："个头还可以，但颜色不够红，这样上市卖不上价呀！"接着伸手往筐里掏，摸了一会儿摸出一个个头小的苹果："老板，您这一筐，表面是大的，筐底可藏着不少小的，这怎么算呢？"边说边继续在筐里摸着，一会儿，又摸出一个带伤的苹果："看，这里还有虫咬，也许是霉伤。您这苹果既不够红，又不够大，算不上一级，勉强算二级就不错了。"

这时，卖主沉不住气了，说话也和气了，"您真想要，还个价吧"。双方终于以每公斤低于1.7元的价钱成交了。

▲点评：第一个买主遭到拒绝，而第二个买主却能以较低的价格成交，这里关键在于，第二个买主在谈判中，采取了"吹毛求疵"的战术，说出了压价的道理。

### 6. 积少成多策略

积少成多策略也称挤牙膏策略，就是一点一点地迫使对方妥协，使谈判朝有利于己方的方向发展。其基本做法是不向对方提出过分的条件，而是分成多次，从不同的侧面向对方提出一些似乎微不足道的要求。随着时间的推移，对方可能会做出一系列小小的让步，到最后才发现，实际上他已做出了极大的让步。

运用这种策略，有时会使对方在不知不觉中就放弃了自己大量的利益。这也提醒我们，在讨价还价过程中，任何急于求成或表现豪放的做法都是不明智的。

### 7. 最后通牒策略

**案例赏析 3-11❶**

艾科卡当年在接手濒临破产的克莱斯勒公司后，感到必须降低全体人员的工资，以降低成本。他首先把高级职员的工资下调了10%，自己以身作则，年薪从36万美元减为10万美元。随后，他严肃地对工会领导人说："17美元一个钟头的活有的是，20美元的一个也没有。现在情况很紧急，你们必须要理解。"工会领导人并未答应艾科卡的要求。为此，双方僵持了有一年之久。最后，形势显得非常紧急，也不能再拖了，艾科卡于是发出了最后通牒。在一个冬天的晚上，艾科卡来到了工会谈判委员会办公室，对委员们说："在明天早晨以前，你们非做出决定不可。如果你们不帮我的忙，我也做不下去了，明天上午8点我就会宣布公司破产，这样大家一起失业。希望你们认真考虑八个钟头。"最后，工会答应了艾科卡的要求。

❶ 资料来源：李炎炎. 国际商务沟通与谈判. 北京：中国铁道出版社，2012。

▲点评：在商务谈判中，谈判者坚持自己的立场和观点，往往出于他们对未来所持有的希望。正是因为他们期待出现更好的结果，他们才不愿现在就做出让步，一旦意识到不做退让就无法将谈判继续下去，他的立场就会发生一些变化。

运用最后通牒策略时应该注意以下几个问题。

① 本方的谈判实力应强于对方，该项交易于对方的重要性超过本方。

② 谈判人员已使用过其他方法，但效果均不理想，最后通牒法成为己方最后的选择。

③ 己方确实已把条件降到了最低限度。

④ 在经过旷日持久的磋商之后，对方已无法担负失去该项交易而造成的损失，已经到了非与己方达成协议不可的地步。

### （四）阻止对方进攻的策略

在商务谈判中，任何一方都可能受到对方的攻击，承受各种直接或间接的压力，或者在对方的逼迫下，或者是在无意识中做出某些让步。让步是必须的，没有适当的让步，谈判就难以继续下去。但是，一味地让步又会直接损害本方的利益。因此，在对方进攻时，谈判者应善于运用有关策略构筑起有效的防线，以保护自己的利益。

极限是一类常用的谈判策略，用来控制谈判的范围。从某种意义上讲，资源确实有其极限，但在大多数情况下，引用极限的目的是使对方处于不利的地位，限制对方采取行动的自由。典型的极限控制策略包括权力极限、政策极限、财政极限等。下面分别予以介绍。

#### 1. 权力极限策略

权力极限是利用控制本方谈判人员的权力来限制对方的自由，防止其进攻的一种策略。谈判者的权力是在其职责范围内的支配力量。美国谈判专家赫本·柯思则把权力定义为"达成事务的潜力或能力"。显然，谈判者拥有的权力支配着他的行为，权力的大小直接决定了谈判者可能的决策范围与限度。在权力有限的情况下，对方的讨价还价只能局限在本方人员权力所及的范围与限度之内，任何试图超出这一范围与限度去谋求更多利益的努力，都将是徒劳的。

例如，你告诉对方："我没有权力批准这笔费用，只有我们的董事长能够批准，但目前他正在非洲进行为期两个月的狩猎旅行，无法与他联系。"那么，对方立刻就会意识到，在这一事项上要求你做出让步将是绝无可能的了。

有些谈判者对加于他们身上的种种限制多有微词。其实，应当烦恼的不该是己方而是对方。受到限制的权力，是用来阻挡对方进攻的坚固盾牌，权力有限恰恰意味着力量的无限。当然，这种策略只能在少数几个关键时刻运用，使用过多，对方会认为缺乏诚意或没有谈判的资格而拒绝作进一步的磋商。

#### 2. 政策极限策略

这是己方以企业在政策方面的有关规定作为无法退让的理由，阻止对方进攻的一种策略。这一策略与权力极限策略如出一辙，只不过用于限制对方行动自由的不是权力，而是本方所在企业的政策。通常，每一个企业都会制订一些基本的行为准则，这些政策性的规定对企业的生产经营活动具有直接的约束力，企业的谈判人员也必须以此来规范自己的行为。既然谈判者不能偏离企业政策的要求来处理他所面临的问题，那么，对方就只能在本企业政策许可的范围内进行讨价还价。否则，其要求便无法得到满足。

#### 3. 财政极限策略

这是利用己方在财政方面所受的限制，向对方施加影响，达到防止其进攻目的的一种策略。比如买方可能会说："我们非常喜欢你们的产品，也很感谢你们提供的合作，遗憾的是公司的预算只有这么多。"卖方则可能表示："我们成本就这么多，因此价格不能再低了。"如此等等。

向对方说明己方的困难甚至面临的窘境，往往能取得比较好的效果。在许多情况下，人们对弱者抱有怜悯与同情之心，并乐于提供帮助，使他们能够实现自己的愿望。当对方确信根据你方目前的财政状况，已经难以做出更多让步时，他可能会放弃进一步发动攻势的想法，而立即与你方达成一项"皆大欢喜"的协议。

#### 4. 先例控制策略

所谓先例，是指过去已有的事例。引用先例来处理同类的事务，不仅可以节省大量的时间和精力，缩短决策过程，而且还会在一定程度上给我们带来安全感。在商务谈判中谈判的一方常常引用对他有利的先例来约束另一方，迫使其做出不利的让步。在这种情况下，谈判者就必须采取一些控制措施，以遏制对方的进攻。

谈判中先例的引用一般采用两种形式。一是引用以前与同一个对手谈判时的例子，比如，"以前我们与你谈的都是三年租借协定，为什么现在要提出五年呢？"二是引用与他人谈判的例子，如"既然本行业的其他厂商都决定增加20%，你提出的10%就太低了"。

先例控制的目的在于消除对方欲强加给你的种种限制，从而保护己方的合理利益。

#### 5. 疲劳战术

在商务谈判中，有时会遇到一种锋芒毕露、咄咄逼人的谈判对手。他们以各种方式表现其居高临下、先声夺人的挑战姿态。对这类谈判者，疲劳战术是一个十分有效的策略。这种战术的目的在于通过许多回合的拉锯战，使谈判者疲劳生厌，以此逐渐磨去锐气，同时也扭转了己方在谈判中的不利地位，等到对手筋疲力尽、头昏脑胀之时，己方即可反守为攻，促使对方接受己方的条件。

如果你确信对手比你还要急于达成协议，那么运用疲劳战术会很奏效。采用这种战术，要求己方事先有足够的思想准备，并确定每一回的战略战术，以求更有效地击败对方的进攻，争取更大的进步。

上面分析了磋商阶段常用的一些谈判策略。这些策略的分类是相对的，并没有固定不变的绝对标准。在运用这些策略时，应该综合考虑实力、环境、竞争等各种因素，在此基础上做出正确的选择。

### 三、僵局

谈判进入实际的磋商阶段以后，各方往往由于某种原因而相持不下，陷入进退两难的境地。这种谈判搁浅的情况称为谈判的僵局。僵局之所以会经常产生，其原因在于谈判各方都有自己的利益，当谈判进展到一定的时期，各方对各自利益的期望或对某一问题的立场和观点确实很难达成共识，甚至相差甚远，但又不愿意再作进一步的让步时，就形成了僵局。

处理僵局时，必须对僵局的性质、产生的原因等问题进行透彻了解和分析，以便正确地加以判断，从而进一步采取相应的策略和技巧，选择有效的方案，重新回到谈判桌上。

#### (一) 僵局形成的原因

##### 1. 谈判双方角色定位不均等

当今企业规模大小不一，参与谈判的双方实力不一致，总有一方强，另外一方弱，这样容易使双方定位发生偏差。如：强势一方容易把自己的地位确定高于对方，在心理上凌驾于对方之上，从而忽视谈判双方在谈判地位、人格方面的平等性，导致不能接受谈判形式或过程，使谈判陷入僵局。

（1）谈判形成一言堂 谈判一方若长时间发言，会剥夺对方说话的权利。

（2）谈判一方保持沉默或反应缓慢 谈判中保持沉默或反应缓慢，容易让对手猜疑或戒备，引起不满，形成尴尬的谈判场面。

（3）**滥施压力和圈套**　在商谈中，常有谈判人员凭借自己的经济实力与个人争强好胜的性格，以及心理战术的研究成果向对方施展诡计、设置圈套，迷惑对方。对方需要花费大量精力破解圈套，有些代表可能会产生被捉弄感，一气之下，造成僵局。

**2. 事人不分**

许多精明的谈判者都十分注意把谈判内容与谈判者个人分开，做到对事不对人。不管对对方的谈判组成员有多么大的意见或多么深的情感，应该就事论事，做到公正合理，保证双方利益。

（1）**借口推脱**　如在谈判桌上发现对方谈判人员是比自己年纪小得多的年轻人，觉得有辱自己身份，便起身告辞："对不起，单位里出现某某问题要我速回，谈判工作由××代替。"这可能使对方很不高兴，容易形成僵局。

（2）**偏激的感情色彩**　谈判者对所商谈的议题过分地表现出强烈的个人情感色彩，提出一些不合乎逻辑的议论、意见，形成强烈的个人偏见或成见，引起对方的强烈不满，造成谈判的僵局，甚至使谈判破裂。例如谈判中的买方认为供货方的要价过高，便喋喋不休，说其他企业的货物如何好，条件又如何优惠等，引起供货方的厌烦，导致谈判陷入僵局。

（3）**观点的争执**　在谈判过程中，对某一问题双方坚持自己的看法和主张，并且谁也不愿做出让步时，往往容易产生分歧，争执不下，谈判自然陷入僵局。

**3. 信息沟通的障碍**

由于双方观念、习俗、语言、知识结构、教育程度的差异造成问题理解差异；由于心理、性格差异造成的情感差异；由于表达能力和方式差异造成的传播障碍。由此使双方不能准确地、全面地、真实地进行信息、观念、情感上的沟通，以致产生误会。

**案例赏析3-12❶**

　　我国曾获得一笔某国际金融组织的贷款，用以修筑一条二级公路。按理说，这对我国现有筑路工艺技术和管理水平来说是一件比较简单的事情。然而负责这个项目的某国际金融组织官员，却坚持要求我方聘请外国专家参与管理。这就意味着我方要大大增加在这个项目上的开支，我方表示不能同意，在谈判中向该官员详细介绍了我国目前的筑路水平，并提供了有关资料。这位官员虽然提不出异议，但由于以往缺乏对中国的了解，或是受偏见支配，他不愿放弃原来的要求，谈判陷入了僵局。

　　▲点评：在不少国际商务谈判中，由于谈判人员本身观念差异、专业知识不足、理解能力的不够容易导致谈判僵局。

**4. 谈判者行为的失当**

谈判者的行为失当往往会引起对方的不满，使对方产生强烈的对抗情绪或行为，导致僵局。如个别谈判人员的工作作风、礼节礼貌、言谈举止损害对方的尊严与利益，就会产生对立情绪，或者由于谈判人员的素质欠佳，在使用一些策略时，因时机掌握不好，或运用不当，导致谈判过程受阻及僵局的出现。

**5. 软磨硬抗式的拖延**

谈判者为了达到某种不公开的目的，而采取无休止的拖延策略，在拖延中软磨硬抗，使对方厌恶，促使对方产生更大的反感，致使谈判陷入僵局甚至破裂。

**6. 外部环境发生变化**

谈判中因环境变化，谈判者对已做出的承诺不好食言，但又无意签约，于是采取不了了之的

❶ 资料来源：本案例由作者根据网络相关资源改写。

拖延策略，最终使对方忍无可忍，造成僵局。例如，市场价格突然变化，如按双方原洽谈的价格签约，必给一方造成损失。若违背承诺又怕对方不肯接受，双方都不挑明议题，形成僵局。

### (二) 处理僵局的策略

#### 1. 休会策略

休会是谈判人员平息愤怒的基本策略之一，在谈判出现某种障碍时，双方或一方提出休会的请求，使双方有机会恢复和调整策略，但要注意把握火候，否则会适得其反，使僵局发酵，以致破裂。因此要注意以下3个方面。

一是把握休会的适宜时机，看准对手的态度变化一拍即合。下面几种情况可提出休会：谈判双方各持己见，互不让步；在谈判某一阶段接近尾声时；在谈判出现疑难问题百思不得其解时；当一方不满现状时，休会可使一方检查自己不满的原因，经过调整后再来谈判。

二是谈判人员应该委婉地讲清休会要求，明白无误地让对方知道休会的需要。

三是在休会期间，谈判人员应该集中考虑一些问题。例如，现在谈判已取得了哪些进展？还有哪些问题有待深谈？谈判对手的态度有何变化？自己是否应该调整谈判对策？下一步应该谈些什么？主要谈什么？等等。这样，经过谈判双方在休会期间的准备，新一轮的谈判会更有成效。

#### 2. 拖延时间

时间是感情冲动最好的天敌。拖延策略，也就是利用时间来缓解对手的冲动，待其平静后再进行正式的谈判。

对正在气头上的人，不妨说："请慢慢说，先喝一杯茶。"或者说："来，先歇口气，抽支烟。请稍候，我正好有个长途电话。""哦，吃午饭时间到了，让我们休会，中午我请客，请务必赏光。"

上述拖延技巧，能使对手平静下来，恢复理智。拖延，虽然不能解决问题，但能为问题的解决提供一个良好的感情基础。比如，某单位两位青年为一件小事发生争吵，一场恶斗一触即发。领导闻讯赶来，但并不马上做工作，而是将两人分开。半小时后再把两人召到一起，此时两人再无争斗之意。因此若在谈判中拖延时间，可以淡化感情冲动的色彩。

#### 3. 运用肢体动作缓解冲动的策略

首先，运用握手的办法，表示己方的友好和宽容。愤怒者往往指手画脚，拍桌摔物。握手可以客气地制止对手指手画脚、拍桌摔物的行为。通过控制对手激动的行为，达到调整对手情绪的目的，起到缓和冲动的作用。对手如果拒绝握手，你可以大胆地、合理地借故多次试握，握手是友好的象征，一般情况下断然拒绝握手的对手不多，多次断然拒绝握手的对手更是少见。

其次，劝对方入座，感情冲动者基本上都是站立着的。有人呼吸加快，手脚微颤，有人跺脚捶胸，脸色苍白或赤红。为了缓解对手的冲动，最好请他们坐下来说话。坐着的人是很难大怒的。坐的姿势会大大限制胸部扩张，使其怒气不足。

#### 4. 容人发泄，以柔克刚

有时人们只要发发牢骚，就可以得到心理的平衡。发泄之后，理性会重新指挥发泄者的行动。因而容忍其宣泄，是平息对手感情冲动的一个良方。如你正参加一个谈判，当对手在谈判时喋喋不休地抱怨，你不妨静静地倾听，毫不反驳，并且偶尔还请他继续讲下去，直到他吐露完心中的全部。等待这感情的"巨浪"过去后，再谢谢他这么清楚而激动地说出他的观点，这种反应往往使对手后悔自己的失态，并以加倍的顺从来弥补自己的过失；相反，如果你没有保持冷静，以怒对怒、以动克动、以气置气的做法势必导致矛盾激化。处于感情冲动中的对手，很难听得进你的说明和辩解。

如果对手在感情冲动中冤枉了你，不立刻反驳反而能使你站在最有利的位置上。

案例赏析3-13

　　一个顾客找到了某店经理，大声怒斥该店是"骗子""吸血鬼"。他在店里购买了一件羊毛衫，其成分不是纯羊毛的，缩水量过大。店经理一眼就看出该顾客手中拿的那件羊毛衫不是该店出售的，但他没有发火，没有反唇相讥，没作无罪的抗辩，只是静静地倾听。

　　20分钟后那位顾客盛怒的"浪潮"过去了，经理笑了笑说："我很理解你的心情，因为我也是一个消费者。但这件羊毛衫似乎不是我们店出售的。"经理提出了识别的理由。"不过，"经理接着说，"作为一个消费者，也作为一个经理，我能帮你什么忙吗？"几分钟后，顾客满怀歉意地离开了店铺。经理事后说："如果我一上来就说这羊毛衫不是本店出售的，很可能会引来反攻，会延长冲突的时间，败坏本店的声誉（谁也不愿自己的店里经常发生顾客与职员吵架的事件），甚至会导致上法院判决的麻烦事，当然判决我会赢，但它却要耗费我的精力和时间。"

　　▲点评：谈判高手都应具有像这位经理一样好的涵养和胸襟。

　　综合以上4点，应当采取两种基本的态度，当谈判对手有意去刺激你的时候，他的目的是使你一怒之下贸然行动，这时最忌操之过急，忍耐才是上策。当对方已经发怒的时候，他的目的是强化对立情绪，对你施加压力，让你做出让步，这时你要把各种技巧组合实施，以柔克刚，只能智取，不能强夺。

## 情景训练3-3

### 情景材料

　　有一家百货公司，计划在市郊建立一个购物中心，而这块土地使用权归张桥村所有。百货公司愿意出价100万元买下使用权，而张桥村却坚持要200万元。经过几轮谈判，百货公司的出价上升到120万元，张桥村的要价降到180万元，双方再也不肯让步了，谈判陷入了僵局。张桥村要此高价是为了维护村民的利益，因为农民以土地为本，失去了这片耕地的使用权，他们就没有其他选择了。于是村里想要多集一些钱来办一家机械厂，解决农民出路问题。而百货公司是为了维护国家利益，因为百货公司是国有企业，让步到120万元已是经多次请示上级后才定下的，他们想在购买土地使用权上省下一些钱，用于扩大商场规模。其实谁也没有过错，从各自角度看，双方坚持的成交条件也是合理的。只是双方合理要求差距太大。

### 训练要求

　　教师先根据案例制订一次商务活动场景，根据教学班级的分组情况，按一定数量的小组分别选择不同的场景进行设计和表演。

### 训练步骤

　　1. 对教学班级的学生进行项目分组（6～8人），明确组内分工。

　　2. 教师设计有关商务活动场景。

　　3. 学生对该商务活动的场景进行分析，并设计商务谈判中与磋商、僵局有关情节，采取抽签的方式，2组为一单位，模拟谈判磋商、僵局的场景。

　　4. 对上述步骤的成果进行整理、汇总，形成一份谈判磋商实施方案，并制作成PPT形式，以小组为单位，轮流上台演示。教师点评，小组修订后准备实施。

# 第四节　结束

## 导入案例3-4[1]

中方某公司向韩国某公司出口丁苯橡胶已一年。第二年，中方公司根据国际市场行情将价格从前一年的成交价每吨下调了120美元（前一年1200美元/吨）。韩方感到可以接受，建议中方到韩国签约。

中方人员一行到了首尔，双方谈了不到20分钟，韩方说："贵方价格仍太高，请贵方看看韩国的市场价，三天以后再谈。"

在韩国市场的调查中，批发和零售价均高出中方公司的现报价30%～40%。市场价虽呈降势，但中方公司的给价是目前世界市场最低价。

中方人员电话告诉韩方人员："调查已结束，得到的结论是我方来首尔前的报价低了，应涨回去年成交的价位，但为了老朋友的交情可以下调20美元，而不再是120美元。请贵方研究，有结果请通知我们。若我们不在饭店，则请留言。"韩方人员接到电话后，一个小时，即回电话约中方人员到其公司会谈。

韩方认为，中方不应把过去的价再往上调。中方认为，这是韩方给的权力。中方按韩方要求进行了市场调查，结果应该涨价。韩方希望中方再降些价，中方认为原报价已降到底。经过几回合的讨论，双方同意按中方赴韩国前的报价成交。

▲点评：对谈判者来说，如何把握结束谈判的时机，灵活运用某些谈判策略和技巧，做好谈判的收尾工作，同样是决定谈判成败的关键。

## 一、谈判结束阶段的主要标志

一般来说，谈判进入结束阶段，往往有以下两个明显标志。

### 1.达到谈判的基本目标

经过实质性的磋商阶段，交易双方都从原来出发的立场做出了让步，此时，谈判人员较多地谈到实质性问题，甚至亮出了此次谈判的底牌。如果双方都确定在主要问题上已基本达到了目标，谈判成功就有了十分重要的基础，就可以说促成交易的时机已经到来。

### 2.出现了交易信号

在谈判的早期阶段，交易各方可能会大量使用假象、夸张和其他策略手段。但谈判进入到将要结束的阶段时，谈判者将会发出某种信号，显示自己的真实主张。当对方收到这样的信号时，他就会明白，在这些主张的基础上有可能达成交易。各个谈判者实际使用的信号形式是不同的。谈判人员通常使用的成交信号有以下几种。

①谈判者用最少的语言阐明自己的立场。谈话中可能表达出一定的承诺意愿，但没有讹诈的含义。

②谈判者所提的建议是完整的、明确的，并暗示如果他的意见不被接受，只好中断谈判，别无出路。

③谈判者在阐述自己的立场、观点时，表情不卑不亢，态度严肃认真，两眼紧紧盯住对方，语调及神态表现出最后决定和期待的态度。

④谈判者在回答对方的问题时，尽可能简单，常常只回答一个"是"或"否"，很少谈论论据，表明确实没有折中的余地。

---

[1] 资料来源：周延波.商务谈判.2版.北京：科学出版社，2010.

## 二、促成缔约的策略

　　商务谈判是双方谋求一致的过程，在完成最后的签约之前，双方的立场和利益始终存在着一定的分歧。即使在缔约过程中，谈判双方已经达到近乎完全一致的程度，但彼此之间的微小差异仍有被扩大的可能。因此，谈判者应珍惜得来不易的谈判成果，设法促成协议的最后缔结。在缔约阶段，谈判者可考虑运用下述谈判策略。

### 1. 期限策略

　　所谓的期限策略，是指限定缔约的最后时间，促使对方在规定的期限内完成协议缔结的一种方法。与最后通牒不同的是，期限策略的核心不是设定本方所能接受的交易条件的极限，而是不可逾越的时间界限。当然，期限策略也不同于有意地延长或缩短谈判可用时间的做法。

　　限定的期限往往会使对方产生沉重的心理压力，迫于此压力，对方常会有种机不可失、失不再来的念头，并成为其采取行动的最直接的动因。事实上，在许多谈判场合，谈判双方都是在期限将至时达成协议的。当双方已接近最后的妥协时刻，有意识地设定谈判的期限，常常能有效地限制对方的选择余地，促成协议的缔结。当然，在运用这一策略时必须注意，只有在对方比你更需要达成协议的条件下，所设定的期限才能达到预期的效果。

### 案例赏析3-14[1]

　　美国某航空公司要在纽约建立一座巨大的航空港，要求爱迪生电力公司按优价供电。电力公司认为彼有求于我，己方占主动地位，便故意推说公共服务委员会不批准，不能按优价供电。在此情况下，航空公司主动中止谈判，扬言自己建厂发电比依靠电力公司供电更合算。电力公司得知这一消息后，担心失去赚大钱的机会，立刻改变了态度，还托公共服务委员会前去说情，表示愿意以优惠的价格给航空公司供电。

　　▲点评：期限策略对那些急于求成的谈判者效果非常明显。

### 2. 最终出价的策略

　　一般在谈判的结束阶段，谈判双方都要做出最后一次报价，即最终报价。最终出价不应在争吵中提出，而应在具有建设性的讨论中提出，并且要进行合情合理的陈述。谈判者在做出最终报价时，要注意把握如下几个方面。

　　（1）**最后出价，不急表态**　在谈判进入收尾阶段，谈判者一定要正确地评估谈判迈向协议的形势，在各种达成协议的条件都具备的时候，才做出最终报价。如果过早地亮出最后一张"底牌"，容易使对方产生得陇望蜀的欲望，对方就可能换个话题，希望得到更多的东西。因此，最好能够在对方做出最后报价之后再亮出自己的最终出价。如果出现双方僵持不下的局面，则应该在最后期限前做出最终出价。这一点，往往是对谈判者耐力的考验，越是关键时刻，越要沉住气，不要急于表态。

　　（2）**最后让步，小于前次**　谈判者可以以上次的出价作为最后出价，明确地告诉对方"这是我方的最后出价"；也可以再做些让步作为最后出价，这要视谈判的具体情况而定，没有约定俗成的惯例。但值得注意的是，如果不得不再让步，最后这次让步的幅度一般要小于前次让步的幅度，使对方感到不再有进一步让步的可能。

　　（3）**最后一次，也有条件**　即使在做出最后让步时，也不要忘记附加条件。这里的"附加条件"应包含两层意思：一是以要求对方做出某种让步为条件，二是以须经我方决策层批准为条件。这样既为是否兑现让步留下余地，也是为了争得对方的积极回应。

---

❶ 资料来源：本案例由作者根据网络相关资源改写。

## 三、谈判的收尾工作

一项商务谈判活动不管进行多久、多少次，总有一个终结的时候，其结果不外乎有两种可能：破裂或成交。

### (一) 谈判破裂的收尾

谈判破裂意味着谈判的失败，是谈判双方都不愿意发生的事情。但是，谈判破裂又是经常出现的正常现象，其根本原因往往是交易双方的交易条件差距较大，难以通过协商达成一致。当谈判出现这种情况时，谈判人员应注意采用适当的方法正确处理。

**1. 正确对待谈判破裂**

谈判双方达不成一致协议，往往意味着一方对另一方提议的最后拒绝或是双方的相互拒绝。谈判中的最后拒绝必然会在对方心理上造成失望与不快，因而要将由此而造成的失望与不快控制在最小限度内，尽量使对方在和谐的气氛中接受拒绝。

**2. 把握最后可能出现的转机**

当对方宣布最后立场后，谈判人员要做出语言友好、态度诚恳的反应，并争取最后的转机。如在分析对方立场后，可以作以下陈述："贵方目前的态度可以理解，回去后，若有新的建议，我们很乐意再进行讨论""请贵方三思，如果贵方还有机动灵活的可能，我们将愿陪贵方继续商讨"。这样，对那种以"结束谈判"要挟对方让步的人网开一面，有时也会使谈判出现"柳暗花明又一村"的局面。

### (二) 谈判成交的收尾

谈判取得了成果，双方达成了交易，谈判者应该善始善终，做好谈判记录的整理和协议的签订工作。

双方要检查、整理谈判记录，共同确认记录正确无误，在此基础上，双方签订书协议（或合同）。协议一经签字后就成为约束双方行为的法律性文件，双方都必须遵守和执行。在签订合同的过程中有如下步骤。

**1. 合同的拟订**

合同的构成如下。

第一是约首（合同的序言部分，其中包括合同的名称、订约双方当事人名称和地址，除此之外在合同序言常常写明订立合同的意愿和执行合同的保证）。

第二是正文（产品名称、商标、型号、厂家、数量、供货时间及数量条款的表述；质量标准、技术标准、供货质量负责的条件和期限条款等；交货地点、方式条款；运输方式、到达站港和费用负担条款的表述；包装标准、包装物的供应与签收和费用负担条款的表述；验收标准、方法及提出异议期限条款的表述；结算方式及期限条款的表述；违约责任条款的表述）。

第三是约尾。一般列明合同的份数，使用的文字及其效力，订约时间和地点及生效的时间。合同订约地点往往涉及采用何种法律解决合同争议的问题。如我国出口合同的订约地点一般都写在我国。

**2. 合同的签字**

合同的签字一般都需要一定的仪式，尤其是大型商务谈判要特别重视。签字仪式需要做的准备工作有：确定签字仪式的工作人员；做好文本协议的准备，签字场所的选择；签字场所的布置（一般设长方形签字桌，桌面覆盖深色台布，桌后置两把椅，供双方签字人就座，主左客右，座前桌上摆放各方保存的文本，文本前放置签字用的文具，外商签字时，签字桌中间摆一旗架，分别摆放座签，写上企业名字，旗架和座签摆设方向与座位方向一致）；明确签字的程序。

另外，在签订合同时需要注意的事项有：避免单方面拟订合同；避免口头协议，无据为凭；

避免对方不是法人也不是法人的委托人；避免合约条文太简单，意思不清；注意是否超越了经营范围；要注明违约责任；避免签约没有公证、鉴证。

**3. 合同的遵守**

在签订完合同以后就需要谈判双方严格执行合同内容及相关条款，此时也代表谈判结束。

## 章节回顾

本章节着重介绍了商务谈判的概念、特征、原则、不同商务谈判的类型和内容，以及商务谈判的国际惯例，通过对本项目的学习，学生能够理解商务谈判的概念，准确把握商务谈判的主要特点，理解商务谈判的内容，了解商务谈判的原则，并使学生能够区分商务谈判的类型，能够比较各种商务谈判原则及内容的不同，明白商务谈判在营销、管理工作中的重要性。

## 关键词汇

谈判气氛；非正式接触；报价原则；西欧式报价；日本式报价；报价时机；报价差别策略；价格分割策略；心理价格策略；让步模式；对等式让步；互补式让步；软硬兼施策略；制造竞争策略；虚张声势策略；各个击破策略；吹毛求疵策略；积少成多策略；最后通牒策略；权力极限策略；政策极限策略；先例控制策略；疲劳战术；僵局处理；休会策略

## 知识训练

### 一、思考题

1. 何谓商务谈判策略？策略主要解决的是什么问题？
2. 在谈判开局阶段，谈判者应如何去营造特定的谈判气氛？
3. 报价的先后对谈判行为会产生怎样的影响？
4 谈判者在报价时应如何处理价格与价值的关系？
5. 报价应遵循哪些主要的原则？
6. 报价的方式和策略有哪些？
7. 理想的让步方式有什么特定的要求？
8. 商务谈判中可以采取哪些策略迫使对方退让？哪些策略可以帮助我们有效地阻止对方的进攻？
9. 谈判僵局的处理有哪些策略？
10. 在谈判结束阶段，有哪些促成缔约的策略？

### 二、案例训练

（一）选择题

1. 你有一批货物可供外销。你认为若能卖到100000美元，则感到十分满足。某外商提议以200000美元的现汇购买这批货物，此时，你最明智的做法是什么？（　　　）

A. 毫不犹豫地接受该客商的建议

B. 告诉他一星期后再作答复

C. 跟他讨价还价

2. 你是某种零件的供应商。某日下午你接到某买主的紧急电话，要你立即赶赴机场去跟他商谈有关大量采购事宜。他在电话中说，他有急事前往某地不能在此处停留。你认为这是一个难得的机会，因此在他登机前赶赴机场。他向你表示，假若你能以最低价格供应，他愿意同你签订一年的供需合约。在这种情况下你的做法是（　　　）。

A. 提供最低的价格

B. 提供稍高于最低价的价格

C. 提供比最低价格高出许多倍的价格以便为自己留有更大的谈判余地

D. 祝他旅途愉快，告诉他你将与他的部下联系先商谈一下零件的价格，希望他回到此地后能与你联系

3. 某单位采购人员正向你厂采购某种车床，这位采购人员表示希望买一台125000元的车床，但他的预算只允许购买价格不超过110000元的车床，此时你怎么处理？（　　　　）

A. 向他致歉，表示你无法将该车床的价格压低到他预算所允许的范围内

B. 运用工厂给你的权力，为他提供特优价

C. 请他考虑购买价格较低廉的其他型号车床

4. 你是某饮料厂的销售科长，正与某客户磋商供应汽水事宜。该客户要求你厂的汽水每打必须减价1元，否则他就改买其他饮料厂的汽水。该客户每年向你厂采购汽水8000万打，面对他的要求，你的做法是（　　　　）。

A. 礼貌地拒绝他　　　　　　　　　　B. 接纳他的要求

C. 提出一个折中的解决办法　　　　　D. 表示你可以考虑

5. 你正准备对有意向你购买客车渡轮的客商报价，你将采取的报价方式是（　　　　）。

A. 在报价单上逐项列明船体、主机、客舱等的详细价格

B. 在报价单上只粗略地将整船分为若干部分，并标出每一部分的价格

C. 只报以整船价格，避免分项标价

6. 你是汽车制造厂厂长。某天你突然接到某外国进口商的电报，要你在一个月内提供1000辆汽车，因为他经销的某种牌子的汽车制造厂倒闭以致无法交货。假定你一月内能提供1000辆汽车。面对这种情况，你将怎么办？（　　　　）

A. 立即复电，表示欣然接纳他的订购

B. 立即复电，表示欣然接纳他的订购，但指明紧急装运的额外开支应由对方负担

C. 复电指出无法在短暂的时间内办妥报关与装运手续，向他致歉

7. 你是一位汽车进口公司的业务员，正与某客商接洽明年汽车进口事宜。对方提出明年每辆汽车要加价5000元，但愿意与你各负担50%。此时，你的反应是（　　　　）。

A. 提议对方负担60%，自己负担40%　　B. 拒绝接受加价

C. 接纳对方加价的意见　　　　　　　　D. 提议对方负担75%，自己负担25%

8. 你为处理某桩买卖的纠纷到达深圳，并通知香港客商到深圳面议。但后来你发现对方并非卖主本人，而是他的下属。在这种情况下，你该如何处理？（　　　　）

A. 坚持要与卖主本人谈判

B. 问该人是否能全权代理，而无须征求卖主本人的意见

C. "以边谈边看"的方式与该代理人进行谈判

9. 客户不接纳你所出的价格，但他也不向你提出具体的建议，只是强调你出的价格太高。此时你将（　　　　）。

A. 拒绝"价格太高"的看法　　　　　　B. 要求他提出具体的建议或意见

C. 问他为何反对你开出的价格　　　　　D. 你自己提出解决问题的办法

10. 你是汽车制造厂商。最近与一位客户经过了艰难的谈判，最后终于达成协议。但在签订协议书之前，该买家又提出了一个要求：汽车要漆成红、白两色。这两种颜色正好是你心中准备要使用的颜色，面对这种"额外"要求，你该怎么办？（　　　　）

A. 告诉他，如果按他要求的这两种颜色，则他必须付额外费用

B. 告诉他可以按他的要求办

C. 问他这两种颜色对他有何重要性

11. 卖方对某成套设备的最低可接受水平定为620万元，但他开价720万元，这表示他在整个谈判过程（假定整个过程分成4个阶段）中，他最大的减价数额为100万元。下表是8种常见的让步方式，你认为哪一种较好？

让步方式 单位：万元

| 让步方式 | 第一阶段 | 第二阶段 | 第三阶段 | 第四阶段 |
|---|---|---|---|---|
| 1 | 0 | 0 | 0 | 100 |
| 2 | 25 | 25 | 25 | 25 |
| 3 | 13 | 22 | 28 | 37 |
| 4 | 37 | 27 | 22 | 14 |
| 5 | 43 | 33 | 20 | 4 |
| 6 | 80 | 17 | 0 | 3 |
| 7 | 83 | 17 | −1 | +1 |
| 8 | 100 | 0 | 0 | 0 |

12. 有一家客户对你的报价的反应为：价格太高，在竞争极为激烈的今天，你应该降低你的价格。面对这种反应，你应该采取什么对策？（    ）

A. 为了得到订单，减价迁就他

B. 问他"我的报价到底比别人高出多少了？"

C. 提议他不如向其他的供应商采购

D. 要求他把其他供应商的报价单拿出来看

E. 问他到底希望你怎么做

13. 你奉命前往各地拜访客户并争取订单。甲地的客户说"你们的报价太高"；乙地的客户说"你们的定价不切实际"；丙地的客户则告诉你"经销你们的产品赚头太少"。你碰了这些钉子以后怎么办？（    ）

A. 立即致电工厂，说明现行价格政策很可能有问题，希望工厂领导马上考虑更改

B. 按原计划继续拜访客户及争取订单

C. 致电工厂要求削价

14. 三个月前你向非洲某国投标承建某项工程。最近该国通知你，你已得标，但要求你按所投总价降低5%。面对这种情况，你的回答是（    ）。

A. 同意减价3%                          B. 同意减价5%

C. 向该国提议，只有在改变投标条件下，你才准备考虑减价

D. 拒绝做出任何让步

（二）案例思考题

[案例1]

美国科学家爱迪生发明了发报机之后，因为不熟悉行情，不知道能卖多少钱，便与妻子商量，他妻子说最少卖2万美元。

"2万？太多了吧？"

"我看肯定值2万，要不，你卖时先套套口气，让他先说。"

在与一位美国经纪商进行关于发报机技术买卖的谈判中，这位商人问到货价，爱迪生总是沉默不答。商人耐不住了，说："那我说个价格吧，10万美元，怎么样？"

这真是出乎爱迪生的意料之外，他当场拍板成交。

思考：这里爱迪生运用了什么技巧取得了理想的谈判效果？

[案例2]

有一次，一家日本公司与一家美国公司进行一场贸易谈判。谈判一开始，美方代表便滔滔不绝地向日方介绍情况，而日方代表则一言不发，埋头记录。

美方代表讲完后，征求日方代表的意见，日方代表就像什么都没听到一样，目光迷惘地说：

"我们完全不明白，请允许我们回去研究一下。"

于是，第一轮会谈结束。几星期后，日本公司换了另一个代表团出现在谈判桌上，并申明自己不了解情况。美方代表无奈，只好再次给他们谈了一通。谁知，讲完后日方代表仍是说："我们完全不明白，请允许我们回去研究一下。"这样，第二轮会谈又休会。

过了几星期后，日方又换了一个代表团，在谈判桌上再次故伎重演。只是在会谈结束时，日方代表告诉美方，回去后一旦有了结果，就立即通知美方。时间一晃过了半年，日方仍无任何消息，美方感到奇怪，说日本人缺乏诚意。

正当美国人感到烦躁不安时，日方突然派了一个由董事长亲自率领的代表团飞抵美国。在美国人毫无准备的情况下，要求立即谈判，并抛出最后方案，以迅雷不及掩耳之势，逼迫美国人讨论全部细节，使美国人措手不及。最后，美国人不得不同日本人达成一项明显有利于日本人的协议。

请问，日本人是运用哪种谈判策略？

（三）实际应用题

1. 请在各种会面场合，实践建立良好气氛的基本方法，并体会行为的恰当程度。

2. 以探测货主的临界价格为目的，有意识地使用相关策略与技巧讨价还价。

# 第四章
# 商务谈判语言技巧

### 学习导读

商务谈判的过程是谈判者的语言交流过程。在谈判过程中，谈判者通常借助于多种方式进行信息交换。概括而言，沟通的手段可分为"听""说""读""写"和"做"等方面。无论从传递信息、获取信息，还是从建立信任、提高效率等角度来看，掌握这些沟通手段和技巧都是十分必要的。语言在商务谈判中有如桥梁，占有重要的地位，它往往决定了谈判的成败。因而在商务谈判中如何恰如其分地运用语言技巧，谋求谈判的成功，是商务谈判必须考虑的主要问题。本章主要介绍商务谈判语言（有声语言和无声语言）技巧。

### 学习目标

通过对本章的学习，需要把握和领会以下知识要点。
① 语言的分类。
② 有声语言谈判技巧。
③ 无声语言谈判技巧。

### 学习导航

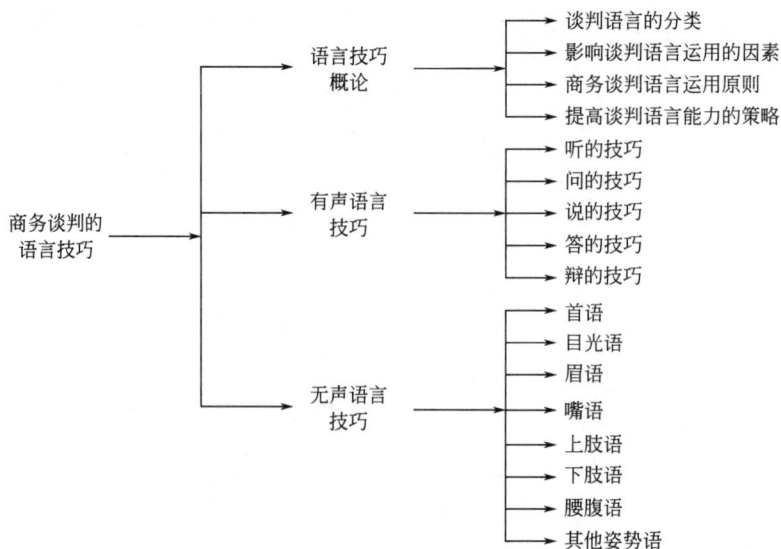

### 职业指引

　　通过本章的学习，掌握商务谈判中的语言沟通技巧、沟通时所需注意的事情，积极掌握谈判的主动权，能有效进行商务谈判，同时具有根据不同文化风俗恰当运用各种沟通方法的能力，能掌握各种沟通方式与技巧。同时为走上工作岗位后，在处理有关商务谈判沟通及管理工作时提供有益的参考与借鉴，并为其从事商务活动、管理活动奠定坚实基础。

# 第一节　语言技巧概论

### 导入案例4-1[1]

　　材料1：古代有个皇帝梦到有人拔掉了他所有的牙齿，醒后，他要丞相为他解梦，丞相说："陛下全家将比陛下先死。"皇帝大怒，把丞相杀掉了。皇帝又要阿凡提为他解梦，阿凡提说："陛下将比你所有的家属都长寿。"皇帝高兴起来，赐给阿凡提一件锦袍。

　　材料2：伟大的诗人普希金年轻时，有一次在圣彼得堡参加一个公爵的家庭舞会，他邀请一位小姐跳舞，这位小姐傲慢地说："我不能和小孩子一起跳舞！"普希金灵机一动，微笑着说："对不起，我亲爱的小姐，我不知道你正怀着孩子。"说完，他很有礼貌地鞠了一躬后离开了，而那位小姐无言以对，脸涨得通红。

　　▲点评：上述材料是阐述语言表达的魅力，语言使用的好坏直接关系到个人的机遇、发展、命运，商务谈判过程中更加需要语言技巧。

　　商务谈判过程是语言交流的过程。谈判的技巧在很多场合可以说是语言的技巧。商务谈判成功与否，在很大程度上取决于语言的正确表述。谈判的思维活动要运用语言，谈判中的沟通、讨价还价也离不开语言。商务谈判的语言运用是解决谈判问题的主要工具，关系到谈判的成败。一个高明的谈判者往往同时也是运用谈判语言的高手。正如谈判专家指出的那样：谈判技巧的最大秘诀之一，就是善于将自己要说服对方的观点一点一滴地渗进对方的头脑中去。

## 一、谈判语言的分类

### 1. 按照语言的表达方式分类

　　可以分为有声语言、无声语言、书面语言。

　　（1）**有声语言**　通过人的发音器官来表达语言，一般指口头语言，它是谈判的主体语言。谈判桌是一个唇枪舌剑的战场，是一个口头语言高度集中的地方。

　　（2）**无声语言**　无声语言又称为行为语言或体态语言，是指通过人的形体、姿态等非发音器官来表达的语言。一般理解为身体语言。无声语言可借助人的视觉传递信息、表示态度、交流思想等。

　　（3）**书面语言**　书面语言是指以字、义结合而成的，以写和读为传播方式的语言，是口头语言的文字符号形式等。在商务谈判中，书面语言是指商务谈判的文字语言，主要指用来制订谈判计划、拟定谈判方案、记录谈判内容、形成谈判文件的语言符号。

### 2. 按照语言表达特征分类

　　可以分为专业语言、法律语言、外交语言、文学语言、军事语言。

　　（1）**专业语言**　专业语言是指商务谈判过程中使用的与业务内容相关的专门或专用术语。谈

---

[1] 资料来源：本案例由作者根据网络相关资源改写。

判业务不同，专业语言也有所不同。如在国际商务谈判中会涉及"离岸价""到岸价"等术语。在工程建筑谈判中有"造价""工期""开工""竣工"等。这些专业语言的特征是简练、明确、专一。

（2）**法律语言**  法律语言是指商务谈判业务所涉及的有关法律规定的用语，商务谈判业务内容不同，要运用的法律语言也不同。每种法律语言及术语都有特定的内涵，不能随意解释和使用。通过法律语言的运用可以明确谈判双方各自的权利和义务、权限和责任等。

（3）**外交语言**  外交语言是一种具有模糊性、缓冲性、圆滑性的弹性语言。在商务谈判中使用外交语言既可以满足对方自尊的需要，又可以避免己方失礼；既可以说明问题，又可以为谈判决策进退留有余地。如在谈判中经常提到的"互惠互利""可以考虑""深表遗憾""有待研究""双赢"等语言。外交语言要运用得当，运用过多容易让对方产生没有合作诚意的感觉。

（4）**文学语言**  文学语言指具有明显的文学特征的语言。这种语言生动、活泼、诙谐、富有想象力、使用范围广，既可以生动地说明问题，又可以调节谈判气氛。典型的文学语言有"平分秋色""浑水摸鱼""得寸进尺""春风化雨""山重水复疑无路，柳暗花明又一村""友谊桥梁的架设者""播种友谊"等。

（5）**军事语言**  军事语言是有命令性特征的用语，这种语言特征干脆、利落、简洁、坚定、自信、铿锵有力。如父母教育孩子说道"这样做事是错误的"，上级命令下级说"你必须……你应该……"。在商务谈判中，运用军事语言可以起到提高信心、稳定情绪、加速谈判进程的作用。

### 案例思考4-1

美方：贵方应理解一个投资者的顾虑，尤其像我公司与贵方诚心合作的情况下，若让我们感到贵方账目有虚占股份之嫌，实在会使我方却步不前，还会产生不愉快的感觉。

中方：我理解贵方的顾虑。但在贵方心理恐惧面前，我方不能只申辩这不是"老虎账"，来说它"不吃肉"。但听贵方有何"安神"的要求。

美方：我通过与贵方的谈判，深感贵方代表的人品有问题，由于账面总值让人生畏，不能不请贵方考虑修改问题，或许会给贵方带来麻烦。

中方：为了合作，为了让贵方安心，我方可以考虑账面总值的问题，至于怎么做账是我方的事。如果我没理解错的话，我们双方将就我方现有资产的作价进行谈判。

美方：是的。

（以上是中方现有资产的作价谈判）

问题：1. 上述谈判中，双方均运用了哪些语言？
　　　2. 双方的语言运用有何不妥之处？
　　　3. 如果你作为美方或中方代表会怎么谈？

## 二、影响谈判语言运用的因素

各类谈判语言在谈判过程中都具有不同的作用，因此，合理、有效地运用谈判语言是谈判沟通中的重要问题。合理地运用谈判语言就是有效地组合各种谈判语言，使谈判语言系统的功能达到最大化。谈判语言运用问题，是以对谈判语言运用的影响因素分析为前提的。影响谈判语言运用的因素是：谈判内容、谈判对手、谈判过程、谈判气氛、谈判双方关系、谈判时机。

### 1. 谈判内容

不同的谈判内容，也即谈判过程中不同的谈判议题，对谈判的语言要求差异较大。在谈判开局阶段的相互介绍中，双方通常是使用交际语言和文学语言来相互交换信息，以交际语言的礼节性和文学语言的生动性及感染力渲染出良好的谈判开局氛围；在涉及谈判价格及谈判合同等谈判实质性议题时，谈判语言要起缓冲作用，一些军事语言作为支持力量；在涉及谈判分歧时，多以交际语言、文学语言的运用为主，插入适当的商业与法律语言，运用交际语言和文学语言是为了缓解谈判气氛，以交际语言的缓冲性和文学语言的优雅、诙谐性缓解心理压力，降低对立程度，适时地运用商业法律语言以明确阐述自己的观点、立场和条件。在分歧面前，军事语言应谨慎运用。

### 2. 谈判对手

谈判对手对谈判语言运用的影响，与谈判对手的心理与行为状态以及谈判对手对所用语言的反应有关。因此，分析谈判对手对谈判语言运用的影响，就需要考虑谈判对手特征、谈判双方实力对比、与谈判对手关系这三个涉及谈判对手的因素。

谈判对手特征是谈判对手具有的社会的、文化的、心理的与个性的特性，如，社会角色、价值取向、性格、态度、性别、年龄等特征。谈判者社会的、文化的、心理的与个性的特征是形成并引起谈判者心理与行为状态变化的主要因素，这就要求谈判者必须依据对手特征做出自己的语言选择。在谈判中，双方的实力对比，既影响双方在特定谈判氛围中呈现出的行为与心理状态，也制约着一方对另一方所用语言的反应。

### 3. 谈判过程

谈判过程的不同阶段，语言运用的差异一般呈现为：在谈判开局阶段，以文学语言、交际语言为谈判语言的主体，旨在创造一个良好的谈判氛围；在谈判进入磋商阶段后，谈判语言主体宜为商业与法律语言，穿插文学语言、军事语言。

谈判磋商阶段涉及的是谈判实质性问题，双方将就谈判议题、交易条件等进行辩论或磋商，因此，谈判基础语言应为商业与法律语言。但在阐述观点时，又可用文学、军事语言，以求制造有利的谈判气氛。在谈判终结阶段，谈判的中心议题是签订协议，因此，适宜运用军事语言表明己方立场和态度，并辅之以商业、法律语言确定交易条件。

### 4. 谈判气氛

谈判的结果从本质上讲没有输赢之分。但是谈判的各方都应尽力设法在谈判过程中争取优势，即从各自的角度去区别地接受谈判的条件，不可避免地会产生谈判过程的顺利、比较顺利与不顺利的现象，从而也导致了不同的谈判气氛。谈判者应该把握各种谈判气氛，正确地运用谈判语言以争取谈判过程中的主动。如遇到在价格问题上争执不休时，可以考虑动用幽默的、威胁劝诱性的语言；在谈判的开始与结束时用礼节性的外交语言等。

## 案例赏析4-1

有一次中外双方就一笔买卖交易进行谈判。在某一问题上讨价还价了两个星期仍没结果。这时中方的主谈人说："瞧我们双方至今还没有谈出结果，如果奥运会设立拔河比赛的话我们肯定并列冠军，并载入吉尼斯世界纪录大全。我敢保证，谁也打破不了这一纪录。"此话一出，双方都开怀大笑，打破了沉闷的气氛，随即双方都做出让步，很快达成协议。

▲点评：当局面僵持的时候，要设法打破沉闷的谈判气氛。

### 5. 谈判双方关系

谈判的双方就关系来讲，如果是经常接触并已成功地进行过多次交易，那么双方不仅互相比较了解，而且在谈判中戒备、敌对心理比较少，这时除了一些必要的礼节性的交际语言外，则应该以专业性的语言为主，配之以幽默诙谐性语言使相互间关系更加密切；而对初次接触或很少接触、或虽有过谈判但未成功的双方来讲，应该以礼节性的交际语言贯穿始终，以使对方感到可信，从而提高谈判兴趣，在谈判中间以专业性的语言来明确双方的权利、义务关系，用留有余地的弹性语言来维持双方关系，使对方由不熟悉转变为熟悉进而向友好过渡。

**6. 谈判时机**

谈判中语言的运用很讲究时机。时机是否选择得当，直接影响语言的运用效果。如何把握好时机，这取决于谈判者的经验。一般情况下，当遇到出乎本方的意料，或者一下子吃不准而难以直接、具体、明确地予以回答的问题时，应选择采用留有余地的弹性语言；当遇到某个本方占有优势，而双方又争执相持不下的问题时，可以选择采用威胁劝诱性语言；当双方在某一问题上争执激烈，有形成僵局或导致谈判破裂时，不妨运用幽默诙谐性的语言；当涉及规定双方权利、责任、义务关系的问题时，则应选择专业性的交易语言。

## 三、商务谈判语言运用原则

在商务谈判活动中，谈判人员不仅要懂得察言观色，同时也要懂得利用表情、手势和抑扬顿挫的语调等种种技巧来表达和强调自己的思想和见解。那么，什么样的语言是成功的谈判语言呢？在商务谈判中运用语言艺术时需遵循如下基本原则。

**1. 客观性原则**

商务谈判语言的客观性是指在商务谈判中运用艺术交流思想、传递信息时，应该以客观事实为依据，并且运用恰当的语言向对方提供令其信服的证据。这一原则是其他原则的基础，失去这个基础商务谈判也就失去了存在和进行的意义。

**2. 针对性原则**

谈判语言的针对性是指在商务谈判中语言的运用要有的放矢、"对症下药"。谈判要根据不同对象、不同话题（对于非核心话题，说话可以稍稍随意一些）、不同谈判目的（为了建立彼此良好关系可以采用热情、礼貌、友好的语言融洽彼此的关系，索赔的时候可以更多使用专业的、法律的语言来争取利益）、不同的谈判阶段（开始时以文学、外交语言为主联络感情，谈判中用商业法律语言，并穿插文学、军事语言，结束时以军事语言为主）采用不同的语言。

**3. 逻辑性原则**

逻辑性原则是指在商务谈判中运用语言要概念明确、判断恰当、证据确凿、推理符合逻辑规律、具有较强的说服力。要提高谈判语言的逻辑性，既要求谈判人员具备一定的逻辑学知识，又要求谈判人员在谈判前做充分的准备，详细了解大量的相关资料，并认真加以整理，然后在谈判席上以富有逻辑性的语言表达出来，为对方所认识和理解。

**4. 规范性原则**

规范性原则是要求在谈判过程中，作为一名合格的谈判人员必须要做到用语文明礼貌、清晰易懂、抑扬顿挫、准确严谨，不能含混不清，出现方言、口语。谈判语言同时要避免吞吞吐吐、词不达意、大吼大叫或感情用事等。

首先，谈判语言必须坚持文明礼貌的原则，必须符合商业的特点和职业道德要求。无论出现何种情况，都不能使用粗鲁、污秽的语言或有攻击性和辱骂的语言。在涉外谈判中，要避免使用意识形态分歧大的语言，如"资产阶级""剥削者""霸权主义"等。其次，谈判所用语言必须清晰易懂。口音应标准化，不能使用地方方言或黑话、俗语。再次，谈判语言应当注意抑扬顿挫、轻重缓急。最后，谈判语言应当准确、严谨，特别是在讨价还价等关键时刻，更要注意一言一语的准确性。在谈判过程中，由于一言不慎导致谈判走向发生变化，甚至导致谈判失败的事例屡见不鲜。因此，必须认真思考，谨慎发言，用严谨、精练的语言准确地表述自己的观点、意见。

上述语言技巧的几个原则，都是在商务谈判中必须遵守的。在实践中，不能将其绝对化，单纯强调一方面或偏废其他原则，应坚持上述几个原则的有机结合和辩证统一。只有这样，才能达到提高语言说服力的目的。

## 四、提高谈判语言能力的策略

### 1. 有声语言表达要准确、合理

（1）谈判中语言文字要严密准确　如唐朝大诗人杜甫曾说"吟安一个字，捻断数根须"，宋朝王安石诗词中"春风又绿江南岸"，用"绿"这字之前他想过用"吹""拂"等字都觉得不合适，没有生机，经过一次又一次的冥思苦想后觉得用"绿"这个字效果不错。因此语言中用好一个字有点石成金之效。

（2）尽量避免语言歧义和使用生僻词　谈判中特别是书面语言中，尽量要避免生僻词和字，如瀺（jing）、丯（jie）、刈（yi），同时也要避免歧义性字句，如：学校因学生×××结婚而开除学校是错误的。诸如此类歧义性语言在谈判中要尽量少用。

（3）灵活运用修辞来增加语言的感染力　运用修辞的目的就是增强语言的感染力，使语言本身更加富有灵活度，增加语言的幽默程度。如"时间悄悄流逝，带走了青春的容颜；宁静的夜晚，只有天上的星星仍在窃窃私语。"

### 2. 恰当使用无声语言

在商务谈判中，谈判人员要合理地通过肢体语言来增强表现力，巧妙地借助"身势语"使信息表达得更准确、生动。

### 3. 书面语言要严谨

相比生活化的口语，书面语言要更加正式、严谨。在商务谈判中，如果使用书面语言进行谈判，谈判人员必须要做到用词准确、严密、富有逻辑性，所表达的意思也必须更清晰、有条理，一旦词不达意，给阅读者或谈判对手带来误解，后果就难以估计。

## 情景训练4-1

### 人际沟通能力测试

善于交谈的人，能够左右逢源；不善于表达的人，总是很被动。如果你想知道自己与他人的交谈能力如何，可进行以下测试。请将你选好的答案代号填入小括号内。评分标准：选A（肯定）记3分；选B（有时）记2分；选C（否定）记1分。

情境题目如下。

1. 你是否时常避免表达自己的真实感受，因为你认为别人根本不会理解你？（　　　）

2. 你是否觉得需要自己的时间、空间，一个人静静地独处才能保持头脑清醒？（　　　）

3. 与一大群人或朋友在一起时，你是否时常感到孤寂或失落？（　　　）

4. 当一些你与之交往不深的人对你倾诉他的生平遭遇以求同情时，你是否会觉得厌烦甚至直接表现出这种情绪？（　　　）

5. 当有人与你交谈或对你讲解一些事情时，你是否时常觉得百无聊赖，很难聚精会神地听下去？（　　　）

6. 你是否只会对那些相处长久，认为绝对可靠的朋友才吐露自己的心事与秘密？（　　　）

7. 在与一群人交谈时，你是否经常发现自己驾驭不住自己的思路，常常表现得注意力涣散，不断走神？（　　　）

8. 别人问你一些复杂的事，你是否时常觉得跟他多谈简直是对牛弹琴？（　　　）

9. 你是否觉得那些过于喜爱出风头的人是肤浅的和不诚恳的？（　　　）

# 第二节 有声语言技巧

## 导入案例4-2

一个农夫在集市上卖玉米。因为他的玉米特别大，所以吸引了一大堆买主。其中一个买主在挑选的过程中发现很多玉米上都有虫子，于是他故意大惊小怪地说："伙计，你的玉米个头倒是不小，只是虫子太多了，你想卖玉米虫呀？可谁爱吃虫肉呢？你还是把玉米挑回家吧，我们到别的地方去买好了。"

买主一边说着，一边做着夸张而滑稽的动作，把众人都逗乐了。农夫见状，一把从他手中夺过玉米，面带微笑却又一本正经地说："朋友，我说你是从来没有吃过玉米吗？我看你连玉米质量的好坏都分不清，玉米上有虫，这说明我在种植过程中，没有打农药，是天然植物，连虫子都爱吃我的玉米，可见你这人不识货！"接着，他又转过脸对其他的人说："各位都是有见识的人，你们评评理，连虫子都不愿意吃的玉米好吗？比这个头小的玉米好吗？价钱比这高的玉米好吗？你们再仔细瞧瞧，我这些虫子都很懂道理，只是在玉米上打了一个洞而已，玉米可还是好玉米呀！"

他说完了这一番话语，又把嘴凑在那位故意刁难的买主耳边，故作神秘状，说道："这么大，这么好吃的玉米，我还真舍不得这么便宜地就卖了呢！"

众人被农夫的话语说得心服口服，纷纷掏出钱来购买，不一会儿工夫，农夫的玉米销售一空。

▲点评：说话要讲究艺术，这似乎是一个非常简单的问题，因为生活中，语言是人与人之间交流的一种最基本的手段。但同样一句话，不同的人说，效果会不同，反过来说和正过来说效果也不同。在本案例中农夫就充分运用了语言的艺术，利用不同的表述方式，反映了问题的不同方面，从而使问题由不利转向有利。

商务谈判中的有声语言主要是通过谈判者之间的听、问、答、辩、说等基本方法来完成的，谈判沟通是否有效主要取决于以上几方面的综合表现。以下将阐述听、问、说、答、辩等各方面的技巧。

## 一、听的技巧

### 1. 有效倾听的模式

在谈判过程中，听起着非常重要的作用。一方面，听是获取信息的最基本的手段，面对面谈判中大量信息都要靠倾听对方的说明来获得。另一方面，谈判者在谈判过程中对听的处理本身也可以向对方传递一定的信息。认真地听既能向对方表明你对他的说明十分感兴趣，同时也表示了对对方的尊重，从而能够起到鼓励对方作更多更充分的阐述，使己方获得更多信息的作用。

听：能探测到声音。

积极倾听：积极地感知、解释、评价和回答客户的语言的过程或非语言信息的感知过程。

积极倾听的SIER模式：SIER模式认为积极倾听是一个包含四个层次的逐级深化体系，是各个层级的组合体，如图4-1所示。

（1）**感知（Sensing）** 即看见、听见或注意到顾客发出的语言或非语言的信息。集中注意力，与顾客进行眼神接触，不打断顾客的谈话，鼓励顾客说出更多的细节，让顾客提供完整的信息，这一切都能提高感知的效果。

（2）**解释（Interpreting）** 即对接收到的信息进行正确解

图4-1 积极倾听的模式

读，明确发送者的真实意图。要准确地解释顾客的意图，就必须注意顾客的形体语言与口头语言，而且还要注意分析信息发送者的经历、知识和态度，在顾客没有讲完之前不要去评价所陈述的内容。

（3）评价（Evaluating） 当顾客充分陈述完意见后，推销员需要思考或明确自身是否同意顾客的意见，并从接收到的信息中提炼出（总结出）事实性的结论。

（4）响应（Responding） 即在听完之后对顾客发送的信息做出积极反应。对顾客的响应可以采用点头、微笑等形体语言的形式，也可以采用复述、转述等语言交流的形式。

**2. 有效倾听的障碍**

谈判过程是一个寻求合作解决双方面临的问题的过程。积极地听显然是谈判者在与对方沟通过程中应当采取的行为。但是，要完整而又准确地理解对方表达的含义和意图并不容易。在沟通过程中，人们面临着多种有效倾听的障碍：一是当人们与他人讲话时，往往只注意与自己有关的内容，或是只顾考虑自己头脑中的问题，而无意去听对方讲话的全部内容；二是受精力的限制，不能够完全听取或理解对方讲话的全部内容；三是在听对方阐述问题时，将精力放在分析、研究自己应当采取的对策上，因而不能完整理解对方的全部意图；四是人们往往倾向于根据自己的情感和兴趣来理解对方的表述，从而很容易误解或曲解对方的意图；五是听讲者的有关知识或语言能力有限，无法理解对方表达的全部内容；六是环境障碍经常会导致人们注意力分散，听的效率降低。这些障碍不仅是一般沟通中所存在的问题，也是谈判沟通中经常面临的问题。

**3. 有效倾听的要则**

要实现有效倾听，就要设法克服上述障碍。事实上，由于人们精力状况的限制，谈判者不可能在妥当地回答对方的问题的同时，又一字不漏地收集并理解对方全部表达的含义。因此，听的关键在于了解对方阐述的主要事实，理解对方表达的显在和潜在含义，并鼓励对方进一步表述其所面临的问题及有关想法。要达到这些要求，在听的过程中，把握一些原则是必要的。

（1）**耐心听** 积极有效倾听的首要关键在于谈判者在双方沟通过程中必须要能够耐心倾听对方的阐述，不随意打断对方的发言。随意打断对方发言不仅是一种不礼貌的行为，而且不利于对方完整充分地表达其意图，也不利于己方完整又准确地理解对方的意图。

（2）**对对方的发言做出积极回应** 谈判者在耐心倾听对方发言的过程中，还要注意避免被动地听。谈判过程中沟通的关键在于要达成相互理解。谈判者不仅要善于做一个有耐心的听众，而且要善于做富有同情心，善于理解对方的听众。在听的过程中，应当通过适当的面部表情和身体动作，对对方的表述做出回应，鼓励对方就有关问题作进一步的阐述。

（3）**主动地听** 谈判过程中一个积极有效的听众能认识到"少说多听"的重要价值。在听的过程中，谈判者不仅应当对对方已做出的阐述作某些肯定性的评价，还应鼓励对方充分表达其对有关问题的看法，要利用适当的提问，加深对对方有关表述的理解，引导对方表述的方向。

（4）**做适当的记录** 在长时间及较复杂的问题的谈判中，谈判者应考虑对所获得的信息做适当记录，作为后续谈判的参考。当然，在做记录前，应当对现场记录是否与有关文化价值观念相冲突进行确认。在某些文化中，人们将听者记录其言论视为对其发言的重视；而在另一些文化中，人们则将记录视为一种对其不信任的表示。在某些场合，由于讨论的问题的敏感性，人们则不希望对方进行记录。

（5）**结合其他渠道获得的信息，理解所听到的信息** 听、读和看是谈判者获取信息的3个主要手段。谈判者应当把从不同途径、用不同方法获得的信息综合起来进行理解，辨清真伪，判断对方的实际意图。

## 二、问的技巧

### 1. 提问方式

在问的过程中，谈判人员首先要掌握问的方式，商务谈判中所采用的提问方式如下。

**（1）证实性提问** 证实性提问就是把对方所说的话重新措辞后，再向对方提出，以期得到对方的证实或补充。比如"您是说贵方同意我方的主张，准备在双边贸易问题上进一步加强合作，对吗？""您的意思是，延缓交货的原因是由于铁路部门未能按时交货，而不是贵方没按时办理托运所致，对吗？"这种提问方式，可表现出对对方所讲问题的重视，也可使提问者挖掘充分的信息，以了解对方的诚实程度。

**（2）引导性提问** 引导性提问指为引导对方的思维、赞同己方的反应，提出对答案具有强烈暗示性的问题。比如："如果这样的话，对我们双方都有利，对吧？""按每公斤10元的价格成交，贵方不会吃亏吧？"这种提问方式，常常能将对方引导到自己的思路上来，并得到对方的肯定答复。

**（3）坦诚性提问** 坦诚性提问就是为制造出某种和谐的会谈气氛，当对方陷入困境或有为难之处时，提出一些推心置腹的友好性问题。比如"您是否意识到，我方已为贵方创造了一个很好的机会？""我方已作出了如此之大的让步，难道贵方还有什么问题吗？"这种提问方式，常能缓和僵局，使对方平静下来，重新权衡利弊。

**（4）探询性提问** 探询性提问就是要求对方给予肯定或否定回答，而使用选择疑问句式的发问。比如"您认为用现汇支付和用实物支付，这两种方式哪种更合理？""您此行的目的是想尽快做成这笔生意，还是想看看再说？"这种提问方式，能分析对方的底细，防止其虚与周旋、含糊其辞。

**（5）封闭性提问** 封闭性提问就是为获得特定资料或确切的回答的直接提问。比如"贵方10天之内能否发货？""您是否认为代为安装没有可能？"这种提问方式，单刀直入，直接指向问题的要害，具有局限性。对方的回答一般只能用"是""不是"或"能""不能"的形式。

总之，提问时除了善于选择适当的方式外，还应注意提问的言辞、语气和神态，要尊重对方的人格，避免使用讽刺性、审问性和威胁性的提问方式。

### 2. 提问效果

从提问效果看，可以把提问分为有效提问和无效提问两类。有效提问是确切而富于艺术性的一种发问。无效提问是强迫对方接受的一种发问，或迫使对方消极地去适应预先制订的模式的一种发问。

例如：

①"你根本没有想出一个主意来，你凭什么认为你能提出一个切实可行的方案呢？"

②"你对这个问题还有什么意见？"

③"不知各位对此有何高见？请发表！"

④"这香烟发霉吗？"

第①句的提问，是典型的压制性的、不留余地的提问，把对方逼得不知如何回答是好。第②句的提问，是缺乏情感色彩的例行公事式的发问，引不起对方的兴趣。第③句的提问，虽然从表面上看，这种问话很好，但效果很差，十有八九的与会者会半天不出声，因为没人敢肯定自己的见解高人一等，不好意思开口。第④句的提问，是一位顾客在黄梅季节去商店买香烟时，怕香烟受潮发霉随口问的，但他得到的回答是："发霉？请到别处买！"因此，有效的提问要讲究艺术。

有效提问艺术寓于下述两个方面。

　　第一，有效提问，必须于"问者谦谦，言者谆谆"的心理氛围中进行。给人以真诚和可信任的印象，使答问者形成坦诚信赖的心理感应，从而产生平和而从容的感受，达到预期的目的。

　　第二，有效提问必须使用一定的提问模式，即有效提问＝陈述语气＋疑问语缀，根据这一模式，可将"无效提问"的4个例句改为如下方式。

　　①"你能提出一个切实可行的方案这很好，能先说一说吗？"

　　②"你是能帮助解决这个问题的，你有什么建议吗？"

　　③"不知各位意下如何，愿意交流一下吗？"

　　④"香烟是刚到的货，对吗？"

　　据交际学家们的分析，人们的任一发问，几乎都可化为这种模式，即先将疑问的内容力求用陈述句式表述，然后在陈述句式之后附以一些疑问语缀，与此同时配以赞许的一笑，这样的提问就会"有效"。即使是要对方按照你的意见去做，也要用这一模式提问。如"我知道要做很多工作，可是我们必须在今晚干完它，行吗？"这种提问方式能调动对方回答的积极性，启发对方更深层的思考，充分满足对方的"社会赞许动机"，即渴求社会评价的嘉许与肯定的心理。这种"提问"之所以有效，是因陈述句后面加了"疑问语缀"，具有一种向他人征询、洽商，顾及"他尊"的意味。即便是对孩子也如此，试作比较如下。

　　①"伟伟，给叔叔、阿姨唱一首歌！"

　　②"我家伟伟会唱许多歌，还上了电视，叔叔、阿姨没看到，给叔叔、阿姨唱一首歌好吗？"

　　例句①是命令式，没有引发社会评价的嘉许与肯定心理，孩子可能就是不唱；例句②是征询式，能引发孩子获得嘉许、肯定的表现欲望，有效率极高，幼儿园老师常采用此法。

## 三、说的技巧

　　谈判人员要做到恰到好处地表述己方的思想观点，准确无误地与对方沟通，应注意以下几点。

　　第一，在陈述过程中要注意概念清晰，尽量使用对方听得懂的语言，尤其对专业术语要用通俗语言解释清楚，防止因语言障碍而影响谈判进程乃至谈判结果。

　　第二，从原则出发，不拘泥于细节。该明确表达的不要拐弯抹角，不要随意发表与谈判主题无关的个人意见。陈述应尽量简洁，避免由于冗长而使对方反感。

　　第三，谈判中，当对方要你提供具体数字材料，如价值、兑换率、赔偿额、增长率等，若没有确切的数值或材料，宁可不回答或延缓回答，也不作概略描述，以防给对方可乘之机。

　　第四，通过强调对手所轻视或忽略的有益之处来替代直截了当地指出对手的错误与不足。

　　第五，陈述只是在表达自己的观点和建议，因此要避免攻击性语言，使陈述带有一定的感情，增加对方的认同感。

　　第六，避免以否定性语言结束会谈。一般而言，结束语宜采用切题、稳健、中肯并富有启发式的语言，并留有回旋余地，尽量避免下绝对性结论。例如："今天的会谈进一步明确了我们彼此的观点，并在××问题上达成了一致的看法，但在××问题上还需进一步讨论，希望能在下一次会谈中得到双方满意的结果。"

　　第七，注意陈述的语气、语调和语速。同一句话的语气、语调和语速不同，所赋予的含义就不同。比如"您的一番话对我启发很大呀"这样一句话，在谈判中由于语气的不同，可以有赞赏、讥讽、敷衍等意思。在谈判中，通过对方说话的语调，可以发现其感情或情绪的状态。在陈述问题时，要让对方从你的语调中感受到坚定、自信和冷静；要避免过于高亢、尖锐或过于柔和、轻细的语调。语速对阐述效果影响也很大，语速过快对方听不清、记不住，过缓对方会感到拖拉冗长、难辨主次。陈述的语速应快而不失节奏，慢而不失流畅，给人以轻松动听之感。语句之间稍微停顿一下，目光与对方交流一次再继续的陈述效果更佳。

### 案例赏析4-2❶

#### 奶粉里的苍蝇

一位怒气冲冲的顾客来到乳制品公司，声称他在食用该公司生产的奶粉中发现了一只苍蝇，他要求该公司为此进行赔偿。但事情的真相是，该公司的奶粉经过了严格的卫生处理，为了防止氧化作用特地将罐内的空气抽空，再充入氮气密封，苍蝇百分之百不能存活。过失明显在于消费者。然而，面对顾客的强烈批评，该公司的老板并没有恼怒，而是耐心地倾听。等顾客说完了之后，他才说："是吗？那还了得！如果是我们的过失，这问题就非常严重了，我一定要求工厂机械全面停工，然后对生产过程进行总检查。"接着老板进一步向顾客解释："我公司的奶粉，是将罐内空气抽出，再装氮气密封起来，活苍蝇绝不可能，我有信心要仔细检查。请您告诉我您使用时开罐的情况和保管的情况好吗？"经过老板的这一番解释，顾客自知保管有误，脸上露出尴尬的神情，说："是吗？我希望以后别再发生类似的事情。"

▲点评：面对刁难时，陈述的语速应快而不失节奏，慢而不失流畅，给人以轻松动听之感，同时做到要让对方从你的语调中感受到你的坚定、自信和冷静。

## 四、答的技巧

商务谈判中，需要巧问，更需要巧答。谈判由一系列的问答构成，巧妙而得体的回答与善于发问同样重要。掌握应答的基本技巧与原则，是谈判者语言运用的具体内容。

### （一）答的原则

在谈判的整个问答过程中，往往会使各方或多或少地感到一股非及时答复不可的压力。在这股压力下，谈判者应针对问题快速反应，做出有意义、有说服力的应答。应答的技巧不在于回答对方的"对"或"错"，而在于应该说什么、不应该说什么和如何说，这样才能产生最佳效应。具体应遵循的原则如下。

**1. 早做准备，以逸待劳**

在谈判前，预先假设一些难度较大的问题进行研究，制订详细的应答策略，一旦谈判中出现这类问题，马上可以做出答、不答或怎样答的反应。

**2. 模糊问题不轻易回答**

可采用证实性提问，让对方重复或证实。或要求其引申、补充，或要求其举例说明，直到弄清其确切含义，再作相应回答。比如，对方提出"如果……您将怎么办？"这时，不要轻率地回答怎么办或不怎么办，最好的回答是"在我回答这个问题之前，我想知道这种条件下的所有事实。"

**3. 难以回答的问题，可采用拖延应答的方法**

比如："对不起，我还不大明白您的意思。请您再说一遍好吗？"当对方重述时，或许你已想好了应答办法。

**4. 对有些犯忌或事关底牌的问题**

想回避它，可以采取迂回隐含的应答方法。

**5. 对对方的质询**

一般不应针锋相对地直接反驳，而应先尊重对方的意见，然后再提出不同意见。这样的应答

❶ 资料来源：李炎炎. 国际商务沟通与谈判. 北京：中国铁道出版社，2012.

往往使对手更容易接受。比如："是的，您说得不错，我们的轿车是提价了10%，但我们用进口发动机代替了国产发动机，大大提高了轿车的质量。相应地，成本也提高了呀。"

## (二)答的技巧

### 1. 不要彻底回答

当全部回答对方的问话会对己方不利时，可缩小对方的问话范围；或者只回答其中的一部分问题，避开对方问话的主题；或者闪烁其词、似答非答，作非正面的间接回答。比较安全的回答如下。

对这个一般性的问题，通常是这样处理的……

对这个专门性的问题，通常是这样处理的……

请把这个问题分成几个部分来说。

哦，不！事情并不像你所说的那样。

我不同意您这个问题里的某部分。

那已经是另外一个问题了。

### 2. 不要马上回答

对未完全了解对方意图的问题，千万不要马上回答。有些问题可能会暴露己方的观点、目的，回答时更要谨慎。或以资料不全或不记得为借口，暂时拖延；或顾左右而言他，答非所问；或回避话题，提出反问；或把有重要意义的问题淡化，掩盖问题的重要性；或找一些借口谈别的、做别的事情，如到洗手间去、突然感到肚子饿了等，有意推托；或提出一项新的建议，转移对方的思路……这样既避开了提问者的锋芒，又给自己留下了一定的思考时间，实为一箭双雕之举。比较安全的回答如下。

请您把这个问题再说一遍。

我不十分了解您的问题。

那不是"是"或"否"的问题，而是程度上"多"或"少"的问题。

您的问题太吹毛求疵了，就像在玩文字游戏。

我并不是想逃避这个问题，但是……

我想您所问的问题应该是……

是的，我想您一定会提出这个问题的，我会考虑您提的问题。不过，请允许我先问一个问题……

也许您的想法是对的，不过您的理由有一点我不太理解，能否请您再解释一下？

您必须了解症结之所在，许多问题共同导致这个结果。比如……

### 3. 不要确切回答

在谈判中，有时会遇到一些很难答复或者不便于答复的问题。对此类提问，并不一定都要回答，要知道有些问题并不值得回答，而且针对问题的回答并不一定就是最好的回答。回答问题的要诀在于该如何回答，而不是回答得对否。所以，有时使用含糊其辞、模棱两可的回答，或使用富有弹性的回答，效果更理想。比较安全的回答如下。

对我来说，那……

据我所知……

我不记得了。

我不能谈论这个问题，因为……

对这种事情我没有经验，但是我曾听说过……

这个变化是因为……

对这个问题，那要看……而定。

至于……那就在于您的看法如何了。

对这个问题，我们过去是这样考虑的……

#### 4. 降低对方追问的兴致

面对对方连珠炮似的提问，想办法使对方降低乃至失去追问的兴趣。比如：鼓励己方做不相关的交谈；倘若有人打岔，就姑且让他打扰一下；讨论某个含混不清且不重要的程序；让某个说话不清且有点不讲道理的人来解释一个复杂的问题等。比较安全的回答如下。

您必须了解一下历史渊源，那是开始于……

在我回答这个问题前，您应先了解一下详细的程序……

有时候事情就是这样演变来的。

这是一个暂时无法回答的问题。

这个问题容易解决，但现在不是时候。

现在讨论这个问题为时过早，是不会有什么结果的。

#### 5. 婉言回答

在谈判中，当你不同意对方的观点时，不要直接选用"不"这个具有强烈对抗色彩的字眼，而应适当运用"转折"技巧，巧用"但是"，先予以肯定、宽慰，再委婉地表示否定的意思来阐明自己不可动摇的立场，既表示了对对方的同情和理解，又赢得了对方的同情和理解。比较安全的回答如下。

是啊，但是……

我完全懂您的意思，也赞成您的意见，但是……

我理解您的处境，但是……

我很喜欢您这个想法，但是……

如果是……这当然是可以的了。

我实在弄不懂您的提议为什么是合理的，可是……

您说得很有道理，但是……

我也明白价格再低一点会更好卖，但是……

## 五、辩的技巧

#### 1. 辩论的原则

① 观点明确，事实有力。在论辩时运用客观材料以及所有能支持己方观点的证据，增强自己的论辩效果，反驳对方的观点。

② 思路敏捷，逻辑严密。辩论中应遵循的逻辑规律是同一律、矛盾律、排中律、充足理由律。

③ 掌握原则，不纠缠细枝末节。论辩中要有大局观、把握大方向、大前提、大原则，反驳对方错误观点时，要切中要害，有的放矢。

④ 举止庄重，气度大方。论辩时不要尖声，唾沫飞溅，指手画脚。要端正稳重，对人温和，对事要强硬。良好的举止在一定程度上可以左右辩论的气氛。

⑤ 态度客观公正，措辞准确严密。

#### 2. 辩论中应注意的问题

商务谈判中，辩论的目的是达成协议，因此要避免使用以下几种方式。

① 以势压人。辩论时要心平气和、以理服人；切忌摆出一副"唯我独尊"的架势，大发脾气，要权威。

② 歧视揭短。在辩论中要注意避免歧视别人，同时避免要揭露别人的伤疤和短处。

③ 预期理由。要注意所提论据的真实性，道听途说或未经证实的论据会给对方带来可乘之机。

④ 本末倒置。要尽量避免发生无关大局的细节之争。

⑤ 喋喋不休。

## 情景训练4-2

### 情景材料

你在一次谈判中，对方翻来覆去地强调他的立场，你觉得这样是浪费时间，而且容易形成僵局。你决定提议跳过这个问题，请问如何提议，为什么？

### 训练要点

在了解商务谈判的基本概念的基础上拓展、丰富谈判沟通知识，加深对商务谈判的深入理解；充分运用相关商务谈判理论从事商务谈判活动。

### 训练步骤

1. 根据该情景，拟定需要讨论分析的主要问题及解决方案。
2. 确定案例训练组织方式；分组集体讨论（4～6人为一组）。
3. 根据案例讨论结果（时间大约30分钟），各小组选出一名代表阐明本小组的分析要点及主要解决措施。
4. 各组之间进行相互评价，最后教师进行点评与总结。
5. 各小组在讨论分析案例的基础上按以下要求撰写、提交"案例分析报告"。文字表述精练，观点明确。

# 第三节　无声语言技巧

## 导入案例4-3

2008年，日本的一家半导体公司打算在美国购买其生产技术，美国公司对该技术进行了首报价，为600万美元。日本公司谈判人员按照本国习惯沉默了半分钟，美国公司谈判人员对此深感不安，以为日本公司觉得报价太高，于是就主动降低价格至540万美元。日本人对此既高兴又深感不惑，因为他们来之前对该技术做了信息收集，该技术的价值同美国人的最初的报价是相符的。对此，日本人将计就计继续保持沉默，美国人就继续降价至480万美元，日本人继续不表态。最后美国人提出最后一次报价420万美元，这时候日本人一拍桌子并露出了久违的笑容，同意成交。日本人在此次谈判中收获了意想不到的成功。

▲点评：沉默作为无声语言技巧的一种交际形式，在商务谈判中有时会起到意想不到的效果。

语言专家梅拉比安通过研究发现，对信息的接受者来说，在影响其接受的因素中，7%是使用的言语；38%是讲话的方式，包括声调、音量、修辞手法等；55%是无声语言信号，如面部表情、身体姿势等。人体语言学认为，不仅人的动作、姿势、表情等传递着丰富的信息，而且通过这些信号传递的信息往往比语言信号传递的信息更为真实。也正因为如此，在信息传递的过程中，通过不同信号释放出来的信息就可能存在某些矛盾，从而对谈判者产生不利影响。有鉴于此，谈判者不仅要善于观察、理解不同的无声语言信号所传递的信息的含义，结合听和读所获得的信息来做出判断，而且还要努力保持自身通过不同信号（说、写和做）传递的信息的一致性。除此之外，在国际商务谈判中，更要注意到不同文化背景下同样的无声语言信号表达的信息及表达同样的信息采取的无声语言信号的差异。无声语言技巧包括以下几个方面。

## 一、首语

通过头部活动的语言，主要有点头、摇头。点头可表示歉意，也可表示同意、肯定、承认、感谢等。由于文化习俗的差异，保加利亚和印度等一些地方与上述情况刚好相反，"点头不算摇头算"。

## 二、目光语

在商务谈判过程中，学会观察对手的眼睛是非常有必要的，一个资深的谈判人员往往能通过看眼睛得到很多意想不到的答案。俗话说眼睛是"心灵的窗户"，善于观察对方眼神所传达出来的信息是谈判人员需要掌握的基本技巧。印度诗人泰戈尔曾经说："在眼睛里，思想敞开或者关闭，发出光芒或没入黑暗，静悬如同落月，或是像急闪的电光照亮了广阔的天空。"这些诗句简单来讲就是说人的眼能传神，所以眼睛具有反映人们深层心理的功能，其动作、神情、状态是最明确的情感表现。在谈判中，我们要正确区分如下眼睛所传递的信息。

① 谈判中，视线接触谈判对手脸部的时间在正常情况下应占全部谈话时间的32% ～ 61%。超过这一平均值者，可认为对谈判对手的谈话内容很感兴趣；低于这个平均值，则表示对谈判对手的谈话内容不怎么有兴趣。

② 不同眨眼频率有不同的意义，一般人是保持5 ～ 8次/分钟，每次眨眼不超过1秒。如果每分钟眨眼次数超过5 ～ 8次，代表谈判对手神情活跃，对讲话内容非常有兴趣；从眨眼时间来看，如果每次眨眼超过1秒钟，一方面表示厌烦，不感兴趣；从另一方面看，表示自己比对方优越，对谈判对手不屑一顾。

③ 当倾听谈判对手讲话时，几乎不看对方是试图掩饰的表现，这种情况下，一般是表明该人在某些方面有可能刻意掩饰某些细节而不敢正视对方。

④ 眼睛里瞳孔的大小也代表有不同的信息。一般来讲，瞳孔放大、炯炯有神代表该人处于欢喜或兴奋状态；瞳孔缩小、神情呆滞则代表该人处于消极、戒备状态。

⑤ 对方的视线时时脱离你，眼神闪烁不定，说明对你所谈的内容不感兴趣但又不好打断，产生了焦躁情绪。

⑥ 倾听对方谈话时几乎不看对方的脸，那是试图掩饰什么的表现。

⑦ 瞪大眼睛看着对方是对对方有很大兴趣的表示。

⑧ 在说话和倾听时对方的视线与你一直没有交流，偶尔瞥一下你的脸便迅速移开，这种方式通常意味着该人对生意诚意不足或只想占便宜。

⑨ 下巴内收，视线上扬注视你，表明对方有求于你，成交的希望程度比你高，让步幅度大；下巴上扬，视线向下注视你，表明对方认为比你有优势，成交的欲望不强，让步幅度小。

## 三、眉语

眉毛和眼睛的配合是密不可分的，二者的动作往往共同表达一个含义，但单凭眉毛也能反映出人的许多情绪变化。

① 人们处于惊喜或惊恐状态时，眉毛上耸，"喜上眉梢"。

② 处于愤怒或气恼状态时，眉角下拉或倒竖，有"剑眉倒竖"。

③ 眉毛迅速地上下运动，表示亲切、同意或愉快。

④ 紧皱眉头，表示人们处于困惑、不愉快、不赞同的状态。

⑤ 眉毛高挑，表示询问或疑问。

⑥ 眉毛舒展，表示心情舒畅。

## 四、嘴语

人的嘴除了说话、吃喝、呼吸之外，还可以通过许多动作来反映人的心理状态。不同嘴部动作有不同的含义，具体如下。

① 嘴巴紧紧地抿住，往往表示意志坚决。

② 撅起嘴是不满意和准备攻击对方。

③ 遭到失败时，咬嘴唇是一种自我惩罚的运用，有时也可解释为自我解嘲和内疚。

④ 注意倾听对方谈话时，嘴角是否会稍稍向后拉或向上拉。

⑤ 不满和固执时嘴角向下。

## 五、上肢语

指握手、招手、摇手、手指、肩部动作，该肢体语言使用范围较广，使用频率较高，握手的秩序、握手的方式都有差别，也有用动作来代替手语，如日本人以鞠躬做送客的礼节；中国人将食指伸出向下弯曲表示数字"9"，美国人用食指和拇指合成圆形表示"OK"，但在法国人眼里却代表"没有意义和价值"。上肢语言具体有以下两方面内容。

### （一）手势

手势是说话者运用手掌、手指、拳和手臂的动作变化来表达思想感情的一种体态语言。手势是谈判者在交谈中使用得最多也最灵活方便的行为语言，有极强的吸引力和表现力。借助手势或与对方手与手的接触，可以帮助我们判断对方的心理活动或心理状态，同时也可帮助我们将某种信息传递给对方。

**1. 手掌**

掌心向上的手势，常表示谦虚、诚实、屈从，不带有威胁性；掌心向下的手势，常表示控制、压抑、压制，带有强制性；伸出并敞开双掌，常表示坦白、诚恳、言行一致。

**2. 手指**

食指伸出，其余手指紧握，呈指点状，常表示教训、指责、镇压；把拇指指向对方，常表示诬蔑、藐视、嘲弄；双手相握或不断弄手指，常表示犹豫、为难、缺乏信心；把手指蒙在嘴前，或轻声吹口哨，常表示紧张、担心、束手无策。

**3. 拳头**

稍握拳头，置于胸前，手指屈动，常表示犹豫、疑虑、忐忑不安；紧握双拳，手心出汗，置于椅背或腿部，常表示愤怒、烦躁、急于攻击。

**4. 手臂**

双臂紧紧交叉于胸前，身体稍前倾，往往表示防备、疑惑；两臂交叉于胸前并握拳，往往是怀有敌意的标志；两臂置于脑后，十指交叉，身体稍后仰，往往表示权威、优势和信心。

**5. 用手指或手中的笔敲打桌面，或在纸上乱涂乱画**

这类手势往往表示对对方的话题不感兴趣、不同意或不耐烦的意思。这样做一方面可以打发和消磨时间，另一方面也起到暗示或提醒对方注意的作用。

**6. 不时用手敲脑袋，或用手摸头顶**

这类手势表示正在思考。

**7. 一手托腮，手掌撑住下巴，身体微倾向前，头稍往后仰，眼皮半闭垂下**

这类手势表示正在做决断性的思考。

**8. 手与手连接放在胸腹部的位置**

是谦逊、矜持或略带不安的心情的反映。在给获奖运动员颁奖之前，主持人宣读比赛成绩时，运动员常常有这种动作。

**9. 吸手指或咬指甲**

成年人做出这样的动作是个性或性格不成熟的表现，可谓之"乳臭未干"。

**10. 其他手势**

十指交叉，或放在眼前，或置于桌前，或垂右腹前，常表示紧张、敌对和沮丧。指端相触，撑起呈塔尖式，男性塔尖向上，女性塔尖向下，常表示自信；若再伴之以身体后仰，则通常可表现出讲话者的高傲与独断的心理状态，起到一种震慑听话者的作用。搓手，常表示谈判者对某一结局的急切期待。背手，常显示一种权威；若伴之以俯视踏步，则表示沉思。

### 案例思考 4-2

一位美国的工程师被总公司派到他们在德国的分公司和一位德国工程师在一部机器上并肩作战。当这位美国工程师提出改善新机器功能的建议时，那位德国工程师表示同意，并问美国工程师自己这样做是否正确。这位美国工程师用美国的"OK"手势予以回答。那位德国工程师放下工具就走开了，并拒绝和这位美国工程师进一步交流。后来这位美国工程师从他的一位主管那里了解到，德国人认为该手势有极大的人格侮辱的含义。

问题：1. 在案例中"OK"手势具有什么含义？

2. 在实际交往中怎样避免案例中情况的发生？

### （二）握手的"语言"

握手的动作来自原始时代的生活。原始人在狩猎或进行战争时，手中常持有石块和棍棒等武器。如果是没有任何恶意的两个陌生人相遇，常常是放下手中的所有东西，并伸开手掌，让对方摸一摸自己的掌心，以此来表示手中未持武器。久而久之，这种习惯逐渐演变成为今天的"握手"动作。原始意义上的握手不仅表示问候，而且也表示一种信赖、契约和保证之意。标准的握手姿势应该是：用手指稍稍用力握住对方的手掌，对方也用同样的姿势回握，用力握手的时间在 1 ～ 3 秒钟。如用力回握，用力握手的时间应恰当；若在双方握手出现与标准姿势不符时，便有除了问候、礼貌以外的附加意义，主要还包括以下几种情况。

① 如果感觉对方手掌出汗，表示对方处于兴奋、紧张或情绪不稳定的心理状态。

② 如果对方用力握手，则表明此人具有好动、热情的性格，这类人往往做事喜欢主动。美国人大都喜欢采用这种握手方式，这主要与他们好动的性格是分不开的。如果感觉对方的握手不用力，一方面可能是该人个性懦弱、缺乏气魄，另一方面可能是该人傲慢矜持、爱摆架子。

③ 握手前先凝视对方片刻，再伸手相握，在某种程度上，意味着这种人是想在心理上先战胜对方，将对手置于心理上的劣势地位。先注视对方片刻，意味着对对方的一个审视，观察对方是否值得自己去同其握手。

④ 掌心向上伸出与对方握手，往往表现其性格软弱，处于被动、劣势或受人支配的状态。在某种程度上，手掌心向上伸出握手，有一种向对方投靠的含义。如果是掌心向下伸出与对方握手，则表示想取得主动、优势或支配地位，另外也有居高临下的意思。

⑤ 用双手紧握对方一只手，并上下摆手，往往是表示热烈欢迎对方的到来，也表示真诚感谢，或有求于人，或肯定契约关系等含义。在荧屏上或是现实生活中，我们常常可以看到，人们为了表示感谢对方、欢迎对方或恳求对方等时，往往会用双手用力去握住对方的一只手。

资料阅读 4-1

### 握手礼仪

谈判双方人员，见面和离别时一般都以握手作为友好的表示。握手的动作虽然简单，但通过这一动作，确能起到增进双方亲密感的作用。一般情况下，主动和对方握手，表示友好、感激或尊重。

在别人前来拜访时，主人应先伸出手去握客人的手，用以表示欢迎和感谢。

主、客双方在别人介绍或引见时，一般是主方、身份较高或年龄较大的人先伸手，以此表示对客方、身份较低的或年龄较轻者的尊重，握手时应欠身、面带笑容或双手握住对方的手，以表示对对方的敬意。

异性谈判人员之间，男性一般不宜主动向女方伸手。

谈判双方握手的时间，以 3 ~ 5 秒为宜。

握手时，一般应走到对方的面前，不能在与他人交谈时，漫不经心地从侧面与对方握手。

握手者的身体不宜靠对方太近，但也不宜离对方太远。

双方握手时用力的大小，常常表示感情深浅的程度。

握手者的面部表情是配合握手行为的一种辅助动作，理应面带微笑，通常可以起到加深情感的作用。

## 六、下肢语

主要通过腿和足部来传递信息，它们是最先表露潜意识情感的部位，所以在谈判中我们需要仔细区分下肢动作的具体含义。

**1. "二郎腿"**

与对方并排而坐时，对方若架着"二郎腿"并且上身向前向你倾斜，意味着合作态度；反之则意味着拒绝、傲慢或有较强的优越感。相对而坐时，对方架着"二郎腿"却正襟危坐，表明他是比较拘谨、欠灵活的人，且自觉处于很低的交易地位，成交期望值很高。

**2. 架腿（把一脚架在另一条腿膝盖或大腿上）**

对方与你初次打交道时就采取这个姿势并仰靠在沙发靠背上，通常带有倨傲、戒备、怀疑、不愿合作等意味。若上身前倾的同时又滔滔不绝地说话，则意味着对方是个热情的但文化素质较低的人，对谈判内容感兴趣。如果频繁变换架腿姿势，则表示情绪不稳定，焦躁不安或不耐烦。

**3. 并腿**

交谈中始终或者经常保持这一姿势并上身直立或前倾的对手，意味着谦恭、尊敬，表明对方有求于你，自觉交易地位低下，成交期望值很高。时常并腿后仰的对手大多小心谨慎，思虑细致全面，但缺乏自信心和魄力。

**4. 分腿**

双膝分开、上身后仰者，表明对方是充满自信的、愿意合作的、自觉交易地位优越的人，但要指望对方做出较大让步是相当困难的。

**5. 摇动足部，或用足尖拍打地板，或抖动腿部**

都表示焦躁不安、无可奈何、不耐烦或欲摆脱某种紧张情绪。

**6. 双脚不时地小幅度交叉后又解开**

这种反复的动作就表示情绪不安。

## 七、腰腹语

腰、腹部是人的中枢部位，它的动作也有丰富的含义。我国的谈判人员一般都很重视谈判对手腹部的精神含义，它是高级精神活动与文化的渊源，也是知识、智慧、能力、素养的"储蓄所"。俗话说的"满腹经纶、口蜜腹剑"也就是对腹部的一种"赞美"。腰部在身体上起"承上启下"的支持作用，腰部位置的"高"或"低"与一个人的心理状态和精神状态是密切相关的。

### 1. 弯腰动作

比如鞠躬，点头哈腰属于低姿势，把腰的位置放低，精神状态随之"低"下来。向人鞠躬是表示某种"谦逊"的态度或表示尊敬。如在心理上自觉不如对方，甚至惧怕对方时，就会不自觉地采取弯腰的姿势。从"谦逊"再进一步，即演变成服从、屈从，心理上的服从反映在身体上就是一系列在居于优势的个体面前把腰部放低的动作，如跪、伏等。因此，弯腰、鞠躬、作揖、跪拜等动作，除了礼貌、礼仪的意义之外，都是服从或屈从对方，压抑自己情绪的表现。

### 2. 挺直腰板

使身体及腰部位置增高的动作，则反映出情绪高昂、充满自信。经常挺直腰部站立，行走或坐下的人往往有较强的自信心及自制和自律的能力，但为人可能比较刻板，缺少弹性或通融性。

### 3. 手插腰间

表示胸有成竹，对自己面临的事务已作好精神上或行动上的准备，同时也表现出某种优越感或支配欲。有人将这视作领导者或权威人士的风度。腰部在身体上起着承上启下的作用，同样，腹部位于人体的中央部位，它的动作带有极丰富的表情与含义。

### 4. 腹语

腹语是一种利用口腔、喉咙和胸腔等部位发出声音的技艺，通过模拟人类语言的方式，使听众产生错觉，让听众以为声音是从别处传来的。使用腹语不仅需要掌握技巧，还需要注重情感表达。情感是腹语表达的灵魂，只有通过情感的表达，才能更好地吸引观众的注意力。

## 八、其他姿势语

① 交谈时，对方头部保持中正，时而微微点点头，说明他对你的讲话既不厌烦，也非大感兴趣；若对方将头侧向一边，尤其是倾向讲话人一边，则说明他对所讲的事很感兴趣；若对方把头垂下，甚至偶尔合眼似睡，则说明他对所讲的事兴趣索然。

② 谈话时，对方不断变换站、坐等姿势，身体不断摇晃，常表示他焦躁和情绪不稳；不时用一种单调的节奏轻敲桌面，则表示他极度不安，并极具警戒心。

③ 交谈时，对方咳嗽常有许多含义，有时是焦躁不安的表现，有时是稳定情绪的缓冲，有时是掩饰说谎的手段，有时听话人对说话人的态度过于自信或自夸，表示怀疑或惊讶而假装清清喉咙，以此来表示对他的不信任。

④ 洽谈时，若是戴眼镜的对方将眼镜摘下，或拿起放在桌上的眼镜把镜架的挂耳靠在嘴边，两眼平视，表示想用点时间稍加思考；若摘下眼镜，轻揉眼睛或轻擦镜片，常表示对争论不休的问题厌倦或是喘口气准备再战；若猛推一下眼镜，上身前倾，常表示因某事而气愤，可能进行反攻。

⑤ 扫一眼室内的挂钟或手腕上的表，收起笔，合上本，抬眼看着对手的眼睛，似乎在问"可以结束了吧？"这种表现足以说明"别谈了"的意思；给助手使个眼神或做个手势（也可小声说话），不收桌上的东西，起身离开会议室，或在外面抽支烟、散散步，也表明对所言无望，可以结束谈判了。

## 情景训练4-3

同学两人一组，自行设计话题，话题5～8分钟，在教室表演。其他同学从专业角度对参与者的站姿、表情、手势、眼神、辅助语言等进行分析与探讨。

### 章节回顾

本章节着重介绍了商务谈判的概念、特征、原则、商务谈判的类型和内容，以及商务谈判的国际惯例。通过对本项目的学习，能够理解商务谈判的概念和内容，准确把握商务谈判的主要特点，了解商务谈判的原则，并能够区分商务谈判的类型，能够比较各种商务谈判的不同，明白商务谈判在营销、管理工作中的重要性。

### 关键词汇

语言的分类；文学语言；法律语言；专业语言；军事语言；有声语言技巧；无声语言技巧；手语；下肢语；有效倾听；有效提问

### 知识训练

#### 一、复习思考题

1. 举例说明军事语言、文学语言、法律语言的不同运用方式。
2. 谈判中语言的重要性有哪些？
3. 有效倾听的障碍有哪些？如何才能做到有效倾听？
4. 提问方式有哪些？如何才能做到有效提问？
5. 何为非语言沟通？为什么说非语言信号所传递的信息往往比语言信号所传递的信息更为真实？

#### 二、案例分析

[案例1]

**汤姆一次紧张的面谈**

汤姆是凯鲁克公司的一名资深职员，多年来勤恳工作，但一直未获晋升。最近经济形势不太好，有传闻说公司即将裁员。某日上午公司总裁史密斯先生突然召汤姆面谈。汤姆心中忐忑不安，觉得凶多吉少，难道是通知自己被解雇的消息？

走进史密斯先生宽敞的办公室，汤姆不由得呼吸急促起来，史密斯先生示意他在一张扶手椅上坐下。史密斯先生首先开口："汤姆，你在本公司已任职多年了吧？"

"是的，先生。"

"那么你认为本公司近来表现如何？"

"我想……我想公司目前也许遇上了麻烦，但总会渡过难关的。"

"你在本公司最有价值的经历是什么，汤姆？"

"这个……这个……"汤姆一时不知如何作答。

"呵，汤姆，你今年快到45岁了吧。"

"是的，先生，我还可以为公司服务多年。"

"你和同事们相处得很好吧？"

"是的，当然，我们都是老同事了……"

"平时还去桥牌俱乐部吗？"

"怎么？您知道……您也喜欢打桥牌吗？总裁先生？"

"偶尔玩一玩，汤姆，你是否听到传闻，本公司即将裁员？"

"下面有一些风声，不过，总裁先生，这不会是真的吧！"汤姆的声音有些颤抖，扶手椅中的身体更加僵硬了，两只手神经质地紧紧抓住椅子扶手。

"汤姆，今天就谈到这儿吧。再见。"

"再见，先生。"

汤姆沉闷的脚步声远去了。史密斯先生本来想提拔他任业务助理，现在看来他未必适合做管理工作，不过这倒是一名忠心耿耿的职员，还是让他在目前的岗位上一直干下去吧。

问题：你认为汤姆在面谈时出于哪些原因表现得不够理想？具体体现在哪些地方？

[案例2]

帕卡伦公司的一次电话交谈。

"您好！"

"您好！"

"请问是帕卡伦公司售后服务部吗？"

"是的。"

"请问您是……"

"我是哈里·罗尔斯。我能帮你做什么？"

"罗尔斯先生，我上星期买了贵公司生产的冰箱，今天早上发现它不能制冷，存放的食品都变质了，气味实在难闻！"

"您肯定没有弄错开关或插销什么的吗？"

"当然！"

"噢……我想是压缩机故障……"

"您能让人来看看吗？"

"24小时之内维修人员到达。"

"我要求换一台新的冰箱！我已经受够了！"

"我公司的规则是先设法维修……"

"好吧，好吧……我把地址告诉你们……"

"请等一等，我去取纸和笔……好了，请讲。"

"本市西区阿佩尔路121号……你记下了吗？"

"当然，噢，先生，您怎么称呼？"

"威廉·詹姆斯。"

"詹姆斯先生，您将发现我们的维修工是一流的……"

"我更希望贵公司的产品是一流的。"

"好吧，再见。"

"再见，祝你走运。"

罗尔斯在电话留言簿上给维修部卡特先生留言：顾客电话，今天西区阿佩尔路121号冰箱故障，请速修理。哈里·罗尔斯

问题：1. 罗尔斯在电话交流中有哪些不妥之处？试举出6个方面的问题，并从案例中找出实例。

2. 总结一下打电话有哪些基本准则。

[案例3]

### 泰朗的沟通策略

泰朗在一家专门生产组装零件的制造工厂工作。他的个性沉稳，在厂内组装零件已有8年之久。公司为维持与原有厂商的业务关系，开始执行品质改进计划。泰朗参加多种课程及两项计划后，对品质管理的了解更为深入。

3个月前，泰朗的老板唐恩邀他加入为公司挑选供应商的征选小组。泰朗加入小组后，负责搜集竞标厂商资料。他一直秉持着诚实公正的态度，但是当他发觉可能得标的厂商是PD机械厂

时，他开始犹豫了，因为他们公司与PD机械厂有多年的业务关系。此外，唐恩与PD机械厂的老板私交甚笃。

泰朗逐一查明竞标厂商的品管计划后发现，与其余两家竞标厂相比较，PD机械厂并未用心改进品质。显然唐恩在幕后促成此事。泰朗明白，他有必要和唐恩谈谈。泰朗决定无论如何他都得速战速决，越早向唐恩表明此事，越早减轻唐恩对他施加的压力。他请唐恩抽出时间，讨论竞标程序的相关事宜。他知道唐恩习惯在下班后稍留片刻，处理未完的公务。因此他特意将交谈时间安排在交班之前，这时厂内剩下的员工不多，不易受到打扰。

泰朗先谢谢唐恩邀他加入征选小组，并补上一句"我知道你和PD机械厂的人相识已久。正因为你们关系匪浅，我才想和你谈些你可能没有察觉的事情。"唐恩好奇地答道："是吗？什么事呢？"

泰朗知道唐恩不喜欢长篇大论，因此他直接切入主题："我将所有可能弄到手的PD品质管理资料都读过了，结论是他们远远落后于其他竞标厂。我认为他们无法稳定地供应我们所需的货，我会将这个看法转达给小组其他成员。在此我先告诉你一声，希望你能明白我这样做的原因。"

当泰朗停下来喘口气时，唐恩突然插嘴，以略带反驳的口吻说："这倒是件新鲜事，他们一向都做得很好，我想知道你为什么这样认为？"泰朗早知道唐恩会这么问，于是他递上了手中的资料夹。

唐恩将资料逐一看过，又问了许多问题，泰朗不仅尽其所能回答，话题也不敢稍离重点，以期唐恩能了解自己与他交谈的目的。他接着补充说："如果和他们签约的话，我们将会失去客户，因为我们无法正常供货给客户们。说句老实话，我也很可能丢掉饭碗。这几个星期以来，我一直因为你支持PD机械厂竞标而倍感压力，但有一天我突然想到，或许你根本不知道他们和其他竞标厂的比较结果。这也就是我今天要和你谈的理由。"

他们俩又讨论了许多，唐恩也问了一些相关的问题。最后他盯着泰朗说："你分析得非常好。我必须承认，我看到这样的结果颇为失望，但你没有错，不管在哪一方面都很正确。我不知道PD机械厂有这样的问题，但是我很感谢你告诉我这么多，我觉得你提出这样的建议十分合理。"

问题：1. 泰朗为什么不采取即兴的、非正式的方式向唐恩表示他的关切？你觉得这种方法好吗？为什么？

2. 如果你是泰朗，你希望采用什么样的沟通方式？

3. 想想在交谈中，除了核心信息外，你还希望在沟通上采取哪些关键字、句子？请将关键字、句子写在一张纸上，然后逐一评论，判断它们是否诚恳、直接、明确、机智且不伤人。

# 第五章

# 国际商务谈判

## 学习导读

国际商务谈判不仅在国际商务活动中占据相当大的比例，而且具有相当重要的地位。谈判的成功与否直接关系到整个国际商务活动的效果，关系到企业能否在一个新的海外市场建立必要的销售网络、获得理想的合作伙伴及进入市场的良好途径等。一个国内谈判高手并不一定是一个成功的国际商务谈判专家。要能在国际商务谈判中取得满意的效果，必须要充分理解国际商务谈判的特点和要求。这不仅对那些以国际市场为舞台的企业经营者们来说是必要的，而且对所有参与国际商务活动，希望取得理想效果的人们来说，都是必要的。本章将阐述国际商务谈判的特点和要求，介绍一些典型国家和地区人们的谈判特点和风格。

## 学习目标

通过本章的学习，了解和掌握以下知识点。
① 国际谈判与国内谈判的共性特征。
② 国际谈判与国内谈判的区别比较。
③ 美洲地区商人的谈判风格。
④ 欧洲、亚洲地区商人的谈判风格。
⑤ 大洋洲、非洲地区商人的谈判风格。

## 学习导航

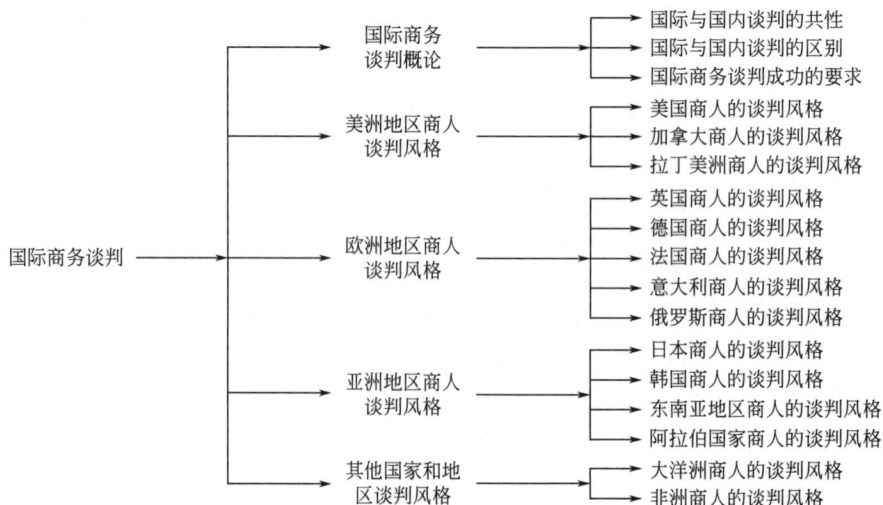

## 职业指引

随着经济全球化趋势越来越明显，不仅国家与国家之间的经贸联系不断加强，而且越来越多的企业的经营也在不断趋于国际化。形式多样的国际商务活动，包括不同国家经济主体相互之间商品和劳务的进出口、技术转让、设立独资和合资企业等，日渐成为企业经营活动，特别是以国际市场为主要舞台的跨国公司活动的主要内容。与国内商务活动一样，国际商务活动同样是建立在人与人之间交往基础之上的。有关研究显示，在商务活动过程中的销售人员、管理人员、律师及工程技术人员等群体大约要花费50%的工作时间用在商务谈判上，其中大多数是与来自不同文化背景或不同国家的对手之间的谈判，即国际谈判。

# 第一节　国际商务谈判概论

## 导入案例5-1

在餐厅，盛满啤酒的杯中发现了苍蝇。

英国人会绅士风度地吩咐侍者："请换一杯啤酒来。"

法国人会干净利索地将啤酒倾倒一空。

西班牙人不去喝它，只留下钞票，不声不响地离开餐厅。

日本人会让侍者把餐厅经理叫来，训斥一番，"你们就是这样做生意吗？"

沙特阿拉伯人会把侍者叫来，把啤酒杯递给他，说："我请你喝。"

美国人比较幽默，他会对侍者说："以后请将啤酒和苍蝇分别放置，由喜欢苍蝇的主人自行将苍蝇放进啤酒里，你觉得怎么样？"

几个商人在一条船上开洽谈会，突然船开始下沉。

"快去叫那些人穿上救生衣，跳下船去。"船长命令。

几分钟后，大副回来了。"那些家伙不肯跳。"

于是，船长只得亲自出马。不一会儿，他回来告诉大副："他们都跳下去了。"

"那么您用了什么方法呢？"大副忍不住问道。

"我告诉英国人跳水是有益于健康的运动，他就跳了。我告诉法国人那样做很时髦，告诉德国人那是命令，告诉意大利人那样做是被禁止的……"

"你是怎么说服那帮美国人的呢？"

"这也很容易，"船长说，"我就说已经帮他们买了保险了。"

▲点评：以上案例简单说明了不同国家的人的处世风格由于文化的差异也完全不一样。

### 一、国际商务谈判与国内商务谈判的共同点

国内商务谈判和国际商务谈判都是商务活动的两个必要组成部分，也是企业在国内外发展市场业务的重要手段。国际商务活动是国内商务活动的延伸，国际商务谈判也可以视为是国内商务谈判的延伸和发展。尽管国内商务谈判和国际商务谈判之间存在着十分明显的区别，但两者之间也存在着十分密切的联系。

**1. 为具有特定目的与特定对手的磋商**

国内商务谈判和国际商务谈判同样都是商务活动主体为实现其特定的目的而与特定对手之间进行的磋商。作为谈判，其过程都是一种双方或多方之间进行信息交流，"取"与"予"兼而有

之的过程。谈判过程中所适用的大多数技巧并没有质的差异。

### 2. 谈判的基本模式是一致的

与国内商务谈判相比，国际商务谈判中必须要考虑到各种各样的差异，但谈判的基本模式仍是一致的。事实上，由于文化背景、政治经济制度等多方面的差异，谈判过程中信息沟通的方式、需要讨论的问题等都会有很大的不同，但与国内商务谈判一样，国际商务谈判也同样遵循从寻找谈判对象开始，到建立相应关系、提出交易条件、讨价还价、达成协议，直至履行协议结束这一基本模式。

### 3. 国内、国际市场经营活动的协调

国内商务谈判和国际商务谈判是经济活动主体从事或参与国际市场经营活动的两个不可分割的组成部分。尽管国内谈判和国际谈判可能是由不同的人员负责进行，但由于企业必须保持其国内商务活动和国际商务活动的衔接，国内谈判与国际谈判之间就存在着密不可分的联系。在从事国际谈判时，必须要考虑到相关的国内谈判的结果或可能出现的状况，反之亦然。

## 二、国际商务谈判与国内商务谈判的区别

在认识到国际商务谈判与国内商务谈判的共同点的同时，认识到这两种谈判之间的区别，并进而针对区别采取有关措施，是更为重要的。

国际谈判是跨越国界的谈判。谈判的根本区别源于谈判者成长和生活的环境及谈判活动与谈判协议进行的环境的差异。国内商务谈判双方通常拥有共同的文化背景，生活在共同的政治、法律、经济、文化和社会环境之中。谈判者主要应考虑的是双方公司及谈判者个人之间的某些差异。而在国际商务谈判中，谈判双方来自不同的国家，拥有不同的文化背景，生活在不同的政治、法律、经济、文化和社会背景之中，这种差异不仅形成了人们在谈判过程中的谈判行为的差异，而且还将会对未来谈判协议的履行产生十分重大的影响。比较而言，由于上述背景的差异，在国际谈判中，谈判者面临着若干在国内谈判中极少会出现的问题。

### 1. 语言差异

国内谈判中，谈判双方通常不存在语言差异（谈判者通常均认同并能使用共同的官方语言），也就不存在由于使用不同语言可能导致的相互信息沟通上的障碍。

但在国际谈判中，语言问题及由此而引起的其他问题始终应引起谈判者的注意。即便是在使用同样语言的国家，如使用英语的美国和英国，在某些表达上仍旧存在着一定的差异。语言差异，特别是在两种语言中都有类似的表达但含义却有很大差别时，以及某种表达只有在一种语言中存在时，极容易引起沟通上的混淆。如在中国，政府管理企业的方法之一是根据企业经营管理状况及企业规模等评定企业的等级，如"国家一级企业""国家二级企业"等。在美国则没有这种概念，简单地将"一级企业""二级企业"解释为"First Class Enterprise"和"Second Class Enterprise"，很难让对方理解这种表达的含义，起不到在国内谈判中同样表达所能起到的效果，并且有可能使对方产生误解，如将"二级企业"理解为"二流企业"。在拟订谈判协议时，语言差异问题更值得谈判人员深入地分析和研究。

### 2. 沟通方式差异

不同文化的人群有其所偏好和习惯的沟通方式。国际谈判中的双方属于不同的文化圈，有各自习惯的沟通方式。双方之间要进行较为深入的沟通，往往就会产生各种各样的问题。中国、日本等国，人们的表达方式通常较为委婉、间接；在有的国家直截了当的表达则较为常见。有的谈判者比较注重发现和理解对方没有通过口头表达出的意思，有的谈判者则偏爱较多地运用口头表达，直接发出或接受明确的信息。来自这两种不同文化的谈判者在进行谈判时，很容易想象到的结果是：一方认为对方过于粗鲁，而另一方则可能认为对方缺乏谈判的诚意，或将对方的沉默误解为对其所提条件的认可。

沟通的差异不仅表现为表达方式的直接或间接，还表现为不同国家或地区人们在表达过程中动作语言（人体肢体语言）运用上的巨大差异。有些国家或地区的人们在进行口头表达的同时，伴随以大量的动作语言，而另一些国家或地区的人们则不习惯在较为正式的场合运用过多，特别是身体动作幅度较大的动作语言。值得注意的是，与口头和书面语言一样，动作语言同样也表现出一定的地域性。同样的动作在不同的国家或地区可能表达的意思完全不同，甚至会有截然相反的含义。对动作语言认识和运用的差异，同样会给谈判中的沟通带来许多问题。

## 案例赏析5-1❶

一个到日本去谈判的美国商务代表团，直到他们要打道回府前，才知道贸易业务遇到了语言障碍没有达成协议。在谈判价格的确定上，双方开始时就没有统一，谈判快要告一段落时，美方在价格上稍微作了点让步，这时日本方面的回答是"Hai！（嘿）"。结束后，美方就如释重负地准备"打道回府"。但结果其实并非如此。

实际上日本人说"嘿"，意味着"是，我理解你的意思（但我并不一定要认同你的意见）"。

▲点评：沟通方式的差异容易引起误解，出国问禁、入乡问俗对涉外人员是很重要的。

### 3. 时间和空间概念的差异

诸多研究表明，在不同国家、不同地区，人们的时间概念有着明显的差异。就谈判而言，有些国家和地区的谈判者时间观念很强，将严格遵守时间约定视为一种行为准则，是尊重他人的表现。比预定时间早到达经常被视为急于成交的表示，而迟到则会被看成是不尊重对方，至少也是不急于成交的表示。在拉丁美洲和阿拉伯地区的一些国家，谈判者有着完全不同的时间概念。

空间概念是与时间概念完全不同的问题。在不同的文化环境中，人们形成了不同的心理安全距离。在与一般人的交往中，如果对方突破这种距离，就会使自己产生心理不适。有关研究表明，在某些国家，如法国、巴西等国，在正常情况下人们相互之间的心理安全距离较短。而一般美国人的心理安全距离则较法国人长。如果谈判者对这一点缺乏足够的认识，就可能使双方感到不适。

### 4. 决策结构差异❷

谈判的重要准则之一是要和拥有相当决策权限的人谈判，至少也必须是与能够积极影响有关决策的人员谈判。这就需要谈判者了解对方企业的决策结构，了解能够对对方决策产生影响的各种因素。由于不同国家的政治经济体制和法律制度等存在着很大的差异，企业的所有制形式存在着很大不同，商务活动中的决策结构也有着很大的不同。以在国内商务活动中习惯的眼光去评判国际谈判对手，通常就可能会犯各种各样的错误。如在有些国家，企业本身对有关事务拥有最终决策权，而在有些国家，最终决策权则可能属于政府有关主管部门，对方企业的认可并不意味着合同一定能合法履行。而同样是在企业拥有决策权的情况下，企业内部的决策权限分布在不同的国家和地区也会有很大差异。

在注意到不同国家企业决策结构差异的同时，还应值得注意的是政府介入国际商务活动的程度和方式。政府对国际商务活动的干预包括通过制定一定的政策，通过政府部门的直接参与，来鼓励或限制某些商务活动的开展。在工业化程度较高的意大利、西班牙及法国，某些重要的经济部门就是为政府所有的。当商务活动涉及国家的政治利益时政府介入的程度就可能更高。20世纪

---

❶ 资料来源：本案例根据网络相关资源改写。

❷ 资料来源：李炎炎. 国际商务沟通与谈判. 北京：中国铁道出版社，2012.

80年代初跨越西伯利亚的输油管道的建设问题就充分说明了这一点。当时某一美国公司的欧洲子公司与苏联某公司签订了设备供应合同，但美国公司及其欧洲子公司在美国及其所在的欧洲国家的政府分别介入的情况下，处于十分被动的局面。美国政府要求美国公司的欧洲子公司不提供建设输油管道的设备和技术，而欧洲国家的政府则要求公司尊重并履行供应合约，争议最终通过外交途径才得以解决。由于国际商务活动中可能面临决策结构差异和不同程度的政府介入，因而国际商务谈判可行性研究中的对手分析远比国内商务谈判中的有关分析复杂。在某些情况下，谈判者不仅要有与对方企业谈判的安排，而且要有与对方政府谈判的打算。

### 5. 法律制度差异

基于不同的社会哲学和不同的社会发展轨迹等，不同国家的法律制度往往存在着很大差异。要能保证谈判活动的正常进行，保证谈判协议能够顺利实施，正确认识法律制度的差异是不可忽视的。与此同时，一个值得注意的现象是，不仅不同国家的法律制度存在着明显的不同，而且不同国家法律制度得以遵照执行的程度也有很大不同。美国联邦沟通委员会前主席牛顿·米诺的一段戏言颇能帮助人们理解这一状况。根据他的看法，在德国，在法律之外所有的事都是禁止的，除非那些得到法律许可的。在法国，每件事都允许做，除非那些被禁止的；在意大利，所有的事都是可行的，包括那些被禁止的。表面看来，这段话显得有些混乱，但其所表明的深一层意思却是很容易理解的，即不同国家的法律制度及法律执行情况有着很大的差异。在国际商务谈判中，谈判者需要首先遵守那些自己并不熟悉的法律制度，同时还必须要充分理解有关的法律制度，了解其执行情况，否则就很难使自身的利益得到切实的保护。

### 6. 谈判认识差异

不同文化中人们对参与谈判的目的及所达成的合同的认识程度有很大差异。如在美国，人们通常认为，谈判的首要目的也是最重要的目的是与对方达成协议。人们将双方达成协议视为一项交易的结束，至少是有关这一交易的磋商的结束。而在东方的日本，人们则将与对方达成协议和签署合同视为正式开始了双方之间的合作关系。对达成协议的这种理解上的差异直接关系到人们对待未来合同履行过程中所出现的各种变化的态度。若根据上文的完成一项交易的解释，双方通常就不应修改合同条件。而若将签署协议视为开始合作关系，则随着条件的变化，对双方合作关系作某些调整是十分合理的。

### 7. 经营风险的差异

在国内商务活动中，企业面临的风险主要是因国内政治、经济、社会、技术等因素变化而可能导致的国内市场条件的变化。在国际商务活动中，企业在继续面临这种风险的同时，还要面对远比这些风险复杂得多的国际经营风险，包括：国际政治风险，如战争、国家之间的政治矛盾与外交纠纷、有关国家政局及政策的不稳定等；国际市场变化风险，如原材料市场和产成品市场供求状况的急剧变化；汇率风险，如一国货币的升值或贬值等。国际商务活动中的这些风险一旦成为现实，就会对合作双方的实际利益产生巨大的影响，会对合同的顺利履行构成威胁。因此，谈判者在磋商有关的合同条件时，就应对可能存在的风险有足够的认识，并在订立合同条款时，即考虑采取某些预防性措施，如订立不可抗力条款，采用某种调整汇率和国际市场价格急剧变化风险的条款等。

### 8. 谈判地点差异

在面对面的国际商务磋商中，至少有一方必须在自己相对不熟悉的环境中进行谈判，由此必然会带来一系列的问题，如长途旅行所产生的疲劳、较高的费用、难以便捷地获得自己所需要的资料等。这种差异往往要求谈判者在参与国际谈判时，给予更多的时间投入和进行更充分的准备工作。

## 三、国际商务谈判成功的基本要求

以上分析了国际商务谈判与国内商务谈判的异同。从这一分析中，很容易得出这样的结论，即国际商务谈判与国内商务谈判并不存在质的区别。但是，如果谈判者以对待国内谈判对手、对待国内商务活动同样的逻辑和思维去对待国际商务谈判对手、去处理国际商务谈判中的问题，显然难以取得国际商务谈判的圆满成功。在国际商务谈判中，除了要把握在前面几章中所阐述的谈判的一般原理和方法外，谈判者还应注意以下几个方面。

### 1. 要有更充分的准备

国际商务谈判的复杂性要求谈判者在谈判之前做更为充分的准备。一是要充分地分析和了解潜在的谈判对手，明确对方企业和可能的谈判者个人的状况，分析政府介入（有时是双方政府介入）的可能性，及其介入可能带来的问题。二是研究商务活动的环境，包括国际政治、经济、法律和社会环境等，评估各种潜在的风险及其可能产生的影响，拟订各种防范风险的措施。三是合理安排谈判计划，解决好谈判中可能出现的体力疲劳、难以获得必要的信息等问题。

### 2. 正确对待文化差异

谈判者对文化差异必须要有足够的敏感性，要尊重对方的文化习惯和风俗。西方社会有一句俗语，"在罗马，就要做罗马人"，其意思也就是中国的"入乡随俗"。在国际商务谈判中，谈判者不仅要善于从对方的角度看问题，而且要善于理解对方看问题的思维方式和逻辑。任何一个国际商务活动中的谈判人员都必须要认识到，文化是没有优劣的，必须要尽量避免模式化地看待另一种文化的思维习惯。

### 3. 具备良好的外语技能

谈判者能够熟练地运用对方语言，至少双方能够使用一种共同语言来进行磋商交流，对提高谈判过程中双方交流的效率，避免沟通中的障碍和误解，有着特别重要的意义。

## 情景训练5-1

### 情景材料

某日本商社邀请你们去东京谈纺织出口的事宜。当你们抵达机场时，该社长率手下的公关部长迎接你们。在送你们到酒店后，该社长热情地为你们安排回程机票，并且说为你们的行程安排了比较丰富的内容，你该如何对待对方的热情？

### 训练要点

在了解国际商务谈判的基本概念的基础上拓展、丰富国际商务谈判基本要求，加深对商务谈判的深入理解；充分运用相关理论从事国际商务谈判活动。

### 训练步骤

1. 根据该案例，拟定需要讨论分析的主要问题及解决方案。

2. 确定案例训练组织方式；分组集体讨论（4～6人为一组）。

3. 根据案例讨论结果（时间大约30分钟），各小组选出一名代表阐明本小组的分析要点及主要解决措施。

# 第二节 美洲地区商人的谈判风格

## 导入案例5-2

美国福特汽车公司和通用汽车公司最初来上海谈判合作生产小轿车时，正值美国政府要以30L条款和特别30L条款对中国进行制裁，并要求美国在中国的合资公司不能提出国产化要求的时期。但福特汽车公司的代表在谈判的一开始时就提出合作期间可考虑50%的国产化要求，通用汽车公司接着在上海谈判时，又主动提出国产化率可以60%。由于他们并未理会其政府的限制，而我方的代表也充满信心地与其谈判，最终双方达成协议。如果我们能充分利用其自信、滔滔不绝的特点，多诱导、鼓励其先发表意见，以从中及时捕捉对我方有价值的内容和信息，探明其虚实与策略，那么将使我们决定对策时更加有的放矢。有时甚至可以利用其自信的特点，运用"激将法"，促使其为了维护自尊向我方靠拢。当然，这样做要注意适度，既要灭其锐气，又要避免其生气。

## 一、美国商人的谈判风格

从总体上讲，美国人的性格通常是外向的、随意的。一些研究美国问题的专家，将美国人的特点归纳为：外露、坦率、诚挚、豪爽、热情、自信、说话滔滔不绝、不拘礼节、幽默诙谐、追求物质上的实际利益，以及富有强烈的冒险和竞争精神等。与此相适应，形成了美国商人迥异于其他国家商人的谈判风格。

### 1. 直爽干脆，不兜圈子

美国商人在谈判中充满自信和优越感，气势逼人。他们语言表达非常直率，往往说行就行，说不行就不行。美国商人在谈判中习惯迅速地将谈判引向实质阶段，一个事实接一个事实地讨论，干脆利索，不兜圈子，不讲客套，对谈判对手的直言快语，不仅不反感，而且还很欣赏。

美国人在经商过程中通常比较直接，不太重视谈判前私人关系的建立。他们不会像日本人那样颇费心思地找熟人引荐，做足公关工作，想在谈判前与对方建立一种融洽的关系。有趣的是，如果在业务关系建立之前，谈判者竭力去同美国对手建立私人关系，反而可能引起他们的猜疑，他们可能会认为你的产品质量或技术水平不佳才有意拉拢他们，使他们在谈判时特别警惕和挑剔，结果使过分"热情"的谈判者倍感委屈，甚至蒙受损失。由此看来，公事公办的原则更加符合美国人的脾气。在美国人眼中是良好的商业关系带来彼此的友谊，而非个人之间的关系带来良好的商业关系，个人交往和商业交往是明确分开的，即使同对方有私人友谊，也丝毫不会减少美国人在生意上的斤斤计较。

尽管这样，要是以为美国人刻板，不近人情，那就错了，美国人强调个人主义和自由平等，生活态度较积极、开放，很愿意结交朋友。美国人以顾客为主甚于以产品为主，他们很努力地维护和老客户的长期关系，以求稳定的市场占有率。与日本人比较，美国人放在第一位的是商业关系，只有与对方业务关系稳定，在生意基础上彼此信任之后，生意伙伴之间才可以发展密切的个人关系。而且这种私人关系在经济利益面前是次要的，在商业决策中不起很大作用。

### 2. 重视效率，速战速决

美国商业经济发达，生活节奏极快，造就了美国商人守信、尊重进度和期限的习惯。他们十分重视办事效率，尽量缩短谈判时间，力争使每一场谈判都能速战速决。

高度的时间观念是美国文化的一大特点。在美国办事要预约，并且要准时，一旦不能如期赴约，一定致电通知对方，并为此道歉，否则，将被视为无诚意和不可信赖。在美国人的价值观中，时间是线性而且有限的，必须珍惜和有效地利用。他们以分钟为单位来安排工作，认为浪费时间是最大的浪费，在商务活动中奉行"时间就是金钱"的信条。美国谈判者总是努力节约时间，他们不喜欢繁文缛节，希望省去礼节、闲聊，直接切入正题。谈判的时间成本如此受美国人重视，以至于他们常定有最后期限，从而增加了谈判压力。如果对手善于运用忍耐的技巧和优势，美国谈判者有时会做出让步，以便尽早结束谈判，转入其他商业活动。

对整个谈判过程，美国人也总有个进度安排，精打细算地规划利用谈判时间，希望每一阶段逐项进行，并完成相应的阶段性谈判任务。对某些谈判对手常常对前一阶段的谈判成果推倒重来的做法，美国谈判者万分头痛。他们那种一件事接一件事处理，一个问题接一个问题地讨论，直至最后完成整个协定的逐项议价方式被称为"美式谈判"。

**案例思考5-1**

美国某公司向印度某公司出口了一套设备，安装后，调试工作还没结束，时间就到了圣诞节，美国专家都要回国过节，于是生产设备的调试要停下来，印方要求美方留下来完成调试任务后再回国，但对方专家拒绝了，因为美方人员过节是法定的。最后，美方人员还是回国度假了，印方表示非常无奈和不理解。

问题：针对此种情况，你是怎样认为的？

**3．讲究谋略，追求实利**

美国商人在谈判活动中，十分讲究谋略，以卓越的智谋和策略，成功地进行讨价还价，从而追求和实现经济利益。不过，由于美国商人对谈判成功充满自信，所以总希望自己能够战胜高手，即战胜那些与自己一样精明的谈判者。在这种时候，他们或许会对自己的对手肃然起敬，其心情也为之振奋不已。这反映了美国商人所特有的特点。

**4．鼓励创新，崇尚能力**

美国人不太受权威与传统观念的支配。他们相信，一个人主要是凭借个人努力和竞争去获得理想的社会地位。在他们的眼中，这是一个允许失败，但不允许不创新的社会。所以，美国人对角色的等级和协调的要求较低，更尊重个人作用和个人在实际工作中的表现。

这种个人主义价值观表现在美国企业决策上是常常以个人（或少数人）决策为特点，自上而下地进行，在决策中强调个人责任。这种决策方式与日本企业的群体决策、模糊责任相比，决策迅速、反应灵敏、责任明确，但等级观念森严，缺少协调合作。

美国企业崇尚个人主义、能力主义的企业文化模式，使好胜而自我表现欲很强的美国谈判者乐意扮演牛仔硬汉或"英雄"形象，在谈判中表现出一种大权在握，能自我掌握命运的自信模样。在美国人的谈判队伍中，很少见到大规模的代表团，除非谈判非常复杂，而且对公司的未来至关重要。一般代表团人数不会超过7人，甚至有时为单独一个人也不奇怪。即使是有小组成员在场，谈判的关键决策者通常也只有一两个人，遇到问题，他们往往有权作出决定，"先斩后奏"之事时时发生。但不要以为美国人的集中决策过于简单、匆忙，实际上，为了能干脆、灵活地决策，美国谈判者通常都会在事先作充分、详细而规范的资料准备。在谈判中，他们的认真仔细程度绝不亚于日本同行。

**5．重视契约，一揽子交易**

美国是商业文明高度发达的国家，人口不断流动，无法建立稳固持久关系。人们只能将不以人际关系为转移的契约作为保障生存和利益的有效手段，所以形成了重视契约的传统。作为一个法治化的国家，人们习惯于诉诸法律解决矛盾纠纷。在商业活动中，保护自己利益最公平、妥善的办法便是依靠法律，通过合同来约束保证。

力求达成协议是美国谈判者的目的，他们在整个谈判过程中都向着这个目标努力，一步步促成协议的签订。美国人认为双方谈判的结果一定要制定书面的法律性文件，借之明确彼此的权利和义务，将达成书面协议视为谈判成功的关键一步。美国人总是认真仔细地签订合同，力求完美。合同的条款从产品特色、运送环节、质量标准、支付计划、责任分配到违约处罚、法律适用等无一不细致精确，以至显得冗长而烦琐，但他们认为正是包含了各方面的标准，合同才提供了约束力，带来安全感。作为双方的承诺，合同一旦签订，在美国谈判者心中极富严肃性，被视为日后双方行动的依据和制约，不会轻易变更或放弃，因此必须严格履行合同中的条款。

美国由其经济大国的地位所决定，在谈判方案上喜欢搞全盘平衡，一揽子交易。所谓一揽子交易，主要是指美国商人在谈判某一项目时，不是孤立地谈它的生产或销售，而是将该项目从设计、开发、生产、工程、销售到价格等一起洽谈，最后达成一揽子方案。

美国是个移民国家，社会人口构成非常复杂，几乎所有大洲都有移民及其后裔在美国社会中立足、发展，各民族的文化不断冲突，渐渐融合成美利坚文化的同时，又保留了一些各自的文化传统。正是这种丰富多彩和极富包容性、独立性的文化，使美国谈判者的文化背景也多种多样，如果对他们的行为抱着一成不变的看法，便显得片面了。这一点在其他移民国家，如加拿大、澳大利亚等国，也表现得很明显。

## 二、加拿大商人的谈判风格

加拿大人种族很多，人口最多的种族为英语系和法语系。加拿大的商人中90%为英语系和法语系，大体为保守型，做生意喜欢稳扎稳打，不喜欢产品价格上下经常变动，也不喜欢薄利多销的生意。

英语系商人正统严肃，比较保守、谨慎、重誉守信。他们在进行商务谈判时相当谨慎，一般对所谈事物的每一个细节都充分了解之后，才可能答应要求。和英语系商人谈判时，从进入洽谈到决定价格的这一段时间是很艰苦的，一会儿卡在这个问题上，一会儿又卡在那个问题上。在每一个细节问题尚未了解和解决之前是绝对不会签约的。但是，一旦签订了合同，就会信守合同。

法语系商人恰恰相反，他们没有英语系商人那么严谨，希望立竿见影，十分讲究工作效率。

## 三、拉丁美洲商人的谈判风格

拉丁美洲是指美国以南的美洲地区。包括墨西哥、中美洲和南美洲，共有20多个国家。大部分拉丁美洲国家，由于历史上的原因，经济比较落后，经济单一化严重，贫富两极分化明显。虽然如此，但是拉丁美洲国家的商人都以自己悠久的传统和独特的文化而自豪，他们反对甚至痛恨那些发达国家商人的趾高气扬、自以为是的态度，不愿意听美国人或欧洲人的教训式的谈话。他们总是希望对方能在平等互利的前提下进行商贸合作，希望对方尊重他们的人格，尊重他们的历史。

拉丁美洲商人的性格比较开朗、直爽，与处事敏捷的北美商人不同，拉丁美洲商人比较悠闲、恬淡、放得开。拉丁美洲国家的假期很多，如秘鲁的劳动法就规定，工作一年，可以请一个月的带薪假期。往往在一笔生意洽谈中，洽谈的人突然请了假，因此商谈不得不停下来，其他国家商人需要耐心等待洽谈的人休完假归来，洽谈才能继续进行。所以，同拉丁美洲人谈生意，必须放慢节奏。

在同拉丁美洲商人进行商务谈判的过程中，感情因素显得很重要。彼此关系相熟、成为知己之后，如果有事拜托他们时，他们会毫不犹豫地优先办理，并充分考虑你的利益和要求。这样双方的洽谈自然而然地会顺利地进行下去。

不过，一旦涉及政府的交易，影响则不可轻视。由于拉丁美洲国家大多属于发展中国家，商品在国际上缺乏竞争力，因而国家的进口大于出口，外汇比较紧张。所以，拉丁美洲国家大多采取了奖出限入的贸易保护主义政策，通过的一些法律法规，也以此为根本出发点。就此而言，对试图同拉丁美洲人进行商贸合作的外国人是非常不利的。从拉丁美洲的对外贸易环境面来说，有一个明显的不利因素，那就是拉丁美洲国家复杂的进口手续。一些国家实行进口许可制度，如果没有取得进口许可证之前，千万不能擅自将货物卖给拉丁美洲商人并且积极发运，因为这可能意味着，货物无法再收回，即便允许再运回，那么已经支付了的高额的运输费用，有时甚至超过货物本身的价值。在拉丁美洲，政变十分频繁，人们对此已经司空见惯。

与北美商人相比，拉丁美洲商人责任感不强，信誉较差。在商务活动中，他们不遵守付款日期、无故延迟付款的事情是经常发生的。正如一位银行家所说的那样，货款他们是会付的，只是生性懒散，不把当初约好的付款日期当回事而已，经常利用外商履约后收不到货款而惊惶失策的心理，迫使外商重新谈判价格，诱使外商压价。一些外商只好忍痛降低价格，直到符合了拉丁美洲商人的要求为止。鉴于这种情况，在同拉丁美洲国家商人交易时，可适当在交易价格上掺入些"水分"，以应对为回收货款而被迫降价造成的损失。

在拉丁美洲众多国家中，巴西人特别爱好娱乐，他们不会让生意妨碍自己享受闲暇的乐趣。千万不要在狂欢节的日子去谈判，否则你会被当作不受欢迎的人。巴西人重视个人之间的良好关系，如果他喜欢你，就会同你做生意。阿根廷人比其他邻国的人显得更正统一些，非常欧洲化。阿根廷商人在商谈中与对方会反复地握手，并且不厌其烦。智利、巴拉圭、乌拉圭和哥伦比亚的商人非常保守，他们彬彬有礼，讲究穿着，谈判时一般总是身着正式西装，结领带，非常正规。秘鲁人和厄瓜多尔人大多不遵守约会时间，除非你真正地握到对方的手，否则别设想任何人会遵守约会时间。但作为外商，千万不能既不入乡随俗，也不遵守时间，而应该认真遵守约会时间，准时出席。

## 情景训练5-2

### 情景材料

如果与拉丁美洲商人谈判时，话题转到了拉丁美洲的经济问题，你应该如何应对？

### 训练步骤

1. 根据该案例，提出解决方案。
2. 确定案例训练组织方式；分组研究讨论（4～6人为一组）。
3. 根据案例讨论结果（时间大约30分钟），各小组选出一名代表阐明本小组的分析要点及主要解决措施。

# 第三节 欧洲地区商人谈判风格

## 导入案例5-3

西欧一位客商有一次到新加坡去谈判一笔交易，开始时双方气氛热烈，谈判进行得很顺利。但当谈判结束，双方要签订协议时，西欧的那位客商由于兴奋得意而架起了二郎腿。

谁知此后形势急转直下，对方冷着脸要求与西欧客商重新谈判。原来是西欧客商以架起二郎腿来表达自己兴奋得意的心情，而对方则是把对着别人架起二郎腿的体态语看作是对别人的恶意。

▲点评：商务谈判中，一定要注意商务礼仪。

## 一、英国商人的谈判风格

英国人的性格既有过去大英帝国带来的傲慢矜持，又有本民族谦和的一面。他们非常传统，在生活习惯上保留了浓郁的"古风"，例如讲究服饰，尤其在正式场合，穿戴上有许多规矩，社交活动中也一丝不苟地遵循正式交往中的传统礼节。言行持重的英国人不轻易与对方建立个人关系。即使本国人，个人之间的交往也较谨慎，很难一见如故。他们特别计较"个人天地"，一般不在公共场合外露个人感情，也决不随便打听别人的事，未经介绍不轻易与陌生人交往，不轻易相信别人或依靠别人。所以，初与英国商人接触，总感觉有一段距离，让人感到他们高傲、保守，但慢慢地接近，建立起友谊后，他们会十分珍惜，长期信任你。

英国是老牌资本主义国家，人们的观念中等级制度依然根深蒂固。在社交场合"平民""贵族"依然区分明显。英国人在阅读习惯上也十分有趣：上流社会的人看《时报》《金融时报》，中产阶层则看《每日电讯报》，下层人民多看《太阳报》和《每日镜报》。英国人比较看重秩序、纪律和责任，组织中的权力自上而下流动，等级性很强，决策多来自于上层。在对外商务交往中，英国人的等级观念使他们比较注重对方的身份、经历、业绩及背景，而不像美国人那样更看重对手在谈判中的表现。所以，在必要的情况下，派较有身份地位的人参加与英国人的谈判，会有一定积极作用。

英国谈判者的谈判风格不像美国人那样有很强的竞争性，他们的谈判稳健得多。他们不像德国人那样有详细周密的准备，但善于简明扼要地阐述立场、陈述观点，然后便是更多地表现沉默、平静、自信而谨慎。与英国人讨价还价的余地不大，在谈判中，有时英国商人采取非此即彼的缺乏灵活性的态度。在谈判关键时刻，他们往往表现得既固执又不肯花大力气争取，使对手颇为头疼。在他们看来，追求生活的秩序与舒适是最重要的，而勤奋与努力是第二位的。所以，对物质利益的追求不激烈也不直接表现，愿意做风险小、利润少的买卖，但如果在谈判当中遇到纷争，英国商人也会毫不留情地争辩。除非对方有明显证据能说服他们；否则，他们不会轻易认错和道歉。

## 二、德国商人的谈判风格

德国商人的特点是倔强、自信、自负，办事刻板、严谨、富有计划性，工作注重效率，追求完美，具有很强的竞争性。

德国商人对商业事务极其小心谨慎，对人际关系也正规刻板，拘泥于形式礼节。特别是在德国北部，商人极喜欢显示自己的身份，对有头衔的人一定要称呼头衔，在交谈中，避免用昵称、简称等不正式的称呼。在起初的几次会面中，德国人较拘谨和含蓄，甚至略显生硬，但不等于说他们没有人情味，他们实际上也很亲切，容易接近，只是需要时间来熟悉对方。一旦建立商务关系且赢得他们信任后，便有希望长期保持。因为德国商人求稳心理强，不喜欢"一锤子"买卖。

德国人时间观念很强，非常守时，公私皆如此。所以迟到在商业谈判和交往中十分忌讳，对迟到者，德国人几乎毫不掩饰他们的不信任和厌恶。勤奋、敬业是德国企业主的美德。在德国有许多中小企业，企业主一般既是所有者又是管理者，工作积极，一心一意、执着投入。德国人的工作时间较长，8点以前上班，有时要晚上8点下班。德国商人似乎缺少浪漫，他们很少像法国人那样尽情享受假期，还常常为工作不惜牺牲闲暇时光，但也正因为这种勤勉刻苦、自强不息，德国经济才能在第二次世界大战后迅速恢复和崛起。

德国商人虽谨慎保守，但办事雷厉风行，考虑事情周到细致，注重细枝末节，力争任何事都完美无缺。在谈判前，他们要搜集详细的资料，准备工作做得十分周密，不仅包括产品性能、质量，对方业务开展情况、银行资信及经营组织状况等都了解得很清楚，充分的准备使他们在谈判一开始便占据主动，谈判思维极有系统性、逻辑性。为此，对方也应有准备，尤其对产品技术等专业性问题能够随时应答德国商人详细的质询，假如遇到一个事前不充分准备，谈判时思维混乱的对手，德国商人会表示极大不满和反感。

德国商人谈判果断，极注重计划性和节奏紧凑，他们不喜欢漫无边际地闲谈，一开始就一本正经地谈正题。谈判中语气严肃，无论是对问题的陈述还是报价都非常清楚明白，谈判建议则具体而切实，以一种清晰、有序和有权威的方式加以表述。诸如"研究研究""过段时间再说"之类的拖拉作风和模棱两可的回答常令德国谈判者不快。他们认为，一个国际谈判者是否有能力，只要看一看他经手的事是否很快而有效地处理就知道了。

德国工业极其发达，企业标准十分精确具体，产品质量堪称一流，德国人也以此为豪。对购买的产品质量也不自觉地以本国产品为标准，强调自己的报价或方案可行，不大会向对方让步，即使让步幅度一般也在20%以内，余地比较小。德国人很善于讨价还价，一旦决定购买某件商品，就千方百计地迫使对方让步，而且极有耐性，常在合同签订前的最后时刻还在争取对手让步。德国人强硬的谈判风格给人以固执己见、缺乏灵活性的印象。

因为宗教的影响，德国人非常尊重契约，有"契约之民"的雅称。在签订合同之前，他们往往谈判到每个细节，明确双方权利、义务后才签字。这种100%的作风与法国人只谈个大概、有50%的把握便签字的风格大相径庭。也正因为如此，德国商人的履约率是欧洲最高的，他们一丝不苟地依合同办事，诚实可信的形象令人敬佩；同时，他们也严格要求对方，除非有特殊情况，绝不理会其贸易伙伴在交货和支付的方式及日期等方面提出的宽限请求或事后解释。

## 三、法国商人的谈判风格

法兰西民族天性乐观、开朗、热情、幽默，极富爱国热情和浪漫情怀。和作风严谨的德国人相比，法国人更注重生活情趣，他们有浓郁的人情味，非常重视互相信任的朋友关系，并以此影响生意。在商务交往上，法国人往往凭着信赖和人际关系去进行，在未成为朋友之前，他们不会同你进行大宗交易，习惯于先用小生意试探，建立信誉与友谊后，大生意便接踵而至。

法国公司以家族公司起家的较多，因此讲究产品特色，但不大同意以大量生产的方式来降低产品成本。法国人天生随意，抱有凡事不勉强的原则，故而不轻易逾越自己的财力范围，也不像日本人那样努力地做成大笔生意。法国公司组织结构单纯，自上而下的层次不多，重视个人力量，很少集体决策。从事谈判也大多数由个人承担决策责任，迅速决策。

法国人生活节奏感十分鲜明，工作时态度认真而投入，讲究效率，休闲时总是痛痛快快地玩一场。他们很会享受生活，十分珍惜假期，会毫不吝惜地把一年辛苦工作积存下来的钱在度假中花光，决不愿像德国人那样因为业务需要而放弃一次度假。通常8月是法国人的假期，南部的海滩此时热闹非凡，故8月到法国开展不了什么业务，甚至7月末的生意也可能被搁置。对美酒佳肴，法国人也十分看重。和其他国家不同的是，热情的法国人将家庭宴会作为最隆重的款待。但是，决不能将家庭宴会上的交往视为交易谈判的延伸。一旦将谈判桌上的话题带到餐桌上来，法国人会极为不满。

和一本正经的德国同行相比，法国人不喜欢谈判自始至终只谈生意，他们乐于在开始时聊一些社会新闻及文化方面的话题，以创造一种轻松友好的气氛；否则将被视为"枯燥无味的谈判者"。

法国人偏爱横向谈判，谈判的重点在于整个交易是否可行而不重视细节部分。对契约的签订，法国人似乎过于"潇洒"。在谈妥主要问题后便急于签约，他们认为具体问题可以以后再商讨或是日后发现问题时再修改也无关紧要。所以，常发生昨天才签的合同，到明天就可能修改的事也不足为奇。法国人这种"边跑边想"的做法总让对手头疼，也影响了合同的履行。即使是老客户，和法国人谈判最好将各条款及其细节反复确认，否则难免有需改约、废约等不愉快的事发生。法国人不喜欢给谈判制订严格的日程安排，但喜欢收到成果，故而在各个谈判阶段，都有"备忘录""协议书"之类的文件，为后面的正式签约奠定基础。总的说来，法国商人还比较注重信用，一旦合同建立，会很好地执行。

法国人十分热爱自己的语言和传统文化，在商务洽谈中多用法语，即使英语说得很好，他们也坚持用母语，并以此为爱国表现。假如对手能讲几句法语，是很好的交往手段。在处理合同时，法国人也会坚持用法语起草合同文本。有时对手不得不坚持用两种文字，并且商定两种文字的合同具有同等效力。

## 四、意大利商人的谈判风格

在商务活动方面，法国和意大利商人有很多共同之处，他们都非常重视个人的作用。所不同的是，意大利人的国家意识要比法国人淡薄一些。法国商人经常为本国自豪，而意大利商人则不习惯提国名，爱提故乡的名字。

意大利有大量的商业机会，可以从那里购买或向那里销售各类产品。意大利的产品一般都有很高的质量。意大利人与外国人做生意的热情不高，热衷于同国内企业打交道，因为他们觉得国内企业和他们存在共同性，而且产品的质量也是可以信赖的。意大利由于历史的原因，形成了比较内向的社会性格，不大注意外部世界，不主动向外国的风俗习惯和观念看齐。

意大利人特别喜欢争论，如果允许，他们会整天争论不休，特别是在价格方面，更是寸步不让。一般他们不把产品质量、性能及交货日期等事宜放在第一位。这一点与德国人明显不同，德国人宁愿多付款来取得较好质量的产品和准确的交货日期，而意大利人却宁愿节约一点，力争少付款。

在意大利从事商务活动，必须充分考虑其政治因素。特别是涉及去意大利投资的项目时，更要慎重从事，先了解清楚意大利一方的政治背景。否则，如果遇到政局发生变动，就难免蒙受经济损失。

意大利的商业交往大部分都是公司之间的交往，而在这种交往中起决定作用的是代表公司出面的个人。所以，意大利商人在交往活动中比其他任何国家商人都更有自主权。

意大利商人也有明显的缺点，那就是常常不遵守约会时间。甚至有的时候不打招呼不赴约，或单方面推迟会期。

## 五、俄罗斯商人的谈判风格

俄罗斯人以热情好客闻名，他们非常看重个人关系，乐意与熟识的人谈生意，依赖无所不在的关系网办事情。通常情况下，要与俄罗斯人做生意，需首先经人介绍与之相识，然后花一番功夫，培养彼此的信任感，逐渐接近他们，尤其是决策人员，只有这样才越有可能得到生意机会；反之，操之过急是得不到信任和生意的。可以这么说，俄罗斯人的商业关系是以个人关系为基础建立起来的，谈判者只有在建立起忠诚的个人友谊之后，才会衍生出商业关系，除非某家外国公司有足以骄傲的资本（先进的产品、服务或市场上独特的地位），才能跨越个人关系这个步骤，直接进入商业活动。但没有个人关系，一家外国公司即使进入了俄罗斯市场，也很难维持其成果。

俄罗斯人热衷于社会活动，拜访、生日晚会、参观、聊天等都是增进友谊的好机会。俄罗斯人性格豪爽大方，不像东方人那样掩饰内心的感情。天性质朴、热情、乐于社交的俄罗斯人往往是非常大方的主人，晚宴丰富精美，并且长时间、不停地敬酒干杯，直率豪迈，喜欢近距离的身体接触，如见面和离开时都要有力地握手或拥抱。应注意的是在交往时，不可太随便，要注重礼节，尊重双方的民族习惯，对当地风土人情表示兴趣等行为方式尤其能得到俄罗斯人的好感，这样最终可以在谈判中取得信任和诚意。

俄罗斯以前在高度计划的经济体制下，任何企业和个人都不可能自行出口或进口产品，所有的进出口计划都由专门部门讨论决定，并需经过一系列审批、检查、管理和监督程序。人们早已习惯于照章办事，上传下达，个人的创造性和表现欲不强，推崇集体成员的一致决策和决策过程等级化。俄罗斯人善用谈判技巧，堪称讨价还价的行家里手。尽管国家由于生产滑坡、消费萎缩和通货膨胀，经济亟待恢复，在谈判中他们有时处于劣势，如迫切需要外国资金、先进技术设备，但与他们打过交道的各国商人谁也不否认俄罗斯人是强劲的谈判对手，他们总有办法让对方让步。他们的谈判一般分两阶段，第一阶段先尽可能地获得许多竞争性报价并要求提供详细的产品技术说明，以便不慌不忙地评估。其间他们会采用各种"离间"手段，促使对手之间竞相压价，自己从中得利。这种谈判技巧使得他们总能先从最弱的竞争者那里获得让步，再以此要挟其他对手做出妥协。第二阶段则是与选中的谈判对手对合同中将要最后确定的各种条款仔细斟酌。

## 情景训练5-3

### 情景材料

分组模拟西欧四个主要国家的商人谈判风格，进行一次关于纺织品出口的谈判。注意把握各国商人的谈判特点。

### 训练步骤

1. 根据该案例，拟定需要面对的主要问题及解决方案。
2. 确定案例训练组织方式；分组演练（4人为一组）。

# 第四节　亚洲地区商人谈判风格

## 导入案例5-4

美国一家公司与日本一家公司进行一次比较重要的贸易谈判，美国派出了最精明的谈判小组，大多是30岁左右的年轻人，还有一名女性。但到日本后，他们却受到了冷遇，不仅日本公司经理不肯出面，就连分部的负责人也不肯出面接待。

在日本人看来，年轻人，尤其是女性，不适宜主持如此重要的会谈。结果，美方不得不撤换了这几个谈判人员，日本人才肯出面洽谈。

▲点评：国际商务谈判中谈判人员要做到出国问禁、入乡随俗。

## 一、日本商人的谈判风格

日本人谈判的方式不仅与西方人大相径庭，即使与亚洲其他国家的人相比，差异也很大。事实上，许多国家的人认为日本人是很难对付的谈判对象。但是，如果了解谈判风格中的文化因素，与日本人谈判中的困难将大大减少。在与日本人谈判之前，谈判者应了解与日本谈判代表建立良好的人际关系的重要性。一般而言，与日本人谈判最为关键的一点是信任。

日本人在谈判之际，会设法找一位与他们共事的人或有业务往来的公司作为谈判初始的介绍人。日本人相信一定形式的介绍有助于双方尽快建立业务关系；相反，与完全陌生的人谈判则令人不自在。所以，在谈判开始之际，先认识谈判对象或至少由第三方牵线搭桥是较可取的方式。日本人往往将业务伙伴分为"自己人"与"外人"两类。因此成为谈判对方的"自己人"，或在谈判之前与他们有过接触联系，是谈判的一大优势。

日本人常想方设法通过私人接触或其他形式建立起联系渠道。但若缺乏与对方接触的途径，他们则通过政府部门、文化机构或有关的组织来安排活动以建立联系。当然，在没有任何前期接触的前提下也可建立某种联系，只不过这种建立合作关系的方法不是最有效的。

为了建立关系，日本人经常采用"私人交往"的方式，即便当相互间是由普通的第三方介绍认识时也是如此。对他们而言，了解将要谈判的对象是绝对必要的。日本人只有在与对方相处融洽时，才会开始讨论谈判事项。因此，他们常邀请谈判对方去饭馆或其他场所以期进一步了解对方。由于日本人认为"信任是最为关键的因素"，所以他们会提问有关公司成立时间、年销售额、公司信誉及政策、整体管理等问题，他们甚而有可能在会议开始时提问诸如"您在贵公司任职多久？""您曾在哪所大学就读？"等私人问题。在外国人看来，这似乎有些冒昧，但在日本，这一步往往是十分重要的。

在与日本人建立起良好的关系之后，谈判者必须意识到，正如亚洲其他国家一样，日本是一个等级森严的社会。在封建社会时期，人们自上而下被划为几个等级，由此产生了极为刻板的社会阶层，而社会阶层决定了人的社会地位。即使在今天，日本人在很大程度上仍然根据自身的"社会地位"——由他们的年龄、头衔、所属机构的规模及威望来决定自己的言行举止。外国人虽不受这些条条框框的限制，但了解高度等级化的日本社会如何运转，对促成谈判成功是十分有益的。

在日本人的商业圈里对对方的感激之情往往借助于馈赠礼品或热情款待对方等方式来表达。尽管具体方式不同，全体致谢仍是很普遍的形式。日本人也常在岁末或其他节假日期间，私人间相互馈赠礼品。

一旦谈判双方建立起关系，实际谈判程序即变得容易。谈判人员所关心的问题从能否建立业务关系转向如何发展积极的业务关系。尽管价格、质量等都是极其重要的因素，但日本人更相信良好的人际关系所带来的长期业务往来。

日本人决策的步骤可概括为两大特性：自下而上，集体参与。西方的决策风格通常是"自上而下"，一般由高层管理人员作详细的计划方案，下属人员则执行计划。日本人倾向于自下而上的决策制度。一旦他们开始一项方案，项目经理本人并不一定担任要职，要请示其上司批准或征询修改意见。这一体系的优点在于易于执行决定，因为有关人员都已对方案了如指掌。但用于决定方案的时间过长却是日本谈判方式的一大缺点。许多外国谈判人员容易对迟迟不作决定的日方人员渐渐失去耐心。谈判时，日本人总是分成几个小组，任何个人都不能对谈判全过程负责，也无权不征求组内他人意见单独同意或否决一项提议。这种全组成员连贯一致的态度主要是基于日本人的面子观念。无论最终决定如何，"自下而上"的决定方式和集体参与的风格令组员感觉到自身参与的重要性。最终决定由高层管理人员做出，但高层管理人员不会忽视属下的意见，并且，当属下的意见未被其他成员接纳时，高层管理人员也经常会做出解释。

日本人做出决策的过程较为缓慢，因而招致许多外国谈判人员的批评。造成这种状况的缘由之一源自一套称为"Nemawashi"（认同在先）的制度。按照这一制度，负责人需与有关人员逐个进行讨论，以期得到各个成员对方案或提议的认可。这一制度也有优点，即在作最终决定时果断迅速，因为每个人在事先都已同意了该提议而无须再作解释。

日本人喜欢采用委婉、间接的交谈风格。他们喜欢私下，而不是在公共场合讨论事务。他们尤其不喜欢在公共场合发生冲突，因为这样很"丢面子"。采用"Nemawashi"的方式，使他们经常"关起门"来讨论问题。外国人应当了解这种特殊的方式。这是日本人为了不损害他们神圣的团体感而偏好的讨论方式。

一旦日本人同意了一项提议，他们往往会坚持自己的主张。有时即使有新的更有利于他们的主张出现，也很难改变他们的原有看法。另外，日本人总是坚持不懈地想说服对方同意他们的主张，做出让步。日本人这种"没商量"的态度正是出于前述的任一决定都应得到全体人员首肯的逻辑。这也增加了与日本人谈判的难度。外国谈判人员应认识到希望日本人改变决定是十分困难的，因为改变要获得日方每一人员的同意。

日本商人喜欢使用"打折扣吃小亏、抬高价占大便宜"的策略吸引对方。他们为了迎奉买方心理，主动提出为对方打折扣，其实在此之前，他们早已抬高了价格，留足了余地，对此，外商应当有所戒备，决不可仅以"折扣率"为判定标准，应坚持"看货论价"。自己拿不准，可请行家协助，也可货比三家，择优而定。

## 二、韩国商人的谈判风格

韩国是一个自然资源匮乏、人口密度很大的国家。韩国以"贸易立国"，近几十年经济发展较快。韩国商人在长期的贸易实践中积累了丰富的经验，常在不利于己的贸易谈判中占上风，被西方国家称为"谈判的强手"。

韩国商人十分重视商务谈判的准备工作。在谈判前，通常要对对方进行咨询了解。一般是通过有关咨询机构了解对方情况，如经营项目、规模、资金、经营作风及有关商品行情等。如果不是对对方了有一定的了解，他们是不会与对方一同坐在谈判桌前的。一旦同对方坐到谈判桌前，那么可以充分肯定韩国商人一定已经对这场谈判进行了周密的准备，从而胸有成竹了。

韩国商人注重谈判礼仪和创造良好的气氛。他们十分注意选择谈判地点，一般喜欢选择在有名气的酒店、饭店会晤。会晤地点如果是韩国方面选择的，他们一定会准时到达；如果是对方选择的，韩国商人则不会提前到达，往往会推迟一点到达。在进入谈判地点时，一般是地位最高的人或主谈人走在最前面，因为他也是谈判的拍板者。

韩国商人十分重视会谈初始阶段的气氛。一见面就会全力创造友好的谈判气氛，见面时热情打招呼，向对方介绍自己的姓名、职务等。落座后，当被问及喜欢用哪种饮料时，他们一般选择对方喜欢的饮料，以示对对方的尊重和了解。然后，再寒暄几句与谈判无关的话题如天气、旅游等，尔后，才正式开始谈判。

韩国商人逻辑性强，做事喜欢条理化，谈判也不例外。在谈判开始后，他们往往是与对方商谈谈判主要议题。谈判的主要议题虽然每次各有不同，但一般情况下必须包括下列5个方面的内容，即阐明各自意图、叫价、讨价还价、协商、签订合同。尤其是较大型的谈判，往往是直奔主题，开门见山。常用的谈判方法有两种，即横向谈判与纵向谈判。前者是进入实质性谈判后，先列出重要特别条款，然后逐条逐项进行磋商；后者即对共同提出的条款，逐条协商，取得一致后，再转向下一条的讨论。有时也会两种方法兼而用之。在谈判过程中，他们远比日本人爽快。有些韩国商人到最后一刻会提出"价格再降一点"的要求。但他们也有让步的时候，其目的是在不利形势下，以退为进来战胜对手。这充分反映了韩国商人在谈判中的顽强精神。

此外，韩国商人还会针对不同的谈判对象，使用"声东击西""先苦后甜""疲劳战术"等策略。在完成谈判签约时，喜欢使用合作对象国家的语言、英语、韩语3种文字签订合同，3种文字具有同等效力。

## 三、东南亚地区商人的谈判风格

东南亚地区主要包括印度尼西亚、马来西亚、新加坡、泰国、越南、菲律宾等国家。这些国家与我国地理距离较近，贸易机会十分频繁，交易范围非常广阔。

印度尼西亚是信奉伊斯兰教的国家，90%的人是穆斯林，他们有着十分牢固的宗教信仰。按照教义，印度尼西亚每年有一个月叫作斋月，在这个月中，从日出到日落不能吃东西，因此只能勉强支撑着处理一些事务性的工作，那些消耗体力很多的工作则难以坚持。

印度尼西亚商人很讲礼貌，绝对不在背后评论他人。除非是深交，否则难以听到他们的真心话。在洽谈时表面上他们十分友好，谈得很投机，但心里想的却可能完全是另一套。但是，如果建立了推心置腹的交情，则往往可以成为十分可靠的合作伙伴。

印度尼西亚商人还有一个突出的特点，那就是喜欢有人到家里来访问，无论什么时候访问都很受欢迎。因此，在印度尼西亚，随时都可以敲门访问以加深交情，使商谈得以顺利进行。

新加坡经济发达，新加坡商人以华侨为最多，他们乡土观念很强，勤奋、能干、耐劳、充满智慧，一般都很愿与中国内地进行商贸洽谈合作。老一代华侨还保持着讲面子的特点，"面子"在商务洽谈中具有决定的意义。年轻一代华侨商人虽已具备了现代商人的素质和特点，但依然保持了老一代华侨的一些传统特点，例如在洽谈中，如果遇到重要的决定，往往不喜欢做成书面的字据。但一旦订立了契约，则绝对不会违约，千方百计去履行契约，充分体现了华侨商人注重信义、珍惜朋友之间关系的商业道德。

泰国是亚太地区新兴的发展中国家，泰国商人的性格特点是，不信任外人，依靠家族来掌管生意。不铺张浪费。同业间能互相帮助，但不会结成一个组织来共担风险。假如外国商人要同泰国商人结成推心置腹的交情，需要耗费很长的时间。但一旦建立了友谊，泰国商人便会完全信赖你，当你遇到困难时，也会给你通融。所以，诚实和富于人情味，在泰国商人那里也是被充分肯定的。

## 四、阿拉伯国家商人的谈判风格

由于地理、宗教、民族等问题的影响，阿拉伯人具有一些共同的特点：以宗教划派，以部族为群，通用阿拉伯语（英语在大多数国家也可通用），信仰伊斯兰教，比较保守，有严重的家庭主义观念，性情比较固执，脾气也很倔强，不轻易相信别人。比较好客，但缺乏时间观念，表现在对来访者不管自己当时在干什么都一律停下来热情招待客人。阿拉伯人喜欢用手势或其他动作来表达思想。

阿拉伯商人比较注重友情，与其谈判时应注意先交朋友，后谈生意。阿拉伯商人不希望通过电话来交易，当外商要想向他们推销某种商品时，必须多次拜访他们。第一次、第二次访问时是绝对不可以谈生意的，第三次可以稍微提一下，再访问几次后，方可以进入商谈。与他们打交道，必须先争取他们的好感和信任，建立朋友关系，创造谈判气氛，只有这样，下一步的交易才会进展顺利。

阿拉伯人做生意喜欢讨价还价。没有讨价还价就不是一场正式的谈判。无论小店、大店均可以讨价还价。标价只是卖主的报价。更有甚者，不还价即买走东西的人，还不如讨价还价后什么也未买的人受卖主的尊重。他们的逻辑是：前者小看他，后者尊重他。

阿拉伯人的生活深受伊斯兰教影响，他们希望与自己进行洽谈的外商对伊斯兰教及其历史有些了解，并对它在现代社会中的存在和表现表示出尊重。他们非常反感别人用贬损和开玩笑的口气，谈论他们的信仰和习惯，嘲弄他们在生活中不寻常的举动。

### 案例赏析5-2

在西亚、北非的阿拉伯国家有着丰富的石油和旅游资源。这里的生意场，更展示着奇特的色彩。

那是1993年冬，黎巴嫩、以色列战事频繁，我代表团去叙利亚大马士革洽谈贸易。接待我们的客户卡麦芝先生，50多岁，身材魁梧，和蔼热情，他和他的一位朋友及女儿一起来参加洽谈。卡麦芝先生一见面不是先谈生意，而是谈了好长时间的客套话，又倒水，又送饮料。

这种以礼待客的做法，在阿拉伯商场是需要注意的，如果一见面就谈生意被认为是极不好的习惯。即使最忙的政府官员，也要花额外时间先接待客人以示礼貌。

业务洽谈进行了一个半小时，还没有达成共识。谈判进行得缓慢而稳重，卡麦芝先生对样本、样品和报价都询问得很细。实际上，我在阿联酋、科威特和突尼斯洽谈业务时，都有这种感觉，迅速做出决定不是阿拉伯人的习惯，模棱两可，犹豫不决，多花时间，多提问题，是常见的事。所以，我们和卡麦芝先后经过3次洽谈，才签订了合同。在阿拉伯的生意场上，拜访是做好生意的一个好方法。我到埃及的一家客户洽谈钢材业务，洽谈中，我发现客户很重视陪我们走访。

开始时，我们感到时间短，侧重销售环节就可以了，通过走访，我们了解了他们的做法，一是礼节上的表示，二是为加深对客户的印象。

阿拉伯商人对宗教十分虔诚。有一次，我们从苏伊士到西奈的一个工厂去，半路上，正赶上斋月祷告的时间到了，我们的车子立刻停了下来，客户和司机都到路旁教堂里去祷告，我们等了好长时间。因此斋月最好不安排拜访。

去拜见高级官员，或财大气粗的富翁，有的要等上两三天，要有耐心，给自己留有足够时间。阿拉伯人说"是"时，意思可能是"也许"，当他说"也许"时，很可能是说"不"。你很少得到一个直接的"不"的答复，因为这被认为是不礼貌的。一个微笑和一个缓缓点头似乎表示同意，但事实上只是一种礼貌。

▲点评：谈判中尊重当地的习惯非常重要，这是开启谈判成功的关键性因素。

阿拉伯人在商业交往中，习惯使用"因夏拉（神的意志）""波库拉（明天再谈）"和"马列修"（不要介意）等词语作为武器，保护自己，抵挡对方的"进攻"。例如，双方在商谈中订好了合同，后来情况有所变化，阿拉伯商人想取消合同，就可以名正言顺地说这是"神的意志"，很简单地就取消了合同。而在商谈中好不容易谈出点名堂，情况对外商比较有利，正想进一步促成交易时，阿拉伯商人却耸耸肩说"明天再谈吧"。等到明天再谈时，有利的气氛与形势已不复存在，一切均必须从头再来。当外商对阿拉伯人的上述行为或其他不愉快的事情而恼怒的时候，他们会拍着外商的肩膀说"不要介意，不要介意"，让人哭笑不得。

在阿拉伯商界还有一个阶层那就是代理商。几乎所有的阿拉伯国家的政府都坚持，无论外商同阿拉伯国家的私营企业谈判，还是同政府部门谈判，都必须通过代理商。如果没有合适的阿拉伯代理商，很难设想外商能在生意中进展顺利。在涉及重大生意时，代理商可以为外商在政府中找到合适的关系，使项目得到政府的批准。它能使外商加速通过冗杂的文牍壁垒，还可以帮助外商安排劳动力、运输、仓储、膳宿供应，帮助外商较快地收到生意中的款项，等等。

## 情景训练5-4

### 情景材料

你在与一个中东地区的石油商人谈判进口石油的协议，见面以后对方却一直在和你谈论与协议毫无关系的话题，这时候应该如何提出你的建议？

### 训练要点

在了解国际商务谈判的基本概念的基础上拓展、丰富国际商务谈判基本要求，加深对亚洲商人的深入理解；充分运用相关理论从事国际商务谈判活动。

### 训练步骤

1. 根据该案例，拟定需要讨论分析的主要问题及解决方案。
2. 确定案例训练组织方式；分组集体讨论（4～6人为一组）。
3. 根据案例讨论结果（时间大约20分钟），各小组选出一名代表阐明本小组的分析要点及主要解决措施。

# 第五节 其他国家和地区谈判风格

## 导入案例5-5

2021年9月，中国内地某建筑公司总经理获悉澳大利亚著名建筑设计师将在上海短暂停留，于是委派某高级工程师全权代表公司飞赴上海，请设计师帮助公司为某某大厦设计一套最新方案。代表一行肩负重任，风尘仆仆地赶到上海，一下飞机就赶到设计师下榻的宾馆。双方互致问候后，代表说明了来意，设计师对这一项目很感兴趣，同意合作。然而设计方报价40万人民币，这一报价令中方难以接受。设计师了解到，一般在上海的设计价格为每平米6.5美元，按这一标准计算的话，整个大厦的设计费应为16.26万美元，根据当天的外汇牌价，应折合人民币105.36万元，这么看来，设计方报价40万人民币是很优惠的。代表却说只能出20万人民币的设计费，他解释道："在来上海之前，总经理授权我10万元的签约权限，您的要价已超出了我的权力范围，我必须请示我的上级。"经过请示，公司同意最多支付25万元，而这一价格令设计师无法接受，于是谈判陷入了僵局。

问题：1.这次国际商务谈判中僵局产生的原因是什么？

2.要避免商务谈判僵局的发生，应抱有什么态度？

3.如果你是中方代表，你将如何来完成此次国际商务谈判？

## 一、大洋洲商人的谈判风格

### 1. 澳大利亚商人的谈判风格

90%的澳大利亚商人是欧洲移民，尤以英国系和法国系的移民为最多。他们非常注重第一印象，大多采用投标的方式，不给对方讨价还价的机会。讲究实际，责任心极强，精于谈判技巧，不太容易签约，一旦签约，废约的事情较少发生。一般员工遵守工作时间，下班时间一到，就会立刻离开办公室。经理级人员都具有很强的责任心，对工作很热情，待人很随和，也愿意接受招待的邀请。不要以为在一起喝过酒生意就好做了。他们的看法是，招待归招待，和生意无关，公私分明。

### 2. 新西兰商人的谈判风格

新西兰人大部分是英国移民的后裔，讲英语。工业产品大部分依赖进口，国民福利水平相当高，过着充裕而满意的生活。由于税率很高，如一年所得超过100万美元时，税率占45%，因此，很多员工拒绝加班。

新西兰商人责任心很强，注重信誉，做生意不讨价还价，一旦提出一个价格就不能变更。由于经常进口外国产品，商人都变得非常精明。他们见面一般行握手礼，守时惜时，待人诚恳热情。

## 二、非洲商人的谈判风格

非洲商人性格刚强生硬，脾气很倔犟，比较好客，自尊心很强。非洲商人与谈判对手见面时，通常习惯握手，同时希望对方称呼他们的头衔。

### 1. 东部三国商人的谈判风格

东部三国（坦桑尼亚、肯尼亚、乌干达）建立了东非经济共同市场，一度是欧盟前身欧共体的准加盟国，建立关税壁垒以尽量保护本国产品。东非这三个国家除了资源贫乏外，人口也较少，因此，产业很难发展。与当地人洽谈生意时不能草率从事，否则说不定会弄得不可收拾。此外，东非人性格比较强悍。

### 2. 尼日利亚商人的谈判风格

位于西非的尼日利亚，不为本国的产品所牵制，而是巧妙地运用关税政策，低价进口外国产品，以便为国民提供质优价廉的物品使用。尼日利亚商人性格比较温和柔顺。

### 3. 南非商人的谈判风格

南非是非洲经济实力最强的国家，工业化进展较快。一般派出具有决定权的负责人担负谈判任务，属于权力集中型，商谈不会拖延太多时间。同时，他们也希望对方出面谈判的人具有决定权。他们比较遵守约定，讲究信誉。

以上介绍的是世界主要贸易国家或地区的主要谈判特点和风格，我们应从中悟其真谛。当然，随着当今世界经济一体化和通信的高速发展及各国商人之间频繁的往来接触，他们相互影响，取长补短，有些商人的国别风格已不是十分明显了。因此，我们既应了解、熟悉不同国家和地区商人之间谈判风格的差异，在实际的商务谈判中更应根据临时出现的情况而随机应变，适当地调整自己的谈判方式以达到预期的目的，取得商务谈判的成功。

### 章节回顾

由于世界各国历史传统、政治制度、经济状况、文化背景、风俗习惯以及价值观念存在明显差异，所以各国谈判者在商务谈判中都会形成不同的谈判风格。每一位谈判人员来到谈判桌前时，都带着自己国家文化的深深烙印。

因此，在进行国际商务谈判之前，谈判人员必须熟悉各国文化的差异，认真研究对方谈判人员的文化背景及特点，把握对方的语言及非语言习惯、价值观、思维方式、行为方式和心理特征，做好充分的准备，以此建立并加强自己的谈判实力，掌握谈判的主动权。

### 关键词汇

国际商务谈判；语言差异；决策结构差异；一揽子交易；私人交往；斋月

### 知识训练

#### 一、复习思考题

1. 与国内商务谈判相比，国际商务谈判有哪些特殊性？
2. 举例说明不同国家的人们在时间和空间的概念的差异。
3. 对比分析美国、日本两国商人在谈判决策结构方面的差异。
4. 对比分析美国、日本两国商人在谈判关系的建立方面的差异。
5. 对比分析美国、日本两国商人在沟通方式方面有何异同之处。
6. 对比分析德国、法国、英国、俄罗斯等国商人谈判风格的异同之处。
7. 简述阿拉伯商人的谈判特点。

#### 二、案例分析

美国一家石油公司经理几乎在无意间断送了一笔重要的买卖，事情的经过是这样的：美方经理会见石油输出国组织的一位阿拉伯代表，与他商谈协议书上的一些细节问题。谈话时，美方经理用左手向阿方代表递笔，阿方代表皱了皱眉，一直没有接笔，情景有点尴尬，旁边的助手示意他换手，美方经理才恍然大悟，转为用右手递笔。最终双方成交了。

问题：1. 阿方代表为何对美方代表的举动皱起了眉头？美方代表的助手在向自己的领导示意什么？

　　　2. 该项谈判成功的关键是什么？

# 第六章

# 推销概述

### 📕 学习导读

　　推销员要上门推销自己的商品或服务，就意味着必须闯进一个陌生人的领地，而顾客也会把你当作一位陌生人。人们虽然害怕孤独寂寞，渴望更多的朋友和更多的理解，但是面对陌生人又有一种本能的戒备心理和抵触情绪。因此对一位推销员来说，顾客在考虑是否购买商品之前，往往将自己当作一位陌生人，不假思索地采取疏远态度，甚至拒之门外。

　　作为一位优秀的推销员，首先要善于推销自己，了解推销的基本理论及客户心理，具备很快接近顾客的基本方法，和打消顾客戒备和抵触心理的本事，从而达到成功推销商品或服务的目的。

### 📕 学习目标

　　通过对本章的学习，需要把握和领会以下知识要点。
　　① 推销的概念、特征。
　　② 推销的基本方法。
　　③ 推销方格理论。
　　④ 推销模式。

### 📕 学习导航

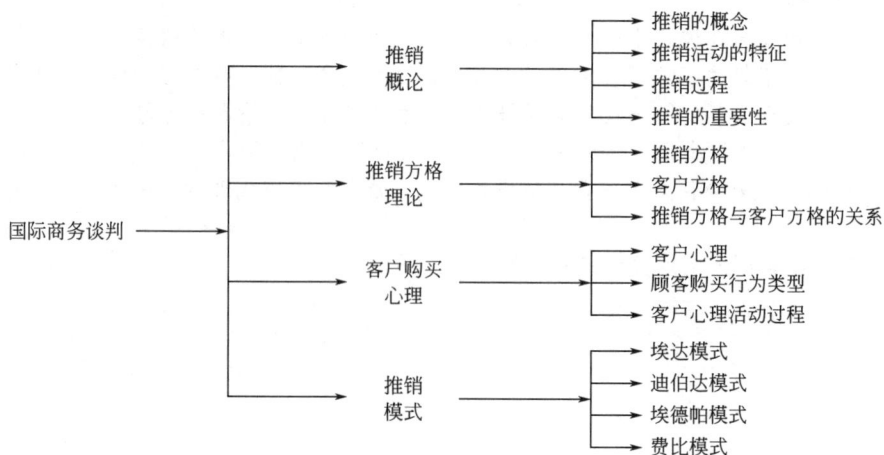

### 📝 职业指引

现代社会是竞争的社会，到处都需要推销的实际运用。能干好推销工作的人，无论走到哪里，今后在哪个岗位上工作，他都能成功。因此，推销知识的学习对我们非常重要。同时，我们必须看到，这种知识的实践性很强，涉及的内容十分广泛，远非课堂、书本知识所能涵盖的。因此课堂学习的目的只在于入门。

# 第一节　推销概论

### 📥 导入案例6-1

#### 2022年中国紧缺人才专业排名前十

2022年7月，人力资源和社会保障部发布2022年第二季度100个全国"最缺岗位"的职业排名。排名前十的职业是：销售员、快递员、车工、商品营业员、市场营销专业人员、餐厅服务员、保安人员、家政服务员、电子产品制版工、保洁员。可以看出，2022年销售员需求排名位居第一。

## 一、推销的概念

推销是一个古老的名词，是人们所熟悉的一种社会现象，它是伴随着商品交换的产生而产生，伴随着商品交换的发展而发展的。它是现代企业经营活动中的一个重要环节，渗透在人们的日常生活中。推销就其本质而言，是人人都在做的事情。人类要生存，就要交流，而正是在交流中彼此展示着自身存在的价值。世界首席保险推销员齐藤竹之助在几十年的实践中总结出的经验是"无论干什么都是一种自我显示，也就是一种自我推销"。但由于历史和现实的原因，有些人对推销有着种种误会和曲解，甚至形成了习惯性的思维，总是把推销与沿街叫卖、上门兜售以及不同形式的减价抛售联系在一起；对推销人员，则认为他们唯利是图，不择手段。这种错误的认识，使人们忽视了对推销活动规律的探讨和研究，也影响了一支优秀职业推销队伍的建立。因此，正确认识推销，是熟悉推销业务、掌握推销技巧的前提。

随着社会的变迁，推销的含义也在不断地演变。在社会发展的不同阶段，人们会对推销有着不同的理解和认识。如同谈判一样，推销也有广义和狭义之分。

（1）**狭义理解**　推销是指推销人员直接与潜在顾客接触、洽谈、介绍商品、进行说服，促使其采取购买行动的活动。指市场营销组合4Ps中促销组合里边的人员销售。

（2）**广义理解**　广义的推销不限于商品交换，泛指一切说服活动，使别人接受我们的物品或者某种观点。广义的推销在我们的生活中无时不在、无处不在。比如，各种性质的谈判，同学毕业求职面试，以人为本管理思想下计划的贯彻执行，政治家的游说演讲，青年男女的求爱，甚至婴儿的啼哭与微笑，等等。

### 案例赏析6-1[1]

说到政治家关于其政治主张的推销，有很多成功的案例。我国春秋战国时期的一些所谓"谋士"进行的政治游说活动就是非常典型的例子。战国时期的苏秦，是"连横合纵"战略的

---

[1] 资料来源：本案例根据网络相关资源改写。

主要策划人员之一。《战国策》关于苏秦的描写非常精彩。

苏秦成名之前是一个穷困潦倒的书生。头悬梁、锥刺骨，刻苦攻读，以期有朝一日能改变自己的命运。除了努力学习书本知识外，他非常关注政治时局的变化。当时，秦国日益强大，其吞并诸侯国的野心不断膨胀。苏秦判断未来的天下必在秦国，自己人生光明的前途也将身系秦国。苏秦准备了非常翔实的资料，拟定了"连横"（所谓连横，就是各个击破）的政治和军事策略，准备游说秦王。他采用例证的方法，列举了很多先前有名的帝王成就伟业的例子，劝导秦王，怂恿其尽快发动攻打六国的战争。其语言洋洋洒洒，口才滔滔不绝。他说，古往今来，哪个成大事者不是依靠战争来实现的呢？并提出自己关于攻打六国的"连横"战略。秦王听得是心花怒放。但秦王毕竟是一国国君，办事讲究老谋深算，不愿意轻信这个远道而来并急于推销其政治见解的年轻书生。只是对苏秦说，时机还未成熟，拒绝采纳苏秦的主张。

"说秦王书十上而说不行。形容枯槁，面色黧黑。"苏秦只得收拾行李，准备回家。

"归至家，妻不下纴，嫂不为炊，父母不与言。"苏秦一败涂地，感到很郁闷。可是，苏秦并没有一蹶不振，他信奉哪里跌倒哪里爬起来。既然秦国不采纳自己的主张，就转到秦国的对立面，帮助六国攻打秦国。

又是一番精心的准备，这次的主张是"合纵"（所谓合纵，就是六国要团结，以防各个击破）。首先，游说赵国。这个地处秦国旁边，实力弱小的国家，面对虎视眈眈的秦国，正在整日发愁。苏秦的到来，真是雪中送炭。"见说赵王于华屋之下，抵掌而谈，赵王大悦，封为武安君。"苏秦是一举成功，拿到了相印，并获得黄金万两作为"合纵"战略实施的资费。"将说楚王，路过洛阳，父母闻之，清宫除道，张乐设饮，郊迎三十里。妻侧目而视，倾耳而听。嫂蛇行匍伏，四拜自跪而谢。"苏秦故意问嫂子："何为前者倨而后者卑？"嫂子回答得也直接："以季子位高且多金也。"这时的苏秦是无限风光。

▲点评：我们来分析苏秦的成功。苏秦何以取得成功？首先，是他雄辩的口才。其次，是他的胆识。而最重要的一点是，他对时局有着透彻的分析和准确的把握，提出行之有效的方案，并善于揣摩关键人物的心理。这里时局的分析和心理的揣摩，在我们市场营销里边，对应的就是消费者需求的分析和满足。苏秦能够取得成功，是因为有时局的需要。对立面实力的消长有个过程，六国与秦国的战争不是一天两天就能结束的。而这个过程，足以让苏秦等这帮运用"连横合纵"策略的谋士能够发迹。

从苏秦的案例中，我们得出这样的结论：广义推销所使用的方法、手段以及广义推销的实质，都与狭义推销是一致的。因此，我们要培养敏锐的观察力，将日常生活中广泛存在的广义推销方法运用到产品推销活动中来。

## 二、推销活动的特征

要对推销活动的含义作比较全面的理解，至少要明确以下几点特征。

（1）**影响客户购买行为的推销劝说只是推销的一部分，强行推销或硬性推销的时代已经一去不复返了**  推销活动中需要充分了解客户心理，把握客户消费习惯，强行推销或硬性推销只会让客户难以接受，从而导致推销活动的失败。

（2）**推销意味着推销方有责任和义务帮助客户发现问题，解决问题，提供相关信息及产品和服务**  推销活动其实是与客户的相互沟通过程，我们要了解客户的真实需要，了解客户对产品的要求，帮助客户分析产品存在的一些优劣，帮助客户解决一些实际问题满足其基本需求，直到客户认可我们的推销行为，从而达到良好沟通来完成推销的过程。

（3）**为了满足客户的要求，要提供良好的售后服务**  产品销售出去不代表推销工作已经结束，其实推销工作是一个循环性工作，需要长期、经常地投入精力来保证推销工作的延续，因此产品销售完成后还需要注意保证良好的售后服务，保证客户能对产品产生信任、依赖的感觉。

（4）**推销方通过满足客户的需求以达到自身获利的目标**　推销活动最终目的是销售产品，实现经济效益和社会效益。在进行推销活动时，我们初衷应是基于客户立场，满足客户需求，实现其购买需要，最后完成产品销售达到获利的目的。

（5）**推销员有义务帮助中间商推销产品**　中间商是联系销售终端及客户之间的桥梁，推销员是否尽职尽责直接关系到产品销售业绩，也关系到中间商的销售策略及方法的成功与否。

（6）**要与客户建立良好的关系**　在推销活动中，推销人员要尽力维护与客户的关系，这样有利于产品树立良好形象，也可以提升推销人员的个人形象。

（7）**要贯彻"客户满意原则"**　"客户就是上帝"，在推销过程中，一切以客户满意为第一原则，这样才能使推销活动得以成功。

## 三、推销过程

推销过程大致分为7个步骤（图6-1）。这7个过程既是对每次推销活动全过程的描述，也构成了推销篇课程内容的框架。

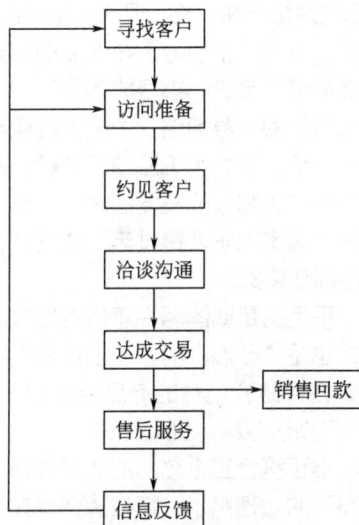

图6-1　推销的步骤

这里，不作展开，只是先让大家作一个框架式的了解，在以后章节里将会具体讲述。

销售回款问题非常重要，许多企业直接以回款额确认销售人员的销售额。回款问题也非常复杂，甚至比新客户的寻找、接近更困难。当然，对不同的行业，这个问题解决的困难程度是不一样的。

对一些单位价值不高的日用品销售来说，回款问题的解决相对容易。通过采用减少铺货量、加大送货和访问客户的频率的方法，可以将坏账的风险控制在一定的范围之内。比如，饮料、啤酒、牙膏、肥皂等日用品销售。

而对一些单位价值很高的商品或大型建设工程来说，回款问题至关重要，关系到企业的生死存亡。

因此，推销员必须高度重视回款问题。做好企业销售中的一些制度化、规范化的基础工作，如客户信用等级评定、赊销额度批准、回款监控、规范销售合同签订等，可以在一定程度上降低企业坏账风险。但由于每笔具体业务的产生是由销售员经手的，销售员应对具体业务的回款负责，这样，货款的回收在很大程度上就仰赖于销售员的业务能力。

## 四、推销的重要性

**案例赏析6-2**

### 借势春节，华为巧用"情感共振"打了一场漂亮营销仗！

春节是中国人一年当中最重要的节日，也是各大品牌一年中最重要的营销节点之一。不论是互联网巨头红包大战，还是其他传统品牌在春晚黄金时段的广告，抑或是各种温情暖心广告片，各大品牌都在拼创意、博眼球。

春节期间，华为敏锐地聚焦人们对于"年味变淡"的情感共识，推出年俗专题深入解读，策划互动活动与消费者进行情感沟通，重新唤起人们对于传统年味的记忆，造就了一场中国传统年味十足的品牌营销。这次传播活动也触动了网友的情感开关，引发不少网友进行UGC创作，从而在碎片化的信息大潮中脱颖而出，赢得了众多关注。

在中国，家是每个在外游子的精神寄托，是人们的避风港。"家"字代表了中国人所有的心理情怀，拼搏一年就为了那短短几天的相聚时光，回家过年是春节必不可少的情感痛点。在社交网络发达的今天，自拍已成为全国性的流行现象。据调查，许多年轻人一周平均拍9张自拍照，一年为自拍花3276分钟，约54个小时。在春节期间无论是回到家乡、与亲朋好友团聚，还是在美食之前自拍的情形绝不会少，机智的华为不会错过趁这个情景晒手机的拍照功能。春节派"红包"是中国人新年的一种习俗，中国人喜爱红色，因为红色象征活力、愉快与好运。抢红包要快才能先人一步，华为手机流畅不卡顿，既融入了产品的要素又不失幽默感，继续机智！春节是一年当中家人团聚的重要时刻，华为抓住一家人围在一起吃年夜饭的热点场景，传递出华为倡导"阖家欢乐才是过年"的观点，赋予其鲜明的情感观点和人情味，让消费者感受到了华为的品牌温度。

华为回味年味的营销海报，采用的是动图诉说年俗的方式，使情景更加鲜活。不仅海报是动态的，华为的产品植入方式也是"动态"的，在创意海报中恰当地融入了品牌、产品要素，温情、怀旧中不失幽默感，古今结合创意的产品植入方式，丰富了品牌表达沟通手段，使最终的海报画面既和谐统一，又诙谐有趣，引人赞叹。

这一系列的动态海报图，其实正符合当今热门的情景营销概念——以"心理体验"为核心，注重不同消费者在不同场景下的心理需求，抓住消费者在当下场景里的动作与心理动态进行传播。

情景营销对于品牌营销创意也有更高的要求，品牌营销需要抓住消费者的不同情景时刻，华为通过创新手段，对营销创意升级，最终实现此情此景下的营销共鸣。人随时都在周围的环境当中搜寻与自身相同的特征，情景营销正成为链接消费者构建品牌"情感共振和打动力"的关键。

▲点评：这是一次消费者情感与品牌精神共鸣的品牌营销范例。作为最具有国际知名度的中国品牌之一，华为没有忘记奠基品牌的中国心，在春节营销当中，成功地抓住了中国人过年的情感"软肋"，通过与消费者进行情感沟通，拉近了自身与消费者的距离，既使得营销直击人心，也提高了品牌好感度，实现了强化品牌形象与植入产品营销的双赢。

（1）对于企业　尽管业界普遍认为，随着市场营销组合的不断完善，营销组合整体功能的不断强化，推销地位有所下降，但推销仍然是企业经营中不可或缺的重要职能。日本著名企业家松下幸之助曾说过："营销是为了卖得更好。"并且，对专业技术性强、单位价值高的产品，推销职能的发挥，对实现企业销售来说，意义非常重大。

比如，深圳华为技术有限责任公司，在全国各大中城市及非洲、欧洲等外国市场，都安排有阵容强大、能力精干的推销人员。这些人员既要懂技术，又要懂市场。公司对推销人员的招聘和培养非常重视，新招聘的销售人员，培训满3个月考核合格后方能上岗。

（2）对于个人　推销职业一面是布满荆棘，一面是遍地黄金。做好销售工作是需要付出很大努力的。

我们知道，一般制造业企业的组织结构呈哑铃形，也有人将其比喻为汽车前进的两个轮子。对技术性不强的传统行业来说，这两个轮子分别是生产和销售；对强调技术创新的新兴行业来讲，这两个轮子分别是研发和销售。两个轮子都得飞速转动，企业才能快速向前发展。销售部门永远是企业最重要的部门之一。市场经济条件下，企业对推销人员的需求很大，有能力的推销人员永远是企业追逐的对象。销售工作，业绩第一。销售职业是个人市场价值得以快速实现的一个行业。

前面我们已经讲过广义推销与狭义推销在手段、方法以及本质上都是一致的，两者互通互用。竞争的社会，到处都需要推销的运用。能干好推销工作的人，无论走到哪里，无论今后在哪个岗位上工作，他都能成功。因此，无论是出于职业上的需要，还是从个人的发展来说，对推销知识的学习都非常重要。但是，我们必须看到，这种知识的实践性很强，涉及的内容十分广泛，远非课堂、书本知识所能涵盖。

### 情景训练6-1

#### 情景材料

去市场买青椒，你会问："老板，青椒辣不辣？"卖青椒的人回答一般为以下3种情形。

第一种答案是：辣。

第二种答案是：不辣。

第三种答案是：你想要辣的还是不辣的？

如果你是老板，你会如何回答？

#### 训练要点

在了解商务推销的基本概念的基础上拓展、丰富推销知识，加深对现代推销活动的深入理解。

#### 训练步骤

根据情景内容，请同学们讨论并提出自己的观点，最后请老师对讨论结果给出指导。

# 第二节　推销方格理论

### 导入案例6-2❶

日本推销大王原一平长相不佳，满脸疙瘩，身高只有1.4米左右。但这个人为人乐观、自信。在推销工作的起步阶段，他也很苦闷，因为业绩一般。他总在思考，推销应与做人的道理一样，尽管长相和身材都不好，但他一样可以讨人喜欢，同样，推销也应有诀窍。经过一番苦心钻研，他摸索出两个武器。

一个是婴儿的微笑。婴儿那天真无邪的微笑，人见人爱。

---

❶ 资料来源：李光明.现代推销实务.北京：清华大学出版社，2011.

一个是情人的眼神。情人含情脉脉的眼神，让人如痴如醉。女生的眼睛还会放电。

经过一段时间的模仿练习，他终于练就了几十种婴儿的微笑和一百多种情人的眼神。接下来，他就开始运用这两个秘密武器上门推销。敲门，若开门的是日本妇女，拿出婴儿的微笑。现代人安全观念很强，门难进，能够进门，成功了一半。进门后用情人的眼神，最终推销成功。

▲点评：掌握客户的心理特征，然后选择合适的推销方式，推销就成功了一半。

美国著名管理学家布莱克和蒙顿在其管理方格（Managerial Grid）理论的基础上，根据推销员对顾客与销售的关注程度，提出了推销方格（Sale Grid）理论。

这两项指标是推销员每次具体的推销活动中必须关注和权衡的两个重要方面。其中，本次销售的实现是短期销售目标，而对顾客的关注，以期建立长期关系是长期销售目标。这种理论建立在行为科学的基础上，着重研究推销人员与客户之间的人际关系和买卖关系。推销方格理论可以帮助推销人员更清楚地认识自己的推销能力，发现自己工作中存在的问题；有助于推销人员更深入地了解自己的推销对象，掌握客户的心理特征；有助于深刻认识自己和推销对象的心理状态，恰当地处理与客户之间的关系。在西方国家，这种推销理论被人们看作是推销学基本理论的一大突破，甚至有人认为它是一种最具实效的推销观念。

## 一、推销方格

### 1. 推销方格的含义

在现代式推销活动中，推销人员、推销对象、推销商品三者之间是相互影响、相互制约的，两个主体更是处在相互作用之中，其中任何一个要素的变化，都关系到推销工作的成功与否。每一个推销人员在进行推销工作的时候，他心里至少装着两个明确的具体目标。一是努力说服客户购买商品，希望与客户达成有效的买卖关系完成销售任务；二是尽心竭力迎合客户，希望与客户建立良好的人际关系，广交朋友。前一个目标关心的是"销售"，后一个目标关心的是"客户"。不同的推销人员，追求这两个目标的心理愿望强度各不相同。有的人对两种目标有着同样强烈的热情，有的人则只注重销售、交易的成功，而轻视与客户建立长远关系，还有的推销人员注重追求人际关系目标，对是否成交则不太关心。布莱克和蒙顿将上述两种不同的推销目标，用平面坐标系第一象限图来表示，这个图形就是所谓的"推销方格"，如图6-2所示。

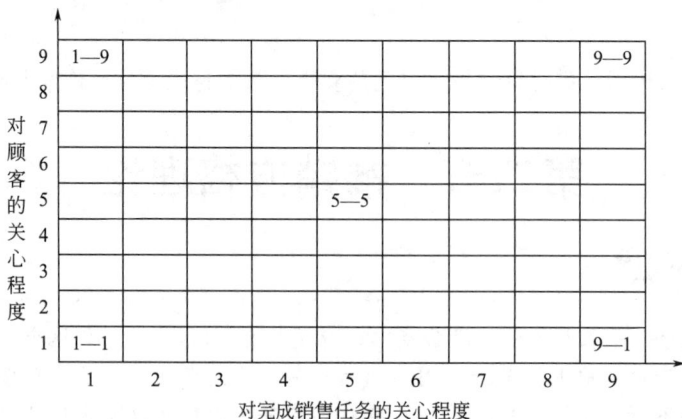

图6-2 推销方格图

推销方格中纵坐标表示推销人员对客户的关心程度，横坐标表示推销人员对销售的关心程度。纵坐标和横坐标的坐标值都是由1～9逐渐增大，坐标值越大，表示推销人员的关心程度越高。

**2. 各种推销心理态度**

推销心理即现实推销活动在推销人员与推销对象（即客户）头脑中的反应。一切推销理论与技巧的提出，必须符合推销心理的活动规律。现代推销观念强调以客户为中心，以满足客户的需要为宗旨。因此，研究客户的心理活动，注意推销主体双方在推销活动中的心理状态，确定适宜的推销模式，就成为推销活动的一项重要工作。

**案例赏析6-3**

　　格兰仕集团生产的微波炉是新兴产品，为了挖掘潜在市场，该集团在全国各地开展大规模的微波炉知识推广活动，全方位介绍微波炉的相关知识。此外，还编出目前世界上微波食谱最多最全的《微波炉使用大全及菜谱900例》，连同《如何选购微波炉》一书赠送几十万册。这些营销方式使格兰仕这个品牌深入人心，市场占有率遥遥领先。

推销方格中的各个交点，分别代表推销人员不同的推销心理态度。布莱克和蒙顿认为，可以把推销人员的心理态度分为5种基本类型，即事不关己型、客户导向型、强力推销型、推销技巧型和满足需求型。

**（1）事不关己型**　即推销方格图（图6-2）中的（1，1）型。处于这种状况的推销人员既不关心客户，也不关心销售。他们对本职工作态度冷漠，不负责任，没有明确的工作目标，缺乏成就感。他们的想法是：我只要把产品摆在客户面前，要买就买，不买便罢，该卖的自然能卖出去，用不着我费力。他们对客户的实际需要漠不关心，对企业的推销业绩也毫不在乎，其推销工作自然也不会有什么成果。

产生这种心理态度的主要原因，一是推销人员主观上不努力，缺乏进取精神，二是推销人员所在企业没有适当的激励措施和奖惩制度。因此，要改变这种推销态度，就要求推销人员严格管理自己，企业也要建立明确的奖惩制度，鼓励上进，鞭策后进。

**（2）客户导向型**　即推销方格图（图6-2）中的（1，9）型。处于这种心理态度的推销人员只知道关心客户，而不关心销售。他们认为，我是客户的朋友，我要努力了解他，并对他的感受和兴趣作出反应，这样他就会喜欢我，这种私人感情可以促使他购买我的产品。这类推销人员过分顾及与客户的关系，千方百计赢得客户的喜爱，处处顺着客户心意，总是迁就客户，而忽视了企业的销售工作和企业的利益。他们的首要目标是与客户建立和保持良好的人际关系，而无所谓成交与否。

这类推销人员可能是一位理想的人际关系学家，却不能说是一位成功的推销专家。在推销工作中，为了说服和影响客户，推销人员必须与客户进行面谈，难免会出现各种各样的异议。出现异议后，推销人员应该做出正确的判断，如果是出于客户的偏见或误解，推销人员应该讲清道理尽力说服力促成交，而不能不顾具体情况，一味对客户百依百顺。若明知成交障碍是出于客户偏见或误解等原因，推销人员也不进行说服，而是承认既成事实，顺从客户心理，这样也不是一位好的推销员。

**（3）强力推销型**　即推销方格图（图6-2）中的（9，1）型。处于这种推销心理态度的推销人员只知道关心推销效果，而不管客户的实际需要和购买心理。他们认为，既然由我负责向这位客户推销，我就硬性推销，向他施加压力迫使他购买。这种推销人员一般都具有较高的成就感，把完成销售任务作为自己推销工作的重点，把提高推销业绩作为自己孜孜追求的目标。但在推销过程中，总是采用高压战略，千方百计说服客户购买，常常向客户发起强大的推销心理战，开展积极主动的推销活动，有时还对客户施加购买压力。

对这类推销人员，应该肯定其积极的工作态度，但由于其只顾推销而不顾客户的实际需要，甚至不尊重客户的人格，一旦让客户对推销人员留下不良的印象，不但眼前的生意难以做成，还会断送与客户的关系，损害企业的声誉。因此，这类推销人员也不是理想的推销专家。

（4）**推销技巧型** 即推销方格图（图6-2）中的（5，5）型。抱有这种推销心理态度的推销人员，既关心推销效果，也关心客户。他们认为，他有一套实践证明可取的工作方法，可促使客户购买。这类推销人员心态平衡，作风踏实，对推销环境心中有数，对推销工作充满信心。他们既不一味地取悦客户，也不强行推销。他们往往采取一种折中的态度，推行一种切实可行的推销战术，稳扎稳打，力求成交。这类推销人员既不愿意丢掉生意，也不愿意失去客户，四平八稳，和气生财。当与客户发生异议时，就会采取折中立场，尽量避免出现不愉快的情况。这种推销心理实质上是在一种温和的气氛中巧妙地运用推销技巧，以达成交易，而并不是从客户的角度出发去满足其需要。

从现代推销学角度讲，这种推销人员可能是一位业绩卓著的成功者，但不一定是一位理想的现代推销专家。他们往往只照顾了客户的购买心理，而不考虑客户的实际需要。换句话说，这种推销人员常常费尽心机，说服某些客户高高兴兴地购买了一些不该购买的物品，而对客户的实际利益重视不够。

（5）**满足需求型** 即推销方格图（图6-2）中的（9，9）型。处于这种推销心理态度的推销人员对客户和销售都有极大的关心。满足客户的需要是他们的中心，辉煌的推销业绩是他们的目标。他们的宗旨是，与客户磋商以便了解他在当时情况下的所有需要，并用其产品满足客户的需要，让客户做出合理的购买决策，给客户带来他们所期望从中获得的好处，并在帮助客户解决问题的同时，也完成了自己的推销任务。这种推销人员工作积极主动，但又不强加于人，他们善于研究客户的心理，发现客户的真实需要，把握客户的问题，然后开展有针对性的推销。利用自己推销的产品或服务为客户解决问题，完成了自己的推销任务。这种推销人员既了解自己，也了解客户；既了解推销品，也了解客户的真实需要。他们把自己的推销工作与客户的实际需要结合起来，最大限度地满足客户的实际需要，同时取得了推销业绩。

这种推销人员是最理想的推销专家。他们不忘记自己的推销职责，也不忘记客户的实际需要。在推销工作中积极进取，为客户排忧解难。总之，这种推销心理态度是最佳的心理态度，处于这种推销心态的推销人员是最佳的推销人员。

## 二、客户方格

### 1. 客户方格的概念

推销人员不仅要认识自己的推销心理，努力培养良好的推销心理态度，还要洞察客户的购买心理，因人而异地开展推销活动。客户对推销活动的态度主要表现在两个方面，一是对待购买活动本身的态度，二是对待推销人员的看法与态度。当一位客户考虑实际购买的时候，他心里至少装有两个目标：一是与推销人员讨价还价，希望以有利条件达成交易，完成购买任务；二是希望与推销人员建立良好的关系，为了日后的长期合作，可能会做出一定的让步。前一个目标关心的是"购买"，后一个目标关心的是"推销人员"。客户的情况千差万别，在购买活动中，客户追求上述两方面目标的心理愿望强度也是各不相同的。推销人员的态度影响到客户的态度，客户的态度也影响推销人员的态度，两者相互影响、相互作用。要进行成功的推销，推销人员不仅要学会用正确的态度对待客户，而且也要学会如何应对各种不同态度的客户。依据推销方格，利用客户所关心的两个目标建立起另外一个方格，这就是所谓"客户方格（Customer Grid）"，如图6-3所示。客户方格图中的纵坐标表示客户对推销人员的关心程度，横坐标表示客户对购买的关心程度。纵坐标和横坐标的坐标值都是由1～9逐渐增大，坐标值越大，表示客户对推销人员或购买关心的程度越高。

**2. 5种购买心理态度**

客户方格中的各个交点，表示客户各种不同的购买心理态度，这些购买心理态度大致可分为5种基本类型，即漠不关心型、软心肠型、防卫型、干练型和寻求答案型。

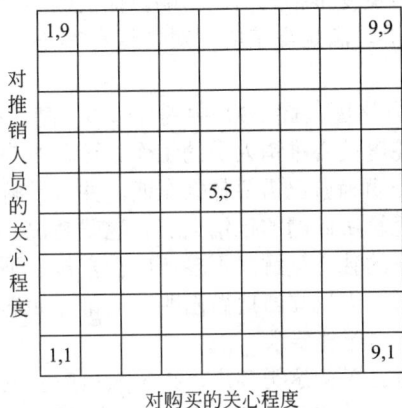

图6-3　客户方格图

（1）**漠不关心型**　即客户方格图（图6-3）中的（1，1）型。持有这种购买心理态度的客户，既不关心推销人员，也不关心购买行为。这种人一般都是受人之托，没有购买决策权；或者他们害怕承担责任，害怕引起麻烦，往往把购买决策权推给上级主管或其他人员，自己只做一些收集资料或询价等咨询性工作。由于这种人认为购买行为本身与己无关，他们对待购买工作既不敢负责，又不热心。他们视工作为麻烦，对成交与否漠不关心，更不愿意接触推销人员，这种类型的客户最难打交道，也是最难取得推销效果的推销对象。

（2）**软心肠型**　即客户方格图（图6-3）中的（1，9）型。持有这种心理态度的客户，对销售人员极为关心，但对购买行为则不太关心。这种软心肠的客户极易被推销人员说服，他们一般不会拒绝推销人员及其所推销的产品。这类客户重感情，轻理智。他们对推销人员的言谈举止十分注意，对购买决策却考虑不多。

产生这种购买态度的原因很多，可能是由于客户同情推销人员的工作，也可能是出于客户的个性心理特征。有的人天生就是软心肠，容易感情用事，宁肯花钱买推销人员的和气与热情，也不愿花钱买气受。

（3）**防卫型**　即客户方格图（图6-3）中的（9，1）型。这种防卫型的心理态度刚好与软心肠型购买心理态度相反。处于这种心理态度的客户对其购买行为极为关心，而对推销人员却极不关心，甚至对推销人员抱敌对态度。在这种购买者的眼里，推销人员都是不诚实的人，他们认为对付推销人员的最佳办法是精打细算，讨价还价。这种客户本能地采取防卫态度，对推销人员表示拒绝或冷淡，对购买行为表示高度关心，处处小心谨慎，总想多占点便宜，绝不让推销人员得到什么好处。

这类购买心理态度的形成，一方面可能由于客户生性保守，优柔寡断；另一方面可能是客户曾经受过推销者欺骗。他们拒绝推销人员，完全是出于某种心理，而不是不需要推销人员所推销的产品。因此，面对这种客户，推销人员首先应该推销自己，而不急于推销产品或服务，以实际行动向客户证明自己的推销人格，建立起客户对自己的信任，才有可能取得较好的推销效果。

（4）**干练型**　即客户方格图（图6-3）中的（5，5）型。处于这种心理状态的客户，既关心自己的购买行为，也关心推销人员的推销工作。他们比较理智冷静，能够以比较客观的态度看待推销人员和购买行为；既尊重推销人员的推销人格，也竭力维护自己的购买人格；他们重感情，也重理智；他们愿意听取推销人员的意见，但又不轻信推销人员的允诺；他们所做出的每一项购买决策，都要经过全面的分析和判断；他们的购买行为不拘泥于传统的偏见，但又在很大程度上不受流行风气的影响。

持这种心理态度的客户，一般都比较自信，甚至具有较强的虚荣心。他们总以为购买决策一定要由自己来做出，并且尽量避免受推销人员的影响。他们购买的东西也不一定是实际需要的东西，而只是为了抬高自己的身份，满足虚荣心。对待这种客户，推销人员应该摆事实，出示证据，让客户去做判断。

**（5）寻求答案型** 即客户方格图（图6-3）中的（9，9）型。处于这种心理态度的客户，既高度关心自己的购买行为，又高度关心推销人员的工作。这种客户十分理智，不凭感情办事。他们在做出购买决策之前，就已经明确自己需要什么东西，并且了解市场行情；他们希望买到自己需要的东西，欢迎能够帮助自己解决问题的推销人员。也就是说，客户事先知道自己的问题只是需要寻求答案。这类客户有自己的独立见解，不轻信广告宣传，不轻信推销人员的允诺，对推销人员的推销活动能进行客观分析，当机立断地做出购买决策。如遇到意外的问题，他们会主动要求推销人员协助解决，但不会提出无理要求。

这类客户是最成熟的购买者。对待这类客户，推销人员应认真分析其问题的关键在于真心实意地为客户服务，利用自己所推销的产品或服务，帮助客户解决问题。如果推销人员已经知道自己所推销的产品不符合客户的实际需要，推销工作应立即停止。

## 三、推销方格与客户方格的关系

前面分别介绍了推销方格和客户方格，并且具体分析了各种不同推销心理态度和购买心理态度。这些推销心态各有特点，一般来说，推销人员的推销心理态度越是趋向于（9，9）型，就越可能收到理想的推销效果。因此，每一个推销人员应该加强自身修养，努力学习，把自己训练成为一个帮助客户解决问题的推销专家，既要高度关心自己的推销效果，又要高度关心客户实际需要，用高度的事业心和责任感来对待自己的工作和客户。

当然，解决满足需求型的推销人员无疑是理想的推销专家。但是，并非只有这种推销人员才能达到有效的推销。在某些特定的场合，处于其他各种心理态度的推销人员也可能取得成功，原因在于一方面推销方格图里有各种各样的推销人员，另一方面客户方格图里也有各种各样的客户。不同购买心理态度对推销心理态度也有不同的要求。因此，有效的推销，关键取决于推销心态与客户心态的恰当搭配。例如（1，9）型的推销人员不能算是优秀的推销人员，但是如果他遇到一位（1，9）型客户时，一个对客户特别关心，一个对推销人员特别关照，这两位碰到一起，照样可以成交，收到预期的推销效果。

推销方格与客户方格的关系可以用表6-1来表示。这是一个搭配图，反映了推销方格图与客户方格图之间的内在联系。表中"√"表示可以有效地完成推销任务；"×"表示不能完成推销任务；"⊙"则表示介于两种情况之间，可能完成推销任务，也可能无法完成推销任务。

表6-1 推销方格搭配图

| 推销员类型 ＼ 客户类型 | 漠不关心型<br>（1，1） | 软心肠型<br>（1，9） | 干练型<br>（5，5） | 防卫型<br>（9，1） | 寻求答案型<br>（9，9） |
|---|---|---|---|---|---|
| 满足需求型（9，9） | √ | √ | √ | √ | √ |
| 强力推销型（9，1） | ⊙ | √ | √ | ⊙ | ⊙ |
| 推销技巧型（5，5） | ⊙ | √ | √ | × | ⊙ |
| 客户导向型（1，9） | × | √ | ⊙ | × | ⊙ |
| 事不关己型（1，1） | × | × | × | × | × |

## 情景训练6-2

### 训练要点

在了解推销方格的基本概念的基础上拓展、丰富推销知识，通过情景测试来加深对推销的深入理解。

### 训练题目

#### 推销方格自我测试题

为了进一步帮助推销人员了解自己的推销心理态度，布莱克和蒙顿两位教授合编了一份推销方格试题，供每一个推销人员进行自我测验。这份推销方格试题共分成6题，每题里都含有5种不同的推销方案。在动笔答题之前，请大家先将每题中5种不同的推销方案仔细地看一遍，然后在最适合自己推销心理态度的方案之前写下"5"，在次适合自己推销心理态度的方案之前写下"4"，以此类推，在最不适合自己推销心理态度的方案之前写下"1"。

第1题：$A_1$我接受客户的决定。

$B_1$我十分重视维持与客户之间的良好关系。

$C_1$我善于寻求一种对客我双方均为可行的结果。

$D_1$我在任何困难的情况下都要找出一个结果来。

$E_1$我希望在双方相互了解和同意的基础上获得结果。

第2题：$A_2$我能够接受客户的全部意见和各种态度，并且避免提出反对意见。

$B_2$我乐于接受客户的各种意见和态度，更善于表达自己的意见和态度。

$C_2$当客户的意见和态度与我自己的意见和态度发生分歧时，我就采取折中方法。

$D_2$我总是支持自己的意见和态度。

$E_2$我愿意听取别人的不同意见和态度，我有自己独立的见解。但是当别人的意见更为完善时，我能改变自己原来的立场。

第3题：$A_3$我认为多一事不如少一事。

$B_3$我支持和鼓励别人做他们想做的事情。

$C_3$我善于提出积极的合理化建议，以利于事情的顺利进行。

$D_3$我了解自己的真实追求，并且要求别人也接受我的追求。

$E_3$我把自己的全部精力倾注在自己正在从事的事业之中，并且也热情关心别人的事业。

第4题：$A_4$当冲突发生的时候，我总是保持中立，并应尽量避免惹是生非。

$B_4$我总是千方百计避免发生冲突。万一出现冲突，我也会设法去消除冲突。

$C_4$当冲突发生的时候，我总会尽量保持镇定，不抱成见，并且设法找出一个公平合理的解决办法。

$D_4$当冲突发生的时候，我会设法击败对方赢得胜利。

$E_4$当冲突发生的时候，我会设法寻找冲突的根源，并且有条不紊地寻求解决办法，消除冲突。

第5题：$A_5$为了保持中立，我很少被人激怒。

$B_5$为了避免对个人情绪的干扰，我常常以温和友好的方法和态度来对待别人。

$C_5$在情绪紧张时，我就不知所措，无法避免更进一步的压力。

$D_5$当情绪不对劲时，我会尽力保持自己，抗拒外来的压力。

$E_5$当情绪不佳时，我总会设法将它隐藏起来。

第6题：$A_6$我的幽默感常常让别人莫名其妙。

$B_6$我的幽默感主要是为了维持良好的人际关系，希望利用自己的幽默感来冲淡严肃的气氛。

C₆ 我希望自己的幽默感具有一定的说服力，可以让别人接受我的意见。

D₆ 我的幽默感很容易觉察。

E₆ 我的幽默感一针见血，别人很容易觉察到，即使在高度的压力下，我仍然能保持自己的幽默感。

在答完上述试题后，请将每题里5个方案的得分填写在表6-2的空格里，然后将纵列的分数相加，总分最高的那一份，就是你的推销心理态度。

表6-2　推销心理态度分数对照表

| 推销心理态度<br>题目 | 1.1型 | 1.9型 | 5.5型 | 9.1型 | 9.9型 |
|---|---|---|---|---|---|
| 第1题 | $A_1$ | $B_1$ | $C_1$ | $D_1$ | $E_1$ |
| 第2题 | $A_2$ | $B_2$ | $C_2$ | $D_2$ | $E_2$ |
| 第3题 | $A_3$ | $B_3$ | $C_3$ | $D_3$ | $E_3$ |
| 第4题 | $A_4$ | $B_4$ | $C_4$ | $D_4$ | $E_4$ |
| 第5题 | $A_5$ | $B_5$ | $C_5$ | $D_5$ | $E_5$ |
| 第6题 | $A_6$ | $B_6$ | $C_6$ | $D_6$ | $E_6$ |
| 总分 | | | | | |

# 第三节　客户购买心理

## 导入案例6-3❶

有一位成功的推销商，有人问他成功的秘诀是什么？他举3个例子说明。

顾客走进他的店里，指着一件商品问："这个多少钱？"

"什么啊？"商人手贴着耳朵问。

"这个多少钱？"

"什么？有多少？"

"是多少钱！！"顾客对商人的态度恼怒了。

"哦！这个多少钱啊？稍等下。"商人对屋里的人喊，"老板，这个柜台上的东西多少钱啊？"里屋传出一阵带着睡意又不耐烦的吼声："不是说了，那里的东西要80块钱！好了，别烦我！"

"哦，这样啊，好的！"商人回过身来对着顾客。

"您也听到了，老板说要50块钱，不过我可以给您便宜点，40块钱拿走怎么样？"

顾客暗自窃喜匆匆付过钱后一溜烟就走了。

问题：分析推销员为什么能取得成功？

## 一、客户心理

### 1. 需求层次理论

（1）马斯洛（Maslow）的需求层次论　从低到高，一共有以下5个层次。

① 生理需求。衣、食、住、行。

---

❶ 资料来源：龚荒. 商务谈判与推销技巧. 4版. 北京：北京交通大学出版社，2023.

② 安全需求。人身的健康、安全，财产的安全，生活的安定，职业的保障。

③ 社交需求。被他人或社会群体承认、接纳和重视，精神上有所归属。

④ 受尊敬的需求。包括社会地位。

⑤ 自我实现需求。充分发挥个人才能，实现人生目标。

（2）奥尔德弗"ERG"理论　马斯洛理论有一定的合理因素，但探讨需求从一个领域到另一个领域的变化时，阐述理论不太充分。可用奥尔德弗"ERG"理论加以补充，其理论要点如下。

① 人同时存在3种需求，即存在（Existence）的需求、关系（Relationship）的需求和成长（Growth）的需求。

② 需求满足：在同一层次的需求中，当某个需求只得到少量的满足时，一般会产生更强烈的需求，希望得到更多的满足。此时，消费者行为不会指向更高层次的需求，而是停留在原有的层次，从质和量两方面发展。

③ 需求加强：较低层次的需求满足得越充分，对高层次的需求越强烈。

④ 需求受挫：较高层次的需求满足得越少，越会导致较低层次的需求膨胀和突出起来。

⑤ 需求的变化不仅基于"满足—前进"，而且会"受挫—倒退"。

**2. 顾客心理需要（购买动机）的具体类型**

① 习俗心理需要。由种族、宗教信仰、文化传统和地理环境等因素决定的思想观念和生活方式在消费需求上的反映。

② 求实心理需要。经济实惠、物美价廉。

③ 便利心理需要。购买和使用上的便利。

④ 审美心理需要。物质生活水平提高，满足审美情趣。

⑤ 好奇心理需要。追求新颖、奇特。

⑥ 惠顾心理需要。出于节约成本的考虑，在同一地方重复购买，并形成购买习惯。

⑦ 偏爱心理需要。对某种品牌的偏爱，从众心理需要。

⑧ 赶时髦，追求时尚，随大流。

⑨ 求名心理需要。显示身份和社会地位。

⑩ 特殊心理需要。

## 案例赏析6-4

　　一次，一个客户在一款灯具前面驻足很久，推销人员走过去对他说："您的眼光真好，这款灯具是我们公司的主打产品，是上个月的销售冠军。"

　　客户问："多少钱呢？"

　　推销人员说："折后价格，580元。"

　　"有点贵，还能便宜吗？"他追问。

　　推销人员说："您家在哪个小区呢？"

　　"在××园。"他说话爽快。

　　"××园应该是市里非常好的楼盘了，听说小区绿化非常漂亮，而且，室内格局都很不错，交通也很方便。买这么好的地方，我看您不会在乎多花几个钱买我们这款简约时尚、质量好的产品！不过，我们正在××园和××城做促销，这次还真能给您一个团购价。"

　　客户脸上挂上了兴奋，他说："可我现在还没有拿到钥匙呢！"

　　推销人员马上回答："您要是现在就提货还优惠不成呢，我们按规定是要达到20户才能享受优惠，今天加上您这一单已经16户，就差4户了。不过，您可以先交定金，我给您标上团购，等您装修好了再提货。"

就这样，客户顺利交了定金。半个月后订单正式成交。

▲点评：客户都喜欢被别人承认，以此来证明自己的价值，这是人们基本的心理需求，作为推销人员应站在客户角度思考问题，这是推销成功的关键。

### 3. 购买心理暗箱

由于顾客心理活动复杂，具体购买需要多种多样，顾客的购买决策的心理活动外人很难觉察，称之为顾客购买心理暗箱。

推销人员的任务，就是要尽量弄清这个心理暗箱，然后采取相应的推销策略，实施诱导。

## 二、顾客购买行为类型

### 1. 传统按个性特征分类

（1）**理智型**　该类型顾客在购买行为中必须深思熟虑。

（2）**冲动型**　该类型顾客在购买行为中感情外露，想象力丰富，易受产品外观、广告、促销人员影响。

（3）**选价型**　该类型顾客在购买行为中认为高价高质量，代表身份和社会地位，低价代表实惠。

（4）**习惯型**　该类型顾客在购买行为中偏爱心理，惠顾心理。

（5）**疑虑型**　该类型顾客在购买行为中考虑问题很多，难以决策。

（6）**随意型**　该类型顾客在购买行为中没有主见。

### 2. 按挑选差异分类

按挑选差异分类如图6-4所示。

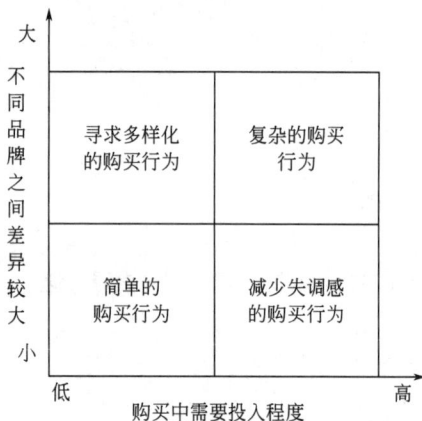

图6-4　按挑选差异进行推销的分类

（1）**复杂的购买行为**

特征：产品单位价值较高，不常购买，具有高风险；品牌较多，差异明显；购买谨慎。

推销策略：提供充分产品信息，让顾客熟悉产品的各种属性，使其产生信任感。

（2）**减少失调感的购买行为**

特征：购买中消费者需要高度投入，但品牌之间差别不大，消费者只是稍加比较即决定购买。由于购买较为迅速，购买之后，消费者可能会感到不满意。比如，发现产品的某个缺陷，或者听到别人赞扬其他同类产品。这时，消费者会努力寻找新的信息，证明自己的决策是正确的，以寻求平衡或降低失调感。

推销策略：推销员应提供有关的信息，帮助购买者增强信念，求得平衡感。

（3）**简单的购买行为**

特征：商品价格低廉，经常购买，各品牌之间差异较小，消费者对产品也比较熟悉，购买决策迅速，并不太在意品牌。

推销策略：使用价格优惠和其他销售推广方式鼓励消费者试用、购买和重购。

（4）**寻求多样化的购买行为**

特征：商品价格低廉，品牌之间差异较大，消费者所购品牌经常变化，购买决策迅速，具体使用时再作比较、评价。

推销策略：推销人员的努力对购买者的影响可能不大。

## 三、客户心理活动过程

客户对推销人员及其所推销的产品，从认识到购买，一般要经过一个复杂的心理活动过程，但却表现出一定的规律性。客户的心理活动过程可划分为3个大的阶段过程：认识过程、思维与情感过程和意志过程。

### （一）客户认识过程

客户购买产品是从认识产品开始的。认识过程主要解决两个问题：首先是认识和明确自己的需求所在，其次是寻找可以满足这种需求的基本途径和方法。客户购买的认识过程一般包括：感觉、知觉、注意、记忆和想象，这些基本的心理活动与过程。

**1. 感觉**

客户对推销的认识过程是从感觉开始的。感觉就是客户感觉器官直接接受推销人员及其产品等刺激源的刺激所引起的最初反应。它是客户一切心理活动的基础和出发点。在感觉阶段，客户的认识特点有以下几个方面。

（1）**直接刺激，才能反应**　企业和推销人员要适当运用人的感觉器官的功能，使客户直接接受信息，才有可能引起客户的感觉。

（2）**感觉是对事物的简单认识，是对事物个别属性的反映**　推销人员要从客户的心理认识这一初级阶段出发，在推销介绍时先从产品的基本常识与外观开始，在适当的时机再引导客户从整体属性上认识产品，并力求引起对方的注意。

（3）**引起客户的感觉，需要一定强度的刺激**　企业宣传的力度和频率、推销人员的访问次数、推销宣传的语言沟通方式和非语言沟通方式等都必须达到足够的刺激强度，才能引起客户对企业、推销人员、产品的感觉。

（4）**客户的感觉是会改变的**　客户对企业、推销人员和产品等的认识，会因条件的变化而变化。因此，创造良好的推销环境条件来扭转和弱化客户的不良感觉，强化和巩固客户的良好感觉，是企业和推销人员应当掌握的基本推销策略和技巧。

**2. 知觉**

知觉是客户在对推销进行多次反复感觉的基础上，客户的功能性器官对由感觉器官形成的感觉进行综合性概括后所形成的认识。客户对推销人员及所推销的产品的知觉有以下几个特点。

（1）**整体性**　知觉是对产品整体属性的认识，这就需要调动全部感觉器官系统，如客户在购买食品的过程中，要看，观察其外观与色泽，要闻，体验其味，要摸，体验其硬度、新鲜度，要尝，体验其口感，要问，感知其营养功能等。

（2）**选择性**　即把认识对象从背景中分离出来的过程。客户带着既定的目标选择产品时，如果某种产品成为符合预期目标的刺激物，被感知得比较清楚，就成为知觉的对象；而其他刺激物则被感知得比较模糊，成为知觉的背景。因此，推销人员在推销的开始阶段，如何排除干扰，使本企业的产品成为客户的知觉对象，就成为推销要解决的重要问题。

（3）**理解性**　知觉总是在过去的知识、经验的基础上进行的，是用以前所获得的有关知识和经验来理解和解释知觉对象。推销过程中，应尽可能充分地了解和掌握客户的知识结构、水平及其经验，恰当地引导帮助客户理解产品的整体属性及其带给客户的各种利益。

（4）**恒常性**　在知觉条件发生变化时，客户对企业或产品的整体属性的认识仍然能够保持相对不变。持续不断地推销努力，其目的就在于强化客户知觉的恒常性，如提高企业知名度、强化品牌意识等，使客户知觉到的企业及产品形象稳定地保留在客户的头脑中。

**3. 注意**

注意是客户的心理活动对一定对象的指向和集中，是客户通过对事物的选择，使意识集中于一定的客体的认识阶段。这一阶段的特点有以下几个方面。

（1）**有限性** 客户在众多的事务中，其注意的范围是有限的，能否把注意力集中到推销过程，这就是推销人员力求要解决的问题。如推销人员可以把客户请到特定的环境，使其脱离工作岗位，这样就能专心听取推销。

（2）**主次性** 客户在同时注意几个客体时，注意力并不是平均分配，而是有主次之分。

（3）**可转移性** 客户的注意力会因环境条件的变化，产生主动或被动的转移，推销人员要设法将客户的注意力转移到自己这边，转移到对产品的认识上来，同时不要让客户感到有压力。

### 4. 记忆

记忆是指保持在头脑中过去事物的印象。从整体上讲，记忆是一个识记、保持、回忆或再认识的过程。识记（识别和记住）和保持是记的过程，回忆和再认是忆的过程。

客户在推销活动中就是通过看、听、接触推销人员及商品，通过参与推销活动去识记。把识记过程中形成的内容，作为经验在脑中储存，这就是保持。客户在接触推销人员及商品时，往往在头脑中把和该推销人员或商品有关的内容表现出来进行比较，这就是回忆。当客户在看到过去曾见过的推销人员或商品时，将它们认出来并感到熟悉，确认接触过或见过，这就是再认。

在推销活动中，加强客户的记忆是非常重要的。因为推销活动不可能一次成功，也不可能与所有客户只做一次交易。客户的记忆有助于推销的成功，能有效降低下次推销的成本。提高客户记忆效果的方法主要有以下几种。

（1）**重复记忆法** 重复有助于记忆。习惯上把记忆过程分为瞬时记忆、短时记忆和长时记忆3个阶段。从瞬时记忆转变为长时记忆是反复感知的结果。要想使推销或推销产品能够累积成为客户记忆中的材料，推销人员必须反复拜访客户，反复进行商品展示和说明，加深其大脑中留有的痕迹。

（2）**别具一格记忆法** 别具一格有助于记忆。在人们的记忆中有些事物不是重复的结果，而是由于引人入胜、别具一格、新颖奇特，给人留下深刻记忆。因此，在商品推销活动中，推销人员必须反对因循求旧，应用一些创新性的方式方法加深客户的记忆，才能获取成功。

（3）**明确目的记忆法** 明确的目的有助于记忆。研究表明，在条件相同时，有明确目的的有意识记忆比没有明确目的的无意识记忆的效果好得多。若推销的商品正是客户需要的商品，客户正在四处搜集信息，推销活动就会给客户留下深刻的印象。

（4）**理解记忆法** 理解有助于记忆。建立在理解基础上的记忆效果明显优于机械识记效果。推销人员在推销商品特别是复杂的技术含量高的商品时，应根据客户特点进行产品说明，加强客户对商品及其特点、操作方法的理解。有时在经营活动中，将商品与客户所熟知的事物联系起来，将有助于客户理解，会潜移默化地提高记忆效果。

（5）**形象记忆法** 客户往往对形象比较生动的事物记忆深刻，抽象的东西易被遗忘。这就要求推销人员在推销过程中要注意自己的形象，给客户留下正面的积极的深刻印象。在进行商品说明时，要生动形象，可以借助视觉工具或具体的动作进行。

（6）**参与记忆法** 参与有助于记忆。客户通过参与某些活动，可以明显提高记忆效果。在商品推销过程中，让客户多参与，能加强他对商品的了解，加深他对商品的记忆，调动他的购物兴趣。如服装的试穿、家用电器的操作、玩具的使用、食品的品尝等。

### 5. 想象

想象是指客户对已经拥有的推销主要特征进行加工改造，从而创造新形象的过程。因此，想象具有超前性。推销介绍不能替代客户的想象，但却可以创造各种条件去引导客户的想象，调动客户的想象力。客户为满足生产或生活方面的某种需求，就会产生各种欲望并演变为对具体产品的追求，推销介绍的精心策划（不是言过其实），有助于客户通过想象创造一个美好的新形象。如推销人员向客户充分展示并演示了新型彩色复印机的功能，并配合适当的介绍，客户就有可能展开充分的想象，组织起办公自动化、更快捷的文件处理的未来情景。

## （二）客户的思维与情感过程

通过认识过程，客户掌握了大量的感性材料，对产品的外部整体形象有了初步了解，这时客户将会以表象形式向思维过渡，进入客户购买活动的思维与情感过程。

### 1. 思维过程

思维是在认知的基础上，对产品本质特征的间接的、概括的反映。思维过程的主要特点有以下两个方面。

（1）**间接性**　思维是通过事物相互影响所产生的结果，或以其他事物为中介，来认识客观事物的。进入思维过程后，客户就要分析、综合、比较、判断、推理，就要凭借知识和经验，并征询其他已经购买产品者的意见，从多种事物的联系中，更加深刻地去理解和把握整个购买行为的本质特征。

（2）**概括性**　客户的思维过程往往是由具体的产品开始，经过推销人员概括后上升为抽象概念，再从产品的特殊性认识开始，经过概括上升到一般性（普遍性），最后再从抽象和一般回到具体的产品中。推销人员在客户的思维概括过程中，应该起引导、启发作用，但不能强加于人，要让客户在自然状态中接受推销人员的观点，并使客户自己做出结论。

客户在购买产品时，总是要经过思维过程，才能做出购买决策。只是在购买某些产品时，思维过程比较简单，在购买另外一些产品时，思维过程比较复杂。一般而言，日用消费品的购买思维过程比较简单，耐用消费品的购买思维过程比较复杂，而工业品的购买过程是最复杂的。

### 2. 情感过程

情感是客户对某种产品或某个企业的态度的一种反映。这种态度会在客户的购买行为中或明或暗地表现出来。客户对某种产品的态度，是以该种产品是否满足客户的需要为中心和依据的，只有那种与客户需要相关的产品，才会引起客户的情感反应。

情感一般分为情绪和感情两种类型。情绪是由特定的条件引起的，随条件的变化而变化，是短暂而不稳定的情感。客户情绪的变化，主要取决于需要的满足程度，推销人员的任务就是要积极地创造条件，克服客户的紧张心理和排斥情绪，稳定和强化客户的良好情绪。感情是客户社会性的需要，是与客户的思想意识紧密联系的一种内心体验，如亲切感、信任感、优越感等，与情绪相比较而言，感情具有较大的稳定性和深刻性。推销人员在推销过程中，应当注意培养客户的感情，首先是对推销人员的信任感、亲切感，其次是对产品的偏爱感和忠诚感，再次是对企业的信任感。如果是名牌产品的推销，还要培养和稳固客户购买和使用该产品的自豪感和优越感。

## （三）客户购买的意志过程

意志过程，是指客户确定目标，并调节其行动，以实现预定目标的心理过程。意志过程具有明确的目的性和行为调节性，因此，意志过程可分为制定购买决策与执行购买决策两个阶段。

（1）**制定购买决策**　客户购买决策的制定过程，包括购买动机的冲突及取舍，购买目的的确定，购买方式的选择，以及有关购买计划的制定。在客户购买决策过程中，选择最适宜的购买目标是关键，客户在选择购买目标时，一般是遵循需求满足最大化、需求与支付能力相平衡和利益最大化三大原则。

（2）**执行购买决策**　执行购买决策是意志过程的关键，客户不但要为购买付出较大的智力和体力，还要克服购买过程中的各种困难与障碍，处理在决策阶段所没有预料到的新情况和新问题。

客户的购买心理过程是认识过程、思维与情感过程、意志过程的统一。推销人员在访问客户之前，应该按照购买活动的3个心理活动过程，分别设计推销策划方案，采用不同的推销技巧和策略，并从整体上协调推销方案、推销技巧和方法，以取得推销的成功。

## 情景训练6-3

### 情景体验

假如你是一位公司推销员向教师推销保温杯。

### 情景材料

高真空两层不锈钢保温杯详细信息如下。

1. 容量370毫升，颜色分为红色、蓝色、黑色、灰色。

2. 不漏水设计，附过滤茶网。

3. 附带杯套，便于携带外出、居家办公两种场景使用，因不结水气，故不会弄脏杯套。

4. 特殊杯身设计，易于掌握。

5. 口径8厘米，易将冰块放入杯中。

6. 荣获多国专利权，有中国大陆地区专利号码。

7. 保温、保冷效果均佳。保温6小时之后，水温仍在51℃以上，效果优良。

### 训练要点

在了解推销的基本概念、推销方格理论的基础上拓展、丰富推销知识。

### 训练步骤

1. 根据该材料，拟定需要产品推销解决方案及如何把握客户心理的方式。

2. 确定案例训练组织方式；分组集体讨论（4～6人为一组）。

3. 根据案例讨论结果（时间大约30分钟），各小组选出一名代表阐明本小组的分析要点及主要解决措施。

4. 各组之间进行相互评价，最后教师进行点评与总结。

5. 各小组在讨论分析案例的基础上按要求撰写、提交"案例分析报告"，要求文字表述精练，观点明确。

# 第四节　推销模式

## 导入案例6-4❶

布鲁斯是专门销售上光用的油漆公司的销售人员，他将要和泰尔公司的采购代表霍顿女士会面。过去他们公司的其他人员曾经会面过，但是没有达成买卖协议。这次是布鲁斯第一次与霍顿女士见面。近预定的时间后又足足等了20分钟，终于，一位秘书将他带进霍顿的办公室。

布鲁斯：你好，霍顿女士。我是葛林油漆公司的布鲁斯，我想和你谈谈我们的产品（霍顿女士并没有理睬布鲁斯的微笑，而只是指着桌前面的一张椅子）。

霍顿：请坐。我想告诉你，我手头现在有两个月的存货。而且，泰尔公司已经同那些供货商打了近3年的交道。

布鲁斯：（坐下）谢谢！你知道，葛林油漆公司是全国最大的油漆公司之一。我们的服务和价格都是无可挑剔的。

霍顿：你为什么觉得你们的服务优于其他公司呢？

布鲁斯：因为我们对全国的每个销售点都保证在24小时内发货，如果我们当地的储备不足，

---

❶ 资料来源：本案例根据网络相关资源改写。

会空运供货。我们是业界唯一用空运进行服务的公司。另外，我们的油漆很牢固。你们通常的订货量是多少，霍顿女士？

霍顿：这要看情况而定。

布鲁斯：大多数公司都订 1 ～ 2 个月的货。你们一年之中共用多少油漆？

霍顿：只有看了你们的产品之后，我才想谈订货的问题。

布鲁斯：我明白，我只是想弄清你们的订货量，以便决定你们的价格折扣。

霍顿：我想，你们的价格和折扣不会比现在的好。我想给你看一份价目单。

布鲁斯：我相信各个厂家之间油漆价格的竞争会很激烈，这是我们最新的价目单，你可以比较。如果把价格与产品质量和服务保证联系起来，你会发现我们的产品很具吸引力。

霍顿：也许吧！

布鲁斯：许多和你们公司类似的公司都不止一家供货单位，这可以保证供货的稳定性，我们愿意成为你们的供货商之一。

霍顿：我只想有一家供货商，这样我可以得到更多的折扣。

布鲁斯：你考虑过两家轮流供货吗？这样你可以获得相同的折扣，并且货源更加充足。

霍顿：让我考虑考虑，把你随身带来的文件留下来我看看吧。

▲点评：该推销员运用的是埃达模式。首先引起顾客注意，推销员告诉顾客，葛林油漆公司是全国最大的油漆公司之一，油漆很牢固，服务和价格都是无可挑剔的。并且他们是业界唯一用空运进行运输服务的公司，对全国的每个销售点都保证在24小时内发货，如果当地的储备不足，会立即空运供货，从而引起顾客的注意。其次唤起顾客的兴趣，该顾客是一个典型的商业型顾客，她追求的是高利润或低成本。所以推销员把最新的价目单给顾客，并引导顾客将产品的价格及质量联系在一起比较，突出产品优势，唤起顾客的兴趣。再次激起顾客欲望，在推销员了解到顾客的目的是要低折扣后，推销员及时地用低折扣以及两家供货能保证货源充足的优势来激起顾客的欲望。最后促成顾客行为。通过以上阶段的推销，该推销员已经打消了顾客的疑虑，激发了顾客的购买欲望。顾客主动要求推销员留下产品的文件，说明该推销员的推销已经成功了一大半。

推销模式是根据推销活动的特点和对顾客购买活动各阶段心理演变的分析以及推销员应采用的策略等进行系统归纳，总结出的一套程序化的标准公式。推销模式来自于推销实践，具有很强的可操作性，是现代推销理论的重要组成部分。但是，在推销实践中，由于推销活动的复杂性，市场环境的多变性，推销人员不应该被标准化程序左右，而应从掌握推销活动的规律入手，灵活运用各种推销模式。

推销模式的种类有很多，这里主要介绍应用最广泛的几种模式，即埃达（AIDA）模式、迪伯达（DIPADA）模式等四种。

## 一、埃达模式

埃达（AIDA）模式是世界著名的推销专家海因兹·姆·戈德曼（Heinz M Goldmann）在《推销技巧——怎样赢得顾客》一书中首次总结出来的推销公式，它被认为是国际成功的推销模式。该模式将客户购买的心理过程分为4个阶段，即注意（Attention）、兴趣（Interest）、欲望（Desire）、行动（Action），用这4个阶段的第一个字母组合成国际上流行的推销模式——AIDA模式。其具体内容可表述为：一个成功的推销人员必须把客户的注意力吸引或转移到其产品上去，使客户对其推销的产品产生兴趣和购买欲望，促使客户实施购买行为。该模式的4个步骤被认为是推销成功的四大法则。

### 1. 引起顾客注意

所谓引起客户注意，是指推销人员通过推销活动刺激客户的感觉器官，使客户对其所推销的产品有一个良好的感觉，促使客户对推销活动及产品有一个正确的认识，将顾客的注意力吸引到推销活动和推销品上来。

在推销活动中，推销人员面对的客户有不少是被动的，甚至是有抵触情绪的。一般而言，在推销人员接近客户之前，客户大多数对推销人员和产品处于麻木状态，他们的注意力只放在自己关心和感兴趣的事物上。因此，推销人员必须尽其所能，想方设法吸引客户的注意力，以便不被拒绝，如推销人员可以通过精心设计自己的形象、精辟的语言、得体的动作、富有魅力的产品和巧妙的提问等，来引起客户的注意。

在推销活动中，要唤起客户对推销品的有意注意，推销人员必须营造一个使客户与推销品息息相关的推销环境，并让客户感觉自己是被关注的中心，自己的需求和利益才是真正重要的，即在突出客户地位的同时宣传了推销品。这样，就可以强化推销品对客户的刺激，使客户自然而然地将注意力从其他事情上转移到推销活动上来。

### 2. 唤起顾客兴趣

即促使顾客对推销品或购买抱有积极肯定的态度。兴趣是一个人对某一事物所抱有的积极的态度。对推销而言，兴趣就是客户对推销产品或购买所抱有的积极态度。在推销活动中，客户对产品产生的好奇、期待、偏爱和喜好等情绪，均可称为兴趣，它表明客户对产品作出了肯定的评价。客户由于对推销人员及其产品的兴趣而使其注意力更加集中。

唤起客户兴趣在推销活动中起着承前启后的作用，兴趣是注意的进一步发展的结果，又是欲望的基础，兴趣的积累和强化便是欲望。如果推销人员在推销活动中不能设法使客户对产品产生浓厚的兴趣，不仅不会激发客户的购买欲望，甚至还会使客户的注意力发生转移，致使推销工作前功尽弃。

唤起客户兴趣的关键就是要使客户清楚地意识到购买产品所能得到的好处和利益。推销人员可以通过对产品功能、性质、特点的展示及使用效果的演示，向客户证实所推销的产品在品质、功能、技术等方面的优越性，以此来诱导客户的购买兴趣。

### 3. 激起顾客购买欲望

购买欲望，是指客户通过购买某种产品或服务给自己带来某种特定的利益的一种需要。一般来说，客户对推销产品发生兴趣后就会权衡买与不买的利益得失，对是否购买处于犹豫之中。这时候推销人员必须从认识、需要、感情和智慧等方面入手，根据客户的习惯、气质、性格等个性特征，采用多种方法和技巧促使客户相信推销人员和推销的产品，不断强化客户的购买欲望，即激起购买欲望。

激起客户的购买欲望就是推销人员通过推销活动的进行在激起客户对某个具体推销内容的兴趣后，努力使客户的心理活动产生不平衡，使客户产生对推销内容积极肯定的心理定势与强烈拥有的愿望，使客户把推销内容的需要与欲望排在重要位置，从而产生购买欲望。推销人员可以通过向客户介绍、提供一些有吸引力的建议、说明事实等方法，来达到激起客户购买欲望的目的。

### 4. 促成顾客采取购买行为

促成购买即指推销人员运用一定的成交技巧来促使顾客进行实际购买。有些客户在产生购买欲望之后，往往不需任何外部因素的促进就会做出购买决策。但是在通常情况下，尽管客户对推销产品发生兴趣并有意购买，也会处于犹豫不决的状态。这时推销人员就不应悉听客便，而应不失时机地促成客户进行关于购买的实质性考虑，帮助客户强化购买意识，进一步说服客户，培养客户购买意志倾向，促使客户进行实际购买。促成购买是在完成前面3个推销阶段后进行的最后冲刺，或者让客户表态同意购买，即使做不成交易也要暂时结束洽谈。

由于市场环境是千变万化的，推销活动也随之而复杂多变，推销4个步骤的完成时间不可能整齐划一，主要由推销人员的工作技巧和所推销的产品性质而定，该模式4个步骤的先后次序也不必固定，可根据具体情况适当调整，可重复某一步骤，也可省略某一步骤。每一个推销员都应该根据埃达模式检查自己的销售谈话内容，并向自己提出以下问题：能否立即引起客户的注意，能否使客户对所推销的产品发生兴趣，能否激起客户的购买欲望，能否促使客户采取最终购买行动。

　　埃达模式从消费者心理活动的角度来具体研究推销的不同阶段，不仅适用于店堂推销，也适用于一些易于携带的生活用品和办公用品的推销，还适用于新推销人员及对陌生客户的推销。

## 二、迪伯达模式

　　迪伯达模式是海因兹·姆·戈德曼根据自身推销经验总结出来的新模式，他将推销全过程概括为：发现（Definition）、结合（Identification）、证实（Proof）、接受（Acceptance）、欲望（Desire）、行动（Action）这6个阶段。迪伯达是上述6个英文单词第一个字母组合（DIPADA）的译音，被认为是一种创造性的推销方法。该模式的要诀在于：先谈客户的问题，后谈所推销的产品，即推销人员在推销过程中必须先准确地发现客户的需要和愿望，然后把它们与自己推销的产品联系起来。这一模式是以需求为核心的现代推销学理念在实践中的具体运用。

### 案例赏析6-5 [1]

　　一女顾客在洗发区仔细挑选。

　　销售员：小姐，需要洗发水吗？

　　顾客：是的。

　　销售员：看您的发质干燥枯黄，分叉也多，这是头发缺乏营养所致，您需要的是一款营养护发型的产品。

　　顾客：是的，我头发一直都很干，最近去把头发染了一下，变得像一堆枯草一样，所以想选一款修复营养型的洗发水。

　　销售员：我推荐您使用新一代乳液修复系列。该品牌一直是致力于秀发营养修复，并且知名度和效果是有口皆碑的。

　　顾客：效果怎么样？

　　销售员：乳液修复洗发水具有2倍修复效果，可以提供给秀发更多的营养，精准修护秀发损伤。滋养干枯受损秀发从发根至发梢，帮助预防分叉。

　　顾客：对我开叉的头发有用吗？

　　销售员：干枯的头发可以利用洗发水来滋养，分叉的头发只能修剪，在平日的护发过程中不要频繁梳理头发，不要倒梳头发，这会伤害头发毛鳞片，引起开叉。洗发后也要给头发抹上护发素来护理头发，补充头发的营养。

　　顾客：嗯，听起来还不错。

　　销售员：现在这款洗发水在做新品推荐，可以送您一个小的护发素搭配洗发水使用，您可以看看它的效果，不会让您失望。

　　顾客：好，那我就要这个！

　　▲点评：迪伯达模式6个步骤中，推销人员首先在推销过程中必须准确发现客户的需要和愿望，然后把它们与自己推销的产品联系起来。

**1. 准确地发现顾客的需要与愿望**

　　在实际推销活动中，发现客户的需要和愿望是很难的，但推销人员在实践中可以运用市场调查与预测、建立信息网络、引导需求、推销洽谈等方法来发现客户的需要和愿望。

❶ 资料来源：李光明. 现代推销实务. 北京：清华大学出版社，2011.

**2. 把推销品与顾客需要结合起来**

当推销人员在简单、准确地总结出客户的需要和愿望之后，便应进入第二个阶段：向客户介绍所推销的产品，并把产品与客户的需要和愿望结合起来。这样就能很自然地把客户的兴趣转移到推销产品上来，为进一步推销产品铺平道路。这一阶段是一个由探讨需要的过程向实质性推销过程的转移，是推销的主要步骤。推销人员可以通过企业整体营销活动迎合客户的需求、说服客户调整需求并使需求尽可能与产品结合、主动教育与引导客户的需求等方法使所推销产品与客户的需要相结合。

**3. 证实所推销的产品符合顾客的需要**

推销人员仅仅告诉客户所推销产品正是其所需要的，这是远远不够的，必须拿出充分的证据向客户证实产品符合其需要和愿望，并了解客户对所提供证据真实性的态度。这个阶段推销人员的主要任务是：通过以往成功推销案例的真实介绍，让老客户说明所获得的利益和价值，或展示有关部门出具的证据，或采用典型事例等，这些方法的采用目的是向当前客户证实他的购买是正确的，推销人员的介绍是真实可信的。

**4. 促进顾客接受所推销的产品**

推销人员经过自己的努力，让客户承认产品符合客户的需要和愿望。客户接受才是推销活动的主要目的，因为客户只有接受了产品，才会有可能购买。

**5. 激起顾客的购买欲望**

**6. 促成顾客采取购买行动**

第5步、第6步骤与埃达模式一致。迪伯达模式适用于对老客户及熟悉客户的销售，适用于保险、技术服务、咨询服务、信息产品等无形产品的销售，适用于客户属于有组织购买即单位购买者的销售。因为此模式比埃达模式复杂、层次多、步骤繁，但其销售效果较好，因而受到销售界的重视。

## 三、埃德帕模式

埃德帕模式是"迪伯达"模式的简化形式，它适用于有着明确的购买愿望和购买目标的顾客。"埃德帕"是5个英文字母IDEPA的译音。这5个英文字母分别为五个英文单词的第一个字母。埃德帕公式的5个推销步骤如下。

Identification，即把推销品与顾客需要结合起来。

Demonstration，即向顾客示范产品。

Elimination，即淘汰不合适的产品。

Proof，即证实顾客的选择正确。

Acceptance，即促使顾客接受产品。在采用该模式时不必去发现和指出顾客的需要，而是直接提示哪些产品符合顾客的购买目标，这一模式比较适合于零售推销。

**1. 把推销的产品与顾客的愿望联系起来**

一般来说，人们总希望从购买活动中获得一定的利益，包括在一定程度上增加收入、减少成本、提高效益。推销人员应对上门主动求购的顾客热情接待，主动介绍商品，使顾客认识到购买商品所能获取的一定利益，紧紧扣住顾客的心弦，使其欲罢不能，这种效果是其他接近方法所无法得到的。在实际推销工作中，普通顾客很难在推销人员接近时立即认识到购买商品的利益，同时为了掩饰求利心理，也不愿主动向推销人员打听这方面的情况，而往往装出不屑一顾的神情。如果推销人员在接近顾客时主动提示商品利益，可以使商品的内在功效外在化，尽量满足顾客需求。在向顾客展示利益时，推销人员应该注意的问题为：商品利益必须符合实际，不可浮夸。在正式接近顾客之前，推销人员应该进行市场行情和用户情况调查，科学预测购买和使用产品可以使顾客获得的效益，并且要留有一定余地。

## 2. 向顾客示范合适的产品

证实的常用办法是示范。所谓示范就是当着顾客的面展示并使用商品，以显示出推销的商品确实具备能给顾客带来某些好处的功能，以便使顾客产生兴趣和信任。熟练地示范推销的产品，不仅能吸引顾客的注意力，而且更能使顾客直接对产品发生兴趣。示范最能给人以直观的印象，示范效果如何将决定推销成功与否。因而，示范之前必须周密计划。

## 3. 淘汰不宜推销的产品

有些产品不符合顾客的愿望，我们称之为不合格产品。需要强调指出，推销人员在向顾客推销产品的时候，应及时筛选那些与顾客需要不吻合的产品，使顾客尽量买到合适的产品，但也不能轻易淘汰产品，要做一些客观的市场调研及分析。

## 4. 证实顾客的选择正确

即推销人员介绍曾成功的案例以此来证明顾客挑选的产品是合适的，该产品能满足他的需要。

## 5. 促使顾客接受产品

推销人员应针对顾客的具体特点和需要进行促销工作，并提供优惠的条件，以促使顾客购买推销的产品。

适用范围：埃德帕模式多用于向熟悉的中间商推销，也用于对主动上门购买的顾客进行推销。无论是中间商的小批量进货、批发商的大批量进货，还是厂矿企业的进货，无论是采购人员亲自上门求购，还是通过电话、电报等通信工具询问报价，只要是顾客主动与推销人员接洽，都是带有明确的需求目的的。

# 四、费比模式

费比（FABE）模式是由美国奥克拉荷马大学企业管理博士、我国台湾地区中兴大学商学院院长郭昆漠总结出来的。FABE模式是非常典型的利益推销法，而且是非常具体，具有高度够、操作性强的利益推销法。它通过4个关键环节，极为巧妙地处理好了顾客关心的问题，从而顺利地实现产品的销售。

FABE模式就是将一个商品分别从4个层次加以分析、记录，并整理成商品销售的诉求点。在过程上而言，首先应该将商品的特征（F）详细地列出来，尤其要针对其属性，写出其具有优势的特点。将这些特点列表比较。应充分运用自己所拥有的知识，将产品属性尽可能详细地表示出来。接着是商品的功能（A）。也就是说，所列的商品特征究竟发挥了什么功能？对使用者能提供什么好处？在什么动机或背景下产生了新产品的观念？这些也要依据上述的商品的特征，详细地列出来。第三个阶段是客户的利益（B）。如果客户是零售店或批发商，其利益可能有各种不同的形态。但基本上，我们必须考虑商品的功能（A）是否能真正带给客户利益（B）？也就是说，要结合商品的利益与客户所需要的利益。最后是保证满足消费者需要的证据（E）。亦即证明书、样品、商品展示说明、录音录影带等。

## 1. 特点："因为……"

特点（Feature），是描述商品的款式、技术参数、配置；是有形的，这意味着它可以被看到、尝到、摸到和闻到；回答了"它是什么？"的问题。

## 2. 功能："从而有……"

功能（Advantage），是解释了特点如何能被利用；是无形的，这意味着它不能被看到、尝到、摸到和闻到；回答了"它能做到什么……"的问题。

## 3. 好处："对您而言……"

好处（Benefit），是将功能转化成一个或几个的购买动机，即告诉顾客将如何满足他们的需求；是无形的，自豪感、自尊感、显示欲等；回答了"它能为顾客带来什么好处？"的问题。

### 4. 证据："你看……"

证据（Evidence），是向顾客证实你所讲的好处；是有形的，可见、可信；回答了"怎么证明你讲的好处？"的问题。

**案例赏析6-6**

以冰箱的省电作为卖点，按照费比模式的销售技巧可以介绍为：（特点）你好，这款冰箱最大的特点是省电，它每天的用电才0.35度，也就是说3天才用一度电。

（优势）以前的冰箱每天用电都在1度以上，质量差一点可能每天耗电达到2度。现在的冰箱耗电设计一般是1度左右。一比较就可以计算出每天节省多少钱。

（利益）假如0.8元一度电，一天可以省0.5元，一个月省15元。就相对于省手机月租费了。

（证据）这款冰箱为什么那么省电呢？

（利用说明书）你看它的输入功率是70瓦，就相当于一个电灯的功率。这款冰箱用了最好的压缩机、最好的制冷剂、最优化的省电设计，它的输入功率小，所以它省电。

（利用销售记录）这款冰箱销量非常好，你可以看看我们的销售记录。假如合适的话，我就帮你试一台机器。

▲点评：费比（FABE）模式是通过4个关键环节，极为巧妙地处理好了顾客关心的问题，从而顺利地实现产品的销售。

### ▶ 章节回顾

本章节着重介绍了推销的概念、特征，结合推销方格理论、客户方格理论理解推销的心理，进而把握时下常用的推销基本模式。通过对本章节的学习，能够理解推销的概念，准确把握推销的主要特征，明白推销的方格理论的内容，明确推销的基本心理，明确推销的模式，明白推销工作的重要性。

### ▶ 关键词汇

推销心理；推销模式；感觉；知觉；注意；记忆；想象；思维；情感；过程；推销方格；客户方格；埃达模式；迪伯达模式

### ▶ 知识训练

**一、复习思考题**

1. 为什么说推销过程是心理沟通过程？
2. 客户购买的心理活动可分为哪几个阶段？各包括哪些内容？
3. 客户的思维和情感过程对购买会有什么样的影响？
4. 何为推销方格与客户方格？两者的关系如何？
5. 推销模式有哪些？各有何特点？适用的条件是什么？

**二、案例与训练**

[案例1]

#### 不情愿的购买者

推销员：这件衣服对您再合适不过了，您穿蓝色看上去很高贵，而且这件式样也正是您这种工作所需要的。

客户：不错，是一件好衣服。

推销员：当然了，您应该马上就买下它，这种衣服就像刚出炉的热蛋糕，您不可能买到更好的了。

客户：嗯，也许，我不知道。

推销员：您不知道什么？这是无与伦比的。

客户：我希望你不要给我这么大的压力，我喜欢这件衣服。但我不知道我是否应当买别的颜色的衣服，我现在已有一套蓝色的了。

推销员：照照镜子，难道您不认为这件衣服给了您一种真正的威严气质？您知道您可以承受得了，而且60天之内您可以不必付款。

客户：我还不能确定，这得花很多钱。

推销员：好的，但当您再回来时或许这种衣服已没货了。

问题：

1. 推销员是否了解客户的需求所在？如何了解客户的需求？

2. 本案例中客户的购买主权是否得到了尊重？推销员的做法是否属于硬性推销性质？

3. 在该案例中，推销员应如何帮助客户从感性和理性两个方面去认识服装商品？

[案例2]

吸引注意、唤起兴趣和激发欲望的三部曲

1. 吸引注意技巧的要点

精心设计开场白，对准客户漠不关心、满不在乎或心烦意乱的状态进行突破。

① 保险推销人员面对青少年的妈妈，试图用简介资料向她推销。推销员："您知道孩子在大学四年的生活需要花费多少钱吗？"这是以奇怪的问题来突破准客户麻木状态或厌倦气氛的方法，妈妈会洗耳恭听。

② 化妆品推销人员在销售专柜前，衣冠整洁，仪表动人。推销员小姐对注视化妆品的中年妇女说："这种新推出的润肤香脂可以防止皮肤干裂，您有兴趣吗？"这是以客户需要提示法来吸引客户的注意。

③ 房屋隔间业务的推销人员向房东说："您知道将房屋隔间后可以减少税捐吗？"这是以客户利益提示法来吸引客户的注意。

2. 唤起兴趣技巧的要点

将所推销的产品的特征、优点与客户的需要、欲望和特定的问题联系起来，诱导出客户的兴趣。

① 保险推销人员面对青少年的妈妈说："如果您不来投保，您会知道孩子上大学的第一年可以保证每月有多少零花钱吗？"

② 化妆品推销人员对中年妇女说："如果希望在年龄逐渐增大时，仍然可以防止产生皱纹的话，您知道最需要的是防止皮肤干燥吗？"

③ 房屋隔间业务的推销人员向房东说："您希望减少您的税捐，是吗？"

这几种情景的共同点就是，继续提示客户的需要和利益，尤其是要客户本人卷入话题中来，在客户的注意和兴趣之间架起了一条纽带。

3. 激发购买欲望技巧的要点

提供各种例子进行证实，强化客户利益。

① 保险推销人员面对青少年的妈妈说："住在本市的查尔斯先生因病突然去世了。因为有了本公司的学费保险，小查尔斯才能在州立大学读书，他计划将来成为一名律师。"

② 化妆品推销人员对中年妇女说："这是影星卡拉·克莉斯蒂安的照片，还有许多其他用过

这种润肤脂的妇女照片，请看看她们的皮肤是多么的柔嫩、光滑。"

③ 房屋隔间业务的推销人员向房东说："这是最新的《税法》。您的邻居向我订购了7间独院的房屋业务，例如您对面的西蒙兹太太决定下周二由我替她隔间。如果您打电话给她的话，相信她会肯定我的说法。她是一位会计，对我们的价格和做法都核对得非常彻底。"

这几种激发购买欲望的技巧都是以真实可信而且详细的例子来做出证实和保障的，你能再举出一些例子来吗？

# 第七章
# 推销人员管理

## 学习导读

　　成功的推销，离不开推销人员的推销策略与技巧，但推销人员的任何活动都只是企业整体营销战略和策略的一个组成部分，接受企业管理部门正确的指导与安排，也是成功的推销不可缺少的。企业的推销管理，是整个企业管理的重要组成部分，是达到推销目标的一种手段。推销管理包括推销人员的选拔、培训、考评、激励、控制等内容。

## 学习目标

　　通过对本章的学习，需要把握和领会以下知识要点。
　　① 推销人员的岗位职责。
　　② 推销人员的素质及能力。
　　③ 推销人员的选择与培训。
　　④ 推销人员的考核与激励。
　　⑤ 推销组织管理与控制。

## 学习导航

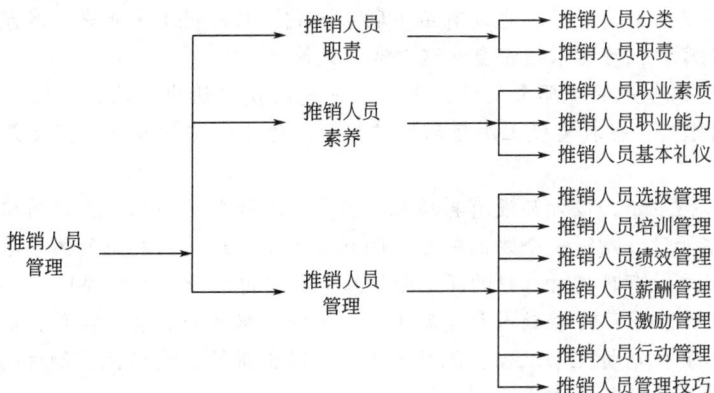

## 职业指引

　　如今，市场经济日臻完善，商品推销已摆脱了传统的模式，各种类型的推销人员在商品经济大潮中各司其职，各显身手。同时，市场经济要求推销人员承担更多的职责，具有更优良的素质。如何使自己成为一名优秀的推销人员，以承受社会和企业的重托与厚望，是每一位推销人员或将要成为推销员的人都应该认真思考的问题。本章主要就推销人员的职责、素质、能力以及基本礼仪，推销人员选拔、培训、考核等推销人员管理内容进行介绍，进而提高学生基本素质，为将来选择销售工作岗位的学生增强就业能力。

# 第一节　推销人员的职责

## 导入案例7-1

### "菜鸟"推销为何成功

我第一天做门店推销人员时，店长初步介绍了一下店里的情况，拿了一些资料给我，就算开始工作了。这一天正好是周末，客户很多，我这个"菜鸟"也硬着头皮上阵了。

店里进来3位客人，我凭直觉认为，其中一位是设计师，另外一对夫妇是业主。通过交谈我发现，那位男业主的决策权明显大一些，所以我就选择男业主作为主要介绍对象，事实证明我的选择是对的。

但是我对产品一窍不通，怎么办呢？

我发现客户在新款"天使光环"系列套装灯面前停了下来，店长给我说过这个是公司刚刚推出的新款套装系列，适合于现代简约的家装风格，给我的资料中，正好有"天使光环"系列的资料，很可能有用。于是我拿给了顾客，他看后兴趣大增，当他咨询设计师意见时，设计师轻描淡写地说了一句："好像与你家的风格不太适应。"

从设计师的眼神中，我意识到设计师之所以如此回答，很可能是因为我们店里没有给他销售提成。

我趁给客户倒水的时候，示意另外一个同事把设计师支走。设计师走后，我从客户那里得知其家中装修风格偏重现代风格。

于是我还是给客户推荐"天使光环"系列，"如果这套'天使光环'套装系列灯具安装在您家中，不仅现代感强，而且会使空间有一种艺术美（我只是在堆积关于美的词汇，所言没有科学依据）。"我还不失时机地向客户介绍我们的服务和质量，客户非常满意。

但客户最终还是匆匆离开了，也没有留下联系方式，只是说下次再来。我想这下完了，要知道，一次丢了一个客户，可能永远都会和这个客户无缘了。

过了一周，这位客户带着那个设计师来了，一进门我就认出了他，跟他打招呼，这位客户反问我："我认识你？"当我重提上次碰面的过程时，他变得非常高兴，显然是一种受尊重时的高兴。

随后的沟通顺畅多了，设计师没有再捣乱，客户没有提其他要求，只说价格高了点，于是正好赶上我们做促销活动，赠送一个赠品给他，顺利签单了。这是我接触的第一单，它给我一个启示：一定要记住客户，有时候对客户的尊重和对细节的重视比什么都重要！

▲点评：案例中虽然这个推销人员是新手，但他能一眼看出来客户身份，能够马上辨别出购买的决策人，能和其他店员主动配合，能对陌生产品做出讲解，能记住接触过的客户，这些正是一个优秀推销人员应该具备的素质。

## 一、推销人员分类

在我国通常把推销人员分为下列几类。

### 1. 生产企业推销人员

生产企业推销人员是指专门服务于某一制造厂商，为其进行市场开拓和产品销售的人员。他们统称为生产企业销售代表，通常采取分区负责制，定期对各自销售区域内的经销商进行访销，保证这些经销商对推销品有足够的库存，还负责向经销商推荐新产品，落实企业对经销商的促销政策，帮助零售商店培训售货员等。此外，他们也从事销售推广和宣传等工作。

### 2. 批发企业推销人员

批发企业推销人员是指批发环节的推销人员，服务于各种批发商，主要对零售企业进行访销。批发企业推销人员向零售商介绍和推广推销品，其推销品取决于批发商的经营范围，通常是某一大类的产品，一般是批发商所经营的各种商品。此类推销工作对帮助和促进零售企业发展具有重要的意义。

### 3. 零售企业推销人员

零售企业推销人员是指零售环节的推销人员，直接为最终消费者服务，向顾客展示商品，介绍商品性能，解答有关问题，提供各种服务。零售企业推销人员包括两个部分：一是服务于零售商店的营业员，也称为售货员；二是服务于厂商或批发商，直接面对最终消费者（个人、家庭和组织）进行推销的人员。

### 4. 职业推销人员

职业推销人员以推销产品为主要职能，但他们既不为厂商或批发商所雇佣，也不需要与委托方保持长期稳定的业务关系。他们的工作只是为买卖双方牵线搭桥，促成交易，而不介入商品的买卖。交易一旦成功，职业推销人员可按一定比例收取佣金。职业推销人员联系面广，对产品的供、需方都熟悉，对推销的产品具有丰富的专业知识和销售经验。他们可以同时接受多方委托，为卖主寻找买主。一些小制造商和零售商都愿意与职业推销人员打交道，因为他们不必雇佣固定的推销人员。

### 5. 生产资料推销人员

生产资料推销人员是专门从事生产资料推销的推销人员，其推销对象是生产企业。生产资料销售领域对推销人员具有巨大的吸引力，因为生产资料通常价值高而购买量大，能使推销人员获得较好的推销业绩和丰厚的报酬。但是，生产资料推销人员需要接受专业教育培训，掌握专门的产品知识。

### 6. 服务行业推销人员

服务是一种无形产品，推销人员必须将非物质产品的利益推销出去。一般来说，推销服务（无形产品）比推销有形产品困难得多。推销人员可以将有形的产品拿给顾客看，演示它的使用方法。对无形产品，推销人员却无法这样做。潜在顾客经常不清楚无形产品能给他们带来的利益，因为他们无法触摸到、闻到、看到、听到或尝到无形产品，这就使无形产品的推销更具挑战性。

### 资料阅读 7-1

#### 推销人员四层次

参照美国推销心理学者罗伯特·P·德格鲁特的观点，推销人员可分为以下4个由低到高的层次。

第一，销售办事员。这类人员是订单接受者。他仅具备基本的商贸知识和对公司产品、价格、服务等方面的了解，在客户要了解情况或要求订货时，能予以介绍或办理手续。在推销工作中，销售办事员几乎是一个全面被动的工作人员。

第二，销售助理。这类人员具备推销工作中所需的一方面或几方面的知识和技能，但尚不全面。他能协助或代替其他人员进行推销中的某一阶段的工作。但还不能完全独立工作，往往缺乏和客户进行商谈并促使其成交的技巧，在推销工作中，常常处于被动地位。

第三，推销工程师。这类人员在接到公司推销产品的任务后，能够对推销工作进行全面的分析和规划，并能加以实施，具备独立进行推销所需的全部技能，尤其是促使客户成交的技能。在推销工作中基本处于主动地位，但往往受到产品和公司规章的局限。

第四，推销大师。这类人员具有娴熟的推销技能，并能创造性地进行工作，能够针对不同的产品、客户，得心应手地进行推销工作，在产品和公司规章与客户要求的矛盾之间，创造性地解决问题，还能指导他人和利用他人来完成推销工作，在工作中全面主动。

## 二、推销人员职责

推销人员是推销活动的主体，是企业与顾客联系的桥梁和纽带，他既要对企业负责，又要对顾客负责。推销人员的职责和义务是由他选择或从事的具体推销类型而定的。例如，推销汽车的推销员与推销化妆品的推销员的职责和义务就有所不同。当然，推销员的一些基本职责和义务对任何一种类型的推销员都是相同的，只是这些职责和义务的重要程度不同而已。

### 1. 搜集信息

推销人员是联系企业和市场、企业和顾客的桥梁与纽带，容易获取产品的需求动态、竞争者状况及顾客的意见等方面的重要信息。及时地获取与反馈这些信息是推销人员的一项重要职责。这不仅可以为企业制订正确的营销策略提供可靠的依据，而且有助于推销人员提高自身的业务能力。因此，推销人员要自觉地充当企业的信息收集员，深入到市场与顾客中，在销售商品、为顾客提供服务的同时，有意识地了解、搜集市场信息。推销人员在搜集信息时要做好以下几项工作。

① 寻找与确定目标市场，即寻找并确定哪个地区、哪部分人是企业产品目前的需求者或未来可能的购买者。

② 估算目标市场的容量与可以达到的销售额。市场容量是指针对具体的目标市场可能达到的最大销售额（或销售量）。市场容量的大小与目标市场中需求者的多少、购买力的大小、购买欲望的强弱有关。

③ 了解目标市场需求的具体特点。为了更好地进行市场营销决策及推销活动，推销人员还应详细了解消费者的需求现状及变化趋势，他们对产品的具体意见和要求，对企业销售政策和售后服务反映等具体情况，以便为企业制订具体的市场营销策略提供依据，也为自己的推销工作提供决策依据。

④ 为企业市场营销决策当好参谋。推销人员应根据自己所了解的目标市场的需求特点，提出关于开拓市场的建议。首先，为企业生产适合目标市场需求的产品提出建议。其次，就产品如何定价，如何选择销售渠道等提出建议，参与企业整体营销决策。

⑤ 了解同类产品竞争者的状况。推销人员既要了解竞争者的产品有什么特性，缺乏什么特性，哪些特性优于自己的产品，也要了解竞争者的营销战略、营销策略、营销手段、网点分布、客户状况等。

苹果公司开发的"Power Book"笔记本电脑获得了巨大的成功，这和它的销售人员密不可分。苹果公司的第一台重达17磅❷的便携式电脑MAC在市场上失败以后，销售人员被派去观察那些使用竞争者笔记本电脑的客户。他们注意到竞争者的产品体积更小，人们在飞机上、汽车里、家里甚至床上都可以使用。故得出结论：人们并不是真正想要小计算机，而是想要可以移动的计算机，价格只是其中的一个方面。销售人员注意到，乘坐飞机的电脑用户需要一块平面移动鼠标，需要一处地方放置他们的双手。因此，"Power Book"就有了两个显著的特点：跟踪球指示器以及可以将手放在其上的键盘。这些使"Power Book"更便于使用，特点更明显。

　▲点评：推销人员收集信息要深入到市场与顾客之中才更有针对性。

**2. 协调关系**

推销人员运用各种管理手段和人际交往手段，建立、维护和发展与潜在顾客及老顾客之间的业务关系和人际关系，以便获得更多的销售机会，扩大企业产品的市场份额，这也是推销人员的重要职责。推销人员将产品推销出去，并不是推销工作的结束。顾客购买商品并使用后，会有一定的评价。这些评价会直接关系到企业及产品的声誉，关系到企业及产品的市场生命。推销人员必须继续保持与顾客的联系，尽善尽美地为其提供售后服务，还可定期访问，进行节日问候，保持牢固的产销渠道，而且还要千方百计地发展新的关系，吸收、说服潜在顾客购买本企业的产品，不断开拓新市场，扩大企业的市场范围。推销成功后，能否保持和重视与顾客的联系，是关系推销活动能否持续发展的关键。推销人员在协调关系时应做好以下几方面的工作：

① 确定主要客户的名单，建立顾客档案；
② 根据计划与顾客进行沟通；
③ 对推销人员定期进行检查、评估。

**3. 销售商品**

将企业生产的商品，从生产者手中转移到消费者手中，满足消费者的需要，为企业再生产和扩大再生产创造条件，是推销人员最基本的职责，也是推销工作的核心。

**4. 提供服务**

商品推销活动本身就是为顾客提供服务的过程。"一切以服务为宗旨"是现代推销活动的出发点和立足点。推销人员不仅要为顾客提供满意的商品，更重要的是为顾客提供各种周到和完善的服务。未来企业的竞争日趋集中在非价格因素上，非价格竞争的主要内容就是服务。在市场竞争日益激烈的情况下，服务往往成为能否完成销售目标的关键因素。

推销人员所提供的服务包括售前、售中和售后的服务。

**（1）售前服务**　是指在正式推销工作之前为潜在顾客所提供的服务。只有做好推销前的服务工作，推销才有成功的可能性。推销前的服务工作是指在商品未售出之前进行的一系列准备工作，它主要包括：调查了解顾客的需要情况，为顾客提供必要的产品样本和使用说明书，为顾客的购买提供必要的咨询服务等。推销前的服务是成功推销的前提，是达成交易的基础。

❶ 资料来源：本案例根据网络相关资源改写。

❷ 1磅=0.453592千克。

案例思考7-1

李军是某广告公司的销售员，某酒厂是他的第一个客户，某酒厂的厂长姓徐，是一位不苟言笑、看起来冷若冰霜的人。如何与这位厂长沟通呢？李军在出发前专门选择了一套与徐厂长风格一致，款式庄重的深色西装，并提前了5分钟到了酒厂。当秘书将他向徐厂长引见后，他先是得体含蓄地称赞了徐厂长，接着话锋一转："由于贵厂在我们省内消费者中有较高的知名度和较好的口碑，因此我们来厂之前特意精心准备了几种赋予贵厂产品更高形象定位的方案，供贵厂选择。打个比方，就相当于我们是做饭店的，今天配备了数种口味不同、各具特色的菜肴，你们相当于我们的客人，至于哪一种菜更适合你们的口味要求，请你们选择享用。"这几句话使本来因初打交道而显严肃的气氛一下子轻松了许多。

徐厂长也忍不住接话了："看来李经理很有做菜的高招，没见到啥菜，倒叫我开始口馋了！好，请介绍介绍您的菜谱吧。"初谈轻松，好像老朋友共同探讨一个课题。李军在本上记下了谈话重要的内容，并用随身携带的录音笔把客户有关的需求内容录下来。不过在与负责合肥地区销售的周科长商谈具体事项时，李军又碰到了不小的麻烦。周科长言语不多，且从不正视李军，颇有些冷漠，落座后一开口，李军便感到气氛骤然紧张，"李经理，我在合肥跑销售四五年了，与广告界常打交道，但没听说过你们新纪元广告公司。"周科长气势压人，但又言之有理！李军迅速调整一下思路后，微微一笑说："周科长说得不错，我们公司开张才半年，这半年来我们公司主要做了两件事，一件是开展社会调查，另一件是对员工进行培训。所以即使已经做了一点小的业务，在广告界仍是一名新兵。"然后语调一变："我们公司倒是有一点可以和其他广告公司比较一下，就是我们公司的8名员工中，研究生占了4人，本科生有两人，大专生两名，知识层次可能不算低！周科长若有所思地"噢"了一声，看来他还算满意。"不过我想请教一个问题：市内路牌广告每平方米每年多少钱？"

李军头"嗡"的一声，天啊，他对这种当时仅仅呈零星散布的媒体还没来得及注意呢。他急中生智说："周科长这个问题叫我无法回答，因为路段不同、用料不同，价格也不同呀。"说话间，李军立刻把基本费用大致分几个方面估算了一下，场租费、管理费、材料费……还没算出结果，周科长又补了一句："比如四牌楼附近的护栏呢？就按一年期算吧？"

这时李军已经大致算出来了：月租金每平方米10元，普通纤维板每平方米10元，税费及加工费每平方米大约5元，绘制费每平方米25元，其他辅料每平方米3元，再加上适当利润，"每平方米月租价55元左右！"

"嗯，差不多。"听到周科长的回答后，李军如释重负。以后的问题李军就更从容了，仿佛掌握了主动权。"那么付款方式呢？"李军谦虚的态度中带着固执的用词："我们的惯例是合同签订3日内付总费用的30%，制作完成正式发布时付50%，其余20%在发布后一个月内付清。""基本可以，下午我向厂长汇报，明天早晨请你们做好准备签合同。"周科长露出合作的笑容。

问题：1. 试分析李军是否履行了推销人员的职责？
2. 从案例中你得到哪些启示？

（2）**售中服务**　是指在推销商品的过程中，由公司或推销人员为顾客所提供的服务，主要为顾客在购买商品和运输方面提供方便条件。售中服务主要包括：为顾客提供运输、保管、装卸以及融资、保险、运输等方面的帮助。售中服务是推销成功的关键，尤其是在产品差异和价格差别不大的情况下，顾客会选择那些能提供额外服务的厂家生产的产品。因此，推销人员只有做好推销过程中的服务工作，推销才能成功。一方面，顾客看重推销人员的服务意识。顾客在选择过程中，往往很重视推销人员的人品和公司信誉，真诚和信誉是顾客接受推销的首要条件。推销人员的服务精神和提供的服务项目，最能说明推销人员的真诚与信誉。另一方面，顾客往往把能否提供所需要的服务，当作主要的洽谈条件。他们期望从推销人员提供的服务中获得利益。

（3）**售后服务**　是指在完成销售后为顾客提供的各种服务，主要包括：产品的安装、调试、维修、保养、人员培训、技术咨询、零配件的供应及各种保证或许诺的兑现等。任何顾客在购买商品后都会对购买决策进行总结。顾客总结时得出的结论，会对推销产生很大的影响。因此，只有搞好售后服务，消除顾客的不满意，强化顾客的满意，才能提高推销的知名度和美誉度，不断稳固老顾客，开发新顾客。

## ↘ 情景训练7-1

### ⊙ 情景材料

美国的"孩之宝"公司为了在中国市场上推销"孩之宝"变形金刚，推销人员及公司曾进行了长达一年多的市场调查，并得出结论：变形金刚这种玩具虽然价格高，但中国独生子女非常多，父母舍得投资，这种玩具在中国的大城市会有广阔的市场。于是"孩之宝"公司先将一套《变形金刚》系列动画片无偿送给广州、上海、北京等大城市的电视台播放。该电视动画片便成了不花钱的广告。《变形金刚》动画片中充满工业社会的智慧、热情、幻想，给孩子们带来了启迪和乐趣，在众多孩子的脑海中打下了深深的烙印。之后，《变形金刚》动画片从荧屏上"下来了"。"孩之宝"公司将变形金刚玩具投放中国市场，孩子们简直像是着魔了一样扑向商场。从"金刚之役"中不难看到，"孩之宝"公司销售前细致的市场调查、巧妙的电视宣传给其产品的销售铺起一条平坦大道，达到事半功倍的效果。

### ⊙ 训练要点

在了解推销人员的基本职责的基础上拓展、丰富推销人员的自我管理知识，加深对推销技巧知识的深入理解；充分运用相关推销及团队建设理论从事推销活动。

### ⊙ 训练步骤

1. 根据该案例，拟定讨论案例成功的原因。
2. 确定案例训练组织方式；分组集体讨论（4～6人为一组）。
3. 根据案例讨论结果（时间大约30分钟），各小组选出一名代表阐明本小组的分析要点及主要解决措施。
4. 各组之间进行相互评价，最后教师进行点评与总结。

# 第二节　推销人员的素养

## ➡ 导入案例7-2❶

如何提高推销技能

推销是推销员的基本技能。一般来说，推销员要努力用3年时间来理解推销之道，掌握推销技巧，把自己培养成一位素质过硬的推销员。有的推销员刚从事推销时凭的是满腔热情和本能；3年后，他们仍然依本能去推销。在3年的经历中，他们除了知道"锅是铁打的""推销工作是难的"之外，没有收获。这些推销员把推销理解为"扛起背包就出发"的事情，认为推销就是推着

---

❶ 资料来源：本案例根据网络相关资源改写。

产品去销，很简单。推销之前，没有思考、准备、计划如何推销；推销之后，没有反思、总结、改进自己的推销。结果，3年已过，两手空空。这是推销员的悲哀。

要提高自己的推销能力，推销员必须做好：学习、实践、反思3点。

（1）学习　推销是一门科学，有其基本的法则和逻辑，掌握推销的基本知识和法则，就为成功打下了坚实的基础。一年签订4988份合同而创下世界第一纪录的日本推销员齐滕竹之助在57岁刚步入推销领域时，他将所能找到的推销方面的书加以研究，甚至在前去拜访客户的途中还在专心致志地阅读。齐滕竹之助在成为世界第一推销员之后，谆谆告诫年轻推销员："要做一流的优秀推销员，需要有足够的见识，努力掌握推销技术。"

（2）实践　古诗"纸上得来终觉浅，绝知此事要躬行"，说明了实践的意义。《孙子兵法》人人读，但并不是每个读过的人都能成为军事家。岳飞说"运用之妙，存乎一心"，这是真理。"十年可以学成一个书生，十年学不成一个商人"，说明推销之道是没有人能够教会你的。成功需要实践、实践、再实践。推销员要把书本上的道理变成自己的行动。在推销之前，推销员要做到：把推销理论和实践结合起来，制订一个推销计划。拜访客户时，根据推销计划，结合实际情况灵活发挥。这样逐渐地把推销原则变成自己的价值观念，把他人的经验变成自己的处事方式，形成自己的推销风格。日本经济学家松本顺说得好："职业推销员有一条共同的经验，即使模仿销售业绩最好的推销员所使用的方法，效果也不过尔尔。只有从亲身体验中发掘出独特的推销方法，才能产生令人满意的效果。"

（3）反思　曾子说"吾日三省吾身"，推销员也要对自己的推销行为进行反思：找出正确之处加以发扬，找出不足之处加以弥补，找出错误之处加以改正。欧洲一家保险公司有两位明星推销员，他们每天上午和晚上的休息时间都要回到办公室进行一次谈话。同事们感到好笑，因为大家都在工作而他们却在喝咖啡休息。他们在干什么？事实上，他们在探讨前一天出现的问题。他们遭遇的结局越是尴尬就讨论得越彻底。理由、指责、计算问题，所有的都要详细地检查一遍。这两位推销人员为什么要这样做呢？他们想要改进工作。当两个人中只有一个人在场的时候，仍然要进行这种天天都做的检讨，在场的一位对着空椅子把问题说一遍，然后试着找出有效的答案。只有优秀的推销员才会想到这个主意，而那些成效不大的推销员通常发现不了问题，甚至还觉得根本没有问题，而恰恰是这些不十分优秀的推销员更需要进行自我检讨。

英国大文豪莎士比亚说："推销员先生，你的过错不是从天而降，一切都源于你自身！"推销员只有对自己的推销工作进行检讨、反思，才能更快地提高自己。

推销人员直接与客户接触，他们既是企业的代表，更是客户的顾问和参谋，他们要走遍千山万水，要吃尽千辛万苦，要联系千家万户，要与千差万别的客户打交道。所以，他们必须具有良好的思想素质、业务素质及身体素质；同时，也必须具有一定的推销能力。只有这样，才能娴熟地运用自己的业务技巧，完成推销任务。

## 一、推销人员的职业素质

人的素质是在社会实践中逐渐发育和成熟起来的。个人某些素质的先天不足，可通过学习和实践得到不同程度的补偿。推销人员不是先天就具备优秀的推销素质，而是依靠自身的不断努力去提高、去完善。

### 1. 思想素质

因为推销工作充满酸甜苦辣，可以说挫折是推销人员的家常便饭，没有良好的心理素质，没有开朗的性格是干不下去的。有许多推销人员受到一些挫折后，就掉队转行，"不经历风雨，哪能见彩虹？"推销人员必须具备良好的心理素质，胜不骄，败不馁。思想素质包括以下几个方面。

（1）**具有强烈的事业心和责任感**　推销人员的事业心主要表现为：应充分认识到自己工作的价值，热爱推销工作，要有献身于推销事业的精神，对自己的工作充满信心，积极主动，任劳任怨，全心全意地为客户服务。推销人员的责任感主要表现为：忠实于企业，忠实于客户。本着对所在企业负责的精神，为树立企业的良好形象和信誉做贡献，不允许发生有损害于企业利益的行为。本着对客户利益负责的精神，帮助客户解决实际困难和问题，满足客户的需求。

（2）**坚强的意志和毅力**　推销活动以人为工作对象，而人又是复杂多变的。因此，影响推销成功的不确定性因素很多，这也决定了推销的难度很大。在重重的困难面前，推销员必须具备一往无前，压倒一切困难而不被困难所压倒的勇气，必须具备百折不挠的毅力与韧劲。这种勇气、毅力和韧劲不但要体现在一场场推销的战役、战斗中，更要贯穿于整个推销生涯。

（3）**要富有信心**　信心应包括3个方面，第一，对你自己的信心，你相信你能干好，是一位敬业的优秀的推销人员，那么你就能克服一切困难，干好你的工作。"事在人为"，只要你想干好，就一定能干好。第二，是对企业的信心，相信企业能为你提供好产品，给你能发挥你的才能实现你的价值的机会，使你自己的一切活动完全纳入企业行为中，并以你能成为该企业一员而骄傲，即一种企业自豪感和对企业的认同，是一种忠诚。第三，对产品的信心，相信你所推销的产品是最优秀的，你是在用该产品向你的消费者、你的朋友提供最好的服务，一定会让对方幸福、快乐的。

（4）**具有正确的理念**　推销理念是推销人员进行推销活动的指南。正确的推销理念要求推销人员在推销工作中要竭尽全力地为国家、企业着想，全心全意地为客户服务，把客户需要的满足程度视为检验推销活动的标准。

**2. 业务素质**

推销人员是否具有良好的业务素质，直接影响其工作业绩。推销人员应具备的业务素质主要包含以下几方面。

（1）**交际能力要强**　推销工作实质就是公关过程。一般说来一名优秀的推销人员一定是一名优秀的公关人员。他们各种层次的，各种职业的朋友都有。认识的人多就是资本，推销人员必须有博大胸襟来容纳一切人员。对一名优秀的推销人员来说，更是尽可能抓住一切时间、一切机会来交朋友。

（2）**反应速度要快**　有人说推销人员要具备狐狸的狡猾，猎鹰的机敏。推销人员应善于发现周围的每一有用的信息，对周围每一细小变化都能很快作出反应，并且思维要敏捷，一个生意的谈判过程就是一个反应速度的比赛，一个斗智的过程。

（3）**知识面要宽**　推销人员要与各行各业、各种层次的人接触，因此应对各种人喜欢谈什么要清楚，进而才能有与对方共同的话题，谈起来才能投机。除了掌握天文、地理、旅游、时事新闻、文学、美术、音乐、体育、养花、钓鱼等一般性社会常识来寻找共同话题，但更重要的是还需要掌握的业务知识。首先是要掌握企业知识，推销人员要熟悉本企业的发展历史、企业规模、经营方针、规章制度及企业在同行业中的地位，企业产品种类和服务项目、定价策略、交货方式、付款条件及付款方式等情况；其次要掌握产品知识，推销人员要了解产品的性能、用途、价格、使用方法、维修、保养及管理程序等方面的知识，了解市场上竞争产品的优劣情况；再次需要了解客户知识，推销人员应善于分析和了解客户的特点，要知晓有关心理学、社会学、行为科学的知识，了解客户的购买动机、购买习惯、购买条件、购买决策等情况才能针对不同客户的不同心理状况，采取不同的推销对策；再次还要学会分析市场知识，推销人员要懂得市场营销学的基本理论，掌握市场调查和预测的基本方法，善于发现现实和潜在的客户需求，了解产品的市场趋势规律和市场行情的动向；最后还需要精通法律知识，推销人员要了解国家规范经济活动的各种法律，特别是与推销活动有关的经济法规。譬如，《合同法》《反不正当竞争法》《产品质量法》《商标法》及《专利法》等。

**3. 具有良好的职业道德**

"要做生意，先做人"，只有人品端正，别人才能尊重你，把你当朋友，信任你，从而成为生意伙伴。德才兼备，首先要成为品德高尚的人，其次才有才华，才能称为真正的人才，否则，品德不正，客户不会相信你，你的老板、领导不会信任你。一般的企业招聘推销人员时，道德列为第一重要条件，因为消费者、客户、社会大众一般都通过推销人员来得到这个企业的形象、素质、层次的，推销人员是这个企业与社会接触的最前沿，是向社会反映企业的一面镜子。社会大众通过对推销工作的认可来接受这个企业、这个企业的产品。如一个企业推销人员态度好、敬业、品德高尚，则消费者能很快接受企业的产品。推销人员必须自觉遵守国家的政策、法律，自觉抵制不正之风，正确处理个人、集体和国家三者之间的利益关系，依照有关法律规范推销产品，同时要在推销过程中，对顾客要了解的事情，实事求是地加以介绍；对顾客提出的要求，要以真诚的态度认真对待，并积极想办法解决；对做出的承诺，要努力实现。要注意保护顾客的权益，推销中买卖双方是两个不同的利益主体，有着各自的利益关系。推销员不仅要维护本公司的利益，同时也要保护顾客的权益，只有使双方都得利，才能保持双方关系的巩固和发展。

## 案例赏析7-2

有个人开车开了10多年，有很多业务员跟他联系过，劝他换辆新车。A推销员说："你这种老爷车很容易发生事故。"B推销员说："像这种老爷车，修理费相当昂贵。"C推销员说："开这种车出门，很没面子的。"这些推销员的话似乎有道理，但让车主非常生气，拒绝与他们再进行沟通。后来，有位推销员对他说："我看你的车还能用半年，如果现在更换了，有点可惜。"车主其实早有换车的想法了，这位推销员的话语打动了他，经过两天的思考，他终于和推销员签订了买车协议。

▲点评：会说话是推销员必须掌握的基本素质。

**4. 健康的体魄**

推销工作的艰苦性，决定了推销员必须具有健康的体魄。如果一个人经常晕车，胃口不好，冷热不适，水土不服，走不了几步路就气喘吁吁，是很难胜任推销工作的。推销人员应精力充沛、头脑清醒、行动灵活。推销工作比较辛苦，推销人员要起早贪黑，要东奔西走，要经常出差，食、住也经常没有规律，还要交涉各种推销业务。这样不仅要有足够体力，还需要有旺盛的精力，这些均要求推销人员具有健康的体魄。

**5. 优雅的风度**

推销人员的业务活动是一个与人打交道的过程，优雅的风度将有助于在顾客心目中建立良好的个人形象，取得顾客的信赖。仪表风度就如同一封介绍信，在极短暂的接触中，给顾客留下深刻的第一印象。第一印象一旦形成，在短时间内就很难改变。这一印象的好坏，往往决定了整个推销计划的成败。许多情况下，推销员和顾客还没讲几句话，顾客心里已在盘算，是打发走人，还是继续与推销员谈下去。所以，注重仪表美，塑造良好的形象，是推销员推销自己和产品的重要条件。一个人的仪表风度，既来源于先天条件，更有赖后天的培养锻炼和修饰。长相、身材、肤色是先天条件，而衣着打扮、精神风貌、气质、谈吐和行为举止则是后天因素。先天条件难以改变，后天因素则必须注意，作为一名推销员，要使自己具有优雅的风度，要面容整洁，自然清新。既不要蓬头垢面，也不要油头粉面，修饰应适度、衣着协调得体，既注意时代特点，又要符合自己的体形和性格特征，并要因时、因地、因人制宜，符合推销环境的要求，同时举止优雅，彬彬有礼，端庄大方，谈吐自如，具有幽默感。

**案例赏析7-3❶**

### 失败的推销

某经销商听客户讲A公司的服装产品款式和质量不错，一直想跟他们联系。有一天，他在办公室时听见有人敲门，门开了，进来一个人，自称是A公司的推销员。该经销商打量着来人：他身穿羊毛衫，打一条领带。领带飘在羊毛衫的外面，有些脏，好像有油污。黑色皮鞋，没有擦，布满了灰尘。有好大一会儿，根本听不清这个推销员在说什么，只隐约看见他的嘴巴在动，还不停地放些资料在办公桌上。等推销员介绍完了，他不再说话，安静了。经销商马上对他说："把资料放在这里，我看一看，你回去吧！"从此再也没有跟A公司联系过。

▲点评：推销员需要注意自身的内在素养，这样才能取得客户信任。

## 二、推销人员的职业能力

推销员具备了一定的思想素质、文化素质、心理素质与身体素质，只是具备了当一名好推销员的基本条件，并不一定能成为一名出类拔萃的推销员。一名杰出的推销员除具备上述这些基本素质外，还应有一定的能力。推销人员的能力是其在完成商品推销任务中所必备的实际工作能力。优秀的推销人员应具备较强的观察判断力、创造力、社交能力、语言表达能力及应变能力等。

### 1. 观察判断力

观察判断能力是指人们对所注意事物的特征具有的分析判断和认识的能力。具有敏锐观察力的人，能透过看起来不重要的表面现象而洞察到事物的本质与客观规律，并从中获得进行决策的依据。新发明、新产品、新广告、新观念、新方法的魅力在于"新"，推销人员推销时的吸引力也出自"新"，他如何在推销过程中创新，有赖于他对新鲜事物的高度敏感性，这就要求推销人员具有超凡的观察能力。例如，在商业谈判中，推销人员应该从对方的谈话用词、语气、动作、神态等微妙的变化去洞察对方的心理，这对销售成功至关重要。推销人员应随时注意周围事物的变化以及一切发生在周围的事情。只有投身于变化的环境中并充满好奇心，细心观察，才能获取瞬息万变的情报信息。

在工作中，推销人员要养成把一切所见、所闻的东西与自己工作紧密联系起来的习惯。例如，在登门拜访客户时，应能用眼睛一扫就把房间的一切摆设和人物活动的情形尽收眼底，进而总结出这个家庭的特点。培养和开发观察力应从以下几方面入手。

① 通过对注意力的开发，使注意力集中到需要观察的推销对象或有关事物上。

② 调动所有感官，尽可能多地获取观察对象的有关信息。

③ 学会用全面、系统、联系的观点看事物。

④ 对观察的事物，既要定性观察，又要定量分析。在观察时注意动眼、动笔，把观察到的问题分门别类地记录下来。

⑤ 边观察边思考，以便随时发现关键的事与关键的人，为进一步调查了解做好准备。

### 2. 创造力

推销工作是一种具有综合性、复杂性，体脑结合的创造性劳动。在推销活动中，推销人员应当注重好奇、敏锐、自信、进取等诸方面创造性素质的培养，不断开拓新市场，结识新顾客，解决新问题。解决问题需要特殊的方法，当面临着前所未遇的难题时，杰出的推销人员应充分展开

❶ 资料来源：王国梁. 推销与谈判技巧. 2版. 北京：机械工业出版社，2009.

自己的想象力，对以往的经验和概念加以综合，从而构建出全新的解决方法。对推销人员而言，开拓一个新市场、发掘一个新客户，采用一种别出心裁的推销手段，都必须首先具有开拓创新的精神和能力。推销人员不仅要满足现实的需求，更要创造和发现潜在的需求。

### 3. 社交能力

推销员向客户推销商品的过程，实际上也是一种信息沟通的过程。推销员必须善于与他人交往，有较强的沟通技巧，同时也能维持和发展与顾客之间长期稳定的关系，人随和，热情诚恳，能设身处地从顾客的观点出发，为顾客解决实际问题，取得客户的信任、理解与支持。推销员除具备推销领域必须掌握的丰富专业知识外，还应有广泛的兴趣爱好，宽阔的视野，以便能够得心应手、运用自如地应对不同性格、年龄的顾客。社交能力不是天生的，是在推销实践中逐步培养的。要培养高超的交往能力，推销员必须努力拓宽自己的知识面，同时要掌握必要的社交礼仪。推销人员应敢于交往，主动与人交往，不要封闭自己。

## 案例赏析7-4[1]

潘德仁先生在推销中非常善于琢磨客户心理，抓住客户要求，并用娴熟的语言技巧来引导客户做出购买决定。他曾荣获香港地区第十八届杰出推销员的殊荣。潘先生曾在一家办公用品公司当推销员。一次，他来到一个客户办公室推销自己公司的碎纸机，客户在听完了产品介绍，弄清了购买细节后，表示他愿意买一台，并表示将在第二天到潘先生处订货。

第二天，潘先生左等右等，还不见客户前来。他便登门拜访，却发现客户正坐在桌前看另外一家办公用品公司的样本册，而且目光停留在其中一页一动不动。潘先生凭着对本行业产品的全面了解，一眼便知客户正在关注的产品和昨天他所推荐的碎纸机属于同一类型，区别仅仅在于前者有扇清除纸屑的小拉门。

潘先生彬彬有礼地说："打扰您了，我在公司等了好久还不见您来，知道您一定很忙，所以又亲自来您这儿了。"

客户只应了一声"请坐"，又低头去看刚才那一页。潘先生已经猜出客户喜欢碎纸机上有门。沉思片刻，找到一把椅子在客户边上坐下，和和气气地说："我们公司的碎纸机上有圆洞，同样可以取出纸屑，而且方便得多。"

客户点点头，想了想又说："圆洞是能取出纸屑，但是未必比拉门来得方便啊。"潘先生不慌不忙地应道："您是搞工程技术的，一定知道废纸被切碎时洞口要承受不小的震击，如果洞口是圆形的，圆上各点的曲率完全相同，整个边受力均匀，不易损坏，反之拉门的洞口是方形的，受力不均，使用寿命要打折扣。"

客户看着潘先生，迟疑了一会儿："您的解释的确有道理，可我虽是学技术出身，却很注重美观，圆形难免叫人感到呆头呆脑的。"

"圆是由一组到平面一点距离相等的点组成的，它线条光滑、流畅，一气呵成，多么和谐，多么完整，平时所言'圆满'，就是这个道理啊。您买了以后，保您会非常满意。"

这位客户被潘德仁丰富的力学、美学知识所折服，终于微笑着签了订单。

▲点评：一个出色的推销员，除了对产品本身了如指掌外，还需要具有较强的语言表达能力，只有这样才能在跟客户打交道时得心应手，游刃有余。

### 4. 语言表达能力

优秀的推销人员应讲究语言艺术，善于启发客户，说服客户。良好的语言表达能力的修

---

[1] 资料来源：本案例根据网络相关资源。

养标准是清晰、准确、条理井然、重点突出而富于情感，使客户听了感到温暖、亲切，起到感染客户的作用；诚恳、逻辑性强，起到说服客户、增强信任感的作用；生动形象、风趣幽默，能起到吸引客户的作用；文明礼貌、热情友善，能引起客户由衷的好感，起到增进友谊的作用。

**5. 应变能力**

推销员虽然在与顾客接触前，都对推销对象做过一定程度的分析与研究，并进行了接洽前的准备，制订了推销方案，但由于实际推销时面对的顾客太多，无法把所有顾客的本能反应都全部列举出来，必然会出现一些意想不到的情况。对这样突然的变化，推销人员应思维敏捷、清晰，能够快速地分析问题，能够及时察觉客户需求的变化对推销效果的影响，并针对变化的情况，及时采取必要的推销对策。

## 案例赏析7-5

一名推销员正在向一大群顾客推销一种钢化玻璃杯，他首先是向顾客介绍商品，宣传其钢化玻璃杯掉到地上是不会坏的，接着进行示范表演，可是碰巧拿到一只质量不合格的杯子，只见他猛地往地下一扔，杯子"砰"地一下全碎了，真是出乎意料，他自己也十分吃惊，顾客更是目瞪口呆，面对这样尴尬的局面，假如你是这名推销员，你将如何处理呢？这名富有创造性的推销员急中生智，首先稳定自己的心情，笑着对顾客说："看见了吧，这样的杯子就是不合格品，我是不会卖给你们的。"接着他又扔了几只杯子，都获得了成功，博得了顾客的信任。这位推销员的杰出之处就在于他把本来不应该发生的情况转变成像是事先准备好的推销步骤一样，真是做得天衣无缝。

▲点评：推销人员在面对复杂情况要有随机应变、灵活处理问题、迅速解决问题的能力。如果第二次摔杯子又碎了，你会怎么办？

## 三、推销人员的基本礼仪

商务谈判礼仪在前文已作了介绍，这里再提一些推销礼仪。推销活动实际上是一种社交活动，注重和讲究推销礼仪，是推销人员应具备的基本素质。推销人员是企业的外交官，是沟通企业与客户的友好使者，是企业文化的传播者，他们的一言一行、一举一动都代表着企业的形象，影响客户、竞争对手、供应商、经销商等各种微观层次的社会公众。为了树立良好的企业形象，以使推销工作顺利开展，推销人员应注重推销的基本礼仪，在推销商品之前，先把自己推销给顾客，顾客接受了你这个人，才可能接受你所推销的商品，而推销自己就是推销自己的言谈举止、仪表风度、个性品质、处事原则和价值观念，等等。推销员的礼仪主要包括以下几个方面。

**1. 仪容适宜**

亚里士多德说：美丽比一封介绍信更有推荐力。爱美之心人皆有之，美丽的容貌使人感到愉悦，具有吸引人、打动人的魅力。一个人的容貌在很大程度上是天生的，各有所长，也有所短。人们可以借助适当的化妆突出"美"的部分，巧饰自身"不足"之处。具体说来，男士容貌以"洁"为原则，常洗发、理发，修理胡须，修剪指甲，去过长的鼻毛，清理眼角、耳孔；女士以"雅"为原则，注意护肤，选择适当的化妆品与化妆方法，以显示美丽而不妖艳，洒脱而不轻佻的良好精神风貌。

**资料阅读7-2❶**

### 化妆的礼节

化妆不仅要讲究一定的技巧，还要注意化妆礼节。

（1）**化妆的浓、淡视时间、场合而定**　工作时间宜淡妆忌浓妆；参加隆重的社交活动，如晚宴、酒会、舞会等，要根据自己的角色地位进行浓淡适宜的化妆；剧烈运动时，最好也不要浓妆艳抹。

（2）**不要在公共场所化妆**　这是非常失礼的，既有碍于别人，也没有自尊。若需进行必要的化妆和补妆时，要到化妆间等地方去。

（3）**不要在男士面前化妆**　一是易给男士造成你有意亲近他的误解，二是会让男士感到你的美是不自然、不质朴的，保持"距离"为好。

（4）**不要非议他人的妆容**　不同民族、肤色、个性、文化修养的人，有不同的化妆风格，不要高估自己的化妆术，非议他人的妆容。

（5）**不要借用他人的化妆品**　除非他人心甘情愿主动为你提供方便，否则借用他人的化妆品既不卫生，也不礼貌。

（6）**男士不要过分化妆**　在社交场合，男士适度化妆是必要的，但不要过分化妆，否则给人"男扮女装"之感，易招致他人反感，甚至厌恶。

**2. 仪表得体**

推销人员的仪表礼仪主要是强调衣着，合理的衣着是仪表的关键，它不仅表现推销人员的外部形象，也反映推销人员的精神状态与素质修养，它还关系到对客户是否尊重和个人的素质修养。在推销工作中，推销人员能否赢得客户的尊重与好感，能否得到客户的承认和赞许，仪表是重要的构成因素。

**资料阅读7-3**

### 推销员着装的参考标准

① 一定要身着西装或者轻便西装，不可买品质低劣的衣服，因为穿这种衣服时，会被人视为是推销失败的象征。

② 衣着的式样和颜色应该尽量保持大方、稳重。

③ 参加正式的商业洽谈或较严肃的销售会议，应穿深色的服装，越是严肃的场合，越需要注意服饰。

④ 浅色的衣服看起来较亲切，不会让人感到有压迫感，但只适合较轻松的商业会议或一般推销。

⑤ 不可以穿着代表个人身份或宗教信仰的标记服饰。

⑥ 不要佩戴太多的装饰品。

⑦ 千万不要穿绿色衣服或流行服装，因为这些服饰经常在变化，会给客户以不稳定、不成熟和不可靠的感觉。

---

❶ 资料来源：李嘉珊. 国际商务礼仪. 3版. 北京：电子工业出版社，2018.

⑧ 不要穿双层针织裤和衬衫，因为双层针织款式感觉不专业，也会将缺点显露出来。

⑨ 可以佩戴能代表本公司的某种标志饰物，或者穿上与产品形象相符合的衣服，以便使客户相信你的言行。

⑩ 绝对不要戴太阳镜或变色镜，否则会让客户看不到你的眼睛，这样很难赢得客户对你的信任。

**3. 言谈举止要合理**

除了仪容和仪表服饰之外，推销礼仪还包括推销员的言谈举止习惯。如果说仪表是取得与顾客交谈的钥匙，那么言谈举止是征服顾客心灵并取得其信任的推进器。透过一个人的言谈举止，可以看出这个人的自我修养水平。客户对推销员的良好印象，不但来自推销员亮丽、和谐的外表，更要靠推销员高雅不凡的谈吐举止。

（1）拜访礼节　登门拜访是推销员的一项十分重要的经常性的工作。一是要选择好拜访时机。对客户的拜访以安排在拜访对象比较空闲的时间为宜。最好是节假日的下午或平日的晚饭之后，因为在这段时间里主人一般都有接待来客的思想准备。推销员拜访客户前，应对拟拜访的客户的一些基本情况有所了解，如有可能应将访问时间、日期等通过电话进行预约，并严格遵守，如期而至，不得无故失约。二是要尊重主人。推销员到达拜访对象居室门前，应按门铃或敲门，等主人开门后，主动行握手礼，致以问候并进行自我介绍，经允许后进屋，主人点烟、倒茶时，应起身说"谢谢"，双手迎接。

（2）自我介绍和递（接）名片礼节　自我介绍是推销员表明身份的常见方式。自我介绍时，要简要明了。一般情况下，推销员可先说"您好"，然后报上自己的身份和姓名。如果有同行者，首先自我介绍，接着介绍同行人的身份和姓名。推销员可以在问候客户时或自我介绍时递上自己的名片。名片正确的递法应该是：当双手均空时，应以双手的食指弯曲与大拇指一起分别夹住名片的两只角，名片上的字体反向对己，正向朝对方，使对方接过名片就可正读。在只有一只手有空的情况下，应把右手的手指并拢，将名片放在掌上，以食指的根部与拇指夹住名片，恭敬地送向对方，字体朝向同上。接受对方名片时应注意，必须双手去接，接过对方名片后，一定要专心地看一遍，切不可漫不经心地往口袋一塞了事。遇有冷僻字时，可向对方请教，这是谦虚有礼貌的表现，表示你很重视、很认真。不可将其他东西放在名片上，或下意识地摆弄名片，这是对对方不尊重的表现。有时候推销员想得到对方的名片，在对方忙于说话未主动给你时，你可主动要求，一般对方不会拒绝。

（3）称呼礼节　无论是面见客户，还是打电话、写信给客户，总少不了称呼对方。恰如其分地称呼对方是推销礼仪的内容之一，称呼对方要考虑场合，与对方的熟悉程度，对方的年龄、性别、职务等因素。在比较正式的场合，一般用"姓"加"职务"称呼对方。如果推销员与客户很熟悉，且关系极好，自己的年龄、职务均低于对方，可称对方为"张大哥""李大姐"；如果自己的年龄、职务均高于对方，可直呼其名或"小张""小李"等。通常情况下，也可称男性为"先生"，女性客户称为"女士"。可在称谓前冠以对方的姓，对教育、新闻、出版、文艺界人士不论职务、职位可统称为"老师"，对蓝领工人可称为"师傅"。

（4）问候礼节　推销人员每天都要接洽许多客户，而接洽客户的第一件事就是向客户打招呼，恰到好处的问候可以使客户易于接受其推销品。打招呼时一定要亲切热情，应是发自内心的问候，而不仅是一种表面的形式，要真正从情感上打动客户。打招呼时，应根据客户的性别、年龄等特征，使用适当的称谓，并因时因地确定一个适宜的问候语。

（5）握手礼仪　握手是现代人相互致意的最常见的礼仪，在推销活动中，推销员与客户见面或告别时应当握手。握手时，双方应正视对方的脸和眼睛，面带微笑，双脚不能分得太开。推销员为了表示对客户的尊敬可稍稍欠身或双手握住对方。推销员与客户均为男性时，手应握满，并稍加用力地抖动一两下。女推销员与客户见面时，应主动伸手以示友好。男推销员面见女客户，应等女客户伸手时，才能相应地伸出手去，通常只握一下女性手指部分，动作应轻柔。握手的时间，以两三秒为宜。

（6）面谈礼节　一般情况下，在客户未坐定之前，推销员不应该首先坐下。面见新客户时，椅子或沙发不要坐得太满，背部与椅子或沙发的靠背自然贴靠，上身不宜大角度后仰，身体应尽量端正，两脚平行放好。将腿向前直伸或向后弯曲，都会使人反感。正确的站姿是两脚着地，两脚呈45°，腰背挺直，自然挺胸，脖颈伸直，两臂自然下垂。对客户提供的任何帮助或服务，如帮着提行李、敬茶等，均应随口而出地说"谢谢"，绝对不可任意取用或玩弄客户室内、桌上的东西，如确实需要使用，应先取得客户的同意。以积极的心态认真倾听客户讲话，眼神注视对方，如果你赞同客户陈述的观点，应以欠身、点头或以语言"对，是这样""是的，您说得很对"等，表示同意和鼓励。如因对方语速快，声音小或其他原因没听清楚对方的意思，可以说："对不起，我没听清楚，请再说一遍。"推销员在面见客户时，除了遵守一些基本的推销礼节外，还应该尽量避免各种不礼貌或不文雅的习惯，比如：心不在焉，东张西望，不认真倾听客户讲话，脚不停地颤抖或用脚敲击地板发出响声，不停地看表，魂不守舍，慌慌张张，把物品碰落在地上等。

（7）电话礼节　推销员除上门推销外，还有一些业务是通过电话洽谈所达成的，即使是上门推销，走访前可能也要先挂电话给客户约定交谈的具体时间等一些细节问题。推销员在使用电话时，应主动说明自己的身份、目的，使用礼貌用语，讲话声音适度，打完电话应等对方挂断后，再轻轻地挂上电话机。打错电话时，应向对方表示歉意。如果是接电话，应及时拿起听筒，无论是找自己还是别人，都应热情礼貌，不能冷言冷语或冷嘲热讽。

（8）吸烟礼节　推销员最好不要吸烟，因为吸烟有害身心健康，也容易分散自己与顾客的注意力，而且有些不吸烟的顾客（特别是女顾客）对吸烟者有厌恶情绪，从而影响产品的推销。当推销员自己吸烟，而客户不吸烟时，就不要在交谈时抽烟，以免因为吸烟而断送了本可达成的交易；如果推销员吸烟，要走访的客户也吸烟，可以主动地递上一支烟，要是客户首先拿香烟招待，推销员应该赶快取出自己的香烟递给顾客，并说"先抽我的"，要是已经来不及，应起身双手接烟并致谢。在抽烟时，要讲究卫生，注意安全。吸烟时，要注意烟灰一定要弹入烟灰缸，烟头要掐灭，放入烟灰缸内，不要随意乱弹烟灰、乱扔烟头，要注意安全，不要烧坏客户的桌面、沙发、地毯等用具。

（9）用餐礼节　推销工作中，可能少不了必要的招待与应酬，但推销员在进餐时不要铺张浪费、大肆挥霍，要注意进餐的一些礼节，摒弃一些坏的习惯。请客户进餐时，应注意：宴请地点要考虑顾客心理；菜肴要适合顾客的胃口，最好由顾客点菜；陪客人数要适度，一般不能超过顾客人数；不能醉酒，劝酒要适度，以客户酒量为限，要打破一些陈规陋习；最好自己单独去结账；宴请完毕应请顾客先走。

**资料阅读7-4**

### 推销员的行为准则

在行为举止方面，推销员应该注意养成良好的习惯，克服一些怪癖。任何神经质的小动作、习惯和举止都会刺激客户，使客户反感，同时也反映出推销员缺乏经验，心神不定，也容易分散客户对推销员的注意力。以下准则，可供参考。

① 推销员进门前，无论门是关闭还是开启，都应先按门铃或轻轻敲门，然后站在离门稍远一点的地方。

② 当看见客户时，应该点头、微笑行礼。

③ 在客户未坐定之前，推销员不应该先坐下。

④ 绝对不能任意抚摸或摆弄客户桌上的物品。

⑤ 用积极关心的态度和语气与客户谈话。

⑥ 落座要端正，身体稍往前倾。

⑦ 认真并善于听取客户的意见，眼神看着对方，不断注意对方的神情，不要不给客户发言的机会，只按自己的兴趣一味地讲下去。

⑧ 不卑不亢，不慌不忙，举止得体，彬彬有礼。

⑨ 站立时上身稳定，双手安放两侧，不要背手。

⑩ 当客户起身或离席时，应该同时起立示意。

⑪ 回答时，以"是"为先。

⑫ 当与客户告辞时，应向对方表示打扰的歉意，感谢对方的交谈与指教。

## 情景训练7-2

### 情景练习

每组演练推销拜访礼仪、推销接待礼仪、电话礼仪、服饰规范。

### 训练要点

在了解推销人员的基本礼仪的基础上拓展、丰富谈判知识，加深对推销礼仪的深入理解；充分运用相关礼仪理论从事推销活动。

### 训练步骤

1. 分组进行礼仪训练。

2. 分项目模拟演示。

3. 学生自评。

4. 教师分项目列出标准，并进行评价。

# 第三节　推销人员管理

## 导入案例7-3

### 诚实的应聘人

国际函授学校丹佛分校经销商的办公室里，戴尔正在应征推销员工作。

经理约翰·艾兰奇先生看着眼前这位身材瘦弱，脸色苍白的年轻人，忍不住先摇了摇头。从外表看，这个年轻人显示不出特别的销售魅力。他在问了姓名和学历后，又问道：

"干过推销吗？"

"没有！"戴尔答道。

"那么，现在请回答几个有关推销的问题。"约翰·艾兰奇先生开始提问：

"推销员的目的是什么？"

"让消费者了解产品，从而心甘情愿地购买。"戴尔不假思索地答道。

艾兰奇先生点点头，接着问：

"你打算与推销对象怎样开始谈话？"

"'今天天气真好'或者'你的生意真不错。'"

艾兰奇先生还是只点点头。

"你有什么办法把打字机推销给农场主？"

戴尔稍稍思索一番，不紧不慢地回答："抱歉，先生，我没办法把这种产品推销给农场主。"

"为什么？"

"因为农场主根本就不需要打字机。"

艾兰奇高兴得从椅子上站起来，拍拍戴尔的肩膀，兴奋地说："年轻人，很好，你通过了，我想你会出类拔萃！"

艾兰奇心中已认定戴尔将是一个出色的推销员，因为测试的最后一个问题，只有戴尔的答案令他满意，以前的应征者总是胡乱编造一些办法，但实际上绝对行不通，因为谁愿意买自己根本不需要的东西呢？

戴尔认识到了这一点，据实回答，所以被雇用了。

问题：推销工作到底需要什么素质的人才，作为管理者又要从哪些角度去选择人才呢？

针对推销人员的工作属性，对推销人员应实施选拔管理、培训管理、绩效管理、薪酬管理、激励管理、行动管理等一系列流程管理模式来加强推销人员工作的积极性及主动性，再用推销人员的管理技巧进行处理来提升推销人员的工作业绩。

## 一、推销人员选拔管理

### (一) 推销人员的来源

推销人员可以来源于企业内部，也可来源于企业外部。

#### 1. 企业内部来源

销售经理千万不要忽视本公司的生产及科研部门提供新销售人员的可能性。这些新人给公司带来的好处是明显的：他们熟悉公司的生产及政策；他们的工作习惯和潜能已被领导层知晓；他们有可能被提升为销售经理，能振奋整个公司职员的精神。

#### 2. 企业外部来源

企业外部的来源，主要有5个方面。

(1) **学校招聘** 主要指从经济管理类大中专院校及各类技工学校毕业的学生中招聘，这是一种固定来源。

(2) **报纸杂志的人才广告** 企业一方面可以从报纸杂志上刊登的人才广告中发现、聘用推销人员，另一方面可在报纸杂志上主动刊登招聘广告。

(3) **职业介绍所** 为减轻招聘的工作量，企业也可以到职业介绍所去招聘推销人员。企业把招聘要求、条件提供给职业介绍所，由职业介绍所按要求初选一些应聘者介绍给企业，再由企业根据情况择定对象。

(4) **业务接触** 公司在开展业务过程中，可接触到客户、供应商、竞争对手人员及其他各类人员，这些人员都是销售人员的可能来源。

(5) **人才交流会** 用人单位可通过大型的人才交流洽谈会摆摊设点，应征者前来咨询应聘。其特点是时间短、见效快。

### (二) 推销人员的选拔程序

#### 1. 填写申请表

申请表有两个目的，一是收集基本信息，二是协助面试。

#### 2. 面试

面试能显露出申请人那些难以用其他选拔方式评估的特征。才能、发音清楚与否、交谈的能力、仪表、性格、动机和镇定与否，在面试中都变得一目了然。在面试的时候要注意销售经理不要说得太多，说话的应是申请人。

为了鼓励申请者说话，经理应问一些非限制性的问题。例如"为什么你离开目前的职位？""你对销售这个职业有什么看法？""你生活中发生的最重要的一件事是什么？还有没有其他的也很重要的事？""你工作方面的目标是什么，你将如何实现这个目标"等问题。通过提问内容的设计，招聘人员可了解应聘者是否符合要求。

**资料阅读7-5** ❶

### 面试指南

面试的形式或因公司、面试官的不同而有所区别，下面是一些销售职位面试时的常见问题。

请先做5分钟自我介绍。

说说你对销售工作的理解。

你的最大优点和缺点是什么？

你觉得销售人员最应该具备的素质是什么？

你离开上一家企业的原因是什么？

你对团队合作怎么看。

你愿意加班吗？

说一个你最成功的销售案例。

你的3年工作规划是什么？

你对我们公司了解吗，为什么要来我们公司面试？

说一个我们公司要招聘你的理由。

如果你进入我们公司，你打算怎么开展工作？

你对薪资待遇的期望是多少？

你有什么问题要问我们的？

**3. 测试**

测试可用来评估多种情形下的能力，包括文化测试和心理测试两个方面。

文化测试主要考查应聘者的文化基础知识和专业基础知识水平。对文化测试要贯彻实事求是的原则，对确有相当学历或由本企业选拔出来的符合条件的职工，也可以减少考试的科目或免试。

心理测试包括智力、才能、性格和兴趣等测试。智力测试运用最广，它对确定申请者是否有足够的智商进行工作是有帮助的。才能测试是为了估测申请者已有的销售知识。可以假设遇到了一个销售方面的问题，有才能的人应该知道怎样去处理它。性格测试是为了估测个人有哪些多方面的性格特征。兴趣测试是想弄清申请者是否有兴趣做销售人员。有这类兴趣的人就有可能成为成功的销售人员。但兴趣测试也可能使结果混乱。

**4. 体检**

对业务考试合格、企业准备录用的人，录取前还需对其进行身体检查，以决定其是否能承担繁重的推销工作。

---

❶ 资料来源：龚荒. 商务谈判与推销技巧. 4版. 北京：北京交通大学出版社，2023.

### 两元钱换回来的工作

在一次招聘会上，某著名外企人事经理说，他们本想招一个有丰富工作经验的推销人员，结果却破例招了一位刚毕业的女大学生，让他们改变主意的起因只是一个小小的细节：这个学生当场拿出了两元钱。

人事经理说，当时，女大学生因为没有工作经验，在面试一关即遭到了拒绝，但她并没有气馁，一再坚持。她对主考官说："请再给我一次机会，让我参加完笔试。"主考官拗不过她，就答应了她的请求。结果，她通过了笔试，由人事经理亲自复试。

人事经理对她颇有好感，因她的笔试成绩最好，不过，女孩的话让经理有些失望。她说自己没工作过，唯一的经验是在学校掌管过学生会的财务。找一个没有工作经验的人做业务销售不是他们的预期，经理决定收兵："今天就到这里，如有消息我会打电话通知你。"女孩从座位上站起来，向经理点点头，从口袋里掏出两块钱双手递给经理："不管是否录取，请都给我打个电话。"经理从未见过这种情况，问："你怎么知道我不给没有录用的人打电话？""您刚才说有消息就打，那言下之意就是没录取就不打了。"

经理对这个女孩产生了浓厚的兴趣，问："如果你没被录取，我打电话，你想知道些什么呢？""请告诉我，在什么地方我不能达到你们的要求，在哪方面不够好，我好改进。""那两元钱……"女孩微笑道，"给没有被录用的人打电话不属于公司的正常开支，所以由我付电话费，请您一定打。"经理也笑了，"请你把两元钱收回，我不会打电话了，我现在就通知你，你被录用了。"

记者问："仅凭两元钱就招了一个没有经验的人，是不是太感情用事了？"经理说："不是。这些面试细节反映了她作为推销人员具有良好的素质和人品，人品和素质有时比资历和经验更为重要。"

问题：1. 人事经理为什么录用了涉世未深的女大学生？
　　　2. 女大学生的举动，说明她身上具备什么推销员的素质？

## 二、推销人员培训管理

无论是对新录用的推销员还是原有的推销员都应进行培训，通过培训使新录用的推销员了解和掌握本企业产品推销的基本知识和基本技能，并逐步成为一名合格的推销员。对原有的推销人员，通过培训使他们能够适应新形势的需要，并不断提高他们的业务能力，这样才能更好地完成推销任务。

### 1. 培训的内容

一般来说，对推销人员的培训包括以下几个方面。

（1）**市场知识**　推销人员应当学习有关市场及市场运行的基本知识，掌握市场经济基本的原理和原则，如供求原理、价格机制、竞争机制、等价交换原则、优胜劣汰原则、公平公正原则、信用经济原则、法治原则和市场经济道德原则。

（2）**行业知识**　首先，推销人员应当了解与所处行业有关的行业知识，如本行业基本的经济特性、行业前景、主要竞争对手的状况及其竞争产品与竞争策略等。其次，推销人员应当了解本行业客户的基本特征，如客户的年龄特征、文化特征、收入特征、客户的行业状况、客户的地理分布及客户的产品使用状况等。

（3）**企业知识**　企业知识的培训主要是向推销人员介绍本企业的历史、现状和发展趋势等方面的内容。推销人员应当了解以下内容：企业的发展历史、过去辉煌业绩及历史上典型的人物或故事；企业现在的社会地位、经济实力、人才力量、管理水平、企业文化、规章制度和决策程序；企业的远景、使命、未来的奋斗目标，发展纲要等。

（4）**产品知识**　推销人员应当了解企业产品的基本知识和诉求重点。企业产品的基本知识包括：产品的硬件特征，如产品的性能、品质、材料、制造方法、重要零件、附属品、规格、改良之处及专利技术等；产品的软件特征，指设计的风格、色彩、流行性、前卫性，以及产品的使用知识和交易条件等。诉求重点是指推销人员为了有效说服客户而需要有针对性地对部分产品知识进行重点说明或提示。

（5）**客户消费心理方面的知识**　推销人员应当了解消费者的需要、态度、消费习惯及消费者的效用评价心理，消费者的购买决策心理、行为模式与行为程序，消费者的群体心理与行为等知识。

（6）**推销知识**　推销人员应该理解推销的基本程序，掌握寻找客户、接近客户、说明产品、处理异议和售后跟踪服务的基本方法。推销人员还应当知道如何制订推销计划，编写推销报告，进行推销分析和总结经验。

（7）**商务礼仪知识**　商务礼仪知识主要包括商务日常见面礼仪、接待礼仪、拜访礼仪、通信礼仪、会议礼仪、宴请礼仪、商务旅行礼仪、商务仪式礼仪、商务社交与谈判礼仪等。

（8）**其他知识**　社会文化知识、法律知识、语言沟通知识等方面知识。

**2. 培训方法**

根据各个企业的经营规模和市场发展情况，可以采取不同的培训方法。

（1）**"师傅带徒弟"法**　这是指新录用的人员在现场跟随有经验的推销员一起工作的传统培训方法。此法的优点是可使新录用人员深入到现场实际工作环境中，在师傅的指导下，边干边学，有针对性地进行训练，容易收到好效果。这种方法的重要特点之一是"我怎么做，你就怎么做"。这是现场环境等条件所造成的必然结果。在许多情况下，由有能力，尤其是有突出推销能力的人负责现场指导，能起到积极的效果。

（2）**企业集中培训法**　这是指企业采取办培训班、研讨会等形式对推销人员进行集中培训。许多大型企业运用正规的课堂讲授方法，让专业教师、有经验的推销人员将其学问和聪明才智传授给受训人员。此法优点是时间短、费用低、见效快、节省人力，便于互相启发提高，不强迫受训人员过早地投入现场工作；缺点是缺乏实践和切身体会，不易引起受训人员的足够重视。

（3）**学校代培法**　由于企业内部培训力最有限，为适应商品经济的发展，有必要把一批优秀的推销员送到院校进行培训深造。委托代培需要花费一定经费，为使投资效益较好，选送人员应有相当的专业知识和实践经验。这种培训方式使企业推销人员在知识水平和专业技能上迅速得到提高。

（4）**模拟法**　这是指一些由受训人员直接参加的、具有一定真实感的训练方法。其具体形式较多，"角色扮演""比赛"等就是其中的一些常用方法。"角色扮演"模拟法是由受训者扮演推销人员进行推销活动，由有经验的推销人员扮演客户。例如，有的企业让受训者处理过去销售中遇到的难以处理的情况，用以进行基本角色的扮演的训练。"比赛"模拟法用得比较多，如有效地安排时间的比赛，内容涉及推销过程中的一些实际问题如旅行时间、等待时间、洽谈时间、选择潜在客户、掌握达成交易的时机等。

## 三、推销人员绩效管理

有效评估推销员的推销业绩，必须全面充分地收集有关评估资料，并建立相应的评估标准。

### （一）收集考评资料

考评资料的来源主要有推销人员销售计划、企业销售记录、客户意见及企业内其他职员的意见等。

**1. 推销人员销售活动计划**

销售活动计划包括地区年度市场营销计划和日常工作计划等。推销人员制订的销售区域的年度计划，应提出发展新客户和增加与现有客户交易的方案，提出对销售区域发展的一般性意见，列出详细的预计销售量和利润。企业的销售经理对推销人员制订的销售活动计划进行研究，提出建议，并以此作为制订销售定额的依据。

日常工作计划由销售人员提前一周或一个月提交，说明计划进行的访问和巡回路线。管理部门接到销售代表的行动计划后，提出改进意见。日常工作计划用于指导推销人员合理安排活动日程，为管理部门评估其制订和执行计划的能力提供依据。

**2. 企业销售记录**

企业内的有关销售记录，如客户记录、区域的销售记录、销售费用支出等，都是业绩考核评估的主要资料依据。如利用这些资料可计算出某一推销人员所接订单的毛利，或某一规模订单的毛利，对评估绩效起着关键性作用。

**3. 客户意见**

评估推销人员应该听取客户的意见。有些推销人员业绩很好，但在客户服务方面做得并不理想，特别是在产品紧俏的时候更是如此。收集客户意见的途径有两方面，一是客户的信件和投诉，二是定期进行的客户调查。

**4. 企业内部职员意见**

这一资料的来源主要来自销售经理或其他有关人员的意见，销售人员之间的意见也可作为参考。这些资料可以提供一些有关推销人员的合作态度和领导才干方面的信息。

**5. 推销总结报告**

推销总结报告是推销人员对工作效率的自我诊断，也是企业销售主管检查、指导和帮助推销员工作的依据。推销总结报告具体应包括以下内容。

**（1）取得的成绩** 即推销人员在这一阶段推销工作中获得的成就。这一部分内容应尽量具体，不仅包括成交的数量和金额，还应具体写明访问的客户，曾向客户做过哪些工作，客户的意见，对客户的推销工作已进行到了哪个阶段等。

**（2）存在的问题** 包括在推销过程中，客户提出了哪些问题，哪些是推销员可以自行解决的及如何解决的，哪些是推销人员自己无法解决，需要其他部门的配合或上级主管的批准才能解决的。此外，推销人员还应注明自己在推销工作中的失误等。

**（3）原因分析** 推销人员要对在推销过程中客户的异议进行深入分析，挖掘客户提出反对意见的真正原因，或最后未能与客户达成交易的真正原因。导致推销失败的原因很多，而且彼此相互关联、相互影响，致使推销失败的原因变得错综复杂。因此，很难把推销失败的原因罗列清楚，但归结起来不外乎推销方面本身的原因和客户方面的原因。

推销方面的原因有以下几个方面。

①产品方面的原因，包括产品不能满足客户需求产品质量不能让客户满意，产品价格不适当，产品功能不优越，产品的款式、造型、颜色、包装等不合乎客户的需求等。

②推销企业方面的原因，包括企业形象不佳，企业的营销策略没有吸引力，企业对人员推销的管理及组织不合理等。

③推销员方面的原因，包括推销员的能力较差，态度不佳，素质不高，知识不足，策略失当等。

④客户方面的原因，包括：客户未认识或发现自己的潜在需求；客户缺乏货币支付能力；客户缺乏购买决策权力；客户由于消费经验和消费知识对推销产生成见或偏见；客户为谋取自己的私利；客户已有固定的购买关系，不愿改变；客户的一些偶然因素，如客户的心情等。

**（4）改进措施** 推销员针对推销中的问题提出改进意见和建议，包括对自己今后工作的改进措施，以及对企业的产品或服务措施等方面的改进意见和建议。

撰写推销总结报告，不但有利于推销人员及时对自己的工作进行冷静思考和反省检讨，总结经验，吸取教训，进一步改进工作，而且可以有针对性地对某些潜在客户提出有效的推销策略。推销总结报告还能将客户的信息及时反馈到企业，有利于企业根据客户需要改进产品和服务，据此对推销人员的工作业绩进行检查和评价，及时给予适当的帮助和指导。

### （二）建立绩效标准

评估推销人员的绩效需要有良好而合理的标准。绩效评估的标准应与销售额、利润和企业的目标一致。绩效标准不能一概而论，管理人员应充分了解整个市场的潜力和每一位销售人员在工作环境和销售能力上的差异。建立绩效标准的方法有两种：一种是为每种工作因素制订特别的标准，例如访问的次数；另一种是将每位销售人员之间的平均绩效相互比较。

制订公平而有效的绩效标准是不容易的，需要管理人员根据过去的经验并结合推销人员的个人行动，在实践中不断加以调整和完善。常用的推销人员绩效指标如下。

（1）**销售量**　用于衡量销售增长状况，是最常用的指标。

（2）**毛利**　用于衡量利润的潜量。

（3）**访问率**　即每天的访问次数，能衡量推销人员的努力程度，但不能表示推销成果。

（4）**访问成功率**　为衡量推销人员工作效率的指标。

（5）**平均订单数目**　多与每日平均订单数目一起用来衡量说明订单的规模与推销的效率。

（6）**销售费用**　用于衡量每次访问的成本。

（7）**销售费用率**　用于衡量销售费用与销售额的比率。

（8）**新客户数目**　是开辟新客户的衡量标准。

为了实现最佳评核，企业在确定评估标准时应注意以下问题：销售区域的潜力及地理分布状况、交通条件等对推销效果的影响；一些非数量化的标准很难求得平均值，如合作性、工作热情、责任感、判断力等。

### （三）业绩考核的方法

业绩考核的方法有很多，有些新的考核方法尚在不断的发展中，就推销人员的业绩考评来讲，较具代表性的方法有横向比较法、纵向比较法和尺度考评法。

**1. 横向比较法**

把各位推销人员的销售业绩进行比较和排队，销售业绩中应包括销售额、销售成本、销售利润、客户对其服务的满意程度等。

**2. 纵向比较法**

将同一推销人员现在和过去的工作业绩进行比较，包括对销售额、毛利、销售费用、新增客户数、失去客户数、每个客户平均销售额、每个客户平均毛利等数量指标的分析。这种方法有利于衡量推销人员工作的改善状况。也可将实际资料与计划资料对比，说明计划完成情况，找出差距和原因，挖掘个人潜力。

**3. 尺度考评法**

将考评的各个项目都配以考评尺度，制作出一份考核比例表加以评核。在考核表中，可以将每项考评因素划分出不同的等级考核标准，然后根据每个推销人员的表现按依据评分，并可对不同的考评因素按其重要程度给予不同的权数，最后核算出总的得分。

## 四、推销人员薪酬管理

建立合理的薪酬管理制度对调动推销人员的积极性、提高推销工作效率和扩大市场占有率有着重要作用。一般来讲，推销人员的报酬应该与他实际的工作量和工作效率相联系。推销员的报酬形式主要有薪金制、佣金制和薪金与佣金混合制3种。

**1. 薪金制**

薪金制就是每月给予推销人员固定的薪水。这种报酬形式主要以工作的时间为基础，与推销工作效率没有直接联系。

薪金制的优点有3个方面。第一，推销人员有安全感，在推销业务不足时不必担心个人收入。正在受训的推销员及专门从事指导购买者使用产品和开辟新销售区域的推销员，都愿意接受薪金制。第二，有利于稳定企业的推销队伍，因为推销人员的收入与推销工作并无直接关系，领取工资的原因在于他们是本企业的员工。第三，管理者能对推销员进行最大限度的控制，在管理上有较大的灵活性。因为收入与推销工作效率不直接挂钩，所以根据需要在推销区域、客户、推销的产品等方面进行必要的灵活调整时，矛盾一般也比较少。

薪金制的主要弊端是：缺乏弹性，缺少对推销人员激励的动力，较难刺激他们开展创造性的推销活动，容易产生平均主义，形成吃"大锅饭"的局面。

薪金制适用的情况是：企业希望推销人员服从指挥、服从工作分配；某些推销管理人员，如企业的中高级推销管理人员，其付出的努力与推销结果之间的关系不密切；需要集体努力才能完成的销售工作。

**2. 佣金制**

佣金制就是企业根据推销人员的工作效率来支付报酬。推销人员的工作效率常常是以产品销售量、销售额或利润额来表示。实行这种形式，推销人员的收入便是他们在既定时期内完成的推销额或利润额乘以一个给定的百分比，这个百分比称为佣金率。推销人员的收入主要取决于两个因素，一是在既定时期内完成的推销额或利润额，二是给定的佣金率。

佣金制的优点是：第一，能够把收入与推销工作效率结合起来，鼓励推销人员努力工作；第二，有利于控制推销成本；第三，简化了企业对推销人员的管理。为了增加收入，推销人员就得努力工作，并不断提高自己的推销能力，不能吃苦或没有推销能力则自行淘汰。

佣金制的不足是：第一，收入不稳定，推销人员缺乏安全感；第二，企业对推销员的控制程度较低，因为推销员的报酬是建立在推销额或利润额基础上的，因而推销员不愿推销新产品，不愿受推销区域的限制，也不愿意干推销业务以外的工作；第三，企业支付给推销员的佣金是一个变量，推销的产品越多，佣金也就越多，这样，推销人员往往只重视眼前销售数量的增长，而忽视企业的长远利益，甚至出现用不正当的手段来推销商品的现象。

在实行佣金制时，既可采用毛佣金制，也可采用纯佣金制。两者的区别在于，前者企业不负担推销费用，后者则由企业负担推销员的推销费用。支付佣金的比率可以是固定的，即第一个单位的佣金比率与第一百个单位的佣金比率都一样；该比率也可以是累进的，即销售额或利润额越高，其佣金比率越高；当然比率也可以是递减的，即销售额越高，其比率越低。

佣金制一般适用于：某种商品积压严重，需要在短期内削减库存，回收资金；某种新产品为了尽快打开销路，需要进行特别积极的推销。

**3. 薪金与佣金混合制**

薪金与佣金混合制是既吸取两种制度的优点，又尽量避免两种制度的缺点的报酬形式。

其优点是：既保证了推销人员收入的稳定性，又能起到对推销人员的激励作用，可以适当控制推销员的主动性、创造性。其缺点是：佣金率的适当比例难以掌握确定。它们的比例不合理必然影响薪金与佣金混合制的积极作用的发挥。

以上是常见的3种推销人员报酬形式。除此之外，还有薪金加奖金和提成形式。目前，大部分企业已由过去的薪金制改变为薪金制与奖金制相结合的方式，实际上是薪金和佣金混合制的一种过渡。企业应从实际出发，灵活地选择和交替使用各种报酬形式。例如，在美国28%的企业采用薪金制，这主要是生产、销售比较稳定的大型企业；那些急于打开市场销路的企业一般采用佣金制，大约占美国企业的21%；其他51%的企业采用薪金和佣金混合制。

## 五、推销人员激励管理

针对推销人员的激励工作，应根据不同类型的推销人员及工作本身的属性来确定激励方法，具体的激励方法如下。

### 1. 目标激励法

企业可以通过建立一些重要的推销目标，如销售数额指标，规定推销员一定时期内访问客户的次数，订货单位平均批量增加额等，激励推销人员努力工作，使推销人员感觉工作有奔头、有乐趣，体会到自己的价值与责任。在实施目标激励法时，必须将目标与报酬紧密联系起来，要使企业的目标变成推销人员的自觉行动。当推销员达到目标时，企业应及时兑现其报酬及其他许诺。

### 2. 强化激励法

强化有两种，一种是正强化，另一种是负强化。所谓正强化，就是对推销人员的业绩与发展给予肯定和奖赏；所谓的负强化，就是对推销人员的消极怠工和不合理或不正确行为给予否定和惩罚。通过奖勤罚懒激励推销人员不断努力，不断进步。

### 3. 反馈激励法

推销管理部门定期把上一阶段各项推销指标的完成情况、考核成绩及时反馈给推销人员，以此增强他们的工作信心和成就感。

### 4. 竞争激励法

推销竞赛可以激励推销人员做出比平常更大的努力去积极推销，推销管理部门常用这种方法。采用这种方法时竞赛的奖励面应适当。如果只有少数人能得奖或几乎每个人都能得奖，就会失去激励的作用。推销竞赛的日期也不应预先通知，否则推销人员会把一些销售推迟到推销竞赛的初期进行。此外，不仅要看竞赛期间的合同订货数，还要考察合同交货数，以防止虚报推销成绩的行为。

### 资料阅读7-6

#### 竞赛激励的组织实施

1. 奖励设置面要宽，竞赛要设法让50%～60%的参加者有获得奖励的机会。
2. 业绩竞赛要和年度销售计划相配合，要有利于公司整体销售目标的完成。
3. 要建立具体的奖励颁发标准，奖励严格按实际成果颁发，杜绝不公正现象。
4. 竞赛的内容、规则、办法力求通俗易懂，简单明了。
5. 竞赛的目标不宜过高，应使大多数人通过努力都能达到。
6. 专人负责宣传推动，并将竞赛进行实况适时公布。
7. 要安排宣布推出竞赛的聚会，不时以快讯、海报等形式进行追踪报道，渲染竞赛的热烈气氛。
8. 精心选择奖品，奖品最好是大家都希望得到但又舍不得花钱自己买的东西。
9. 奖励的内容有时应把家属也考虑进去，如奖励去香港旅行，则应把其家属也列为招待对象。
10. 竞赛完毕，马上组织评选，公布成绩结果，并立即颁发奖品，召开总结会。

## 六、推销人员行动管理

行动管理只是销售目标管理及效率管理的辅助工具及做法，最终目的是销售的业绩和效率。

**1. 销售日报表的管理**

（1）**销售日报表的管理作用**　市场需要及其动向的把握，竞争信息的把握，目标达成程度的评价，制作销售统计。

（2）**销售日报表的内容**　访问地点、单位，对方决策人及职务，实际工作时间，访问人数及次数，面谈或介绍产品次数，对方需求，对方相关技术现状，可行性，目前进展。

**2. 时间分配管理**

（1）**建立现有顾客访问的规范**　将客户分类，并规定每类顾客在一定时间内应接受访问的次数。

（2）**建立潜在顾客的访问规范**　发掘新客户，限定新客户的最少数目，对潜在客户进行审查。

## 七、推销人员管理技巧

**1. 规范销售员管理的基础工作**

定期培养、传帮带、合同、信息反馈、售后服务、重点顾客档案管理、货款回收方面的结算和报销等。

**2. 推销员分派模式**

（1）**按地区分派推销员**　某一地区推销的产品，不管品种多少，一概由该地区的销售员负责。这种分类法的优点是销售员熟悉当地的市场环境，费用水平较低；缺点是销售员不可能熟悉每个产品品种，因而推销的总体效果不会十分理想。

（2）**按企业产品品种分派推销员**　推销某一种产品，不管其适销范围在哪里，均由指定的销售员具体负责。这种分类法的优点是销售员特别熟悉产品，推销效果明显；缺点是推销费用偏高，企业所有的销售员都需要跑遍全国，有的还可能跨出国门。

**3. 合理分派推销员任务**

如果企业产品品种单一，或虽然有多个产品品种，但其技术相似性、使用相似性较明显，则按地区分派销售员的方式比较合理；如果企业产品品种繁多且彼此间相关性不强，则宜采取按品种分派任务的方法；如果企业产品品种繁多，分为若干大类，类别之间差异较大，类别内部相似性强，那么就应在不同类别间按品种分派，在类别内部按地区分派，以兼收两种方法的优点。

**4. 销售员管理的定量化问题**

考虑销售价格、推销费用、货款回收速度、信息反馈的数量与质量，结合地区市场有关特点进行综合考察，长期追踪记录。

**5. 潜移默化灌输团队精神**

推销队伍中团队管理尤为重要，只有共同的团队目标才能使推销人员富有合作精神，建立共同的工作愿景才能使团队富有战斗力，因此推销人员的团队领导应适时灌输团队精神，增强推销人员的凝聚力。

**6. 合理授权**

在推销人员管理建设中，推销人员的上级领导应适当授权，给予推销工作人员更多工作的积极性及主动性，如果上级过于专权会让推销人员按部就班、死板，没有创新精神；如果分权过度，那么推销人员可能就会漫无目的，毫无组织性和纪律性，所以授权要适度、合理。

**7. 有效沟通**

指为了设定的目标，把信息、思想和情感在个人或群体间传递的过程。

## 情景训练7-3

### 情景材料

街头卖烤肉串，当街制作以吸引顾客。

1. 提供样品式接近（试用小包装，试用型机器）。

2. 演示产品式接近（一开始就立即向目标顾客演示产品）。

## 训练要点

在了解推销人员的选拔与招聘概念的基础上拓展、丰富推销知识，加深对推销人员管理的深入理解；充分运用相关推销人员管理方法从事推销活动。

## 训练步骤

1. 根据该情景内容，拟定需要讨论分析的主要问题及解决方案。

2. 确定案例训练组织方式；分组集体讨论（4～6人为一组）。

3. 将讨论方案演示过程戏剧化，将顾客带入到购买的情景之中。

4. 用戏剧性的表演手法来展示产品的特点，从而引起顾客的注意和兴趣。

## 章节回顾

本章主要阐述了作为一名优秀的推销人员，必须具备的职责、素质、能力以及基本礼仪，以及如何对推销人员进行管理。作为一名推销员，在思想素质上应具备强烈的事业心，高度的责任感，坚强的意志和毅力；在文化素质上，应掌握有关企业、产品、市场、顾客及竞争方面的知识；在身体素质上，应具有强健的体魄；在心理素质上，应了解自身的性格特征，增强推销的自信心，养成良好的个性品格。从职业能力方面讲，推销人员还应具有敏锐的观察能力、较强的创造能力、良好的语言表达能力、较强的社交能力和快捷的应变能力等。在推销过程中，推销人员所代表的不仅仅是自己，也代表着企业。为了树立良好的企业形象，以使推销工作顺利开展，推销人员应注重推销的基本礼仪，如自身的仪表与服饰，说话语气与交谈习惯，打招呼，打电话，招待客户进餐，递（接）名片等方面的基本礼节；同时加强对推销人员的招聘、选拔、激励、考核等内容的管理。

## 关键词汇

客户满意原则；直接推销；间接推销；职业素质；职业能力；推销礼仪；推销人员；激励管理

## 知识训练

### 一、复习思考题

1. 何为推销？现代推销与传统推销有什么区别？

2. 推销活动有哪些特征？

3. 推销与市场营销是什么关系？

4. 推销人员应该承担哪些职责和义务？

5. 一个合格的推销人员应该具备哪些职业素质和职业能力？

6. 你如何理解"推销之前先要推销自己"这句话？

### 二、案例与训练

[案例]

#### 世界上最伟大的推销员

闻名世界的汽车推销员乔·吉拉德，以15年共推销13000辆小汽车的惊人业绩，被《吉尼斯世界纪录大全》收录，并荣获"世界最伟大的推销员"的称号。他成功的秘诀何在？乔·吉拉德自我介绍有3点。

（1）树立可靠的形象　乔·吉拉德努力改变推销人员在公众心目中的精神形象，不但有儒雅得体的言谈举止，而且有对客户发自内心的真诚和爱心。他总是衣着整洁，朴实谦和，脸上挂着迷人的微笑，出现在客户的面前，而且对自己所推销的产品的型号、外观、性能、价格、保养期等烂熟于心，保证对客户有问必答，一清二楚。他乐于做客户的参谋，根据客户的财力、气质、爱好、用途，向他们推荐适宜的小汽车，并灵活地加以比较，举出令人信服或易于忽略的理由来坚定买主的信心，主动热情、认真地带客户精心挑选。年复一年，乔·吉拉德就这样用自己老成、持重、温厚、热情的态度，真心实意地为客户提供周到及时的服务，帮助客户正确决策，与客户自然地达成了一种相互信赖、友好合作的气氛。客户都把他当作一个值得信赖的朋友，戒备心理烟消云散，高兴地接受他的种种建议。

（2）注意感情投入　乔·吉拉德深深懂得客户的价值，他明白推销工作就是对客户的竞争，而客户都是活生生的人，人总是有感情并且重感情的。所以，他标榜自己的工作准则是"服务，服务，再服务！"他豪迈地说："我坚信每个人都可能成为潜在的买主，所以我对我所见到的每一个客户都热情接待，以期培养他们的购买热情。请相信，热情总是会传染的。"

乔·吉拉德感情投入的第一步是以礼貌待客，以情相通。客户一进门，他就像老朋友一样地迎接，常常不失时机地奉上坐具和饮料；客户的每一项要求，他总是耐心倾听，尽可能做出详细的解释或者示范；凡是自己能够解决的问题则立即解决，从不拖拉。乔·吉拉德感情投入的第二步是坚持永久服务。他坚信："售给某个人的第一辆汽车就是跟这个人长期关系的开始。"他把建立这种"老主顾"的关系作为自己工作的绝招。他坚持在汽车售出之后的几年中还为客户提供服务，并决不允许别的竞争对手在自己的老主顾中插进一脚。乔·吉拉德的种种服务使他的客户备受感动，第二次、第三次买车时自然就少不了他。据估算，乔·吉拉德的销售业务额中有80%来自原有的客户。有位客户亲昵地开玩笑说"除非你离开这个国家，否则你就摆脱不了乔·吉拉德这个家伙。"乔·吉拉德感动地说："这是客户对我最大的恭维！"

（3）重复巧妙的宣传　乔·吉拉德宣传的办法不但别出心裁，而且令人信服。客户从把订单交给乔·吉拉德时起，每一年的每一个月都会收到乔·吉拉德的一封信，绝对准确。所用的信封很普通，但其色彩和尺寸经常变换，以至没有一个人知道信封里是什么内容。这样，它也就不会遭到与免费寄赠的宣传品的共同厄运——不拆就被收信人扔到一边。乔·吉拉德还特别注意发信的时间，1日、31日不发信，因为那是大多数人结算账单的时候，心情不好；13日不发信，因为日子不吉利……总是选取各种"黄道吉日"，让客户接到自己联络感情的信件，心情愉悦或平静，印象自然是更加深刻。这样挖空心思的劳神费力值得吗？乔·吉拉德的回答是"太值得了"。因为平时"香火"不断，关键时候客户这个"上帝"会保佑的。想想他，每年近80%的年销售额，相信此言不虚。

然而这么一位优秀的推销人员，却有一次难忘的失败教训。有一次，一位客户来跟乔·吉拉德商谈买车，乔·吉拉德向他推荐了一种新型车，一切进行顺利，眼看就要成交，但对方突然决定不买了。乔·吉拉德百思不得其解，夜深了还忍不住给那位客户打电话探明原因，谁知客户回答说："今天下午你为什么不听我说话？就在签字之前，我提到我的儿子将进入密歇根大学就读，我还跟你说他的运动成绩和将来的抱负，我以他为荣，可你根本没有听我说这些话！你宁愿听另一位推销员说笑话，根本不在乎我说什么！我不愿意从一个不尊重我的人手里买东西！"

从这件事上，乔·吉拉德得到了两条教训：第一，倾听客户的话实在太重要了，自己就是因对客户的话置之不理，而失去了一笔生意；第二，推销商品之前，要把自己推销出去，客户虽然喜欢你的产品，但如果不喜欢你这个推销员，他可能不买你的产品。

讨论：做一名超级推销员应具备哪些素质和技能？

# 第八章
# 推销沟通管理

## 学习导读

在我们的工作与生活中，需要沟通来相互了解，并且在茫茫人海中寻找到对自己产品有需求的客户并不是一件容易的事，而将有效沟通的信息传递到目标客户面前也变得越来越困难。推销人员四处寻找客户要想行之有效，不仅产品要向需求转换，与消费者进行有效沟通也显得尤为重要。本章主要阐述了推销沟通的概念、类型和过程，分析了在推销过程中沟通与有效沟通的实际意义，从而引出各企业应重视提高推销中的沟通技巧，同时也提出如何在推销中有效运用一些沟通技巧以及如何排除推销障碍的技巧。

## 学习目标

通过对本章的学习，需要把握和领会以下知识要点。
① 推销沟通概论。
② 推销沟通方式。
③ 推销沟通的作用。
④ 推销沟通技巧。

## 学习导航

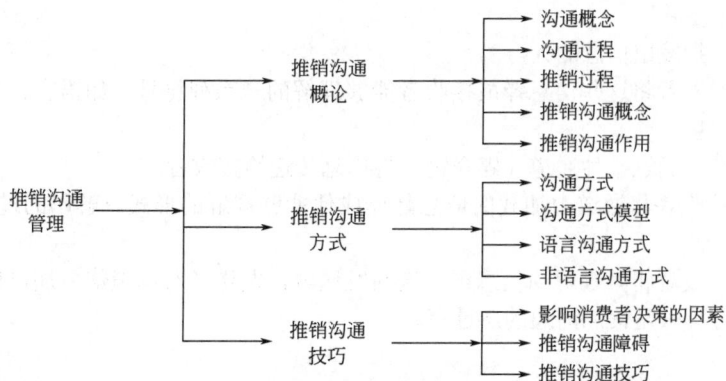

推销沟通管理
— 推销沟通概论 — 沟通概念
　　　　　　　　 沟通过程
　　　　　　　　 推销过程
　　　　　　　　 推销沟通概念
　　　　　　　　 推销沟通作用
— 推销沟通方式 — 沟通方式
　　　　　　　　 沟通方式模型
　　　　　　　　 语言沟通方式
　　　　　　　　 非语言沟通方式
— 推销沟通技巧 — 影响消费者决策的因素
　　　　　　　　 推销沟通障碍
　　　　　　　　 推销沟通技巧

## 职业指引

聪明的推销人员在同客户打交道时，表面上是客户的朋友、兄弟、亲人，而实际工作上依然根据自己的职责、特长、能力来促进销售、操作市场、掌控资源，从而做到名利双收。上面所提到的诸多技巧需要在推销实践中加以灵活运用，举一反三，在体会中成长，在运用中升华。推销人员只有具备了上述的诸多能力，才能在未来的市场角逐中如虎添翼，张弛有度，从而使自己百战百胜，时刻挺立在时代的潮头，成为新时代的弄潮儿以及市场上的最强者。作为公司主体，也应重视其自身业务精英的培养——注重沟通技巧，提高沟通效果，同时也为前线业务人员进行成功推销提供借鉴。

# 第一节　推销沟通概论

## 导入案例8-1

　　一位推销员到一所学校去推销圆规，这种圆规是教师用来在黑板上画图用的，厂家对其结构略微作了一些改造，将其中作为圆心的一端由原来的钉子状改成橡皮头的，这样便于在黑板上固定位置。当推销员将这种圆规拿给顾客看时，顾客很清楚它的效用，甚至连使用效果都可以想象。但推销员还是拿起圆规在办公室的水泥地上作了示范，并鼓励顾客也试一试。有人认为，这么简单的产品，谁都可以理解，示范纯属多余，会增加顾客的反感而对推销无益。

　　问题：你是如何看待这个问题的？

### 一、沟通概念

　　主要指在社会生活中的人际沟通，是信息的发送者与信息的接受者之间的信息相互作用，即可理解的信息在2个或2个以上人群中传递或交换的过程。正确理解沟通的概念，需把握：首先，沟通是有意义的传递，沟通的过程中一定是要富有效果的，而且在传递过程中能传递相关信息；其次，有效的沟通是双方能准确理解信息的含义，信息传递过程中信息必须充分、准确、言简意赅，能让双方明白基本内容；最后，沟通是一个双向、互动的反馈和理解过程，有效的沟通一定是双向的，彼此间有反馈、呼应。

### 二、沟通过程

　　沟通是一个复杂的过程，任何沟通都是通过发送将信息传递到接受者的过程。沟通的过程可以分解为以下几个步骤。

　　（1）信息源　指发出信息的人。

　　（2）编码　发送者将这些信息译成接收者能够理解的一系列符号，如语言、文字、图表、照片、手势等，即信息。

　　（3）传递信息　通过某种通道（媒介物）将信息传递给接收者。

　　（4）解码　接收者将通道中加载的信息翻译成他能够理解的形式。解码的过程包括了接收、译码和理解3个环节。

　　（5）反馈　接收者将其理解的信息再返送回发送者，发送者对反馈信息加以核实和做出必要的修正。反馈的过程只是信息沟通的逆过程。

### 三、推销过程

　　要想明白沟通在推销中的意义，首先要知道推销的过程。推销的一般过程包括以下几个方面。

　　（1）寻找客户　寻找潜在顾客是推销工作的第一步，它是指寻找有可能成为潜在购买者的顾客。

（2）**推销接近** 接近要求必须能够事先了解自己的顾客，了解熟悉自己所推销的产品，了解自己的竞争对手的产品。

（3）**推销洽谈** 推销洽谈是整个推销过程进入实质性阶段的标志。

（4）**处理异议** 对顾客提出的产品疑问，进行处理。

（5）**推销成交** 顾客接受推销人员的产品并立即购买的过程。

（6）**售后服务及信息反馈** 售后服务的好坏决定着有没有回头客，能使顾客或者顾客介绍的人来继续购买产品，信息反馈就是为了总结销售经验，改进产品服务，进而更好地满足顾客的要求，争取更多的回头客。

从推销的过程来看，沟通贯穿了推销的每一个环节，可见沟通的重要。因此，掌握一定的沟通技巧能让工作事倍功半。

## 四、推销沟通概念

推销人员与顾客之间准确的信息交流，只有在双方共享或分享经验、感知、思想、情感时才会发生。个人内部和外部存在的某些因素，往往会产生不准确的感知并导致不尽如人意的信息交流。在推销中，推销人员与顾客要形成交流，促进销售活动成功，这样沟通的作用就非常明显。

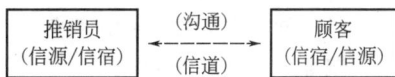

推销沟通模型

**图8-1 推销沟通模型**

因此，推销沟通是指推销人员与客户之间有目的提供产品或销售信息、说服和反馈的沟通过程。推销沟通，本质上是一个信息传递、交换、双向的过程，如图8-1所示。

## 案例赏析8-1

一句话说得人家跳，一句话说得人家笑。同是一句话，不同的说法，效果大不相同。食品推销员马休正想以老套话"我们又生产出一些新产品"来开始销售谈话，但他马上意识到这样做是错误的。于是，他改口说："班尼斯特先生，如果有一笔生意能为你带来1200英镑，你有兴趣吗？""我当然感兴趣了，你说吧！""今年秋天，香料和食品罐头的价格最起码上涨20%。我已经算好了，今年你能出售多少香料和食品罐头，我告诉你……"然后他就把一些数据写了下来。多少年来，他对顾客的生意情况非常了解，这一次，他又得到了食品老板班尼斯特先生很大一笔订货，都是香料和食品罐头。

## 五、推销沟通作用

自改革开放以来，推销带着模糊的概念在我国企业中发挥重要的作用。在众多的企业里脱颖而出，除了要有一个好的经营者决策策划以外，恐怕实施执行营销方案的还是直接与客户打交道的业务人员。商品经济发达的国家认为"推销工作是经营的命脉""熟悉经济环境及应对市场变化的好手"和"新产品的建议者和开发者"。目前，在市场经济体制下，各个行业的产品、服务可谓是五花八门。但是，又很少有特色性的产品、服务直接面向最终消费者。这就需要推销员与客户进行有效沟通。

推销员的沟通能力是成功推销的基础。为做到让消费者了解产品，通过沟通中的一些技巧，从策略性方面来讨论如何提高语言沟通的效果，以达到让消费者购买产品，让销售企业更有效地推广产品的目的。如何把话说到客户心坎上，如何在一分钟内说服你的客户，是推销人员要面对的问题。

推销员是企业的形象大使，为了公司及自身的利益必须善于用形体与语言沟通。推销就是一项沟通艺术，话说到客户心里，也就有了成交的希望。良好的沟通将贯穿于销售工作的整个过程，而沟通能力的好坏，也将会在每一个环节上对销售工作的成败产生决定性影响。推销中离不开沟通，好的沟通可以更好地把产品的性能、质量等信息传递给顾客，同时也能得到顾客的青睐，为自己的企业树立良好的企业形象。好的沟通同时也就是在自我推销，把自己作为产品推销给顾客，得到顾客的信任。

因此，可以毫不夸张地说，推销的成功在很大程度上可以归结为推销人员对口才的合理运用与发挥，这也就是真正的推销沟通。

## 情景训练8-1

### 情景材料

**如何让谈话继续下去**

推销员：您喜欢哪一种颜色？

顾客：蓝色。

推销员：您需要一顶太阳篷吗？我们有些轿车就配有这种太阳篷。尤其在夏天，轿车还是有必要配备太阳篷的，对吗？

顾客：您说得对，但太阳篷太贵了。

推销员：要不了多少钱。

顾客：是吗？

推销员：各种型号的汽车都装有雾灯，因为当您在秋天、冬天或者在春天比较寒冷的日子里行车的时候，雾灯是必不可少的。

顾客：我认为配备雾灯是不必要的。它只会抬高汽车价格。另外，在天气不好的情况下，我肯定不会经常开车外出的（否定的回答）。

推销员：把座位往后推到这个位置。您坐在里面感觉舒服吗？坐在这个座位上开车感到很方便吧！

顾客：还可以。不过我想座位还是稍高一点好。

推销员：把座位调高一点很容易。您看还有哪些需要改进？

如何使他们的谈话继续进行？请各小组拟成继续的谈话方案。

### 训练要点

在了解推销沟通的基本概念的基础上拓展、丰富推销知识，加深对沟通在推销中的作用深入理解；充分运用相关沟通知识从事推销活动。

# 第二节 推销沟通方式

## 导入案例8-2

**赵某口才好但业绩不好**

读大学时，赵某曾获得大学辩论会的优胜奖，口才非常好，毕业后就想从事推销工作，他想这样可以发挥自己的优势。公司对他也很器重，但几个月过去了，赵某的推销业绩一直不好。公司经理有些纳闷，如此优秀的人才，而且每天也很辛苦，为什么成绩总不上去呢？经理决定亲自陪赵某跑一天业务，结果很快明白了是怎么回事。下边是顾客与赵某之间的一段对话。

"我现在不需要。"顾客说。

"那是什么理由呢？"

"理由……我丈夫不在，不行。"

"那你的意思是，你丈夫在的话就行了，是吗？"

"跟你讲话怎么这么麻烦，你走吧……"

看来，文凭和口才并不能代表推销员的全部。你认为，推销人员应该具备什么样的推销沟通方式才算合格呢？

## 一、沟通的方式

按照沟通的传达媒介分类，一般将沟通分成语言沟通及非语言沟通两种。

## 二、推销沟通的方式模型

### （一）沟通方式模型

根据人的控制欲望和社交能力，可以把沟通方式划分为四种类型，如图8-2所示。[1]

控制欲望（Dominance）是指想超越或掌握其他人的一种倾向。控制欲弱的人具有合作的倾向，渴望别人的帮助，自信心不是很强；控制欲强的人喜欢给人提意见，经常提要求，交往中极具挑衅性。

社交能力（Sociability）是指在社会交往中对自身情感表达方面的控制程度。社交能力强的人喜欢与人打交道，自由地表达其感情；社交能力弱的人喜欢在单独的环境下工作，控制其感情。

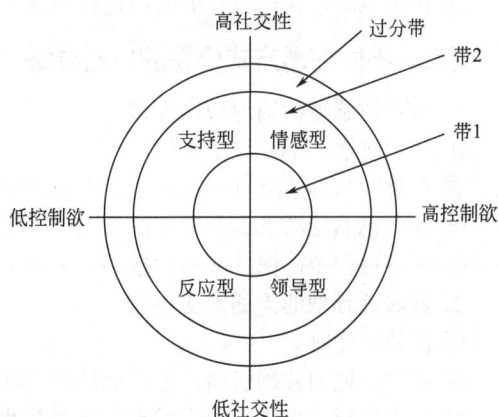

图8-2 推销沟通方式

#### 1. 情感型

情感型（Emotive Style）处于第一象限。情感型的人是控制欲和社交欲都非常强的人，在社交场合特别主动、活跃，有很强的鼓动性，愿意花时间维持所拥有的社交关系。主要表现如下。

① 显得特别活跃，感觉非常忙，总是闲不住。

② 讲话时节奏很快，伴随有很强的手势动作。

③ 社交场合表现主动，通常首先与人打招呼、握手。

④ 喜欢在非正式的环境下交流。

⑤ 不喜欢隐瞒自己的感情，强烈地、激动地表达自己的观点。

#### 2. 领导型

领导型（Director Style）位于第四象限。领导型的人是控制欲强而社交欲弱的人，通常非常坦率，敢作敢为，做事果断，富有进取心。主要表现如下。

① 显得特别忙，不愿意浪费时间，喜欢开门见山地进入交谈的主题。

② 在许多场合讲得比听得多，给人以不喜欢倾听的感觉。

[1] 资料来源：李光明. 现代推销实务. 北京：清华大学出版社，2011.

③ 表情严肃，缺乏热情。

④ 总是希望控制会谈的局面和进程。

**3. 反应型**

反应型（Reflective Style，顾虑型、思考型）位于第三象限。反应型的人是控制欲和社交欲都较弱的人，通常这个类型的人在做出决策之前，总是希望掌握所有的信息，仔细权衡，倾向于保守和谨慎。具体表现如下。

① 控制自身的感情，极少公开表现热情。

② 习惯于按部就班，不喜欢意料之外。

③ 表达的观点经过反复思考，不会有过激的言行。

④ 社交场合显得刻板，过于冷淡，给人难以接触的感觉。

**4. 支持型**

支持型（Supportive Style）位于第二象限。支持型的人是控制欲弱而社交欲强的人，通常喜欢倾听，很少以强迫的姿态表达自己的观点，不愿意抛头露面，喜欢在宁静、不招人注目的环境下工作，不是很自信，易于改变自身的观点。主要表现如下。

① 可以很容易地表达其想法和意见，但不是很坚定，显得内向和保守。

② 专注地听别人讲话。

③ 依靠友好的劝告而不是权力去完成任务。

④ 作决定时，花比较长的时间进行考虑。

## （二）不同沟通方式模型的应对办法

**1. 针对情感型的沟通解决办法**

① 非常热情，不要过于呆板。

② 花时间与其建立良好的关系，不要太注重一些事实和细节。

③ 让自己的行动去迎合顾客的观点、主意和梦想。

④ 交流过程中，保持眼神的接触，做一个好的听众。

**2. 针对领导型的沟通解决办法**

① 高效、守时。

② 提供合适的数据资料，陈述成功的可能性。

③ 努力发现并提供各种方式来支持和帮助他们实现目标。

④ 保持商业关系，而不是个人友情关系。

**3. 针对反应型的沟通解决办法**

① 会前要做充分的准备，出席洽谈要准时。

② 多数情况下，无须花大量时间来建立社会关系。

③ 直接提一些要求顾客说明意图的问题。

④ 掌握潜在客户需求信息后，要用深思熟虑的方法来表达你的建议，不要急于成交，也不要给反应型的人快速决定的压力。

**4. 针对支持型的沟通解决办法**

① 用一点时间了解支持型的人的家庭、消遣和兴趣爱好，仔细倾听他们的观点，与之建立良好的社会关系。

② 在了解他们的技术和商业需求时，应研究他们的感情需要。

③ 表现出充分的自信，同时支持他们的观点。

④ 不同意支持型的人的观点时，也要极力克制自己，因为支持型的人不喜欢冲突，留足够的时间给他们理解你的推销建议。

## 三、语言沟通方式

### 1. 语言沟通的概念

语言是一定社会约定俗成的符号系统。人们运用语言符号进行信息交流，传递思想、情感、观念和态度，达到沟通目的的过程，叫作语言沟通。语言沟通是人际沟通中最重要的一种形式，大多数的信息编码都是通过语言进行的。语言沟通是指以语词符号为载体实现的沟通，主要包括口头沟通、书面沟通和电子沟通等。口头沟通是指借助语言进行的信息传递与交流，口头沟通的形式很多，如会谈、电话、会议、广播、对话等。书面沟通是指借助文字进行的信息传递与交流。书面沟通的形式也很多，例如，通知、文件、通信、布告、报刊、备忘录、书面总结、汇报等。电子沟通是通过网络设备、电信设备进行交流的形式，如电话、E-MAIL。

### 2. 语言沟通的作用

（1）**增强顾客对沟通行为的理解**　沟通的最大障碍在于顾客误解或者对推销人员的意图理解得不够准确。为了避免这种问题的发生，推销人员可以让顾客对你的意图做出反馈。比如，当你向顾客布置了一项任务后，就可以接着向顾客询问："您明白我的意思了吗？"同时要求顾客把任务复述一遍。如果复述的内容与你的意图一致，说明沟通是有效的；如果顾客对你的意图的领会出现偏差，可以及时进行纠正。或者，你可以观察他们的眼睛和其他体态举动，了解他们是否正在接收你的信息。

（2）**对不同的顾客使用不同的语言**　在推销活动中，不同的顾客往往因为不同的年龄以及教育和文化背景，使他们对相同的话产生不同的理解。另外，由于专业化分工不断深化，不同的顾客都有不同的"行话"和技术用语。而推销人员往往注意不到这种差别，以为自己说的话都能被其他人恰当地理解，从而造成沟通障碍。作为推销人员应该选择顾客易于理解的词汇，使信息更加清楚明确。在传达重要信息时，为了消除语言障碍带来的负面影响，可以先把信息告诉不熟悉相关内容的人。

（3）**注意保持理性，避免情绪化行为**　在接收信息的时候，接收者的情绪会影响到他们对信息的理解。情绪会使人们无法进行客观、理性的思维活动，而代之以情绪化的判断。推销人员在与顾客进行沟通时，应该尽量保持理性和克制，如果情绪失控，则应当暂停沟通，直至恢复平静。

## 案例思考8-1 [1]

### 推销人员失败的提问方式

销售：李先生，我知道你们对上次订购的地板非常满意。这次你们公司又承接了这么大的工程，我想您一定还需要订更多的货吧？

客户：我们不再需要订购地板了。

销售：为何不需要了？这批地板是优质松木经过最新技术压制的，受潮不易变形，在市场上非常畅销的呀！

客户：我知道你们的产品质量不错，但是我们不需要了。

销售：你是说这次不打算买了？

客户：不买了。

销售：真的不买？

客户：真的不买。

---

[1] 资料来源：本案例根据网络相关资源改写。

销售：你肯定是千真万确、的的确确、当真不买吗？

客户：我不买不买就是不买！

销售：哦，我的问题问完了。感谢你这么直率。

问题：1. 分析这个场景，如果遇到同样的情况，应该采用以下哪种处理方式？

（1）这个客户没有需求，不必再耽误时间了。

（2）改变发问方式，运用开放式的问题鼓励客户说出细节。

2. 假如你是这位销售员，你应该如何提问，以获得客户不再订购地板的原因。

## 四、非语言沟通方式

### （一）非语言沟通的概念

在人际交往中，非语言沟通具有非常重要的地位，人们常常运用一些非语言方式来交流思想，传递感情。比如一个人捶胸顿足，痛哭流涕，以此来表示自己的难过与悲痛；相反眉开眼笑，手舞足蹈，表示兴奋和快乐；再如宴席上主人频频敬酒是对客人的尊敬与欢迎；久别的朋友相见时紧紧拥抱表示两人之间深厚的情谊。那么，到底什么是非语言沟通呢？

非语言沟通是相对于语言沟通而言的，是指通过身体动作、体态、语气语调、空间距离等方式交流信息、进行沟通的过程。在沟通中，信息的内容部分往往通过语言来表达，而非语言则作为提供解释内容的框架，来表达信息的相关部分。因此非语言沟通常被错误地认为是辅助性或支持性角色。

### （二）非语言沟通的作用

#### 1. 表情达意作用

眼睛是人心灵的窗户，能明显、自然、准确地展示自身的心理活动。眼神是传递信息十分有效的途径和方式，不同的眼神可起到不同的作用。在人际沟通中，目光语可以表现多种感情，根据情境不同，既可表示情意绵绵，暗送秋波，也可以表示横眉冷对，寒气逼人等。目光语通常有以下几种作用：提供信息，调节互动，启发引导，告诫批评，表达关系。如护士在为服务对象实施护理的过程中，对手术后病人投以询问的目光，对年老体弱者投以关爱的目光，对进行肢体功能锻炼的病人投以鼓励的目光，而对神志清醒的不合作的病人投以责备、批评的目光。此时虽没有语言行为，但却更能使病人感到愉快，得到鼓励，或产生内疚。同样，病人一个赞许的目光，可使护理人员消除身体疲劳，感受到自身工作的价值。

#### 2. 表达友善与鼓励

面部表情是有效沟通的世界通用的语言，不同国家或不同文化对面部表情的解释具有高度的一致性。人类的各种情感都可非常灵敏地通过面部表情表现出来，面部表情的变化是十分迅速、敏捷和细致的，能够真实、准确地表现感情，传递信息。

#### 3. 相互了解，增进感情

在复杂的商场上，倾听使你更真实地了解对方的立场、观点、态度，了解对方的沟通方式、内部关系，甚至是小组内成员意见的分歧，从而使你掌握谈判的主动权。不能否认，谈话者也会利用讲话的机会，向你传递错误的信息或是搜集对他有利的情报。这就需要倾听者保持清醒的头脑，根据自己所掌握的情况，不断进行分析，确定哪些是正确的信息，哪些是错误的信息，哪些是对方的烟幕，进而了解对方的真实意图，使对方变得不那么固执己见。这样更有利于达成一个双方都妥协的协议。

**"推销相簿"**

西蒙内尔在一家食品批发公司做冰激凌推销员时，曾结合自己的特点，并充分考虑到顾客的需求和思考方式，别出心裁地自制了一种推销的用具——"推销相簿"。

西蒙内尔在记事本里贴上几年来在这里批发食品的上百家零售店的彩色照片。记录着这些零售店的冰柜、橱窗、门面等一系列的变化。还贴有零售店的老板及家人、售货员笑容的照片，并附有他们的留言。在交易过程中，他经常把相簿拿给顾客欣赏，并尽心尽力地回答顾客提出的各种问题，生意在不知不觉中就做成了。这本"推销相簿"在西蒙内尔的成功史中扮演了十分重要的角色。

▲点评：事实胜于雄辩，一览无遗的图片比言辞更具说服力，生意谈起来格外顺利。这种推销方法不仅省时省力，而且降低了成本，提高了销售量，达到了十分理想的实际效果。

## （三）非语言沟通的技巧

### 1. 体态语言

体态语言也称作身势语。是以身体动作表示意义的沟通形式。人们见面相互点头、握手或拥抱，就是用体语向对方致意，表示问候和欢迎。人们在交谈时身体略向前倾，不时点头，神情随着谈话的内容变化而变化，这些体态特征表示出对说话者的尊敬和礼貌。如果大腿不住地乱抖，身体随意摇晃，眼睛不住地左顾右盼，那一定会使说话者感到不高兴。因为这些无声的语言传出的信息是不尊重、不礼貌和不欢迎。所以体态语言与人际沟通成功与否关系很大。

**（1）体态语言的类型**  体态语言主要包括头语、身姿和手势3种，它们既可以支持修饰言语，表达口头语言难以表达的情感意味，也可以表达肯定、默许、赞扬、鼓励、否定、批评等意图，收到良好的沟通效果。

手势：手势是会说话的工具。是体态语言的主要形式，使用频率最高，形式变化最多，因而表现力、吸引力和感染力也最强，最能表达其丰富多彩的思想感情。从手势表达思想内容来看，手势动作可分为情意手势、指示手势、象形手势与象征手势。情意手势用以表达感情，使抽象的感情具体化、形象化，如挥拳表义愤，推掌表示拒绝等。指示手势用以指明人或事物及其所在位置，从而增强真实感和亲切感。象形手势用以模拟人或物的形状、体积、高度等，给人以具体明确的印象。这种手势常略带夸张，只求神似，不可过分机械模仿。象征手势用以表现某些抽象概念，以生动具体的手势和有声语言构成一种易于理解的意境。

身姿：是人们经常使用的姿势动作。例如，老师教学生要从小养成好习惯，要"站如松""坐如钟""行如风"，就可以伴以简洁的身姿作为示范。人们协调各种动作姿势，并与其他无声语言动作，如眼神，面部表情等紧密配合，使各种表现手段协调一致，才能达到良好的沟通效果。

**（2）体态语言作用**  一是替代作用，代替自然语言进行信息沟通，如点头表示同意，摇头表示反对等。

二是辅助作用，帮助自然语言加强所表达的意思。比如护士对患者说："我们共同配合，共同努力，一定要战胜疾病。"说的同时紧握拳头，这就大大加强了所表达的决心。

三是表露作用，即表露出一定的感情和思想活动。比如在聆听中奖号码时的紧张、关注的神

❶ 资料来源：周琼，吴再芳. 商务谈判与推销技术. 北京：机械工业出版社，2017.

态，表露出一个人盼望中奖的期待；如听到一个不幸的消息时悲愤或难过的表情，显示出自己内心痛苦的情感；患者被病痛折磨时所表现出的痛苦表情。

四是适应作用，体语可以帮助人们适应一定的环境。比如一位青年女子遇到尴尬之事感到不适应时，会拨弄辫梢，抚弄衣角来帮助自己从尴尬中摆脱出来；在路上认错人时不好意思地点头致歉来缓解窘态。

**2. 脸部表情**

脸部表情（又称面部表情）是身体语言的一种特殊表现。人类具有异常丰富的脸部表情，在人际沟通中，人们的脸部表情起着重要的作用。研究表明，在解释相互矛盾的信息过程中，人们更加注重的是脸部表情而不是言语内容或声调。许多细微复杂的情感，都能通过面部种种表现来传情，并且能对口语表达起解释和强化作用。脸面的颜色、光泽、肌肉的收缩与舒张，以及脸部纹路的不同组合，便构成喜怒哀乐等各种复杂的表情。同样是笑，微笑、憨笑、苦笑、奸笑，在嘴、唇、眉、眼和脸部肌肉等方面都表现出许多细微而复杂的差别。因此，要善于观察面部表情的各种细微差别，并且要善于灵活地驾驭自己的面部表情，使面部表情能更好地辅助和强化口语表达。微笑来自快乐，它带来的快乐也创造快乐，在销售过程中，微微笑一笑，双方都从发自内心的微笑中获得这样的信息："我是你的朋友"。微笑虽然无声，但是它说出了许多意思：高兴、欢悦、同意、尊敬。作为一名成功的销售员，请你时时处处把"笑意写在脸上"。

**3. 眼神与目光接触**

眼睛，这个心灵的窗户，它能表达许多言语所不易表达的复杂而微妙的信息和情感。眼神与语言之间有一种同步效应。通过眼神，可能把内心的激情，学识、品德、情操、审美情趣等传递给别人，达到互相沟通的目的。不同的眼神，给人以不同的印象。眼神坚定明澈，使人感到坦荡、善良、天真；眼神阴暗狡黠，给人以虚伪、狭隘之感；左顾右盼，显得心慌意乱；翘首仰视，露出凝思高傲；低头俯视、露出胆怯、害羞。眼神会透露人的内心真意和隐秘。

目光接触是非语言交流的一种特别形式。和其他非语言交流形式一样，目光接触的意义变化很大，而且也依赖着前后情境关系；但在几乎所有的社会相互作用中，目光接触都传达着丰富的信息。首先，目光接触常用于调整谈话。比如，一位讲演者开始发言时转移目光，要结束时就抬起目光。转移目光似乎是为了预防反问和打扰，而抬起目光标志着一个问题的结束并允许其他人发言。

目光接触同样也能表明他有无兴趣。电影里经常有互相凝视的两个人，以表示爱情、热情和极大的关心。当然，作为对某人表示吸引的方法，我们肯定都熟悉长时间的目光接触。另外，一次偶然的谈话，如果其中一个谈话者总保持着目光接触，就会变成一种浪漫的表示。相反，避免或中断目光接触，通常是对一个人不感兴趣的标志。的确，当某人在谈话中目光不接触时，一般就认为他或她是心不在焉。目光不接触，典型地说明他或她对所说的内容不感兴趣。

然而，这种一般原则也有例外。目光不怎么接触，有时可以说明某人害羞或害怕。另外正传达坏消息或诉说痛苦事情的人，也可能避免目光接触。

**4. 人际距离**

人际距离不仅是人际关系密切程度的一个标志，而且也是用来进行人际沟通的传达信息的载体。所谓人际距离是指人与人之间的空间距离。当人与人交往时处于不同的空间距离中，就会有不同的感觉，从而产生出不同的反应，因为人际距离传递出了不同的信息。彼此关系融洽的朋友总是肩并肩或面对面地交谈。而彼此有敌意的人只能是背对背以示不相往来。推销员与顾客之间的距离必须要适当。

在人际交往中距离越近，双方关系越密切。一个人在单位中老是与他人保持一定的距离，如午休同事们在一个桌上吃饭，而他却端着饭盒离得远远的，总不与其他人在一起活动，这个人的"人缘"恐怕成问题。人们会感到他难以接近，久而久之便疏远他了。

**5. 时间控制**

时间本身不具有语言的功能，不能传递信息，但是人们对时间的掌握和控制，却能用来表示一定的意思。在职业生活中，人们往往会以时间来传递某种信息和态度。比如开会时的早到、迟到或中途退场，往往对会议召集者表示出自己对会议的态度。当然迟到本身也包含着不礼貌的信息。

在职业人际交往中，与人约定好时间后，不可过早到达，尤其是到新朋友、同事家赴宴。但也不可迟到，这样会使主人感到不高兴，会被认为对他的不尊重和轻蔑。

**6. 仪表衣着与环境布置**

仪表、衣着服饰是一种无声的语言，仪表是否端庄，衣着服饰是否美观大方，都能表现出自己的审美情趣，表现出对他人的态度。

女推销人员浓妆艳抹、穿金挂银，这种装饰让顾客无法信任。既不能不修饰，又不能过分修饰，提倡"淡妆上岗"。环境布置也能表达出一定的信息。

**7. 人体接触**

一是表示亲近、关系密切。二是表明一种关怀或服务。如推销人员与顾客之间的接触，父母与儿女之间的接触。三是表明爱意等。

**8. 类语言和辅助语言**

类语言是指无固定语义的发声。如哭声、笑声、叹息、呻吟以及各类叫声。

在一定意义上说，类语言虽然不是语言，但有时却胜似语言。它在沟通思想、感情方面的作用，丝毫不比语言逊色。例如就笑声而言，有哈哈大笑、爽朗的笑、略有声音的笑、傻笑、苦笑、冷笑、狞笑、干笑、皮笑肉不笑等。如此多种类的笑，表达的思想和情感的内容异常丰富。

辅助语言是指言语的非词语的方面，即声音的音质、音量、声调、语速、节奏等，它们是言语的一部分，却不是言语的词语本身。辅助语言有时也可以表达出不同的意思，借助它来传递某方面的信息。比如用轻缓和平稳的语调说"你真聪明"，表达了对对方的称赞和敬意；如果语速较快，声调尖刻地说"你真聪明"，那无疑是在讥讽对方。

### 情景训练8-2

假设你是一个推销员，向用户推荐一种产品，你将如何介绍产品的优缺点、功能和使用方法？（产品自定，人人准备，进行模拟性推销训练）

语言要求：语言准确、精练、通俗易懂，语句通顺，表达清楚，声音洪亮、富有亲和力，适当选择一定的推销技巧。

时间要求：限时5分钟。

同学之间相互评价，然后由老师进行点评。

# 第三节　推销沟通技巧

### 导入案例8-3[1]

#### 让顾客说"是"的技巧

美国西屋公司的推销员约瑟夫·阿里逊曾经这样描述他的一段经历：

在我负责的区域中，我希望将自己的机电产品推销给S工厂，我的前任也有此愿望，可是为

---

[1] 资料来源：李红梅.现代推销实务.6版.北京：电子工业出版社，2022.

之进行了10年的不懈努力，都未能获得成功。

在我接任后又进行了10年的努力，只在一个偶然的机会中向S工厂试销了数台马达。反正是试销，我相信，如果马达运转顺利的话，他们一定会继续向我订购大批马达的。

三个星期过去了，我深信自己判断的准确性。于是便满怀信心地跨进了S工厂的大门。

"阿里逊，我不要你们公司的马达了。"

那家工厂的总工程师见到我就这样说，使我大吃一惊，便连忙追问原因。

"你们公司的马达发热度过高，使工作人员无法碰到。"他回答说。

如果我表示赞同，照我以往的经验，定将于事无补。

于是，我对他说："史密斯先生，您说得很有道理，若真有这种情况发生，我们决不会要求您购买。您应选择发热量比工会所定标准更小的马达。您说是吗？"

他回答当然是肯定的。

就这样，我得到了一连串问题中的第一个"是"。

接着我请教他，工会规定的马达温度，在室内是不是可以比室温高22℃。

他仍然回答"是"。

接着他说："虽然如此，那些马达却比规定的热度高得多。"

我不反对他的话，只是问："你们工厂的温度是多少呢？"

"大约24℃吧。"

于是我对他说："以工厂温度24℃，加上规定温度一共是46℃。如果用手去触摸46℃的高温，是不是会被烫伤呢？"

他不得不回答"是"。

"那么，如果请工人不要去触摸马达，不就免得烫伤了吗？"

"对，您说得对。"

于是，他便将下个月的预算3.5万元美金都订了西屋的货。

问题：为什么会出现上述情况？

## 一、影响消费者决策的因素

作为一个销售人员，表达沟通力很重要。现代商品五花八门，基本层次满足以后，其他衍生出来的其实都是非必要商品。但是了解影响消费者消费决策的因素，找准刺激顾客购买非必要商品的欲望，就是行销的首要课题。行为理论认为，家庭的消费决策建立在对商品特性的主观评价基础上，它不但受制于行为人的有限理性，还受到决策当时所处环境的影响。因此，消费决策在很大程度上带有主观任意性。日常生活中，影响消费者决策行为的因素主要有以下4个方面。

### 1. 惰性

惰性概念起源于牛顿第一运动定律（即"惰性定律"）。物体除非受到外力的作用，否则将永远保持原来（静止或运动）的状态。心理学中的惰性法则被表述为：在没有受到心理动力驱动的情况下，个人行为将表现出"维持现状"的特点。因此，只有当个人发现明显优于现状的选择后，才会产生心理动力来改变现状。例如，当人们明显感受到改变现状能使他们生活得更好，他们会主动追求变化。"生活得更好"是推动人们改变现状的心理动力。传统经济学的"理性人"假设认为，"理性人"能准确地感知自己的偏好，因此，在面对不同消费选择时，"理性人"有足够的心理动力进行消费选择。可现实生活中的大量实例表明，普通人对自己的主观偏好常常说不清、道不明。因为他们的消费偏好模糊，不清楚自己究竟需要什么，没有非改变现状不可的心理动力，因此消费决策就容易受到各种因素的影响，也无法判断出各决策结果的优劣。于是，普通人会对身边各种消费诱惑表现得漫不经心、无动于衷，并乐于维持现状。在必须做出消费决策时，他们要么把身边熟人的选择拿来作为参考依据，要么推迟选择时间，或者干脆安于现状。

**2. 识别启发**

启发也称启发式策略，是凭借经验解决问题的一种简单笼统的思考捷径，也被称为经验法则或"拇指法则"。识别启发指人们在思维过程中习惯于自动区分熟悉与不熟悉的选项，并倾向于选择熟悉的选项。使用识别启发来替代理性思考，主要由以下几个原因造成。

① 在面对各种风险时，人们没有时间进行认真思考或缺乏做决策所需的可靠知识和信息。

② 人们负载的信息过多，以至于无法充分地进行筛选加工。

③ 当合理的心智计算受阻时，人们不得不借助直觉加上简单辨别来完成决策过程。生活中的消费者在面对铺天盖地、大同小异的楼盘时，他们可能马上简单地想到选择知名企业开发的或朋友推荐的楼盘，常常认为"有口皆碑"是住房质量的可靠保障，而不愿意花大量的时间和精力进行各楼盘间的性价比调查。因此，当房产市场的消费日趋理性时，存在著名开发商的市场竞争力明显强于一般开发商的普遍现象。这一现象就是人们自觉借助了"识别启发"的决策工具而形成的。

**3. 乐观框定**

消费者有时明知某个楼盘的宣传过于夸张失真，但还是乐于接受。这是出于对销售策划者营销理念的欣赏与认同，如此表述的营销理念与他内心深处的幸福感产生了共鸣。一旦人居概念的描述使消费者沉醉于对美好未来的憧憬时，他们就会忽略房产本身，而根据广告宣传做出消费选择。

**4. 可得性冲动**

某一情景会唤醒人们对某种商品的消费欲望，当这种商品又正好唾手可得时，他会马上做出购买决策。这种消费行为被称为"可得性冲动"，也就是习惯上说的"冲动消费"，这种消费行为的主观随意性非常大。

## 二、推销沟通的障碍

在推销过程中，沟通是非常重要。这是因为一个有效的沟通必须包含诸多的要素和步骤。在每一个要素和每一个步骤中都可能存在着各种障碍，它们直接影响沟通效能的发挥。

**1. 语言障碍，产生理解差异**

我国地域辽阔，各地区语言差别大，如南方人讲话北方人听不懂。即使话听得懂，但语言本身并不是客观事物本身，思想和语言往往并不是一回事，各人的语言修养和表达能力差异很大，加上有些沟通者事先缺乏必要的准备和思索，或用词不当或说话意图不清，听了半天不知所云。即使意思清楚，用词得当，由于语音复杂，一词多义，理解的可变度较大，个人在信息翻译、解码过程中还会加上主观的综合推理，因而受个人的世界观、方法论、经历、经验、需要的影响，从而产生不同的理解和推论。

**2. 环节过多，引起信息损耗**

传达和汇报是我们经常使用的沟通方式，但每经过一次传达就多一层丢失和错误，一般每经过一个中间环节，就要丢失30%左右的信息。

**3. 信誉不高，妨碍沟通**

如果沟通者在接收者心目中的形象不好、存有偏见，则后者对其所讲述的内容往往不愿意听或专挑毛病，有时虽无成见，但认为所传达的内容与己无关，从而不予理会，拒绝接受。

**案例赏析8-3❶**

在一个下雨的星期一的早晨，销售部王经理浑身湿漉漉，上气不接下气地赶到对方公司的前台说："你们的头儿在吗？我与他有个约会。"

前台冷淡地看了他一眼说："我们李总经理在等你，请跟我来。"

王经理拿着雨伞和公文包进了李总经理办公室。穿着比王经理正式许多的李总经理从办公桌后出来迎接他，并把前台接待又叫进来，让她把王经理滴水的雨伞拿出去。两人握手时王经理随口说："我花了好大工夫才找到地方停车！"

李总经理说："我们在楼后有公司专用停车场。"

王经理说："哦，我不知道。"

随后他拽过一把椅子坐在李总经理办公桌旁边，一边从公文包拿资料一边说："哦，老李，非常高兴认识你。看来我们将来会有很多时间合作。我有一些关于产品方面的信息。"

李总经理停顿了一下，好像拿定了什么主意似地说："好吧，我想具体问题你还是与赵女士打交道吧。我现在让她进来，你们两个可以开始了。"

▲点评：推销人员的形象非常重要，务必引起重视。

**4. 条件不清，理解各异**

大至一个国家，小至一个企业，往往同一个政策和制度各单位执行起来却五花八门。这和国家大小、企业大小、干部水平不同有关，但很重要的一点是任何一项政策、制度、办法都有一定的边界条件。推销人员在跟顾客传达信息时往往只注意传达产品信息本身，而忽略这些边界条件，边界条件不讲清楚，就会理解不一，行动失调。

**5. 利益冲突，有意隐瞒**

社会上和企业里都可以见到报喜不报忧的情况，为什么喜的信息传得快，而忧的信息传不出去呢？主要取决于利害关系。如怕领导印象不好，怕影响本单位声誉。由于利害关系或习惯势力的影响，许多人都抗拒与自己利益或经验不一致的变革，变革越大，抗拒性越强。抗拒改革的办法是很多的，一是不予理会，二是直接拒绝，三是加以曲解。

**6. 沟通要求不明，渠道不畅**

在组织设计的同时应当向各个岗位明确"你们应当向我提供哪些信息""你们还应当向谁提供什么信息"，从而构成整个组织的沟通渠道。如果没有明确的设计，企业的沟通渠道就必然呈现自发的无组织状态，以致别人提供的信息并不需要，而需要的信息又没有，效能很低。

**7. 地位差异，妨碍交流**

一般人在接受信息时不仅判断信息本身，而且判断发信人，信息发源的层次越高，便越倾向于接受。所以，一个领导者不容易得到充分而真实的信息，特别是当领导者不愿听取不同意见时，必然堵塞言路，使下级保持沉默。

**8. 地理障碍，沟通困难**

企业组织庞大，地理位置分散。相距较远或地形复杂都会引起沟通困难，虽然有电话和文件联系，但缺乏面对面沟通，这也是沟通的一大障碍。

## 三、推销沟通技巧

人际沟通技巧恐怕是现在的个人成功最有用的基本技能，现在的商业运作最需要沟通，也最缺少沟通，所以掌握这个方法和技巧非常重要。不论任何人都需要与人沟通，实现合作，跟更多

❶ 资料来源：本案例根据网络相关资源改写。

的人去打交道。实际上一个公司最大的损失是它的推销员在错误地行销，不要看销售多少产品，而是要考察损失了多少顾客。要注意以下几点。

**1. 提高专业知识**

好的销售人员要熟悉并具备与自己所销售产品的相关专业知识。有了良好的产品知识和行业知识，可以使沟通言之有物，说服力强，让客户感到他在和一位业内的专业人士交流，从而使客户信服，进而使产品赢得客户的信任。

**2. 锻炼待人接物的能力**

待人接物能力，需要生活的磨炼和经验积累，想在短期内迅速提高是不现实的，只有在平常的生活中，多留心，多学习，懂得人情世故。销售人员要能从客户的字里行间品味出客户的不同喜好、不同性格，就会游刃有余，更容易拉近与客户的距离。

**3. 目的明确，直奔主题**

推销人员在和客户沟通时，滔滔不绝，不能把自己的意图表达明白，结果造成沟通的失败。这种情况很容易发生在电话联系中，说得多，不一定会留给客户好印象，有时甚至适得其反。"时间就是金钱"，沟通尽可能简单明了，简单寒暄后，要开门见山，直奔主题，让对方明白你的意图，避免造成对方理解的偏差。

**4. 做一个好的"倾听者"**

沟通的高手即使在不赞成客户的时候，也会先表示肯定，等到对方讲完后，再站在客户的角度谈出自己的看法，更容易让客户接受你的意见。不时的肯定，不会随便打断对方的讲话，是在表示对客户的肯定和尊重，这是在初步赢得沟通成功的条件之一。有些销售人员不等对方讲完，就断章取义地反驳或者插话，这样做会让客户感觉没有被尊重。倾听会让你更明白对方的想法，为最终的签单打下良好的基础。

推销沟通方法是技巧，是捷径，但使用方法的人必须做到熟能生巧。这就要求销售员在日常推销过程中有意识地利用这些方法，进行现场操练，达到"条件反射"的效果。当顾客出现一些情况时，大脑不需要思考，应对方法就映入脑海。到那时，在顾客的心中才真正是"除了成交，别无选择"。"得人心者得天下"既是治国之道，也是商业之理。当我们处理好自己和客户的关系，把握好取和舍的尺度，摆正信、义、利的位置，以合作共赢的思维模式，搭建利益共享的合作平台，让每个合作者都有利可图，个个都成为赢家，我们的企业，我们的事业，我们的社会，都能和谐发展。

**5. 努力排除推销沟通障碍**

**（1）排除客户异议障碍** 若发现客户欲言又止，己方应主动少说话，直截了当地请对方充分发表意见，以自由问答的方式真诚地与客户交换意见。对一时难以纠正的偏见，可将话题转移。对恶意的反对意见，可以"装聋作哑"。

**（2）排除价格障碍** 当客户认为价格偏高时，应充分介绍和展示产品、服务的特色和价值，使客户感到"一分钱一分货"；若客户对低价有看法，应介绍定价低的原因，让客户感到物美价廉。

**（3）排除习惯势力障碍** 实事求是地介绍客户不熟悉的产品或服务，并将其与他们已熟悉的产品或服务相比较，让客户乐于接受新的消费观念。

### 章节回顾

推销员的沟通能力是成功推销的基础，推销员是企业的形象大使，为了公司及自身的利益必须善于利用形体与语言沟通。本章节着重介绍了推销沟通的概念、作用、方式，以及推销中的语言沟通与非语言沟通方式，沟通方式的4种模型，确定与顾客沟通的适宜方式，以及如何提高推销沟通技巧，明白沟通在推销工作中的重要性。

## 关键词汇

沟通；推销沟通；推销沟通作用；语言沟通；非语言沟通方式；语言沟通技巧

## 知识训练

### 一、复习思考题

1. 什么叫沟通？
2. 什么叫推销沟通？
3. 推销沟通的作用有哪些？
4. 推销沟通方式模型有哪几种？
5. 怎样提高推销沟通技巧？

### 二、案例分析题

[案例1]

#### 不买就没别的解决办法了吗？

有一位女企业家，她的企业效益非常好，当保险销售员小张第二次去她公司拜访时，这位女企业家接待了他，以下是他们的谈话内容。

女企业家：你好！小张，我们一家人都很认可你这个人，你确实很优秀，不过我告诉你，经过我们一家人的研究决定，我们还是决定不买保险了。

小张：你能告诉我为什么不买吗？

女企业家：因为我买东西有一个习惯，当我决定哪个东西可买时，会问自己一句话，问完之后，我就决定买与不买了。

小张：关于保险的事，你是怎么问的呢？

女企业家：有一回我去国际商城看到了一串白金钻石项链，非常漂亮，27万元一条啊！而对这串白金钻石项链，我梦寐以求很久了，也去看过好几回，当我准备付款时，我一路在问自己，不买就没别的解决办法了吗？我得出的结论是，有。有别的东西代替吗？当然有。这次买保险，我同样这样问自己，我如果不买保险，我就没别的解决办法了吗？

小张：谢谢你，大姐。幸亏你这么提醒我。人不买保险不会怎么样，但如果不买去世的时候会很惨。当然不是你去世得很惨，而是那些依靠你的人会很惨。因为你去世了以后，他们悲痛万分。你是什么都不需要了，但是活着的人，他们万事很难，什么都需要。保险是唯一的以一换百的保障方法，没有任何替代品。

经过一番谈话，最后女企业家终于答应购买保险了。

问题：1. 这位女企业家体现了人们购买保险时的什么心态？
　　　2. 小张通过什么来说服顾客的？
　　　3. 小张如何打垮顾客的心理防线和拒绝心态的？

[案例2]

#### 斯泰格财务服务公司

一踏进宽敞且装修考究的办公室，巴特就注意到办公室的布置与他预期的有点不同。凯丽坐在一张大胡桃木的老板桌后，而老板桌放在一个墙角，且面向窗户正对着的那堵墙。在老板桌附近没有客椅，客椅是放在离老板桌10～12英尺（1英尺=0.3米）的地方，靠近一张小桌，面向老板桌。屋子的另一处是一张工作台，旁边放着几张椅子。

当他走进办公室时，凯丽正在听电话，并向他点头示意，让他向前找地方坐下。很明显，凯丽的电话即将结束，而且她用眼神向他示意，并偶尔冲他微笑一两次表示知道他的到来。当电话结束时，她从老板桌那边走来。在握手时，他们互相介绍了自己，她告诉他可以称呼她凯丽。她为自己在打电话而抱歉，并问他的飞行如何。在闲谈几句后，巴特概括了斯泰格最初征求建议书（RFP）中的需求，并以此过渡到他的展示部分。当巴特提供了不少超出RFP的额外详细说明时，凯丽一边微笑着与他对视，一边将椅子挪向小桌，并说，很明显他做了不少的工作。在巴特的展示过程中，凯丽有几次将手放在脸颊旁，身子前倾，问了大量的问题。尽管不多，但是她也在他展示的几个关键之处记下笔记。巴特的预约时间是一个半小时，所以他要充分利用每一分钟。但是，会谈大约持续了50分钟之后，他注意到凯丽偶尔看她的表。在结束一个要点和论证对斯泰格的几个重要内容后，她开始问他关于软件包的一系列问题，这时，巴特注意到凯丽将原先交叉的双腿展开，因为身体前倾，眼镜几乎滑到鼻尖上。

　　问题：1. 说明凯丽向巴特传递的非语言信息。

　　　　　2. 如果你是巴特，你将如何回应这些非语言信息。

### 三、模拟训练

　　陈先生去年从某大学市场营销专业毕业后，在一家办公用品公司从事生产管理工作，他近期被派到Y省作销售代表。林先生是某大学办公室主任，想采购一批办公用品，包括打印机、打印纸、复印机、复印纸等。陈先生到达Y省后，该地区的负责人要他去拜访林先生。他身穿一套灰色西装走进了林先生的办公室，观察到林先生大约四十岁以上，正坐在一张很大的木质写字台后面，手臂和双腿都交叉着。以下是他们两人的交谈内容。

　　陈先生（走进林先生的办公室，伸出手去）："早上好，林主任。见到你真高兴，今天好吗？"

　　林主任："好，挺好。你迟到一会儿了。"

　　陈先生："也就5分钟，我在银行耽搁了。"

　　林主任（用食指摸着鼻子，手臂和两腿都交叉着）："那么好吧。我能为你做些什么？"

　　陈先生："我是想告诉你我们公司的一些新式办公用品。我想你会喜欢的。"

　　林主任："在你想说之前，我告诉你，我们刚向你们的竞争对手下了一份订单。"

　　陈先生（手臂和两腿交叉，语速和语调都有所提高）："听到这个消息，太遗憾了。你们应该等着我们来的，我们的价格要低10%～20%呢！"

　　林主任（手臂和两腿不再交叉，手托下巴）："是吗？"

　　陈先生（解开大衣纽扣，站起身来）："好吧，我想大概太迟了。既然你们已经下了订单，下次把机会留给我们，好吗？"

　　当陈先生离开时，林主任坐在写字台后面，双肘放在桌子上，两手掌放在嘴前。

　　模拟研讨：

　　1. 选出两个同学分别扮演陈先生和林主任，可以不拘于对话中的内容。要求设置相应的情景，其余同学认真观摩两个同学的表演，从中发现相关的问题。

　　2. 陈先生在非语言行为中犯了什么错误？

　　3. 陈先生有没有识别出林主任的非语言暗示呢？

# 第九章
# 推销程序管理

## 学习导读

"推销"既是一个"买"与"卖"的商品交换过程，又是一个信息传递的过程，同时也是一个产生心理活动的过程。推销是商品交换过程，这是显而易见的。推销的直接目的就是把商品卖出去从而获得盈利。尽管推销活动千变万化，但是大多数有效的推销都存在一定规律性。如果单纯从推销人员与客户打交道的时间顺序来考察，推销程序可以分为如下几个阶段：推销对象的选择，客户调查、约见、接近、面谈，客户异议处理、成交、客户关系维护。这个过程分为：前期，包括推销对象的选择、客户调查；中期，包括约见、接近、面谈；后期，包括客户异议处理、成交及售后客户关系维护。

## 学习目标

通过对本章的学习，需要把握和领会以下知识要点。
① 寻找客户的必要性、方法与策略。
② 客户资格鉴定。
③ 接近客户前的准备工作。
④ 约见客户的方式与技巧。
⑤ 正式接近客户的方法与策略。
⑥ 推销洽谈的方法与技巧。
⑦ 促成交易的方法。
⑧ 售后客户关系维护。

## 学习导航

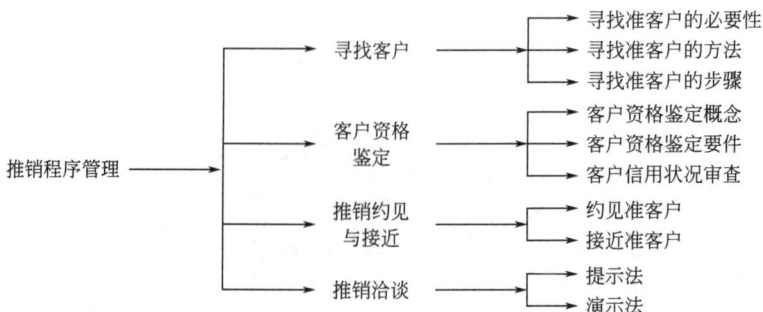

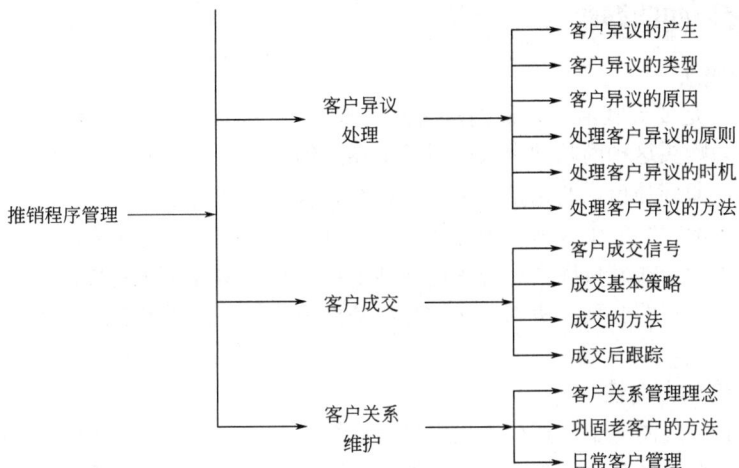

客户异议处理 → 客户异议的产生
客户异议处理 → 客户异议的类型
客户异议处理 → 客户异议的原因
客户异议处理 → 处理客户异议的原则
客户异议处理 → 处理客户异议的时机
客户异议处理 → 处理客户异议的方法

推销程序管理 → 客户成交 → 客户成交信号
客户成交 → 成交基本策略
客户成交 → 成交的方法
客户成交 → 成交后跟踪

客户关系维护 → 客户关系管理理念
客户关系维护 → 巩固老客户的方法
客户关系维护 → 日常客户管理

## 职业指引

　　推销是一个合乎逻辑的过程。要想提高推销效率，就必须正确认识和掌握推销规律；否则，再高明的推销术也难以发挥作用。作为一个推销人员，无论推销过程多么艰难、多么随机和多么难以掌握，都应在明确推销规律并熟练把握推销基本技巧的条件下，随机应变，否则难以进行成功的推销。正如推销专家戈德曼所说："切实领会带有规律性的基本原则的精神，并付诸实施，这比挖空心思寻找一些新奇而玄妙的信条来蛊惑人心要重要得多。"

# 第一节　寻找客户

## 导入案例9-1[1]

　　李峰是刚参加实习工作的大学生，他应聘进入一家卖CRM软件的企业从事销售岗位。在经过几天的产品培训后，李峰准备开始他的销售工作。他问经理，公司有没有客户分配给他跟进，经理说，每个业务员都要靠自己的努力去寻找合适的客户。李峰问那公司对我的考核呢？经理说，给你1个月的时间，如果能找到3个有意向的客户，你就可以转正，如果找到1个有意向客户，那么试用期延长一个月，如果1个有意向客户都找不到，公司会考虑终止试用期合同。

　　李峰有点苦恼，压力很大，他该怎么开展工作呢？

　　问题：1. 李峰在找客户前需要做好哪些方面的准备？

　　　　　2. 你为李峰提几个寻找客户的好方法。

　　客户开发是推销的前期活动，而寻找准客户是推销成功的关键之一，是开展推销活动的前提与基础。对企业的推销员来说，要想有效地开展推销活动，与各类推销对象最终达成交易，满足供需双方的利益需求，首先就要运用恰当的方法找到最好的销售机会，选择最有成交希望的推销对象。

---

[1] 资料来源：刘志超. 现代推销学. 3版. 广州：广东高等教育出版社，2016.

## 一、寻找准客户的必要性

### 1. 准客户的概念

寻找准客户就是要寻找潜在可能的准客户。准客户是指既能因购买某种推销商品而获得价值，又有支付能力购买这种商品的个人或组织。在推销活动中，推销人员面临的主要问题之一就是把产品卖给谁，即谁是自己的推销目标。寻找准顾客是推销过程的第一步，而准顾客的寻找是从搜寻有可能成为准顾客的个人或组织开始的。通过对准顾客的分析和筛选，确定准顾客，即确定推销对象。一个尚未找到目标客户的企业或推销员，就开始进行狂轰滥炸式的推销，其结果只能是"大炮打蚊子"式的悲哀。所以，寻找客户是推销工作的重要步骤，也是推销成败的关键性工作。

### 2. 寻找准顾客的必要性

推销人员拥有客户的多少，直接关系到推销业绩的大小。在当今的市场环境中，想要获得并且保持稳定的客户群并非易事。第一，在同类产品的目标市场区域中，同行业的竞争者采取各种营销策略，千方百计地争夺客户，客户的忠诚度日益降低；第二，随着客户消费知识的日渐丰富与市场法律环境的完善，客户越来越懂得怎样更好地满足自己的各种需求和维护自己的合法权益，客户变得越来越精明，越来越理性；第三，因产品生命周期的改变，多年的老客户的流失是经常的、不可避免的。由此可见，推销人员既要稳定老客户，更要不断地开发新客户，以维持并壮大自己的客户队伍。

寻找潜在客户，推销员首先必须根据自己所推销的产品特征，提出一些可能成为潜在客户的基本条件，再根据潜在客户基本条件，通过各种可能的线索和渠道，拟出一份准客户的名单，采取科学、适当的方法进行客户资格审查，确定入选的合格的准客户，并做出客户分类，建立客户档案，妥善保管。

并非每一位潜在客户都是符合购买条件的客户，寻找客户的过程实际上是一个筛选客户的过程。推销人员在寻找到众多的潜在客户以后，要对客户群进行分析、筛选，剔除不符合基本条件的个人或组织，找出那些对推销品具有购买资格的准客户。这样，不仅使推销目标明确而集中，减少推销的盲目性，而且可以节约时间和精力，提高推销成功率，达到事半功倍的效果。不愿主动寻找客户或寻找客户不到位的推销人员，其付出的代价也将是很高的。

## 二、寻找准客户的方法

新客户开发的方法和策略很多，下面主要从推销人员寻找和选择准客户的角度作些分析。有些方法和策略，尽管推销人员与客户有着较为密切的关系，但不是推销人员本身所能胜任解决的。例如以做广告、举办展销会等方式进入新市场、开发新的客户渠道，属于企业营销管理决策者的任务，只有企业营销部门发挥组织力量才能承担（这方面的知识可以在市场营销学的课程中学到，此处不重复），以下仅探讨推销人员自身能力和职责范围内的寻找准客户的一些方法和策略。

### 1. 地毯式访问法

地毯式访问法也叫全户走访法，俗称"扫街"，在对推销对象一无所知或知之甚少的情况下，推销人员直接走访某一特定区域或某一特定职业的所有个人或组织，从中寻找自己的客户。如果推销人员的寻找是彻底的，那么总会找出一定数量的潜在客户，其中会有一定比例的潜在客户与推销员达成交易。如过去访问经验表明，访问的10人中有1人会买某种推销品，那么50次访问会产生5笔交易。

地毯式访问法看似是一种"笨"的寻找客户的方法，但实践证明，运用得当也是一种比较有效的方法。如江铃公司就是使用这种最"笨"的方法获得喜人的业绩的。

**案例赏析9-1❶**

### 江铃公司的独特销售模式

近几年江铃汽车在已经设立的全国60多家汽车销售中心的基础上，引进了我国台湾地区福特六合汽车公司的推销员体系，即每个销售中心的代理商除在自己的展厅卖车外，都必须雇佣几名推销员，对分管区域的目标消费群进行汽车的上门推销。"哪有这样卖汽车的？"曾任江铃东莞销鸽公司的区域经理提出质问。据他所知，没有一家汽车代理商是采用这种"走街串巷"的方式来推销汽车的。于是公司请来中欧国际商学院的一位教授进行论证，得出结论：每个推销员只要在每年卖掉一辆车，工资成本就可以相抵。每个推销员在品牌推广、客户接触方面对汽车促销的力度每年显然不只一辆车，"走街串巷"这种方法是合理的。

在具体操作中，江铃每个销售中心的销售团队一般分两批，每批3~4个小组，每组2~3人来开展工作。针对江铃每一特定的车型进行的推销也分两个阶段，第一阶段是"铺货"阶段，即大规模地对企业进行挨家挨户的宣传。这种宣传以镇、区为单位进行，每个小组负责一个镇、区的企业。每个工作日业务员出发推销时都会由销售中心经理召开晨会，圈定镇、区内有价值的潜在企业客户，然后挨家拜访。第二个阶段，推销人员会对登门拜访的结果进行小结，然后会把购车意愿最高的潜在购买客户纳入数据库，进行更细致的电话咨询，直至其产生实际的购车行为。当年江铃汽车的销售达到5500辆，比上年同期上升73%。

▲点评：江铃汽车销售成功除了市场上升的因素之外，与他们独特的销售模式也很有关系。

采用地毯式访问法寻找客户，推销人员首先应该根据推销品的特征，进行必要的科学的推销工程可行性研究，确定可行的理想的推销范围，做好必要的访问计划。例如，到大中专院校推销大中专学生使用的书籍或其他文化用品；到医院、诊所等医疗机构推销药品、医疗器材等。

地毯式访问法的优点主要有以下几个方面。

① 地毯式的访问不会遗漏有价值的客户。

② 推销人员可借机进行市场调查，能够较客观全面地了解客户的需求情况。

③ 可以扩大企业和推销品的影响。推销人员寻找客户的过程，也是传播推销信息的过程。通过地毯式访问，推销人员可以广泛地接触客户，进而广泛地传播企业和产品的有关信息，从而扩大企业和推销品影响。

④ 可以锻炼推销人员的意志，积累和丰富推销工作经验。对众多的被访问者的访问结果进行小结，然后会把购车意愿最高的潜在购买客户纳入数据库，进行更细致的电话询问可以培养推销人员坚忍不拔、吃苦耐劳和经受挫折的意志和精神，也有利于推销人员了解和研究各种类型、各个阶层客户的消费心理和消费特点，便于推销人员积累丰富的推销经验。

地毯式访问法也有不足之处，主要表现在以下两个方面。

（1）**最大的缺点在于它的相对盲目性** 采用地毯式访问法寻找客户，推销人员通常是在不太了解或完全不了解被访问者的情况下进行的，尽管推销人员在事先可能做了一些必要的准备工作，但仍然避免不了很大程度的盲目性，并因此浪费大量的时间、精力及财力。

（2）**容易造成推销人员和客户的心理隔阂** 由于在进行地毯式访问之前，推销人员一般不通知或难以通知对方，客户常常毫无精神准备，对访问感觉突然，从而对推销人员的造访心存戒心

❶ 资料来源：龚荒. 商务谈判与推销技巧. 4版. 北京：北京交通大学出版社，2023.

和冷漠，往往拒绝接见，从而给推销工作带来阻力，给推销人员造成精神负担和心理压力，影响推销工作的顺利进行。

**2. 链式引荐法**

链式引荐法就是推销员请求现有客户介绍未来可能的准客户的方法。该方法的理论依据是事物普遍联系的法则，即世上的万物都按一定的方式与其他事物发生联系。链式引荐法就是根据消费者需求和动机的相互联系与相互影响，利用各个现有客户的社会联系，通过客户之间的连锁介绍，寻找更多的新客户。研究表明，在耐用品消费领域，有50%以上的消费者是通过朋友的引荐而购买商品的，有62%的购买者是通过其他消费者得到新产品信息的。

采用链式引荐法寻找客户，关键是推销员要取信于现有客户，树立全心全意为客户服务的观点，千方百计解决客户的实际问题，使现有客户对推销人员的人格和推销的商品感到满意，真正赢得现有客户的信任，从而取得源源不断的新客户名单。否则，推销人员失信于现有客户，现有客户就不敢或不愿为推销员介绍新客户。

在西方推销学著作里，链式引荐法常常被看作是最有效的寻找客户的方法之一，甚至喻其为"推销王牌"，这种说法不无一定的道理。因为链式引荐法使推销人员单枪匹马的推销活动变成广大客户本身的群众性活动，使推销工作具有坚实的群众基础，避免了推销员主观判断的盲目性，可以赢得被介绍客户的信任，使推销活动成功。研究表明，由亲朋好友及其他熟悉的人向潜在客户推销产品，影响力高达80%，向由现有客户推荐的新客户推销比向没有人推荐的新客户推销，成交率要高3～5倍。

必须注意到，由于推销员不可预知现有客户能介绍哪些新客户，难以做事先准备和安排，有时会打乱整个访问客户的计划；再加上现有客户并没有为推销员介绍新客户的义务，较易造成推销人员被动的工作局面。

思考：为什么有的客户不愿意把他的朋友介绍给销售人员？

**资料阅读 9-1** [1]

**"250"人法则**

汽车推销大王乔·吉拉德曾自豪地说："'250人法则'的发现，使我成为世界上最伟大的推销员。"

吉拉德做汽车推销员不久，有一次从朋友母亲葬礼上的主持人那里偶然了解到，每次葬礼来祭奠一位死者的人数平均为250人。吉拉德参加一位朋友在教堂里举行的婚礼，从教堂主人那里得知：每次婚礼，新娘方大概有250人，新郎方大概也有250人参加婚礼。这一连串的250人，使吉拉德悟出一个道理：每一个人都有许许多多的亲朋好友、熟人，甚至远远超过250人这个数字，而250人只不过是个平均数。

因此，对推销人员来说，对任何客户都必须待之以诚，因为每位客户不仅可以使你失去许多，而且也可能为你带来许多！如果你得罪了一位客户，也就得罪了另外250位客户；如果你让一位客户难堪，就会有250名客户在背后为难你；如果你赶走一位买主，就会失去另外250位买主；只要你不喜欢一个人，就会有250人讨厌你。这就是吉拉德的"250"人法则。

**3. 中心开花法**

中心开花法又叫权威介绍法，是指通过推销努力让某一领域具有影响力的核心人物（或名人）成为自己的客户，利用核心人物的广泛影响，发展准客户的方法。实际上，中心开花法是链

[1] 资料来源：本案例根据网络相关资源改写。

式引荐法的一种推广运用。一般来说，核心人物或组织往往在公众中具有很大的影响力和很高的社会地位，他们是消费者领袖，诸如政界要人、企业界名人、文体界巨星、知名学者、专家、教授等。这些中心人物的知名度高，且拥有很多的崇拜者，他们的购买与消费行为，能在其崇拜者心目中形成示范作用和先导作用，从而引发甚至左右崇拜者的购买与消费行为，这就是心理学中的"光晕效应"法则。

**案例赏析9-2**

### 中心开花法在新药推销中的运用

　　某推销员欲到南方山区一个城市推销该企业生产的新药品，但他所面临的销售地区地广人稀，通常方圆几十里只有二三十户人。整个地区有大小医院药店四百多家，若按传统的地毯式访问法，每天上门推销1～2家，要几个月时间才能拜访完，推销员他没有这样做。因为他找到了一个相当好的合作伙伴，一个该地有名的外科主治医师，退休前曾是管理全区各乡镇医院的负责人。正巧那年9月7日该地区组织所有的医院院长参加一个学习班，讲师就是这位医生。学习班结束后，由医生组织这些院长，听取了该推销员对新产品特点的详细讲解。后来，经过这位医生的大力推荐，二十几位院长每人下了5箱的订单，事情到此还没有结束。这些院长回到乡镇，在每月15日的全乡镇各村屯卫生所医生的例会上，又向各村屯医生推荐了这种新产品，很快新药就分散到了各地。从7日的学习班，到提货、送货、收货款的25日，100件新药的销售工作全部完成。结果是全地区的四百多家医疗单位同时使用了这种产品，全区大部分患者都了解了这种药，企业却没有花1分钱的广告费。

　　▲点评：该案例中推销员通过争取一个具有影响力的核心人物——该地有名的外科主治医师的力量，使得推销工作事半功倍，其利用中心开花法所产生的连锁效应可以表示为：销售人员—主治医师—各乡镇医院院长—乡镇医院和村卫生所。

　　中心开花法的优点是容易节省时间和精力。推销人员只是对核心人物进行寻找和重点推销，避免了重复单调地对每一个潜在客户进行寻找与推销的过程；另外可以借力，核心人物的名声越大，越有利于提高产品的知名度，也越有利于开拓市场。

　　中心开花法的缺点是很难发现真正的核心人物，如果选择错误，将适得其反；另外增加了推销风险。如果将希望全寄托在核心人物身上，会增加推销风险。

　　在运用这种方法时，关键是要选好核心人物，并争取得到他的支持。

　　**4. 委托助手法**

　　委托助手法（也称"耳目"推销法）是指推销人员通过委托聘请的情报人员或兼职推销员等有关人士寻找客户，以便自己集中精力从事实际推销活动的一种方法。这些接受雇佣、被委托寻找客户的人士通常被称为"推销助手"或"猎犬"。推销助手往往利用市场调查等途径，对某些可能性较大的推销区域进行地毯式访问，一发现潜在客户，便立即通知委托人，安排推销访问。

**案例赏析9-3**

### 利用"耳目"进行推销

　　吴某是广州某电气产品销售公司的总经理，在当上总经理之前作为推销员他多次被评为公司、区、市及省里的"推销能手"。他说成绩的取得，还得归功于他的"耳目"推销法。他制订出了自己的"耳目"推销计划，在推销过程中找亲戚、托朋友，然后再通过亲戚托亲戚，朋友托朋友，像滚雪球似地壮大自己的"耳目"队伍。他把这些人的姓名、地址、工作单位及职业分门别类地记在自己的"耳目库"中，让他们帮助自己捕捉信息，推销电气产品。在销售工作中，他除了自己积极工作外，还把一半的精力放在培养"耳目"上。他把自己的名片送给每位"耳目"，上面印有自己的姓名、地址、联系电话及经销的电气品种。对于重点"耳目"，他还要定期通过电话、通信等方式加强联系，寄送新产品目录、说明书，有时还专门拜访。他和电机厂、标准件厂、矿机厂、化肥厂、机床厂等兄弟单位的推销人员联手推销，你帮他推销标准件，他帮你销售电气产品。对矿山、锅炉厂、钢铁厂等单位重点部门的"耳目"，他更是采取重点培养的办法，经常书信往来，有时还上门联系，有时带点家乡的土特产，让"耳目"们尝尝。这样，时间长了，他就与"耳目"们建立了比较牢固的感情基础。这几年他通过"耳目"销售的电气产品每年都占自己销售量的70%以上。

▲点评：利用"耳目"销售是委托助手法的实际运用，有利于推销员业绩的迅速增长。

委托助手法的理论依据是经济学中的最小最大化原则，即推销员用最少的推销费用和推销时间取得最大的推销效果。我国地域辽阔市场分散，有些地区交通通信事业尚不发达，市场供求信息比较闭塞。在此情况下，如果单凭推销员走南闯北，开展推销工作，不仅会贻误市场机会，而且必将大量增加推销成本。若利用推销助手来发掘潜在客户，既可使推销人员及时获得有效的推销情报，有利于开拓新的推销区域，发展大批新客户，又可以节省大量的推销费用，降低推销成本，提高推销的经济效益。

委托助手法的最大的困难在于：在实际推销工作中，理想的推销助手往往难以找到，再加上推销人员的推销业绩在很大程度上取决于推销助手的密切合作，如果推销员与推销助手之间配合不力，或者推销助手同时兼职几家同类公司，势必使推销员处于被动状态，不利于本公司产品的市场竞争。

## 5. 市场咨询法

市场咨询法是指推销人员利用社会上各种专门的市场信息服务部门或国家行政管理部门所提供的咨询信息来寻找客户的一种方法。这些专门的市场信息咨询服务公司，专门从事市场调查和市场预测工作，收集各方面的市场供求信息，为社会上各行各业的推销员提供市场咨询服务，便于推销员利用咨询信息寻找客户。例如，服装推销员可以通过服装咨询业者来寻找客户，婴儿用品推销员可以通过育儿咨询业者寻找客户等。此外，国家有关行政管理部门，如工商局、统计局、财税局及各行业协会或商会等，也是理想的信息咨询单位。

市场咨询业者能够为推销员提供比较可靠的准客户名单或潜在客户的"线索"，可以节省推销员的推销时间，使其能全力以赴地进行实际推销，市场咨询信息服务费与推销员自己寻找客户所需费用相比要低，可以节省推销费用开支。市场咨询业者是作为中间介绍人的身份和中立的立场来参与买卖双方的市场活动的，他们提供的咨询意见和市场信息是比较客观、可靠的。

总之，市场咨询法是一种比较经济和比较理想的寻找客户的途径和工具。在我国，咨询行业已遍及工业、农业、商业、交通运输业、旅游业等经济领域。运用市场咨询法寻找客户的应用范围和作用也在逐渐扩大和加强，使之成为现代推销方式发展的一个趋势和方向。

## 6. 资料查询法

资料查询法是推销人员通过查阅各种现有的信息资料来寻找客户的方法。在西方社会，一些国家拥有十分发达的情报资料系统，为推销人员查阅各种信息资料提供了方便，因而资料查询法是西方国家推销员寻找客户的一种常用方法。在我国，各类信息资料的收集、整理和汇编还较为欠缺，现阶段尚未形成较为系统化的情报资料网络，可供推销人员查阅的资料比较有限，主要有工商企业名录、统计资料、产品目录、工商管理公告、信息书报杂志、专业团体会员名册、电话簿等。

利用查阅资料的方法寻找客户，可以减少寻找客户的盲目性，节省寻找的时间和费用，同时还可以通过资料对潜在客户进行了解，为推销访问做好准备。但由于当今市场瞬息万变，一些资料的时效性较差，加之有些资料内容简略，信息容量小，这种寻找客户的方法具有一定的局限性。

### 7. 互联网寻找法

随着信息技术的发展和计算机网络的普及，互联网日益成为推销人员寻找客户的重要方法和途径。推销人员可以在网上建立自己的网站或主页，宣传企业和产品，让上网的人认知；同时还可以利用搜索引擎在浩瀚的网络世界里获得各行各业入网企业与个人的相关资料。

互联网寻找法具有成本低，速度快，范围大，双向互动的信息、产品介绍更加生动形象等优点；同时也有计算机普及有限，不少人仍然是计算机盲，客户的真实身份尚待确认等缺点。

因此，推销人员在利用这种方法时，要注意产品的适用性。目前适宜在互联网上寻找客户并且促使客户购买的，只是一些简单的、客户熟悉的、个体差别不大的、可以简单进行购买决策的产品。在询问客户的有关信息资料时，应该注意网络礼仪。因为网络推销属于直复式销售，所以对客户的任何反映与咨询，都应该及时进行答复，同时全面兑现企业的承诺，维持企业的诚信。

除以上介绍的几种常用的寻找客户的方法外，还有一些其他的方法，如个人观察法、活动寻找法、竞争寻找法等。每种方法都各有长短，推销人员应在实际推销活动中，结合实际，勇于创新，大胆摸索出一套高效率寻找客户的方法为己所用。

## 三、寻找准客户的步骤

### 1. 收集信息

首先利用各种方法、各种渠道收集客户信息，尽量使潜在客户资源信息充分完整。

### 2. 分析资料

对收集到的客户资料进行消费动机分析、消费选择分析、消费时机分析、消费地点分析、消费数量分析、内部角色分析。

### 3. 制订方案

根据分析结果确定哪些是需要再次接触的客户，哪些是没必要加强联系的客户，对那些重要的客户制订合适的公关方案及推销策略。

### 4. 反馈调整

在与准客户的接触中，准确观察发现方案中存在的问题并及时进行调整，使方案具有可行性。

## 情景训练9-1

### 情景材料

试以推销某一件具体产品为例，使用以上方法接近顾客。个人演示，其他人在旁边予以指正。

### 训练要点

在了解客户接近的方法的基础上拓展、丰富推销知识，便于推销人员能寻找更加合适的准客户。

1. 根据材料，各组先自行演练5种基本操作方法。
2. 确定各组训练组织方式，分组进行表演（4～6人为一组）。
3. 各组之间进行相互评价，最后教师进行点评与总结。

# 第二节　客户资格鉴定

## 导入案例9-2

　　某知名的摩托车企业人力资源部培训主管L先生打电话给几个培训公司，要求培训公司提供销售类课程菜单以便选择培训课程，看到顾客主动上门，这几个培训公司的销售人员先是惊喜，有的迫不及待地将课程菜单传真给L先生，有的发了E-MAIL，有的销售代表还加上一些公司简介、培训师简介、公司实力品牌等证明资料。但某公司的销售代表A先生接到电话后，初步判断出这是一个大客户，可能有长期的培训合作可能，因而并没有急于这样做，而是对L先生说："我们非常理解您想得到培训课程菜单，不过，根据我们的经验，在没有了解贵公司的需求之前，我们担心发给您的资料会浪费您的时间，另一方面，课程菜单并不能让您了解到课程本身的价值，要不我先给您发一份《营销培训需求调查表》，您填好后给我，我请我们的资深老师跟您做一个交流，然后再确定如何做？"听到销售代表这样一说，L先生颇感意外，但觉得这样好像是有道理，所以很快就同意了。A先生很快就收到L先生发来的《营销培训需求调查表》。接下来，培训公司的老师根据《营销培训需求调查表》提供的信息进行了初步需求分析，建议L先生应该与他们的人力资源主管做一下电话访谈，L先生再次同意，电话访谈结束后，培训公司以书面传真的形式给L先生做了回复，提出进一步进行面对面访谈的计划与请求，这次面对面访谈要求对方的销售部经理、市场部经理、受训对象代表（分公司经理）等参加。做完本次面对面访谈后，培训公司提交了一份《营销培训建议书》给L先生。后来，双方很快就签订了合作协议。

　　问题：分析上述案例成交的真正原因。

## 一、客户资格鉴定概念

　　所谓客户资格鉴定就是指通过一定的审查手段及方法来分析准顾客是否有成为现实顾客的可能性。实际上，推销人员是在寻找准客户或者说是潜在客户，即有可能成为目标客户的对象。但是，并非每一个潜在客户都是合格的目标客户。从潜在客户到目标客户，还需要进行客户资格鉴定，也就是对客户进行选择，其是否具备准客户资格。若具备资格，才能列入正式的准客户名单中，建立其客户档案，作为推销对象；若不具备这一资格，就不能算一个合格的准客户，也就不能将其作为推销对象，那么客户资格鉴定就非常有必要。

## 二、客户资格鉴定要件

### 案例思考9-1

　　美国有位汽车推销员应一个家庭电话的约请前往推销汽车，推销员进门后看见这个家里坐着一位老太太和一位女士，便认定是女士要买汽车。推销员根本不理会那位老太太。经过半天时间的推销面谈，女士答应可以考虑购买这位推销员所推销的汽车，只是还要最后请示那位老太太，让她做出最后的决定，因为是老太太购买汽车赠送给女士。结果老太太横眉怒目，打发这位汽车推销员赶快离开。后来又有一位汽车推销员应约上门推销，这位推销员善于察言观色，同时向老太太和女士展开攻势，很快就达成交易，凯旋而归。

问题：这两个推销员为什么一个推销失败，而另外一个达成交易？

推销活动能否成功，其决定因素很多，但至关重要的一点，是要看推销的商品能否与客户建立起现实的关系。这种现实的关系表现为3个基本要件，即客户是否有购买力、是否有购买决策权、是否有需求，只有三要素均具备者才是合格的客户。客户资格鉴定是客户研究的关键，鉴定的目的在于发现真正的推销对象，避免徒劳无功的推销活动，确保推销工作做到实处。

**1. 客户购买力鉴定**

首先强调的是，客户是否有购买力或筹措资金的能力，即客户的支付能力。支付能力是判断一个潜在客户是否能成为目标客户的重要条件。单纯从对商品的需求角度来看，人们几乎无所不需。但是，任何潜在的需求，只有具备了支付能力之后，才能成为现实的需求。因此，在对潜在客户购买需求进行鉴定的同时，必须对其支付能力进行鉴定，以避免推销时间的浪费。

客户支付能力可分为现有支付能力和潜在支付能力两类。进行购买力鉴定时，首先是鉴定客户现有支付能力，具有购买需求及现有支付能力的客户，是最理想的推销对象。其次应注意对准客户潜在支付能力的鉴定。一味强调现有支付能力，不利于推销局面的开拓，掌握客户的潜在支付能力，可以为推销提供更为广阔的市场。当准客户值得信任并具有潜在支付能力时，推销人员应主动协助准客户解决支付能力问题，建议客户利用银行贷款或其他信用方式购买推销产品，或对其实行赊销（偿还货款的时间不宜过长）。

支付能力的鉴定，对个人或家庭，主要调查其收入水平；对企业或单位，主要调查其经营状况，并可求助于银行的资信调查。但是，准确地鉴定客户的支付能力并非易事，绝大多数客户不愿向别人透露自己的财政状况，很多企业内部财务资料对外保密。因此，要搞好客户支付能力鉴定，也需要推销人员做大量的、多方面的工作，以便从各方面的资料中对客户的支付能力作出推算。

总而言之，没有支付能力的潜在客户，不可能转化为目标客户。对推销人员来说，这是一个需要慎重对待的问题。譬如，在我国的消费市场上，轿车推销人员不会把低收入家庭作为推销的对象。注重准客户的支付能力，可使推销人员减少许多不必要的损失。

**2. 客户购买决策权鉴定**

决定推销能否成功，还要关注的是客户是否有购买决策权。潜在的客户或许对推销的产品具有某种需求，也有支付能力，但他也许没有购买决策权。了解谁有购买决策权无疑能节省推销人员的时间。推销要注意推销效率。向一个家庭或一个团体客户进行推销，实际上应是向该家庭或团体的购买决策人进行推销，因此，客户购买决策权的鉴定，也就成为客户资格鉴定的一项重要内容。若事先不对潜在客户的购买决策状况进行了解，不分青红皂白，见到谁就向谁推销，很可能事倍功半，甚至一事无成。

在消费者市场中，消费一般以家庭为单位，而决策者常常是其中的一二位成员。而不同的家庭、不同的文化背景、不同的社会环境，使各个家庭的购买决策状况不尽相同。除一些大件商品或高档商品购买决策权比较集中外，一般商品购买决策权都呈逐渐分散趋势，增加了对其进行鉴定的难度。尽管如此，正确分析准客户家庭里的各种微妙关系，认真进行购买决策权鉴定，是非常必要的。

对生产者市场或政府市场来说，购买决策权鉴定尤为重要，否则，潜在客户范围太大，势必造成推销的盲目性。推销人员必须了解团体客户内部组织结构、人际关系、决策系统和决策方式，掌握其内部主管人员之间的相对权限，向具有决策权或对购买决策具有一定影响力的当事人进行推销。唯有如此，才能有效地进行推销。

### 3. 客户购买需求鉴定

推销成功与否还要看客户对推销产品是否有购买需求。若客户不需要此推销产品，即便是有钱有权，也不会购买。客户购买需求鉴定是推销人员对潜在客户进行购买需求鉴定，即事先确定潜在客户是否真正需要推销的产品或服务，鉴定内容通常围绕是否需要、何时需要、需要多少这3方面问题进行。

推销是建立在满足客户某种需求的基础上的，所以推销人员必须首先了解所推销的产品是否能真正满足潜在客户的需求。推销人员应该记住这样一句古老的格言："不要货回头，但要客回头。"客户是否存在需求，是推销能否成功的关键。显然，如果推销对象根本就不需要推销人员所推销的产品或服务，那么，对其推销只会是徒劳无功。不可否认，实际生活中存在通过不正当方式推销，把产品卖给了无实际需要的客户。这种做法不是真正意义上的推销，任何带有欺骗性的硬性或软性推销方式，强加于人的推销，都不符合推销人员的职业道德规范，违背了推销的基本原则。它只会损害推销人员的推销人格，败坏推销人员的推销信誉，最终堵死推销之路。

客户的购买需求既多种多样，又千变万化，同时，需求又是一个极富弹性的东西。因此，要想准确把握潜在客户的购买需求，并非轻而易举之事，需要推销人员凭借丰富的推销经验和运用有关的知识，进行大量的调查研究，了解潜在客户的购买需求，善于积累和分析运用信息资料，善于观察和思考问题，善于接触客户，主要靠推销人员的眼勤、耳勤、手勤。

经过严格的鉴定之后，如果推销人员确认某潜在客户不具有购买需要，或者所推销的产品或服务无益于某潜在客户，不能适应其实际需要，不能帮助其解决任何实际问题，就不应该（或应该停止）向其进行推销。而一旦确信客户存在需要且存在购买的可能性，自己所推销的产品或服务有益于客户，有助于解决他的某种实际问题，就应该信心百倍地去推销，而不应该有丝毫犹豫和等待，以免错失良机。

需要说明的是，需求是可以创造的。推销工作的实质，就是要探求和创造需求。随着科学技术的发展和新产品的大量问世，存在大量尚未被客户认识的需求；此外，客户中往往也存在出于某种原因暂时不准备购买的情况。对属于这样两类情况的客户，推销人员不应将其作为不合格客户而草率除名。正是由于存在尚未被客户所认识的需求，才为推销人员去大胆探求和创造客户需求提供了用武之地，也正是由于客户中存在某种困难，才有赖于推销人员去帮助客户改善生产和生活条件并解决其潜在的问题。推销人员应勇于开拓，善于开拓，透过现象看本质，去发掘客户的潜在需求。

当某一潜在客户存在购买需求时，推销人员还必须进一步了解其购买时间和购买需求量，以便从推销时间和费用等多方面进行权衡，合理安排推销计划。

推销之前先进行客户资格鉴定，实际上就是强调新客户开发工作的重点性和针对性，提高推销人员的工作效率。推销人员可以根据"二八法则"对自己的时间和精力进行安排，就是以80%的精力去对付20%的重点推销对象（A类客户），以20%的精力去对付80%的次要推销对象（B类和C类客户），即在新客户开发中贯彻"确保重点，照顾一般"的原则。

### 资料阅读 9-2 ❶

#### "二八法则"

"二八法则"是意大利经济学家维尔弗雷多·帕累托提出的，他发现经济现象虽然整体分割的比例不一定都是2：8，不过却常具有2：8的不平衡性。即常见的经济现象存在着"关

---

❶ 资料来源：陈企华. 最成功的推销实例. 北京：中国纺织出版社，2003.

键的少数和次要的多数比率约为2：8"这个规律。这个规律被称为"二八法则"。例如，根据国外的统计资料，23%的男性成年人消费啤酒总量的81%，16%的家庭消费了蛋糕总数的62%，17%的家庭购买了79%的即溶咖啡。即约20%的消费者消费了产品总量的80%左右，其余80%的消费者的消费只占消费产品总量的20%。因此选择性推销是现代推销活动最具建设性的发展之一，也是推销人员充分利用时间的有效方法。

客户资格鉴定虽然始于推销工程正式开始之前，却必须在寻找客户获得准客户名单之后才能进行。同时，客户资格鉴定又不仅仅是事先研究，而是贯穿于整个推销过程中的一项重要工作，这是此项研究的特殊之处。推销人员应根据自己的实际情况，制订一些具体的鉴定标准，随时根据所定标准对推销对象进行全面的鉴别，一旦发现问题，立即采取措施或停止推销。对经鉴定合格的客户，推销人员应尽一切努力，消除推销障碍，帮助客户解决实际问题，促成交易。

## 三、客户的信用状况审查

### 1. 合理分析经销商的支付能力和信用状况

一些客户尤其是在某一区域非常有实力的经销商会要求供应商给予较优惠的结算条件，如信用期限、信用额度、大订单采购的特殊优惠、现金折扣等，在此种条件下，如果不能够合理分析经销商的支付能力和信用状况，会面临非常大的账款回收风险。

### 2. 进行信用调查，挑选合适的客户

对那些有不良交易记录，应收款较多，付款能力较差，资本构成不合理，经营风险较大，以及经营状况不好的经销商，坚决不能合作。

### 3. 与客户建立长期、稳定、互信、互利的合作机制

这不仅能大大降低交易成本，而且能大大降低商业风险。

### 4. 对新客户，要把握"从小到大"的合作原则

即先从低业务量做起，尽可能降低经销商资金占用，对该经销商的资信状况了解透了，再开展大业务。

### 5. 制订自己的赊销政策

包括：赊销条件、赊销期、收款策略、现金折扣等。最重要的是对赊销总规模进行控制，可制订应收款警戒线。

通过对客户信用状况审查，把信用状况差的对象予以除名，既避免了推销时间的浪费，又可以避免回收款项的麻烦，从而使整个推销工作效率得到提高。

## 情景训练9-2

### 情景材料

假设一个企业中有两名推销人员：老陈和老王。他们从事推销工作的素质、能力结构基本相似，从业经验基本相当。老王更加善于对准顾客进行选择和考察。在一个月中，他们两人都分别拜访了300名准顾客。在老陈的准顾客中，平均购买概率为10%，平均购买频率为每月1次，平均购买金额为每次1万元；而老王的准顾客中，平均购买概率为60%，平均购买频率为每月购买3次，平均购买金额为每次10万元。那么，在这个月末，请估算这两人的推销业绩，并论证结果。

### 训练要点

在了解准客户审查的重要性的基础上拓展、丰富客户知识，加深对客户资格审查内容的深入

理解；充分运用相关理论从事推销活动。

### 训练步骤

1. 根据情景材料，计算结果及并分析产生问题的差异。

2. 确定训练组织方式；分组集体讨论（4～6人为一组）。

3. 根据案例讨论结果（时间大约30分钟），各小组选出一名代表阐明本小组的分析要点及主要解决措施。

4. 各组之间进行相互评价，最后教师进行点评与总结。

# 第三节　推销约见及接近

### 导入案例9-3❶

一位推销人员急匆匆地走进一家公司，找到经理室敲门后进屋。

推销员（以下简称推）：您好，李先生。我叫李明，是佳美公司的推销员。

曲经理（以下简称曲）：我姓曲，不姓李。

推：噢，对不起。我没听清楚您的秘书说您姓曲还是姓李。我想向您介绍一下我们公司的彩色复印机……

曲：我们现在还用不着彩色复印机。即使买了，可能一年也用不上几次。

推：不过，我们还有别的型号的复印机，这是产品介绍资料。（将印刷品放到桌上，然后掏出烟与打火机）您来一支？

曲：我不吸烟，我讨厌烟味，而且这个办公室里不能吸烟。

问题：为什么这是一次失败的推销？

在确定了目标客户之后，推销人员便需要接近，进行推销访问。接近客户是推销的中期活动，它包括约见准客户、接近准客户及与准客户的面谈。由于种种原因，一些目标客户很难接近，常令推销人员"扑空"。因此，为了有效地接近访问对象，推销人员要做的第一件事，就是约见准客户。

## 一、约见准客户

从前，推销人员大多采取挨门挨户的推销方式，随时随地登门造访。但是，在现代社会里，推销环境、推销工具和推销对象都发生了巨大的变化，推销方式必然要不断改进。现代人生活节奏快，办公大楼城门森严，有些客户很难接近。接近不了客户，还谈什么推销？因此，为了成功地接近客户，推销员应该事先进行约见。

所谓约见，或称商业约会，是指推销人员事先征得客户同意接见的行动过程。作为接近的前奏，约见实际就是接近过程的开始。它既是接近准备的延续，又是接近过程的前奏，只有通过约见，推销人员才能成功地接近准客户，顺利开展推销面谈。

### （一）约见准客户的意义

约见是整个推销过程中的一个环节，在实际推销工作中，推销人员如果忽视了约见这一必要环节，会造成整个推销工作不能正常进行，甚至完全失败。约见的意义主要表现在以下几个方面。

---

❶ 资料来源：本案例根据网络相关资源改写。

### 1. 约见有助于推销人员成功地接近客户

在许多情况下，接近客户并不是一件困难的事情。但是，由于社会上对推销人员的一些偏见，有的客户不甚欢迎推销人员来访，不希望外人干扰自己的日常工作，对主动上门的推销人员总是存有一定的戒心。这也是出于一种自我保护的意识。所以，若事先约定客户，获得当面推销的机会，本身就是成功推销的开始。从实际推销工作的要求来讲，事先约见客户，求得客户的惠允，既可以表示尊重客户又可以赢得客户的信任和支持。实质上，约见是推销人员推销自己、推销产品、推销观念、推销购买建议的开始。客户接受约见，意味着客户已初步接受了推销人员的推销。

### 2. 约见有助于推销人员顺利地开展推销面谈

通过事先约见，可以使客户就约会的时间和地点做出适当的安排，对推销人员的推销建议也会有自己的考虑，为进一步的推销面谈铺平道路。约见的时候，推销人员应该实事求是，说明本次推销会见的意义，让客户注意这次访问，甚至将此次访问看作是至关重要的头等大事。事先约见客户，让客户积极参与推销谈判，可以形成双向沟通，有助于宾主双方的相互了解，增强说服力，提高准客户购买决策的认可程度。

### 3. 约见有助于推销人员客观地进行推销预测

客观地推销预测，就是要根据客观事实，根据客户的初步反应，来预测未来推销活动中可能发生的各种情况。例如，如果客户约定单独会见，可能说明对此十分重视。客户约定下班后在家中商谈，则可以想象准客户本人及其妻子、儿女和朋友可能在场参加讨论，或者说明这位客户的家庭民主作风，或者说明他本人没有最后的购买决策权。无论通过什么方式约见客户，只要推销员善于察言观色，就可以根据客户的外表、口气、声调、眼神、表情等来预测客户的个性。

### 4. 约见有助于推销人员合理地利用推销时间，提高推销效率

对推销人员来说，时间是极为宝贵的。通过约见，制订一个节奏合理的推销日程表，增加推销工作的计划性。推销活动是一个有机的整体，每一项推销计划和推销行动都必须考虑对推销人员、推销对象和推销环境及其他有关要素的影响。若推销人员不事先约见客户，盲目地制订访问计划，就完全可能与被访问准客户的工作计划发生冲突。

---

**案例思考 9-2**

张强是永胜公司的推销员，主要销售客户管理软件。该软件能为推销员和销售经理提供工作上的便利，所以很受销售部的欢迎，这同时意味着由于销售部喜欢使用，公司老板就会借机获得存入电脑中的所有客户信息。

凯悦公司是一家国外办公设备的代理公司，张强曾经打电话给凯悦公司的行政管理部向其推荐该软件，主管采购的马先生说他们没有采购计划，拒绝约见。但通过电话，张强得知凯悦公司目前还采用纸质文档的方式管理客户信息，根据张强的经验，一家以销售为主的公司用这种方式管理客户信息非常不方便，因此，他觉得有必要和凯悦公司谈一谈。

问题：1. 张强应该采取什么样的约见策略？
　　　2. 如果张强想约见总经理，他应该怎么做？

---

## （二）约见客户的前期准备

推销员在做好了客户资格审查工作后，虽然有了一份比较可靠的潜在客户名单，但还不能立即与名单上的客户见面，因为盲目地约见客户，而不为即将开始的推销活动做好心理、手段等方面的充分准备，在与客户实际接触的过程中就会遇到一些没有预料到的问题，推销员就难以达到其接近客户的预期目标。因此，在实际接触客户之前，必须有一个准备阶段。就其实质而言这一

准备过程应该是审查的继续和深化。

这里所指的客户，不仅包括陌生的客户，也包括熟悉的客户，不仅仅指消费者个人，还包括各类组织客户（企事业单位等）。由于客户不同，具体的调查内容也就有所不同。约见客户前的准备内容，通常应包括客户的一般情况、团体客户的生产经营状况、购买行为特征等情况。

**1. 个人或家庭消费者**

需要了解的基本信息如下。

（1）**一般内容** 了解客户的姓名、年龄、性别、民族、宗教信仰、受教育程度、居住地点、联系方式，等等。

（2）**家庭情况** 了解客户工作单位、职业、职务、收入、价值观念、消费习惯、兴趣爱好，等等。

（3）**需求内容** 清楚掌握客户购买动机，需求的指向和特点，需求的排列顺序；购买能力，购买决策，购买行为在时间、地点、方式上的规律等。

**2. 组织购买者**

（1）**基本情况** 要了解该组织法人的全称、简称、地址、电话、传真、邮政编码、交通运输条件，行业性质和生产规模，成立时间、发展经历，组织人事状况，主要领导个人情况。

（2）**生产经营情况** 掌握客户经营产品品种、产量，生产能力、设备状况，产品工艺、生产技术、研发能力，市场销售情况，管理风格与水平，发展、竞争策略。

（3）**购买行为特征** 掌握该组织购买决策程序，购买时间、批量及频率，现有进货渠道，购买信用，支付方式，供求双方关系。

### （三）约见客户的方式

推销人员要达到约见客户的目的，不仅要考虑约见的对象、时间和地点，还必须认真地研究约见客户的方式与技巧。约见客户有以下几种方式。

**1. 电信约见**

现代通信的高速发展为推销人员提供了快速约见客户的通信工具。电话成为推销人员最重要也是用途最为广泛的电信约见工具。电话约见已成为目前约见客户的主要方式之一。电话约见具有方便、经济、快捷的优点，使客户免受突然来访的干扰，也使推销人员免受奔波之苦。但电话约见也存在明显的缺点，由于电话约见只闻其声，不见其人，客户往往处于主动地位，而推销人员则处于被动地位，因而容易遭到客户的推托或拒绝。

在运用电话约见客户时，推销人员应讲究电话约见的技巧。电话约见，重点应放在"话"上。打电话时，推销人员应事先设计好开场白，做到通话时间精短，语调平稳，出言从容，口齿清晰，用字贴切，理由充分。切忌心浮气躁，语气逼人，尤其在客户借故推托、有意拖延约见之时，更需平心静气，好言相待，否则强行求见，结果反而适得其反。同时，在约定与客户会面的时间和地点时，要采取积极、主动、商量的语气，给客户以充分的选择余地，不强人所难。专业的电话约见，常分为6个步骤。

（1）**问候对方** 称呼对方的姓名及职务，以表达你的敬意。

（2）**自我介绍** 简单明了地介绍自己和公司，并提及公司的业务。

（3）**感谢对方** 诚恳地感谢对方能抽出时间接听电话，让客户感觉你把他们当成重要人物来对待。

（4）**说明拜访理由** 以自信的态度，清晰地表达出拜访理由，让客户感觉出专业性及可依赖性，以引起客户的注意。

（5）**约定拜访时间** 进一步提出选择性的约定时间供对方选择，这样不易遭到客户的拒绝且仍占主动地位。

（6）**结束电话** 再次感谢对方，并进一步强调约定的时间，弄清约见的地点，然后快速地结束电话。

**2. 面约**

面约是指推销人员与客户当面约定见面的有关事宜。这是一种较为理想的约见方式。推销人员可以利用在某些公共场合如展销会、订货会、社交场所、推销途中与客户的不期而遇等，借机与客户面约，也可以到客户的单位、家中去面见客户。若因客户忙于事务或一时不能决定，需和有关人士商量之后再作商谈时，推销人员可顺势约定时间再谈。

但是，当面约见常常受地理因素所限，不能对所有的客户当面约见，并且推销人员与客户素不相识时容易遭到客户的拒绝，使推销人员处于被动局面，影响推销工作的进一步展开。特别是当面约见团体客户的关键人士时，事前必须成功地突破客户的一些"关口"，例如公司入口处的服务人员、秘书、助理等。因此，推销人员在具体使用当面约见这一方法时，需察言观色，随机应变，灵活运用一些技巧，以保证约见工作的顺利完成。

**资料阅读9-3❶**

### 面对"看门人"的技巧

秘书、助手等人常常是公司关键人士的"看门人"，起到一种"防护屏障"的作用，使其领导免受各种干扰。推销人员因常遭到"看门人"的阻碍而无法实现当面约见公司关键人士的目的。如何跨越"屏障"，顺利通过"看门人"这一关呢？

① 简单明了、干脆利落地介绍自己，切忌拖泥带水，这样会让对方感到你和约见对象很熟悉，因而不便阻拦。例如："您好，我是海星公司的吴国飞，请问冯经理在吗？"

② 答对方的反问要简单明了，并显示其重要性，不要作详细的解释和说明，以防对方继续盘问，也使其不敢轻易阻拦。例如，秘书问："请问你找冯经理有什么事吗？"推销人员答："我有一桩要紧的事情，这关系到你们公司几千万元的生意，必须面见冯经理。"

③ 用简短、抽象性的字眼或较深奥的专有名词说明来意，让对方认为您的拜访很重要而不敢轻易挡驾。

④ 利用合适的赠品和恰到好处的赞美接近"看门人"，以便联络感情，调节气氛，以利于"看门人"愿意为你引荐或转达你的来意，从而达到当面约见关键人士的目的。

**3. 函约**

函约是指通过约见信函的寄出与反馈达到预先约定客户的目的。随着现代邮政事业的发展，信函往来非常便捷。常见的约见客户的信函方式主要有私人信件、单位公函、会议通知、便条等。

函约不仅具有简便快捷、费用低廉的优点，还可以免受当面约见客户时的层层人为阻碍，可以畅通无阻地进入客户的工作点或居住地。但这种方式也有一定的局限，如信函约见的时间较长，不适合快速约见；许多客户对推销约见信函不感兴趣，甚至不去拆阅。这样，推销人员花费较多的时间和精力撰写的约见信函杳如黄鹤，一去不得复还，信息反馈率低。另外，若双方素不相识，突然函约，往往使对方莫名其妙，不愿接受约见。推销人员运用信函约见时，应讲究信函内容书写和信函形式呈现的技巧。

（1）**书写信函的技巧**　书写信函要以客户受益为导向，文字表述要简单明了，特点突出，层次分明，文句生动，表达真切，以此取信客户，以情感化客户，以趣打动客户，从而引起客户对约见信函的注意和兴趣，并予以合作，达到约见客户的目的。

（2）**诱导阅信技巧**　在现代社会里，客户会经常收到各种各样的商业信函，对这种信件司空见惯，一些客户丝毫不感兴趣，不予拆阅。这样，内容再生动的约见信函也达不到预期的目的。

---

❶ 资料来源：本案例根据网络相关资源改写。

对此，推销人员可以在信函的形式上诱导客户拆阅。

首先是在可能的情况下，应选择和设计一个最佳的客户收信日期，如节日、生日、发工资日等。切记最好不要让客户同时收到账单（如水、电费单，通信费单等）和你的约见信件。

其次不要使用公司统一的印刷信封。推销人员应使用普通信封，使客户无法凭此信封判断它的类型，从而诱导客户拆阅信件。在条件允许的情况下，推销人员可以自己设计一些富有特色的约见信封，以引起客户的注意和兴趣。

最后在信封上，不要盖"邮资已付"的标志。应按一般信件贴邮票，必要时还可考虑使用挂号信，这样更能吸引客户拆阅信件。

### 4. 托约

托约是指推销人员委托第三者约见客户，也称托约，受托人与推销对象之间有一定的社会联系或社会关系，如师生、同事、亲朋好友、邻居等，以便取得推销对象的信任与合作。委托约见可以借助第三者与推销对象的特殊关系，克服客户对陌生推销人员的戒备心理，便于排除推销障碍，获得推销对象的真实信息，有利于进一步开展推销工作。但是委托约见易使客户产生非正式商谈的感受，导致客户重视程度不够。另外，受托人的数量和范围也限制了这一方法的运用。

### 5. 广约

广约是指推销人员利用各种广告媒体，如广播、电视、报纸、杂志、邮寄、路牌等将约见的内容广而告之，以达到约见客户的目的。在约见对象不太具体、明确或者约见客户太多的情况下，采用这一方式广泛约见客户比较有效。也可在约见对象十分明确的情况下，进行集体约见。广告约见具有覆盖面大、节省推销时间、提高约见效率的优点，但也具有针对性较差、费用较高的局限性。

### 6. 网约

网约是推销人员利用互联网与客户在网上进行约见和商谈的一种方式。网络业的迅速发展，为网上交谈、约见、购物、联络情感提供了便捷的条件，加快了进行有效网上推销的进程。网上约见具有快捷、便利、费用低、范围广的优点，但网上约见受到推销人员对网络技术和客户的网址或电子信箱等信息的掌握程度等方面的局限。因此，推销人员要学习并掌握有关的网络知识，利用现代化的高科技推销工具开发自己有效推销的潜能，提高推销的科技含量。

## 二、接近准客户

完成约见客户的工作之后，推销活动便进入了接近客户的阶段。由于约见的准客户、约见的时间和约见的地点等不同，所以推销人员所采用的接近技巧应该具有针对性，决不能千篇一律。不同的客户因为性格不同，受教育程度不同，经历、地位不同，那么，待人处世的方法也会有所不同。同样一种接近技巧，用在不同客户身上，用在不同的时间、地点，都会产生完全不同的效果和反应。所以对推销人员来说，要善于因人、因时、因地而宜，运用不同的接近方法，使客户通过了解后感到有必要见面时才继续进入面谈环节。

如同在谈判的开局阶段一样，在刚开始推销时花一些时间去营造一个温馨而友好的氛围是十分必要的。一声热情的问候，一个友好的微笑都有助于建立一个走向推销成功的良好开端。接近客户的目的在于引起客户的兴趣和热情。对客户来讲，他们的时间是很宝贵的，常常非常重视对推销人员的第一印象，集中注意力倾听推销人员的开场白，以此来确定是否有必要与推销人员继续合作。

要达到接近特定的准客户，推销人员必须能够熟练运用一定的接近方法。常用的接近方法有以下几种。

### 1. 介绍接近法

介绍接近法是指推销人员通过自我介绍或由第三者推荐介绍而接近客户的一种方法。介绍接近法既是较好的寻找客户的方法，也是很好的接近客户的一种方法。介绍接近法通常有两种形式。

（1）**自我介绍**　自我介绍是指推销人员通过自我介绍的方法达到接近客户的目的。在实际推销活动中，一般采用口头形式或书面形式进行自我介绍。由于单一的口头介绍往往不太容易引起客户的注意和兴趣，效果不明显，所以口头介绍与书面介绍往往同时使用，也即推销人员见到客户后，除了进行必要的口头自我介绍之外，还要主动出示能证明自己身份的有效证件，如名片、单位介绍信、工作证、身份证、委托书等，以便消除客户的疑虑。

（2）**他人介绍**　他人介绍是指推销人员通过与客户熟悉的第三者的介绍来达到接近客户的一种方法。介绍人的介绍可以缩短推销人员与客户的心理距离，比较容易引起客户的注意和信任。接近客户时，推销人员只需递上介绍人的便条、信函名片，或者只需要介绍人的一个电话、一句话，便可轻而易举地接近客户。一般情况下，介绍人与客户之间的关系越密切，介绍的作用就越大，推销人员也就越容易达到接近客户的目的。因此，运用这一方法来接近客户，关键在于推销人员能否找到与客户关系较为密切的第三者充当自己的介绍人。

### 2. 产品接近法

产品接近法又称实物接近法，是指推销人员直接利用所推销的产品引起客户的注意和兴趣，从而顺利转入推销洽谈的接近方法。这一方法主要是通过产品自身的魅力与特性来刺激客户的感官，如视觉、听觉、嗅觉、触觉等，通过产品进行无声的自我推销，来吸引客户，引起客户的兴趣，以达到接近客户的目的。

但是，这一方法的运用存在一定的局限性，它不仅要求产品必须是有形的实物产品，以刺激客户的感官，引起客户的注意和兴趣，而且要求产品具有独特的魅力和明显的差别优势，并且要求产品具有质量优良、不易损坏、精美轻巧、便于携带的特点。

一位美国推销人员贺伊拉说："如果你想勾起对方吃牛排的欲望，将牛排放到他的面前固然有效，但最令人无法抗拒的是让他听到煎牛排时的"滋滋"声，他会想到牛排正躺在黑色的铁板上，浑身冒着油，香味四溢，不由得咽下口水。"这一推销至理名言告诉人们，利用产品自身独特的魅力刺激客户的需求欲望，可以达到较好的推销效果。

### 3. 利益接近法

利益接近法是指推销人员利用客户求利的心理，强调推销品能给客户带来的实质性利益而引起客户的注意和兴趣，以达到接近客户目的的一种方法。

客户之所以购买产品，是因为它能给自己带来一些实质性的利益或提供解决问题的办法，如增加收入、降低成本、提高效率、延年益寿等。而在实际推销活动中，许多客户并不太了解推销品所蕴含的显性利益或隐性利益，又不愿主动询问这方面的问题，妨碍了客户对推销品利益的正确认识。推销人员若能及时解释这些问题，将有助于客户正确地认识推销品利益，引起客户的注意和兴趣，增强购买欲望，达到接近客户的目的。

## 案例赏析9-4

迅速地告诉客户推销会给他带来哪些利益，是引起客户注意、达到接近目的的一个好方法。如："您知道一年只花几块钱就可以防止火灾、失窃吗？"保险推销员开口便问客户，客户显得有点莫名其妙。推销员可紧跟一句："有兴趣投保吗？"

某地一家涂料厂的推销员这样告诉客户："本厂生产的涂料每公斤8元钱，可涂4平方米的墙面，一个20平方米的房间只用5公斤就够了，还花不到40元钱。"

一位锅炉推销人员对准客户说："你使用我们制造的高效节能锅炉，你们厂的能耗将比现在下降30%。"

一位笔记本电脑推销人员对大学生客户说："我公司出的笔记本电脑比其他同类产品便宜一半。"

▲点评：推销人员在运用这一方法时，要实事求是地陈述推销品的利益，不可夸大其词，无中生有，欺骗客户，否则会失去客户的信任，带来不良的后果。另外，推销品的利益要具有可比性，使客户认识到它比市场上同类产品具有明显的优势，能给自己带来更多、更好、更实际的利益。

#### 4. 问题接近法

问题接近法也称询问接近法，是指推销人员直接向客户提出有关问题，以引起客户的注意和兴趣，从而接近客户的一种方法。这一方法符合现代推销的原理。现代推销是推销人员不断帮助客户发现需求方面的问题，进而分析问题，寻找最终解决问题的办法的过程，强调把客户需求与所推销的产品有机地联系起来。运用这一方法的关键是要发现并适时地提出问题，问题要明确具体，有的放矢，切中要点，针对性强。问题接近法通常与其他接近客户的方法结合起来，融会贯通，灵活运用，才能取得满意的接近效果。

### 案例赏析9-5❶

一位日本保险推销员向客户推销一种少儿险时说："您知道目前一个小孩从出生到上大学要花费多少钱吗？"引起了客户的注意。

某公司推销员对客户说："只要您回答两个问题，我就知道我的产品能否帮助您装饰您的产品。"这实际上也是一个问题，并且常常引出这样的回答："你有什么问题？"

美国有位图书推销员采用下述问题接近客户："如果我送给您一套有关提高个人品位的书籍，您打开书发现内容十分有趣，您会读一读吗？""如果您读了之后非常喜欢这套书，您会买下吗？""如果您没有发现其中的乐趣，您把书重新塞进这个包里给我寄回，行吗？"这3句开场白简单明了，使客户几乎找不到说"不"的理由，从而达到了接近客户的目的。后来这3个问题被该图书公司的全体推销员所采用，成为标准的接近客户的方法。

▲点评：推销人员发现了客户的需求问题，并适时地通过一系列恰当的提问，不仅启发客户认识到了自己所存在的需求，帮助客户寻找解决问题的办法，而且又介绍了自己的推销品，将客户需求与推销的产品有机地联系起来，从而实现成功接近客户的目的，推动交易的顺利达成。

#### 5. 好奇接近法

好奇接近法是指推销人员利用准客户的好奇心理达到接近客户目的的方法。在实际推销工作中，当与准客户见面之初，推销人员可通过各种巧妙的方法来唤起客户的好奇心，引起其注意和兴趣，然后从中说出推销产品的利益，转入推销面谈。唤起好奇心的方法多种多样，但推销人员应做到得心应手，运用自如。

#### 6. 馈赠接近法

馈赠接近法是指推销人员通过赠送礼品，来引起客户的注意，进而达到接近客户的目的的一种方法。把礼品作为推销人员和客户之间传递感情、沟通思想的媒介，对拉近彼此的距离、形成融洽的商谈气氛具有重要的作用。推销人员运用赠品来接近客户，须注意以下问题。

① 通过调查，了解客户的嗜好和需求，按照投其所好的原则来选择赠品，确定赠送礼品的

❶ 资料来源：本案例根据网络相关资源改写。

内容和方式。

② 明确赠品的性质。赠品只能当作接近客户的见面礼和媒介，而不是恩赐客户的手段。

③ 礼品的内容和金额必须符合国家有关法律法规和纪律规定，价值不宜太大；否则，馈赠就变成了贿赂，属违法行为。

④ 赠品最好是与推销品或本企业有联系的物品，使赠品既是接近客户的媒介，又是企业与推销品的宣传品，起到双重的作用。

### 案例赏析9-6

美国一家人寿保险公司事先寄给准客户一封信，信中附一张广告回函，上面写着："请将此函寄回本公司，即赠送古罗马银币。"信发出后的效果很好，公司不断收到回信。

于是，推销员拿着古罗马银币，一一走访这些回函的准客户："我是某某保险公司的业务员，我将你需要的古罗马银币送来给你。"对方对这种希望得到的馈赠和免费的服务当然欢迎。

▲点评：一旦推销员进了大门，就可以逐步将对方引入产品的话题，开展推销活动。

#### 7. 赞美接近法

这是推销人员利用赞美之词博得客户好感以达到接近目的的方法。人的天性都是喜欢别人赞美的，赞美是融洽人际关系的最好方式之一。在现实生活中每个人都有值得赞美之处，推销人员应善于发现对方的"闪光点"，恭维一番，缓和气氛，使对方打开心扉。推销人员的赞美对象可以是客户周围的环境，如办公环境、居住环境等，也可以是客户的外表、知识、修养、品质等。但不论赞美客户的哪一个方面，都应本着尊重客户的原则，讲究赞美的方式和方法，真心实意、态度诚恳、语气真挚、切合实际地对客户值得赞美的方面加以赞美，使客户在一种自然亲切的气氛中接受赞美。切勿将赞美歪曲为巴结、卖弄等不良的做法。

#### 8. 请教接近法

请教接近法是指推销人员利用慕名拜访客户或请教客户的理由来达到接近客户目的的一种方法。这种方法体现了以敬重客户、满足客户自尊的心理需求为原则的推销思想，在实际应用中的效果较好，尤其是对那些个性较强，有一定学识、身份和地位的专家型客户，这种方法更为奏效。

请教可以是推销品经营方面的问题，也可以是人品修养、个人情趣等方面的问题。但不论请教什么方面的内容，推销人员都应本着谦虚诚恳、多听少说，赞美在前、请教在后，请教在前、推销在后的思想。

除以上介绍的接近客户的方法外还有调查接近法、讨论接近法、搭讪与聊天接近法等。在各种接近客户的方法中，并没有严格的、绝对的区分，也不可能有统一的、固定的模式。这就要求推销人员在实际推销活动中，不断积累，不断创新，并将接近客户的方法与目标客户的特点相结合，加以灵活运用，创造性地开展推销工作，方可产生良好的推销效果，取得显著的推销业绩。

### 情景训练9-3

#### 情景材料

让你去一个高档社区推销廉价打火机，保安不让你进，你该怎么办？

### 训练要点

在了解客户约见的基本知识的基础上拓展、丰富推销知识，加深对客户约见的深入理解；充分运用相关客户约见知识从事推销活动。

### 训练步骤

1. 根据该案例，拟定需要讨论分析的主要问题及解决方案。
2. 确定案例训练组织方式；采用头脑风暴法来分组集体讨论（4～6人为一组）。
3. 根据案例讨论结果（时间大约30分钟），各小组选出一名代表阐明本小组的分析要点及主要解决措施。

# 第四节　推销洽谈

### 导入案例9-4

一位销售员经过不懈努力，终于约到一家公司经理面谈。但是由于路上堵车，他迟到了20分钟。

销售员：您好，黄经理，真不好意思，由于路上堵车，我迟到了。

黄经理：（皱眉看了下手表）请坐。

销售员：非常抱歉，让您久等了。

黄经理：你公司老总叫什么呢？

销售员：啊……（销售员由于很少接触老总，所以不记得老总的名字）

黄经理：（直直看着销售员）你觉得A公司（竞争对手）的产品怎么样？

销售员：黄经理，他们公司的产品质量很差的，返修率特别高。

（黄经理停顿了好一会。）

黄经理：听说你们公司有一款产品销量不错，有产品介绍吗？

销售员：不好意思，我着急出门，忘记带资料了……（表情尴尬）

最后的结果大家都能猜到，这是一次失败的推销访问。

问题：为什么这是一次失败的推销？

推销人员在成功地接近准客户之后，就应该迅速转入推销洽谈。推销洽谈也称推销面谈，是指推销人员运用各种方式、方法和手段，向客户传递推销信息并进行双向沟通、向客户进行讲解和示范说服客户购买的过程。从推销洽谈的定义可以看出，推销面谈的目的在于沟通推销信息，诱发客户的购买动机，激发客户的购买欲望，说服客户采取购买行动。推销洽谈其实与前面章节讲到的商务谈判过程是一致的，同样也是一个循序渐进的过程，一般包括5个步骤，即准备—开局—报价—磋商—成交。这实际上就是一个推销人员与客户的谈判过程。在这个过程中，需要推销人员运用大量的谈判策略与技巧，才有可能促成交易。这方面的知识，前面谈判部分已介绍，此处不再重复。在整个推销过程中，推销洽谈是一个关键性的阶段，是极其重要的环节。如果说，推销约见和推销接近的目的是引起准客户的注意及兴趣，那么，推销洽谈就是使准客户由对推销产品的兴趣上升到强烈的购买欲望。能否说服准客户实现交易，在很大程度上取决于推销洽谈是否成功。因此，掌握推销洽谈技巧是推销人员顺利完成推销任务的重要条件。

推销洽谈的方法主要有提示法和演示法。提示法着重于用语言介绍的方式进行推销洽谈，演示法则着重于用非语言的方式进行推销洽谈。

## 一、提示法

提示法是指推销人员用语言形式直接或间接、积极或消极地提示客户购买推销品的一种方法。提示法又分为直接提示法、间接提示法、积极提示法、消极提示法、明星提示法、联想提示法和逻辑提示法7种。

### 1. 直接提示法与间接提示法

直接提示法是指推销人员运用口头语言的形式直接劝说客户购买推销品的方法。这一方法将推销人员对推销产品信息的直接陈述与建议客户立即采取购买行动的提议相结合，直截了当，开门见山，有利于节省时间，提高推销效率。因此，直接提示法是目前使用最多、应用范围最广的一种推销洽谈方法。

应用直接提示法应注意以下问题。

（1）**突出推销重点** 不仅要重点提示推销品与众不同的主要特色和优势，而且要把客户的主要需求与购买动机同推销品的优势特征相结合，并直截了当地向客户进行提示性陈述，以满足客户需求，解决客户问题。如果忽视客户需求，盲目提示推销品的特点，就难以激发客户的购买欲望。

**资料阅读9-4**

对想购买便宜货的准客户，推销人员应着重于价格提示。例如，"这件衣服昨天还是正价，今天开始搞店庆促销，减价40%，十分优惠，欲购从速！"

对注重产品性能和质量的准客户，推销人员就可直接提示。例如，"您要寻找的正是这种产品，这种产品保证质量，使用方便，厂家实行三包，符合你们的要求，存货不多，需要的话请立即办理。"

对求名心重的准客户，推销人员则可提示"本产品是获奖优质产品"，并出示获奖证明。

对犹豫不决或购买信心不足的准客户，推销人员则可以提示客户："这种款式刚刚流行，试一试。"待客户试穿后又说："大小肥瘦就像为您量身定做一样，太好了，还犹豫什么！"

（2）**内容真实可靠** 在推销人员向客户进行提示时，要实事求是、有根有据地陈述推销活动的有关信息，做到真实可靠，不蒙骗客户，以赢得客户的信任、支持与合作。

（3）**提示的内容易于被客户理解与接受** 要做到有效地提示，推销人员不仅要根据客户的特点，有针对性地运用不同的提示语言，而且要善于运用各种方式和技巧，对推销品及客户利益进行生动形象的描述，以突出产品特色与优势，加深客户印象。另外，运用直接提示法时，要尊重客户的个性，切勿冒犯客户。

间接提示法是指推销人员采用间接的信息传递与接收方法向客户传达推销品的重点信息，以间接劝说客户购买推销品的一种方法。

推销人员的直接提示容易使客户产生一种心理压力，似乎客户不驳倒推销人员的观点就必须购买推销品。这种心理压力，有可能使客户在推销洽谈中故意制造一些推销障碍。为此，推销人员要运用各种道具、事例虚构一个推销提示对象作为向客户传递有关推销信息的中间媒介体，利用虚构的对象对客户进行间接提示，使客户感到是通过中间媒介体，使客户觉得除了推销人员这么说之外，还有其他人也这样认为，从而减少客户购买的心理压力，缓和客户对推销人员及推销活动的紧张的冷战心理和对立情绪，增加客户对洽谈介绍的信任力度。

**案例赏析 9-7**

　　一位洗衣机推销人员，为了消除购买者的疑虑，使对方从不同的产品比较中增强对自己的推销产品的信心，说："您提到某某牌洗衣机，请您向购买了该牌子洗衣机的用户了解一下，也许您就明白是怎么一回事了。"

　　▲点评：这位推销人员并没有直接去批评竞争对手，也不与准客户争论，而是让准客户自己去联想，自己做出购买决定。

　　**2. 积极提示法与消极提示法**

　　积极提示法是指推销人员从积极的角度，用肯定的、正面的明示或暗示来提示客户购买推销品后可以获得的正面效益等，从正面调动客户心理活动的积极因素，从而促使客户购买推销品。

　　消极提示法是指推销人员运用反面的、消极的、否定的暗示法提示客户注意不购买推销品，可能会带来的反面效应或产生的消极作用，从而激发客户的购买动机，达到促使客户购买推销品的推销洽谈方法。

　　同一个提示内容，既可以从积极方面去提示也可以从消极方面去提示。一般来说，积极提示可产生正效应，消极提示则产生负效应。请读下面的例子。

　　"欢迎各位乘坐本公司高级游览车观光，我们保证大家会感到既舒适又安全！"

　　这是积极提示舒适安全的提示方法，一般会收到明显的效果。换一种说法，效果可能完全不一样。

　　"欢迎您乘坐本公司高级游览车观光，我们保证大家不会感到不舒适，也不会发生意外事故！"

　　这就是消极提示，客户听了这些话，也许会产生不舒服和发生事故的可怕联想，从而会拒绝此类旅游服务。

　　但消极提示法的作用并不一定都是消极的，在某种特定推销环境中，有时也可以产生积极的心理效应，间接刺激了准客户的购买欲望。

　　例如，"先生，请允许我看看您的汽车轮胎。哎呀，不太妙哇！这轮胎已经不行了，还是赶快换掉吧！要不然会出事的。"

　　这是十分明显的消极提示。它帮助准客户发现问题，提示了问题的严重性，引起准客户高度重视，为了防止事故，准客户很自然就接受推销人员的意见。

　　无论是积极提示还是消极提示，都可以给客户较大的心理震撼，都可以提示客户产生购买动机从而达到推销洽谈的目的。推销人员在运用这两种提示法时，要根据不同的客户、不同产品、不同需求状况灵活应变，真诚地、实事求是地提示，避免虚假提示，失去客户的信任。

　　**3. 明星提示法**

　　明星提示法是指推销人员借助一些有名望的自然人、法人或其他团体组织购买、使用推销品的事例，来劝说客户采取购买行为的一种提示方法。例如，"我厂生产的防寒服是国家赴南极考察队员的首选产品""该饮料是中国奥委会指定专用饮品"。这一方法主要是利用客户普遍存在的崇尚权威、崇拜偶像、信任名望的心理来进行洽谈提示，使社会名流们的消费行为成为客户购买与消费的参照楷模，对客户的消费心理与行为起到了较好的引导与影响作用，产生良好的"晕轮效应"。

　　利用名流进行洽谈提示，不仅成本高，而且若选择不当，不仅不会对客户产生积极效应，反而会产生明显的负效应，出现明星边际效益递减的状况。因此，运用明星提示法应注意以下问题：所提示的明星在一定的区域有较高的知名度和美誉度，为客户所知晓、所认同；所提示的明星与推销品之间有一定的内在联系，以增强推销洽谈的感染力与说服力；所提示的明星与推销品之间要存在真实的关系，不能弄虚作假，欺骗客户。

#### 4. 联想提示法

联想提示法是指推销人员通过向客户提示或描述与推销有关的情景，使客户产生某种联想，进而刺激客户购买欲望的洽谈方法。例如，一位推销天蓝色瓷砖的推销员的一句话打动了客户："你把这种天蓝色的瓷砖铺在淋浴室里，每当你洗澡的时候，都有种置身大海的感觉。"这一方法中，推销人员向客户勾画出梦幻般的情景，让客户去想象，使产品更具有吸引人的魅力，从而达到强化客户购买欲望的良好效果。联想提示法要求推销人员善于运用语言的艺术去表达、去描绘，避免刻板、教条的语言，也不能采用过分夸张、华丽的辞藻，这样，提示的语言方能打动客户，感染客户，让客户觉得贴切可信。

#### 5. 逻辑提示法

逻辑提示法是指推销人员利用逻辑推理来说服客户购买推销品的一种洽谈方法。它是通过向客户摆事实、讲道理来启发、引导客户进行分析、思考与判断，使客户逐步认识到推销品的功能、利益等，心悦诚服地信任推销品从而采取购买行为。这种方法尤其适用于具有理智购买动机的客户。

### 案例赏析 9-8

一位推销人员在向客户推销电视机时这样说道："这台电视机售价仅 1000 元，寿命却长达 1 万小时，这样，你每小时看电视只需要 1 角钱，而现在看电影每小时平均需要 5 元钱，且不说电视机使用起来有非常方便等好处。"

▲点评：案例中电视机的销售人员在说明电视机的物美价廉、使用方便时，并没有笼统地去讲，而是运用比较分析、事实罗列的思维方式，采用算账的办法来启发、引导客户去分析与判断，最后一句话"且不说电视机使用起来有非常方便等好处"巧妙地把最后部分的理由留给客户自己去推理、去判断，从而使客户在理性的分析判断中，对推销活动的理解是科学的，发自内心的，从而自觉地、心悦诚服地信任推销品，并乐于购买它。

## 二、演示法

演示法是指推销人员通过各种方法向客户直接展示产品并劝说客户采取购买行为的一种方法。它通常包括以下几种方法。

（1）产品演示法　产品演示法是指推销人员通过直接演示推销品，向客户传递推销的有关信息，进而劝说客户购买推销品的洽谈方法。这一方法把产品本身作为传递信息的媒介，能向客户传递更生动、具体、形象、真实、可靠的推销信息，避免了信息传递过程中的遗漏与歪曲，并且能全面刺激客户的感觉器官，客户从中可以获得较为全面的产品信息，有利于客户正确认识推销活动，并接受推销品。

（2）文字演示法　文字演示法是指推销人员通过演示推销品的有关文字资料来劝说客户购买的一种推销洽谈方法。用来演示的文字资料通常包括产品说明书、价目表、获奖证书、质量检测证书、新闻报道等。这些文字资料，可以大大提高客户对推销活动的信任感。推销人员选择的文字资料要求具有真实性、针对性、相关性和权威性，以便较好地运用文字资料进行洽谈演示，增强推销的说服力。

（3）其他演示方法　除了以上演示方法之外，还有其他演示洽谈法，如图片、图表演示法，音像影视演示法等。

推销洽谈的方法很多，尤其是现代科学技术的发展与信息传递技术的普及，为推销人员提供了更多的洽谈方法与手段。在实际推销洽谈中，推销人员要根据实际情况灵活选择洽谈方法，不断开拓创新，设计更加新颖、高效的推销洽谈方法。

### 情景训练9-4

#### 情景材料

假设你是一家具设备公司销售人员，计划访问一家连锁旅店的总经理。该连锁旅店旗下有15家旅店，每家旅店有50个房间，其大多数旅店在进行装修，将更换现代化的家具设备。请设计30秒钟开场白以吸引客户注意，使其同意你的拜访。

#### 训练要点

在了解推销洽谈前的准备工作及洽谈的基本技巧上拓展、丰富推销知识，促进洽谈顺利、推销成功。

# 第五节　客户异议处理

### 导入案例9-5

作为推销人员拜访经销店的老板时，老板一见到你就抱怨说："这次空调机的广告为什么不找×××来拍？若是找×××的话，我保证早就向你再进货了。"

碰到诸如此类的反对意见，你不需要详细地告诉他，为什么不找×××而找×××拍的理由，因为经销店老板真正的异议恐怕是别的原因，你要做的只是面带笑容。

客户异议是推销活动中的必然现象。从接近客户、推销面谈直至成交签约的每一个阶段，客户都有可能提出异议。推销人员只有正确地认识并妥善地处理异议，才能最终说服客户，促成交易。正确对待和妥善处理客户异议，有效地实现成交并做好成交后跟踪工作是推销人员必备的基本功。客户异议是推销成功的障碍。推销员只有处理好客户异议，克服客户为成交设置的障碍，才能取得成功。要处理好客户异议，首先推销员对异议要有正确的看法和态度，还应在认真分析客户异议的基础上，恰当选择处理客户异议的时机，掌握处理客户异议的策略与方法。

## 一、客户异议的产生

客户异议是指客户对推销品、推销人员、推销方式或交易条件产生的任何怀疑、抱怨、否定或提出的反面意见。推销人员必须正确地对待并妥善处理客户异议才有可能促成交易，实现推销的目标。

许多推销人员，在面对客户异议时，常会感到挫折与恐惧。实际上，如果我们从另外一个角度来体会异议，就会揭示出它的另一层意义：根据客户提出的异议，能判断客户是否有需要；能了解客户对你的建议接受的程度，从而迅速修正你的推销战术；能获得更多的信息。异议的这层意义印证了"推销是从客户的拒绝开始的"这句话。要处理好客户异议，推销人员首先要学会正确地认识和对待客户异议。

（1）**客户异议是推销过程中的必然现象**　推销人员与客户分别代表着不同的利益主体，当客户用自己的利益标准去衡量推销人员的推销意向时大多数人会产生否定的反应。客户提出异议是推销介绍的必然结果，是推销活动中的必然现象。一些成功的推销人员甚至认为，客户提出异议，正是推销洽谈的目的与追求的效果。因为，只有当客户开口说话，提出反对购买的理由时，推销人员才有可能进行针对性的介绍与解释，这才是推销活动的真正开始。因此，作为推销人员，不要害怕客户提出反对意见，而应欢迎并理解客户异议，虚心听取客户的不同意见、看法，认真分析客户异议产生的原因，为妥善处理异议提供依据。

（2）**客户异议既是推销的障碍，也为成交创造了机会** 客户对推销人员或推销产品等提出异议，当然为进一步推销设立了障碍，但如果没有这些障碍的出现，推销人员始终只能唱独角戏。客户一旦发表了异议，推销便进入了双向沟通阶段。因为客户提出的异议可能是在告诉你，我对你的产品或服务，已经产生了兴趣，但我还需要更进一步地了解商品的功能与价值，才能做出最后的决定。推销人员可以抓住这个机会，做更详细的说明，把产品的功能、特征及商品的使用价值解释得更清楚。所以说，客户提出异议是表明推销已向成交跨进了一步，使推销有了进一步发展的基础。因此推销人员既要看到客户的异议为推销工作设置了障碍，也应看到解决客户异议就可成交的前景。

（3）**科学地预测客户异议** 客户异议是可以事先预测的。为了有效地处理客户异议，推销人员在推销准备阶段，不仅要有应对客户异议的心理准备，而且要根据自己的经验和对客户的了解情况，尽可能地预测客户可能提出的异议，并设计出处理异议的方法与对策，做好应对客户拒绝的具体准备工作。

（4）**推销员应当认真分析客户异议** 客户的异议有真有假，异议的内容更是多种多样的。不同的客户会有不同的异议，同一内容的异议又会有不同的根源。因此，推销人员要善于深入细致地观察、分析、判断客户对推销活动的各种外在反应，把握客户的心理活动状态，正确认识客户异议的具体内容，区别、判断不同的异议根源，这样，才能有的放矢地处理好客户异议。

（5）**推销员应欢迎与尊重客户异议** 推销员应欢迎客户提出异议，始终虚心地听取客户陈述异议，认真地分析客户异议的性质与原因，并根据客户异议修改推销计划与策略。即使原因在客户，甚至客户无理取闹，推销人员也要本着"客户总是有理"的思想，奉行"避免与客户争辩"的原则，不能与客户争吵。

## 二、客户异议的类型

### 1. 主体上的划分

（1）**借口** 顾客异议只是借口，顾客并非真正对产品不满意，而是有另外的原因不便明说。例如，顾客无权做出购买决定，就说产品质量有问题。推销员应弄清楚隐藏在借口背后的真实动机，见表9-1所示。

表9-1 客户借口的可能原因

| 序号 | 借　口 | 可能的原因 |
|---|---|---|
| 1 | 我考虑考虑再说 | 没钱；目前不需要；价格太贵；对产品、公司、推销员不信任 |
| 2 | 没钱 | 有钱，但不舍得买 |
| 3 | 我要和（领导、妻子）商量、商量 | 自己拿不定主意 |
| 4 | 给我一点时间想想 | 没有其他人的同意，无权擅自购买 |
| 5 | 我还没有准备要买 | 认为别处可以买到更合算的 |
| 6 | 我们已经有了 | 不想更换供货厂家 |
| 7 | 价格太贵了 | 想到处比价 |
| 8 | 没打算要买 | 此时忙着处理其他事情，没时间 |

（2）**真实的意见** 顾客从维护自身利益出发，提出对产品功能、质量、价格、售后服务等方面的质疑。

推销员应正面回答顾客提出的各种问题，为顾客解决困难，消除疑虑。

（3）偏见或成见　顾客从主观意愿出发，提出缺乏事实根据或不合理的意见。推销员不要与顾客争辩，而应婉转表达自己的意见。对这类异议，不需要非弄出一个是非输赢的结果不可。

### 2. 客体上的划分

（1）价格异议　商品的价格是顾客最关心的问题，顾客最为敏感，因为价格关系到顾客的切实利益。推销人员在产品介绍之前，最好不要将具体价格告诉顾客。"太贵了"，这是顾客挂在嘴边的话。顾客抱怨价格高的动机，很多时候是出于心理满足的需要。顾客购买商品，都爱砍价，不还价心里不舒服；即使商家事先声明"不还价"，顾客也会提出降价要求，以探究商家的价格管理机制，以及销售员对具体商品价格的看法。

（2）需求异议　顾客提出，不需要所推销的商品。如"我们已经有了""我们库存还很多""这个东西有什么用？"等等。

推销员要正确区分顾客的现实需要和潜在需要。现实需要是顾客已经认识到并表现出来的对产品的需要，潜在需要是顾客还没有表现出来的需要。

据统计，潜在需要占成交需要的比例达30%。我们在向顾客推销产品时，听到最多的一句话就是"我不需要你的产品。"推销工作一个重要的任务，就是唤起顾客的需要，然后再去满足顾客的需求。如果顾客对产品确实没有需求，没有必要强力推销。

### 3. 货源异议

货源异议是顾客对推销品来自哪个地区、哪个厂家、是何品牌，甚至对推销员身份提出的异议。举例为："我们一直用的是某某品牌的产品，从来没有买过你们的产品""没有听说过你们公司""这个牌子产品质量不好，我们想用其他企业生产的产品"

（1）产品异议　顾客对推销品的功能、质量、式样、设计、结构、规格、品牌、包装等方面提出的异议。

（2）企业异议　企业的社会知名度和美誉度不高，企业厂址偏僻，企业规模不大等因素，使顾客对企业产生怀疑，继而对产品产生怀疑。针对这种顾客异议，企业应加强广告宣传，加强售后服务；推销员要增加访问次数，在与顾客的接触中，要注意推销行为代表的是企业行为，推销员形象代表的是企业形象和产品形象。

（3）推销员异议　顾客对特定推销员的质疑和不满，很可能是推销员自身原因造成的。如推销员不注意个人形象、推销礼仪欠佳、说话浮夸等等。推销员应从自身找原因，改进推销工作。

### 4. 购买时间异议

购买时间异议是指客户自认为购买推销产品的最好时机还未成熟而提出的异议。如"我们还要再好好研究一下，然后再把结果告诉你""我们现在还有存货，等以后再说吧"等。购买时间异议是一种来自客户本身的异议，是客户心理活动的一种表现，不同阶段的购买时间异议，说明客户有不同的异议原因。购买时间异议可以细分为以下3种情况。

① 顾客对产品已经认可，但存在资金紧缺问题。

② 顾客对产品认识不够，还需要进一步了解。

③ 顾客根本不想购买产品，提出时间异议是借口。

要分具体情况，有针对性开展说服工作。若客户在推销活动开始时就提出时间异议，则应视为是一种搪塞的表现，是客户拒绝接近的一种手段；若客户在推销活动进行到一定程度之后或推销活动即将结束时，才提出购买时间异议，大多表明客户的其他异议已经很少或不存在了，只是在购买的时间上仍有一点顾虑和犹豫，属于有效异议，推销人员此时要运用适当的方法与策略，消除客户的购买时间异议，促成交易的达成。

### 5. 权力异议

如"订货的事我无权决定""我做不了主"权力异议有具体两种情况。

① 顾客的陈述是事实，他没有购买决策权。

② 推脱或借口。

第一种情况，说明推销员顾客资格审查出了差错，应纠正，重新接近有关销售对象；对第二种情况，要根据具体情况，灵活化解。

### 6. 财力异议

财力异议，也称为支付能力异议，即顾客自认为无钱购买，也分为真实和虚假两种情况。真实情况，推销员可能要暂时停止推销；虚假的情况，是借口，说明顾客对产品价值没有认识，或已经决定购买其他品牌的产品，推销员要采用利益推销等推销法则，开展有说服力的推销工作。

### 7. 服务异议

服务异议是指客户对购买推销品能否获得应有的、良好的售货服务表示不信任或担心而提出的一种异议。顾客对售前、售中、售后服务均可提出异议。对顾客提出的服务异议，推销员要诚恳接受、耐心解释，并立即采取行动，将承诺的各项服务兑现，以树立良好的企业形象。

### 8. 政策异议

政策异议是指客户对自己的购买行为是否符合有关政策的规定而有所担忧进而提出的一种异议，也称为责任异议。推销人员在进行推销准备时，应该对有关政策有所了解，在实际推销活动中能有的放矢地解决客户的政策异议方面的问题。若客户因不了解有关政策而提出无效的政策异议，则推销人员只需把有关政策说清楚、讲明白，便不难解决客户异议；若属于有关政策明确规定不能购买的情况，推销人员则应该立即停止推销活动，切不可欺骗客户。

**案例思考9-3**

请指出下列客户异议的类型，并说明异议划分的标准。

① 客户："这个皮包的设计、颜色都非常不错，令人耳目一新，可惜皮子的质量不太好。"

② 客户："这个金额太大了，不是我马上能支付的。"

③ 客户："我们一直都是从××公司购买，没有理由中断和他们的购销关系，转而购买你们公司的产品。"

④ 客户："我们老板不在，我不能做主。"

⑤ 客户："给我15%的折扣，我今天就下订单。"

⑥ 客户："连你（推销员）都不会用，更别说我了，我还是不买了，太复杂了。"

⑦ 客户（中年妇女）："我都这把年纪买这么高档的化妆品干什么，一般的护肤品就可以了。"

## 三、客户异议的原因

形成客户异议的原因有很多，有客户方面的，也有推销人员方面的，有推销环境方面的，也有推销产品方面的。有些异议的产生是必然的、可预料的，而有些异议的产生是偶然的、突然的。很多情况下，引起客户异议的原因是多方面、多种因素的，并且各因素之间互相联系、互相影响，使得客户异议的原因变得难以捉摸。

客户异议的原因虽然错综复杂，但推销人员要积极地去深入研究这些原因，为消除客户异议探寻有效的方法。从现代推销环境来说，客户异议产生的原因主要有以下几种。

### 1. 客户所致的异议原因

（1）客户的了解不够与固执　客户的了解较浅往往是产生需求异议、产品异议、价格异议的根源。如果客户的文化水平偏低，往往对新技术产品的购买、消费不太了解，或者产品专业性很强，客户对该产品有关方面知之甚少，容易导致异议。同样，如果客户没有认识到推销产品所带来的益处或没有意识到自身的需求，没有意识到自己目前的状况需要改变，安于现状，固守原有的购买内容、购买方式与购买对象而不思更改，也会产生客户异议。

推销人员对此类客户，应从关心与服务客户的角度出发，对客户进行有关产品购买、消费方面的知识启蒙与普及工作，通过通俗易懂的形式使客户认识与发现自身需求，对客户需求进行启发、引导与教育，以便有效地消除客户异议。

（2）**客户的购买经验与成见**　客户在以往的购买活动中积累了一定的经验。如产品经验、价格经验等。既有成功的经验，也有失败的经验。客户往往会根据自己的经验进行购买决策。当推销活动和客户成功的购买经验不相符合或者与失败的购买经历类似时，客户异议就会产生。客户往往对失败或不愉快的购买经历印象深刻，并有可能产生成见。成见是一种不依真理判断的倾向。当许多失败或不愉快的购买经历共同指向某一特定商品或推销人员时，成见就会得到强化。成见也会因客户负面信息的累积而强化。比如有的人认为进口货就是好，一见国产的商标就摇头；有的人认为推销人员是为了推销商品，只会骗人，推销人员的话他一句也听不进去；还有的人发现产品某一个小缺点，就得出不能用的结论。推销人员在推销过程中，遇到这类客户，首先应针对客户的认识观念进行转化与耐心的解释工作，客气地提出客户的经验并不总是合理的，要具体问题具体分析，不要有成见，然后再解答他的问题。要注意不要和客户辩论，不要与客户顶撞，要各抒己见，不强加于人。

（3）**客户缺乏支付能力**　如果客户缺乏支付能力，即使有很旺盛的购买欲望也会提出各种购买异议或直接拒绝购买。对此类客户，推销人员可在不损害己方利益的前提下，适当让步，可以按延期付款、分期付款或赊销等结算方式达成交易。

（4）**客户的自我表现**　在买方市场条件下，客户处于优势地位，有些客户自高自大，经常会在推销员的推销介绍之后，提出一些似是而非的异议，借以显示自己的能言善辩、见多识广、消息灵通、反应机敏、成熟老练等，或者想以此从心理上对推销员施加压力，以达到对自己更加有利的交易目的。出于这种目的的客户异议一般是无效异议，推销人员应以博大的胸怀与包容精神对待这类客户。

（5）**客户有比较固定的采购关系**　在长期的生产、经营活动中大多数客户都有比较稳定的购买渠道，团体客户尤其如此。一般情况下，客户在面临新的交易伙伴时，必然会考虑原有采购关系的协调问题。除非推销人员的推销活动能够给他带来更多、更好的利益，否则客户是不愿冒险随便丢掉长期以来建立的固定的业务合作关系的。

（6）**客户的私利与社会不正之风**　受社会不正之风的影响，一些存有私心的人有时会利用职权之便对推销设立障碍，企图索取额外的回扣与好处费，导致一些交易商借机销售假冒伪劣产品。这些违反市场经济规律和国家法律的行为，会增加推销的难度。对此种客户异议，推销人员一方面要遵守国家有关的法律和规章制度，另一方面应在现行政策允许的范围内灵活推销。

（7）**客户的偶然因素**　在推销过程中，由于一些偶然因素，如身体欠佳、情感失落、家庭失和、人际关系紧张、晋升受挫等原因，造成客户心情不好，若此时推销人员向客户做推销介绍，客户有可能不能有效地控制自己的情绪，从而不停地向推销人员提出异议，以此作为发泄情感和寻求心理平衡的方式。推销人员在推销过程中应细心观察，及时判断，如果客户情绪低落或起伏较大，最好停止推销，下次再来。总之，应尽量回避由于偶然因素造成客户异议的推销环境。

**2. 从推销本身来寻找原因**

（1）**推销商品方面的问题**　在推销过程中，如果推销产品的3个层次（即核心层、形式层和附加层）的任何一个部分都不能令客户满意，存在着不能满足客户需求的因素，或者推销品本身并不具有比竞争对手产品更多的特色与优势等因素都可能导致客户异议，成为推销的障碍。例如，客户需要的是高品质的产品，而推销人员推销的却是一般性的产品；客户需要的是价格便宜、质量要求不太高的产品，而推销人员推销的却是极品等。

如果产品质量不能满足客户需要，推销员应尽量强调产品的适用性，向客户说明产品的性价比并适当提供售后服务保证；如果客户嫌价格贵，则要强调产品的质量，强调产品给客户带来的利益。

**（2）推销信息不足**　在推销过程中，推销员没有让客户获得足够的信息，客户感到因信息不足而难以决策，进而提出各种异议。对这种情况，推销人员必须掌握大量信息，并选择恰当的信息传递方式，向客户提供充分的推销信息和具有较强说服力的推销证据，克服因推销信息不足所带来的客户异议。

**（3）推销人员缺乏技巧**　在推销活动中，很多时候由于推销人员缺乏技巧无法赢得客户的好感或信任，甚至使客户产生反感，结果导致异议产生。比如推销人员的举止不符合推销礼仪，做了夸大其词的陈述，使用太多的专业术语，引用不当的调查资料及推销员姿态太高，处处让客户词穷等都可能无法赢得客户的好感，甚至会使客户产生反感。这就要求推销人员要注意自己的言谈举止，尽量赢得客户的好感。再有某些企业的推销人员曾经对客户采取了不负责任的推销态度，如没有很好地履行合同，缺乏信用，甚至愚弄与欺骗客户等，严重损害了自身的商业信誉，结果客户提出了有关推销信誉方面的异议。此时除了耐心解释以外，更重要的是以实际行动并假以时日争取客户的信任，或者采取一些商业担保的形式来消除客户的疑虑与误解。

**（4）演示失败**　在推销的过程中，推销人员常常利用演示来吸引客户，增强说服力。如果展示失败，则会立刻引起客户的质疑。例如推销员为了说明产品坚固，可能会踩在产品上面或者把产品往地上摔，如果此时产品被踩碎或摔坏，客户将不会相信该产品的坚固性。这就要求推销人员在产品展示之前，一定要做好准备工作。

## 四、处理客户异议的原则

### 1. 尊重客户异议

不论客户的异议有无道理和事实依据，推销员都应以温和的态度和语言表示欢迎。善于倾听顾客的异议，不要轻易打断顾客讲话。在提出对顾客异议的处理意见之前，可以沉思片刻，让顾客感觉到销售员很重视他的意见并经过了认真考虑。必要时，推销员可以简单概括和重复顾客异议。

### 2. 永不争辩

与顾客发生争辩，很容易使顾客感到他没有受到应有的尊重。推销员取得争辩胜利的同时，他很可能取得推销的失败。

### 3. 维护客户的自尊

要给顾客留足面子，不要训斥、诋毁顾客。如果顾客没有听清楚销售员的解释或回答，重复问相同的问题，推销员不能不耐烦地说："我刚才不是告诉过你吗？"

### 4. 强调客户受益

推销员要常常换位思考，从顾客的角度来处理顾客异议。顾客花钱购买产品，总是希望以最小的代价获取最大的利益。那么，推销员在处理顾客异议时，应强调顾客受益原则。这一点与利益推销一致。这样处理，有利于增进与顾客的感情，缩小与顾客的心理差距，有利于成交。

## 五、处理客户异议的时机

优秀的推销员懂得何时回答客户的异议。美国通过对几千名销售人员的研究，发现好的销售人员所遇到的客户严重反对的概率只是差的销售人员的1/10。这是因为，优秀的销售人员对客户提出的异议不仅能给出一个比较令人满意的答复，而且能选择恰当的时机进行答复。销售人员对客户异议答复的时机选择有4种情况。

### 1. 提前处理

销售人员完全有可能预先揣摩到客户异议并抢先处理的，因为客户异议的发生有一定的规律性，如销售人员谈论产品的优点时，客户很可能会从最差的方面去琢磨问题。有时客户没有提出异议，但他们的表情、动作及谈话的用词和声调却可能有所流露，销售人员觉察到这种变化，就可以抢先解答。因为这样，推销人员可以争取主动，先发制人，避免纠正客户的看法或反驳客户的不同意见，也避免了与客户发生争执。另外，在作推销介绍时，不仅向客户介绍推销品的特点和优势，也向客户说明该产品的不足之处和它的使用注意事项。这样做，通常会使客户感觉到推销人员没有隐瞒自己的观点，能客观地对待自己的推销品，从而赢得客户的信任。

### 案例赏析9-9

有一次，沙拉王公司创办人哈里·雷蒙斯向一些客户推销一种切食物的机器。他在快速而轻易地切割三四种食物后，看着客户说："看过示范的人经常问我，他们买了这种机器后能不能像我这样处理食物？"

"坦白说，不可能。你们绝对不可能像我这样巧妙使用。这不是吹牛，而是事实，因为我每天都要操作这玩意儿好几个小时，瞧我用起来多轻松自如。说实话，我之所以熟练是因为我已成了专家。"

▲点评：提前处理将增强客户对推销员的信任度。

**2. 即时处理**

一般而言，除了客户出于偏见、恶意等原因而提出的一些无端的、虚假的异议的情况外，对其他异议推销人员都应及时回答。这样，既可以促使客户购买，又是对客户的尊重。客户都希望推销人员能够尊重和听取自己的意见，不回避问题，并做出满意的答复。推销人员若不能及时答复客户所提出的问题，客户就会采取拒购行动。因此，在推销实践中推销人员应视具体情况，立即答复那些需要立即答复的客户异议，及时排除推销障碍，促进交易的顺利达成。即刻回答客户异议，要求推销人员具有丰富的知识、敏捷的思维、灵活应变的能力、善辩的口才和一定的临场经验。

**3. 推迟处理**

在推销过程中，推销人员对客户的某些异议不作及时回答可能会危及整笔交易；而对有些异议，推销人员如果不量力而行，企图立即做出答复，则可能会葬送整笔交易。因此，对客户提出的某些异议，如果推销人员认为不适合马上回答的，可采用延迟回答的办法加以解决。

### 资料阅读9-5❶

#### 允许延迟处理客户异议的几种情况

在推销过程中，对下列几种情况，推销人员可以延迟处理客户的异议。

① 如果推销人员不能立即给客户一个满意的答复，应当暂时搁下，推迟处理。例如当客户提出了涉及非常复杂的技术细节要求，而推销人员又回答不了该异议时，就需要请有关的技术人员来解答，这样的回答才具有更强的说服力；另外一种情况是对那些立刻给予答复而没有足够把握的客户异议，推销人员也应延迟处理，以便给自己留出更多的时间来进行思考，筛选出最佳的处理方案。

② 如果推销人员认为马上答复客户的异议会影响阐明推销要点或影响推销方案的实施，最好不要马上回答，应推迟处理。

---

❶ 资料来源：本案例根据网络相关资源改写。

③如果推销人员认为没有必要当即反驳客户异议，可以推迟答复。这样做的目的是尽量避免同客户发生冲突，也是为了不使客户认为推销人员对他的观点持否定态度，还可以是推销人员出于策略上的考虑，有必要等待适当时机再予以答复。

④如果客户提出的异议有可能会随着业务洽谈的进行而逐渐减少或消除，推销人员可以不立即处理客户异议。这样既可以减少不必要的争执，又可以节省时间，体现推销人员在安排推销策略上的高明之处。

⑤如果客户的异议与推销人员将要谈到的某个问题有关，可以不即刻回答，不妨说："请稍等一下，下面我将要谈到的问题会说明这一点的。"

### 4. 不予处理

许多时候，推销人员是不必对客户的反对意见逐一加以反驳，因为即使让客户认同也不会影响推销工作，根本没有反驳的必要。以下异议就没有回答必要：无法回答的奇谈怪论，容易造成争论的话题，废话，可一笑置之的戏言，异议具有不可辩驳的正确性，明知故问的发难等。销售人员不回答时可采取以下技巧：沉默；装作没听见，按自己的思路说下去；答非所问，悄悄扭转对方的话题；插科打诨幽默一番，最后不了了之。总之，在推销过程中，推销人员不需要对所有的客户异议一一答复，而应具体分析，区别对待，处理那些真实的、有价值的、对推销工作有帮助的客户异议。否则，有问必答，有求必应，难免会节外生枝，引起不必要的麻烦或纠纷，从而影响整个推销工作的顺利进行。

## 六、处理客户异议的方法

### 1. 直接否定法

直接否定法，又称反驳处理法，推销人员根据比较明显的事实和充分的理由直接否定顾客异议。例如，顾客提出："你们的产品比别人贵。"推销员回答："不会吧，我这里有其他公司同类商品的报价单。我们的价格是最低的。"

直接否定法的优点是直接、明确、不容置疑，反馈速度快，能提高推销效率；其缺点是易使顾客产生心理压力和抵触情绪，甚至伤害顾客自尊，造成紧张气氛。

直接否定法适用于处理由于顾客的误解、成见、信息不充分等导致的有明显错误、漏洞、自相矛盾的异议，不适合于处理因个性、情感等因素引起的顾客异议。使用直接否定法应注意要站在顾客立场上进行解说，态度温和、诚恳，以理服人，不可强词夺理。

### 2. 间接否定法

间接否定法，又称但是处理法，推销员根据有关事实和理由间接否定顾客异议的方法，并采用相应的句法结构。但是处理法又称间接反驳法，是指当客户产生异议时，推销人员先附和异议，然后根据有关的事实与理由来间接否定客户异议的一种方法。这种方法一般适用于由于客户的无知、偏见、缺乏经验或推销信息不足而产生的异议。例如，顾客提出："这个东西太贵了。"推销员回答："这个东西价格是不低。不过，它比同类型产品的功能多了三项，从价格性能比的角度来看，它还是便宜的。"

间接否定法的优点是使用了先退后进的策略，顾客心理上容易接受，其缺点是可能会使顾客感到推销员圆滑、玩弄技巧，从而产生反感。间接否定法比直接否定法使用得更为广泛。

使用间接否定法应注意转折不要太过直接，要不露声色。使用同一架构法，即"……同时……"的句法结构；还可以采用"……，如果考虑到……，价格就不贵了"的句法结构。

### 3. 转化法

转化法，也叫利用处理法、反戈处理法，是推销员直接利用顾客异议中有利于推销成功的因素，并对此加工处理，转化为自己观点的一部分去消除顾客异议，说服顾客接受产品。

例如，顾客提出："你们的产品又涨价了，我们买不起。"推销员回答："您说得对，最近这些商品的价格又涨了。这是因为原材料的价格在上涨，并且原材料价格仍有继续上涨的趋势，因此商品的价格还会继续上涨。现在不买，过一段时间，就更加买不起了。"

又如，推销员推销某个品牌的暖风机。顾客抱怨说："你们这种暖风机太小了。"推销员回答："对呀，小巧玲珑是我们这个品牌暖风机的一大特点，非常适合小朋友在家做作业时取暖。"

转化法的优点是"以子之矛，攻子之盾"。把拒绝的理由转化成购买的理由，把成交的障碍转化为成交的动力，说服力很强。其缺点可能会使顾客觉得被人钻了空子，受了愚弄，从而产生不快。

使用转化法应注意先肯定顾客的看法或赞美顾客。顾客提出异议是我们利用的基础，只有先承认其合理性，我们才能加以利用，其次不要欺骗顾客，任意发挥。否则，顾客认为销售员在玩花招，钻空子而被惹恼，结果适得其反。

### 4. 补偿法

补偿法，又称抵消处理法、平衡处理法。推销员在坦率承认顾客异议指出的问题确实存在的同时，指出顾客可以从推销品及其购买条件中得到另外的实惠，使异议所提问题造成的损失得到充分补偿。例如，顾客提出："这批羽绒服要到10月份以后才销得出去，提前两个月进货，占用资金时间太长。"推销员回答："现在进货可以享受七折优惠。您算算，还是很划算的。"

产品不可能尽善尽美，推销员一面承认产品缺陷，一面强调优点，强调产品利益。推销员帮顾客算一笔账：产品带来的好处弥补缺陷之后的净价值，大于支付的价格，那么购买产品是划算的。这个道理与财务管理学中的净现值差不多。

美国推销专家约翰·温克勒尔在其著作《讨价还价的技巧》中指出："如果客户在价格上要挟你，就和他们谈质量；如果对方在质量上苛求你，就和他们谈服务；如果对方在服务上提出挑剔，就和他们谈条件；如果对方在条件上紧逼，就和他们谈价格。"

补偿法的优点是先实事求是承认缺陷，再另外提出、强调优点，顾客容易接受。补偿法的缺点是推销员肯定顾客异议，承认缺陷，削弱了顾客对产品的信心。

使用补偿法需注意补偿的利益要大于异议涉及的损失，净利益要大于顾客支付的价格。

### 案例赏析 9-10

客户："你看，××公司的笔记本重量只有两公斤，你们的笔记本却有两点六公斤。"

推销员："工程师在外面工作，笔记本电脑是他们的工作工具，非常重要。他们希望重量能够轻一些，尺寸小一些。您觉得除了重量之外还有什么指标比较重要呢？"

客户："除了重量，还有可靠性和坚固性，当然还有配置，例如CPU速度，内存和硬盘的容量。"

推销员："您觉得哪一点最重要呢？"

客户："当然最重要的是配置，其次是可靠性和坚固性，再后来是重量。但是重量也是很重要的指标。"

推销员："每个公司设计产品的时候，都会平衡性能的各个方面。如果重量轻了，一些可靠性设计可能就要牺牲掉。例如，如果装笔记本的皮包轻一些，皮包对笔记本的保护性就会弱一些。根据我们对客户的研究，我们一直将可靠性和配置放在优先级较高的位置，这样不免牺牲了重量方面的指标。事实上，我们的笔记本采用铝镁合金，虽然铝镁合金重一些，但是更牢固。而有的笔记本为了轻薄，采用飞行碳纤维，但坚固性就差一些。基于这种设计思路，我们笔记本的配置和坚固性一直是行业内最好的。您对这一点有问题吗？"

▲点评：补偿法能够缓和关系，避免对顾客的伤害。

补偿法避免了争吵和对客户的伤害，立足于事物的两重性使推销活动更具有辩证法的特点，表现了推销人员诚恳的态度和为客户着想的服务精神，能够形成良好的人际关系与推销气氛。推销人员一方面肯定了客户的异议，另一方面通过摆事实讲道理使客户知晓到购买的利益在情感上与理智上都获得平衡；在推销人员的积极推销下，突出了产品的优点及推销活动能为客户带来的实际利益，增强了推销的说服力，获得了较好的推销效果。

**5. 询问法**

询问法，也叫反问处理法、追问处理法。推销员利用顾客异议来反问顾客以化解异议。例如，顾客提出："你们东西价格是不贵。不过，我们现在还是不想买。"推销员追问："您认为价格便宜，为什么现在不买呢？"询问法适用于顾客异议是借口、真实原因推销员甚至顾客也不清楚等场合。询问法的优点是通过询问，推销员可以掌握更多的信息，为进一步推销创造条件；其缺点是可能引起顾客的反感。使用询问法需要注意询问要及时，有时要适可而止。

**6. 不理睬法**

不理睬法，又叫装聋作哑处理法、沉默处理法、糊涂处理法。指推销员判明顾客异议与推销活动主题无关紧要，或是顾客有意刁难时，采取的避而不答的异议处理方法。

例如，顾客说："你们厂可真不好找。"推销员随声附和，并转移话题："对，我们厂的位置是有点偏。您看看，我们的新产品在功能上又有了一些改进。"

不理睬法的优点是避免节外生枝，浪费时间。不理睬法的缺点是可能会使顾客觉得他没有受到应有的重视和尊重。

使用不理睬法需注意在不理睬顾客提出的某一异议时，要尽快找到需要讨论的话题，以免冷落顾客。

## 情景训练9-5

### 情景材料

旅游线路销售门店

顾客（男）：报3个人有优惠吗？

销售人员1回答：没有，都是统一价！所有的旅行社没有一家会给您优惠的，因为旅行社的利润已经非常薄了。

销售人员2回答：（微笑、点头），买东西都希望能以优惠的价格买到称心如意的产品（表示出在关注顾客）。只是，旅行社的利润真的已经很薄了，所以，非常不好意思，不能在价格上帮到您。不过，我们一定会在产品的服务上随时随地周到贴心地为您服务！请先生相信××旅行社的品牌与品质。

### 训练要点

在了解客户异议产生的原因及解决办法的基础上拓展、丰富谈判客户关系维系知识，加深对推销客户关系管理的深入理解；充分运用相关理论从事推销活动。

### 训练步骤

1. 根据该案例，比对两种客户异议处理方式的不同。

2. 确定案例训练组织方式；分组集体讨论看是否还有更好的方案。

3. 根据案例讨论结果（时间大约30分钟），各小组选出一名代表阐明本小组的分析结果及主要解决思路。

# 第六节 客户成交

## 导入案例9-6

甲、乙两个不同厂家的推销员，同时到某家工厂推销他们的阀门。客户让他们分别介绍自己的产品。甲推销员先介绍。他口齿伶俐，产品介绍得很到位，厂家也显示出兴趣。介绍完之后，双方互相留下了联系方式。然后，他信心十足地对顾客说："这样，我留5天的时间供您考虑、决策。5天之后，我再来和您讨论订货事宜。"说完，就离开了。

5天之后，他再次来到这家工厂，准备这次拿下这个客户。与顾客洽谈之后，他大失所望，原来工厂早已与乙推销员代表的公司签订了购销合同。

▲点评：甲推销员不能准确把握成交要求提出的时机。

成交是整个推销过程中最关键的阶段。它决定了从寻找客户到处理异议的一系列活动最终是否能取得预期的成果。在成交阶段，推销员的核心任务就是促使客户采取购买行动。没有成交，推销人员所做的一切努力都成为徒劳。因此，一个优秀的推销人员应该具有明确的推销目标，千方百计地促成交易。

## 一、客户的成交信号

多数情况下，客户不会主动请求购买，而是推销员在恰当的时机主动请求客户购买。推销工作进行到一定程度，客户可能会产生浓厚的需求欲望，并逐步下定购买决心。客户会或明或暗地通过语言信息或非语言信息表露出购买的意向。这时，推销人员要捕捉到这些成交信号，抓住时机，促成交易。成交信号是指客户在接受推销的过程中有意无意流露出来的各种成交意向，可以把它理解为一种成交暗示。成交信号的表现形式十分复杂，常见的有以下几种❶。

### 1. 语言信号

语言信号是推销人员与客户的交谈过程中，从客户的某些语言流露出来的成交信号。如客户询问交货时间、付款条件、交易方式等具体事宜，对产品质量及商品加工问题提出具体要求；询问有关售后服务问题，如关于维修、退换等条件等。在客户的这些言谈中，尽管没有明确提出成交，但已比较明确地流露出成交的意向了。推销人员可以从客户的询问和措辞中了解到客户的成交信号。例如："如果更换这种设备，需要停机多长时间？""是否可以分期付款？""如果我们购买，你们是否能帮助我们培训操作人员？""如果我们购买10吨，折扣是多少？""你们公司最早可以在什么时候交货？""对这种产品，你们公司的服务有何保障？""你们一年有几次上门服务？""要是过两天降价怎么办？""使用贵公司产品，还需要增加其他辅助设备吗？""不错，这种产品适合我们需要""别人也曾建议我购买一件这样的产品""要买150件，得多少钱？"

### 2. 行为信号

行为信号是推销人员的推销过程中，从客户的某些行为中表现出来的成交信号。

例如，客户认真阅读推销资料，比较各项交易条件；客户非常专心地研究推销人员带去的样品或资料；要求推销人员展示产品，并对所展示的产品表示认真关注，甚至亲手触摸、试用产品；有签字倾向动作、如客户出现找笔、摸口袋、靠近订货单、拿订货单看等，这都是很明显的购买动作信号。

### 3. 表情信号

表情信号是推销人员的推销过程中，从客户的面部表情和体态中所表现出来的一种成交

---

❶ 资料来源：龚荒. 商务谈判与推销技巧. 4版. 北京：北京交通大学出版社，2009.

信号。

例如，情感由冷漠、怀疑、深沉变为自然、大方、随和；客户对推销人员的介绍点头表示同意，并流露出赞许的眼色；微笑地表示赞成推销人员的意见；客户表现得很轻松，并专心倾听你的说明；客户拿起笔来，在记事本上记录推销人员的介绍要点；身体姿势不像访问初期那样规矩板正，开始放松，自如活动；面部表情多流露高兴、生动的色彩等。

#### 4. 事态信号

事态信号是推销人员的推销过程中，形势的发展和变化所表现出来的成交信号。

例如，客户开始与推销员套关系时，访问的客户是一位总经理，谈到一定程度，拿起电话打给供应处长："徐处长，你过来一下，有事要商量。"

访问的客户是一位采购科长，谈到一定程度，拿起电话打给总经理，"李总，您有时间吗？我和高技术公司的王先生要到您那儿去一下。"

再如，客户要求看销售合同书；客户接受推销人员的复约或主动提出会面时间；客户的接待态度逐渐转好；在面谈中，接见人主动向推销人员介绍企业的有关负责人或高级决策人。这些事态的发展都已比较明显地表现出客户的成交意向。

#### 5. 异议信号

客户异议也能透露出成交信号。有时客户虽然有购买意图，但仍会提出一些异议或疑问。这些异议或疑问不同于访问初期的排斥与异议，它们很可能是一种信号，说明对方有达成交易的意向。

例如："这种材料真的能承受那么大的压力吗？""你能保证使用你的设备，制成品的质量保持一致性吗？""看来，你的产品在包装和外观造型上还要作进一步改进。""快速编辑功能计算机就可以实现，复印机上我看不必具有这种功能。减少这一功能，复印机的价格还可以降下来。那样，我们还可以考虑把你们的产品作为选购目标之一。""你能保证我随时都可以找到你吗？假如贵公司再换一位推销员，你所作出的承诺还能保证兑现吗？"

## 二、成交的基本策略

为了更有效地促使客户采取购买行动，推销员必须掌握成交的基本策略和方法，成交策略是对成交方法的原则性规定，是推销员在促进成交的过程中必须遵守的活动准则；成交方法则是用来解决成交中实际问题的各种特定方法。成交的基本策略有如下几种。

#### 1. 及时主动地促成交易

在现代交易中，客户通常处于一种优势地位，不愿主动提出成交，更不愿主动明确地提示成交。但是，客户的购买意向总会有意无意地通过各种方式表现出来。因此，推销人员必须善于观察客户言行，善于捕捉这些稍纵即逝的成交信号，抓住时机，及时促成交易。成交信号一般取决于推销环境和推销气氛，取决于客户的购买动机和个人特性。

#### 2. 克服成交心理障碍，保持积极的成交态度

在推销过程中，推销员除了要妥善处理客户异议，还要克服自身的成交心理障碍。成交心理障碍主要是指各种不利于成交的推销心理状态。

在成交过程中，气氛往往比较紧张，推销人员容易产生成交心理障碍，阻碍了成交。比如担心成交失败等，尤其是推销新手，遇到异议时便会心情紧张，举止失态，以致说话词不达意。出现这种情况，成交就难以实现。推销人员的态度是面谈成功的基础，只有坚定自信，保持积极的成交态度，加强成交心理训练，才能消除各种不利的成交心理障碍，顺利达成交易。

推销人员正确的成交态度主要包括以下几个方面。

（1）**正确对待成败**　推销人员在经历了几次失败的推销之后，其担心成交失败的心理障碍就越为严重，在推销中易产生急躁情绪，表露出急于求成的心情，这反而会引起客户的疑心，直

接影响着客户购买的决策，从而导致了心态上的恶性循环。世上没有常胜将军，胜败乃兵家之常事。商战与兵战一样，即使是最优秀的推销人员，也不可能使每次推销面谈都能达到最后成交的目的。要清楚地认识到这一点，推销人员就能鼓起勇气，不怕挫折、不惧失败，坦然地面对不同的推销结果。正是这种坦然、平静的心态，可使推销人员取得心理上的优势。

（2）**自信** 有的推销人员有着不同程度的职业自卑感，认为推销工作低人一等。这种自卑感对推销工作有着极大的负面影响。只有充分了解自己工作的社会意义和价值，才能为自己的工作感到自豪和骄傲，才会激发出努力工作的巨大热情和力量。因此，推销人员应加强职业修养，增强职业自豪感和自信心，战胜自己，克服职业自卑感。

（3）**主动** 有的推销人员认为客户会自动提出成交要求，或以为客户在面谈结束时会自动购买推销产品。所以，在推销过程中总是被动地慢慢等待。前面已经分析过，绝大多数客户即使有购买意向，也都采取被动态度，需要推销人员首先提出成交要求。推销人员必须充分地认识这一点，否则就会错过成交时机。因此，推销人员只要有机会，就应该大胆主动地提出成交要求，并适当施加成交压力，积极促进交易。

### 3. 留有一定的成交余地

留有一定的成交余地就是要保留一定的退让余地。因为任何交易的达成都必须经历一番讨价还价，很少有一项交易是按卖方的最初报价成交的。客户从对推销产品发生兴趣到做出购买决定，需要经过一定的时间过程。所以若推销人员在成交之前就把所有的优惠条件全盘端给客户，当客户要你再做些让步才同意成交时，你就没有退让的余地了，这样会在成交时处于被动地位。因此，为了最后促成交易，推销人员应该讲究成交策略，遇事多留一手，不到万不得已，不轻易晃出王牌。例如，在成交的关键时候，推销人员可进一步提示推销重点，加强客户的购买决心，如可以说"我们的产品还有5年的免费保修服务呢！"

再说，即使成交不能实现，推销人员也应为客户留下一定的购买余地，希望以后还有成交的机会。因为客户的需求总是在不断变化的，客户今天不接受推销人员的推销，并不意味着客户永远不接受。一次不成功的推销之后推销人员若能留下一张名片和商品目录，并诚恳而礼貌地对客户说："如果今后您需要什么的话，请随时与我联系，我很愿意为您服务。在价格和服务上，还可考虑给您优惠的条件。"这样，推销人员就会经常发现一些回心转意的客户。

### 4. 把握成交时机，随时促成交易

推销人员必须机动灵活，随时能发现成交信号，把握成交时机，随时准备成交。一个完整的推销过程，要经历寻找客户、推销接近、推销面谈、处理异议和签约成交等不同阶段，但并不是说每一次成交都必须严格地、不可缺少地经过每一阶段。这些不同的阶段相互联系、相互影响、相互转化。在推销的任一阶段，随时都可能成交。一旦成交时机成熟，推销人员就应立即促成交易，机不可失，失不再来。有的推销人员善于接近和说服客户，但就是抓不住有利的成交时机，常常是功亏一篑。

**案例赏析 9-11**

有一个推销商务通的推销员，拜访了一家公司的某位副总经理。推销员向客户展示产品，并介绍了商务通的多种用途。比如说，可以把名片都存储进去，不需要再随身携带。解说到这个地方的时候，顾客说："我的名片有好几盒，那得需要多长时间才能输入完？"

一般推销员可能会把顾客的这个提问当作顾客异议，认为顾客嫌产品功能不实用、太麻烦，认为顾客在找借口、好推脱。而这个推销员不这么认为，他认为顾客的提问就是一个购买信号，就采用假设成交法，向顾客试探提出成交要求：

"王总经理，您介不介意把您所有的名片让我带回去，我帮您整理好？"

没料对方答应了。推销员就把名片带回家，连夜输入好了。第二天，他带着已经输完了名片的商务通，以及销售发票，再来拜访这位副总，故而生意成交了。

▲点评：把握成交时机，要求推销人员具备一定的直觉判断力。具备了这种特殊的职业灵感，才能及时有效地做出准确无误的判断。

一般来说，下列3种情况可能出现促成交易好时机：一是重大的推销异议被处理后；二是重要的产品利益被客户接受时；三是客户发出各种购买信号时。

**5. 谨慎对待客户的否定回答**

事实证明，推销的成功率极低，有人估计大约为8%，而第一次推销被客户拒绝的概率则更大。但是一次被拒绝并不意味着推销的失败，推销人员可以通过反复的推销努力，达成最后的成交。推销人中有句老话："推销的成功是从被拒绝开始。"说的就是要谨慎对待客户的否定回答，不能因为客户拒绝就放弃努力。

前面已经分析过，客户拒绝成交实为成交异议，它既是成交的障碍，又是成交的信号。推销人员应认真分析各种客户拒绝成交的原因，运用有关的方法和技术处理促成交易。推销人员不应把客户的一次拒绝看成成交的失败，那会失去许多成交的机会。在推销过程中，推销人员应及时提出成交的要求，对客户施加成交的压力，促使他提出成交异议，谨慎对待，处理客户的否定回答，利用成交异议来促成交易。

总而言之，在成交过程中，推销人员要认真讲究成交的策略，在坚持一定的成交原则的同时，要适时灵活地运用相应的成交技术和成交方法。只有这样才能成功地促成交易，完成推销任务。

## 三、成交的方法

推销人员除了要掌握成交的基本策略，还要掌握具体的成交方法。常用的成交方法主要有以下几种。

**1. 直接请求成交法**

直接请求成交法是在推销人员接到客户的购买信号后，用明确的语言向客户直接提出购买的建议，以求成交的方法。一般来说，推销人员和客户经过深入的洽谈，双方就主要问题已达成一致，这时推销员应向客户主动提出成交的诉求，如"既然已没有什么问题，我看咱们现在就把合同订下来吧。"

下列几种情况下适于使用直接请求成交法。

（1）**已经建立了良好人际关系的老客户** 推销人员了解老客户的需求，而老客户也曾接受过推销的产品。因此，老客户一般不会反感推销人员的直接请求。推销人员可以轻松地对老客户说："您好！近来生意可好！昨天刚有新货运到，您打算要多少？"

（2）**发出购买信号的客户** 若客户对推销的产品有好感，也流露出了购买意向，可一时又拿不定主意，或不愿主动提出成交要求，推销人员就可以用直接请求成交法来促成客户做出采取购买决定。

（3）**需提醒考虑购买问题的客户** 有时候客户对推销产品表示兴趣，但思想上还没有意识到成交的问题。这时，推销人员在回答了客户的提问，或详细介绍完推销产品之后，可以接着说："清楚了吗？您看什么时候给您送货？"或者说："产品的质量我们实行三包。请您填一下订单。"其实，这样的请求并非一定就是要马上成交，而只是集中客户的注意力，让客户意识到该考虑是否购买这个问题了。

这种方法运用的关键是"火候"的把握，推销人员对最后的成交很有把握，客户也感到顺理成章，这时，运用直接请求成交法才是最恰当的时机。

直接请求成交法的优点是：可以充分利用各种成交机会，有效地促成交易；可以节省时间提高推销工作效率。

直接请求成交法的局限性是：可能对客户产生成交压力，破坏成交气氛；可能失去成交控制权，造成被动局面；若推销人员滥用此法，可能引起客户反感，产生成交异议。

**2. 假定成交法**

假定成交法是指推销人员假定客户已经接受推销建议，只需对某一具体问题做出答复，从而要求客户购买的一种成交方法。这种方法回避了是否购买的问题，只就有关具体问题与客户商议。

### 案例赏析9-12

　　一位老客户走进商品批发部，推销员基本可以断定他是来进货的。因此把前边的一系列工作都省略掉了，直接进入成交阶段，手持订货单向客户发出一系列问题。但其中没有一个是"买与不买"的问题。"这次准备开点什么货？""毛毯给您开了30条，您看可以吗？""这里有新进的保暖内衣，要不要给您开1件？""明天发货您看可以吗？"如果客户没有异议，把上述问题填入订货单，生意也就做成了。

　　在下列情况下，推销人员可以假定客户已经接受了推销建议。

　　① 购买频率较高的老客户，成交只是数量和时间问题。

　　② 客户对推销人员的提示流露出比较满意的表情，没有提出明确的购买异议。

　　③ 客户以不同方式发出了成交信号，购买决定已在内心形成。

　　④ 经过推销人员的努力，客户已经对推销物品产生了兴趣和好感。

　　⑤ 客户接受了推销人员的行动提示。

　　▲点评：假定成交法直接回避了是否购买的问题，迅速果断地与客户就具体问题进行商议。

假定成交法的主要优点是：可节约推销时间，提高推销效率；可减轻客户的成交心理压力。使用此法，推销人员是暗示成交，不是明示成交，尽量避免直接施加成交压力，把推销提示转化为购买提示，可适当减轻或消除客户的成交心理压力，以利于成交；还可以把客户的成交意向直接转化为成交行动促成交易。

假定成交法的局限性有以下两个方面。

第一，不利于妥善处理客户异议。使用这一方法，推销人员主观假定客户已经接受推销建议；主观假定客户没有任何异议；主观假定客户已经形成购买决定，可能会使客户觉得推销人员自以为是，从而提出一些无关异议或虚假异议，直接阻碍成交。

第二，容易引起客户的反感。使用这一方法是推销人员把客户的暗示反应看作明示反应，把成交信号看作成交行为，如果根据主观的和片面的判断做出错误的假定，就会引起客户的反感，导致客户拒绝成交，从而使推销人员丧失主动权。

**3. 选择成交法**

选择成交法是指推销人员向客户提供几种可供选择的购买方案，并要求客户立即做出抉择的成交方法。选择成交法是推销人员在假定成交的前提下，提供可供挑选的购买方案。先假定成交，后选择成交，客户无论做出何种选择，导致的结果都是成交，这是假定成交法的应用和发展。

**案例赏析9-13**

　　一个水泥厂的推销员问建材公司的经理："给您送10吨还是20吨？现在就发货还是下个月再发？"

　　推销员："我今天带来两套课程，一套是关于营销的，一套是关于人力资源管理的，这两套课程，您比较喜欢哪一套？"

　　客户："如果对我的工作有帮助的话，应该是这个实战营销吧。"

　　▲点评：选择成交法使客户的思维重点放在了数量、质量、型号等方面的选择上，而不是买与不买的抉择上。推销人员直接假定成交，假定客户一定要购买推销的产品，然后向客户提供产品目录或服务，让客户选择购买目录，达到成交之目的。当然，无论客户要"10吨"还是"20吨"，都是直接达成交易。

　　选择成交法具有许多优点，主要有以下两个方面。

　　第一，可以减轻客户的成交心理压力，创造良好的成交气氛。推销人员把成交选择权交给客户，让客户在一定的成交范围内做出自己的选择，这有利于让客户主动参与成交活动，减轻心理压力，创造良好的成交气氛。

　　第二，有利于推销人员掌握成交主动权，留有一定的成交余地。采用这一方法，推销人员把选择权交给了客户，而将成交权留给了自己，客户在成交范围内做出选择，选来选去，结果都是成交。成交选择权使客户无法拒绝成交方案，这就给推销人员留下了成交余地。

　　选择成交法的局限性有：选择成交的前提是假定成交，推销人员的成交假定本身就是成交压力，适当的成交压力有利于促成成交，而过高的成交压力则是成交的异议，可能浪费推销时间，降低推销效率。若推销人员没抓住时机，没适当地限定客户选择成交的范围，则会使客户滥用成交选择权，浪费了推销时间，错过成交时机。

　　**4. 小点成交法**

　　小点成交法，是根据客户的心理活动规律，利用成交的次要问题来间接促成交易的一种成交技巧。通常，客户在巨大的成交问题面前，往往比较慎重，比较敏感，顾虑重重，难以做出购买决定；而在一般的成交问题面前，则比较果断，容易做出购买决定。小点成交法正是利用了客户这一心理活动规律，避免直接提示重大的成交问题，而是直接提示较小的成交问题。先小点成交后大点成交，先就成交活动的具体条件和具体内容达成协议，再就成交本身达成协议，最后促使成交实现。

**案例赏析9-14**

　　某办公用品推销员到某办公室推销纸张粉碎机。办公室主任在听完产品介绍后摆弄起样机，自言自语道："东西倒很适用，只是办公室这些小青年毛手毛脚，只怕没用两天就坏了。"推销员一听马上接着说："这样好了，明天我把货运来时，顺便把纸张粉碎机的使用方法和注意事项给大家讲讲。这是我的名片，如果使用中出现故障，请随时与我联系，我们负责修理。主任，如果没有其他问题，我们就这么定了？"

　　▲点评：这位推销员没有直接提示购买决策本身的问题，而是提示纸张粉碎机的使用和修理问题，避开了重大的成交问题，使办公室主任轻松地接受了成交。

　　小点成交法的优点是：可创造良好的成交气氛，减轻客户的成交心理压力。推销人员直接提示客户成交内容和成交条件，直接提示非敏感问题，可将客户注意力集中到小点问题，减轻客户的心理压力，有利于推销人员主动做出成交尝试，保留一定的成交余地，始终保持成交主动权；有利于推销人员合理利用各种成交信号，有效地促成交易。

小点成交法的局限性是：不正确的提示成交小点，会分散客户的成交注意力；小点成交法使用不当，可能浪费时间，拖长成交过程；有时可能引起客户误会，产生成交纠纷。如果推销人员回避了客户提出的一些重要问题而在次要问题上与客户达成协议，客户也许认为推销人员在重要问题上已经默认了，从而造成误会，酿成纠纷。

**资料阅读 9-6**

### 美国推销专家格哈特"成交七准则"

以明确的语言请求成交；

用一种顾客难以生硬拒绝的方式来请求成交；

在你提出成交请求之后，应停下来等待顾客答复，在此之前不要讲一句话；

如果顾客不购买，照样继续推销；

使顾客相信，购买是一项明智的决策；

直到顾客不想再购买任何东西之前，你不要停止推销；

对与你成交的顾客要反复致谢，顾客应受到3种方式的感谢：销售之后立即用语言表达，24小时之内打电话、写信表示感谢，在以后的交往中经常表示感谢。

#### 5. 从众成交法

从众成交法，是指推销人员利用客户的从众心理，促使客户立刻购买推销产品的方法。客户在购买产品时不仅会考虑自身的需要，还会顾及社会规范，服从社会的某种压力，并以大多数人的行为作为自己行为的参照。从众成交法正是利用了人们的这种心理，营造一种众人争相购买的气氛，促成客户迅速做出购买决策。例如："这是今年最流行的款式，您穿上一定漂亮，我们昨天刚进了10套，今天已经卖出了3套。"

又如："今年保暖内衣销得最好，各大商家都在上货，你可别错过这个机会。"

再如，推销饮水器的推销人员这样对他的推销对象说："×经理，这种冷热饮水器目前在一些大城市非常流行，特别适合于大公司的办公室使用。既方便、实用，又能增添办公室的豪华气派和现代感。与贵公司齐名的×××公司、×××公司等，办公室里都换上了这种饮水器。"

从众成交法的主要优点是可以增强推销人员的成交说服力。客户之间的相互影响和相互说服力，有时会比推销人员更具说服力，更有利于推销人员促成大量成交。有利于推销人员给客户一种压力与紧迫感，促使客户尽快下决心购买。

从众成交法的局限性是不利于推销人员正确地传递推销信息。因推销人员把客户的注意力吸引到有多少人购买产品上了，不利于推销信息的传递，不利于及时反馈有关购买信息；若遇到了个性较强，喜欢表现的客户，会起到相反的作用。

#### 6. 机会成交法

机会成交法也叫无选择成交法、唯一成交法、现在成交法、最后机会成交法。这种成交法是通过缩小客户选择的时空来达成交易的。

机不可失，时不再来。再想不通的客户也会适时地把握机会，获取最大的利益。机会成交法可以用经济学中的供求理论来解释。当推销员提出某个产品供给不多了，如果客户有购买意向，就应该抓住时机赶快购买。

机会成交法的优点表现为：从理性方面讲，通过机会提示，提高了客户不成交的机会成本，从而促使客户做出购买决定；从感性方面讲，当客户面临机会时，会产生紧张心理，造成成交的紧迫感，从而促使客户尽快达成交易。

机会成交法的局限性表现为：类似于最后通牒，在限制客户的同时，也限制了推销人员回旋的余地。如果由于某种原因，推销人员违背了最后机会的承诺，客户就会产生被愚弄和被欺骗的感觉，会使推销失去信誉。

**资料阅读 9-7**

### 成交的绊脚石

你不相信你自己；

你不相信自己的商品，最容易被顾客识破的就是推销员都不相信自己的产品，缺乏说服力在顾客眼里看得最清楚；

没有制订要达成的目标，推销员缺乏制订长期和短期目标的能力；

没有为完成推销任务而做充分的准备；

不知道如何面对顾客的拒绝，顾客不是拒绝你，只是拒绝你提出的建议；

缺乏产品知识；

没能了解顾客的需求，没有对顾客提出问题或聆听顾客的能力，以致无法发觉顾客真正的需求；

没办法解决顾客提出的异议；

缺乏服务精神，满脑子都是钱，为了佣金而推销，不是为了解决顾客问题而推销；

不能信守承诺，自己说过的话却做不到，无论是对公司或对顾客，这都是一场永远无法弥补的损失；

不能理解好运是靠勤奋工作换来的，那些运气好的推销员，是因为他们多年勤奋工作；

不能坚持到底，不肯坚持到完成推销所需的第 $n$ 次接触。

除了上述介绍常用的几种成交方法以外，还有许多其他的成交方法，如信息成交法、试用成交法、保证成交法等。在推销实践中，推销人员应根据具体情况灵活应用各种成交方法。

## 四、成交后跟踪

成交与签约并不意味着推销活动的结束。其实，圆满的结束不仅是推销员与客户签订购货合同，更重要的是，要以完美的姿态为下次推销铺平道路。那样一来，推销员将始终保持推销的主动权，不断享受接踵而来的一系列成功带来的喜悦。成交后推销人员必须及时履行成交协议中规定的各项义务，及时处理各种问题，回收货款及收集客户的反馈意见等。这一阶段，推销人员仍需与客户保持紧密的联系，这就是成交后跟踪。

### (一) 成交后跟踪的意义

成交后跟踪是指推销人员在成交后继续与客户交往，并完成与成交相关的一系列工作，以便更好地实现推销目标的行为过程。推销目标是在满足客户需求的基础上实现自身的利益，而客户利益与推销人员的利益是相辅相成的两个方面。而这两个方面的利益在成交签约后并没有真正实现，客户还需要有完整的售后服务，推销人员肩负有回收货款及发展与客户的关系等方面的任务。因此，成交后跟踪仍是一项重要的推销工作。

成交后跟踪是现代推销理论的深入与发展。这一工作环节包括成交双方在成交后所发生的一

切联系及活动。成交后跟踪的意义体现在以下4个方面。❶

（1）**体现了以满足客户需要为中心的现代推销观念**　成交后跟踪使客户在购买商品后还能继续得到推销人员在使用、保养、维修等方面的服务，以及购买后如果质量、价格等方面出现问题能得到妥善的解决。这两个方面使客户需求得到真正意义上的实现，使客户在交易中获得真实的利益。所以说，成交后跟踪是在现代推销观念指导下的一种行为。

（2）**有利于企业经营目标和推销人员利益得到最终实现**　在成交阶段，推销人员与客户签订了成交协议，只是表明客户接受了推销人员的推销建议，但推销工作还没有结束。获取利润是企业的经营目标，它只有在收回货款后才能得到实现，推销人员应得的报酬也包括在其中。

（3）**是一种有效的竞争手段**　随着科学技术的进步，同类产品在其本身的品质和性能上的差异越来越小。人们对商品价格也不单只追求廉价。竞争的焦点转移到随着推销品的出售能够提供给消费者的附加利益上。这种附加利益主要指各种形式的售后服务。附加利益的多少，已成为消费者选择商品时考虑的一个重要方面。而各种形式的售后服务，是在成交后跟踪过程中完成的。

（4）**有利于获取市场信息**　推销人员的重要职责之一，就是要进行市场调研，以此来获取客户对产品数量、质量、规格、价格、服务等方面的信息。成交后的跟踪过程正是推销人员获取客户信息反馈的好时机。

实际上，成交后跟踪已成为现代推销活动不可分割的一个环节。它既是对上一次推销活动的完善，又是对下一次推销活动的引导、启发和争取。所以，成交后跟踪的意义已被越来越多的企业和人们所认识和重视。

### （二）成交后跟踪的内容

成交后跟踪主要包括结束访问后的告别工作、回收货款、售后服务及与客户建立良好的关系等。

**1. 结束访问后的告别工作**

对很多推销人员而言，无论交易是否达成，紧接着的告别往往显得非常尴尬。假如能够得体地告辞，也可为日后的交易打下基础，即使交易没达成，得体的告辞也能起到积极作用，从而增加日后推销成功的概率。因此，无论成交与否，都应该保持从容不迫，彬彬有礼。优秀的推销员往往在与客户告辞时，都要进一步修整和巩固一下双方的关系。

（1）**成交后的告别**　在达成交易时，推销人员感受到两种情感。首先，他们通常感到成功和胜利的兴奋，但随之而来的是第二种情感——对客户可能改变他的购买主意而取消订单的恐惧。两种情感都需要被恰当地控制，推销人员方可实现有利于未来推销的告辞和离开。在这期间，推销人员的语言和态度可以有助于减少客户购买后的焦虑感。购后焦虑感，又称认知不协调，是由购买方的一种怀疑购买产品的决策可能不正确的心理矛盾感。

在推销人员用亲切、自然的举止感谢客户的购买，妥善处理任何关于送货和支付问题，并保证任何问题都能得到回答及确保订货能及时送到时，这种认知不协调可以最大限度地降低。推销人员在此期间可能犯的最大错误是，应该告辞时却一味滞留和不停地宣讲，殊不知此时他们应该做的是尽可能快和自然地离开。

（2）**未成交后的告别**　对推销员来讲，成交与否，态度都应始终如一，这一点并不容易做到。在推销失败后，依然要对客户露出微笑并表示友好，确实需要高超的技艺。但这样做是为了长远利益，是为了下一次交易，因为新的生意可能就由此而产生。合格的推销员必须具备承受失败的勇气和耐心，并吸取教训，进行下一次尝试。当生意未成而告终时，应避免蔑视对方、恼羞成怒、自暴自弃的态度。

在不可能成交的情况下，最好的办法就是体面地撤退，让下次洽谈的大门继续敞开着。聪明

---

❶ 资料来源：吴金法. 现代推销理论与实务. 大连：东北财经大学出版社，2002.

的推销员应当学会一方面注意与客户建立友好的关系，并密切注视这位客户还具有哪些潜力；另一方面，要想方设法通过请教等方式，了解成交失败的原因，吸取失败的教训。

### 2. 回收货款

售出货物与回收货款，是商品交易的两个方面，缺一不可。实际上，销售的本质就是将商品转化为货币，在这种转化中补偿销售成本，实现经营利润。收不回货款的推销是失败的推销，会使经营者蒙受损失。所以，在售出货物后及时收回货款，就成为推销人员的一项重要工作任务。

在现代推销活动中，赊销预付作为一种商业信用，它的存在是正常现象。关键在于如何才能及时、全额地收回货款。应该从下列几个方面加以注意。

（1）**信用调查**　在销售产品之前，推销人员必须精通信用调查技术，掌握客户的信用情况，以保证能确实地收回货款。这既是筛选客户的技术，也是保证交易完善的安全措施。

（2）**保持适当的收款态度**　收款态度的强弱与货款回收的情况是成正比的。收款态度较弱，就无法确实地收回货款；但收款态度过强，容易形成高压气氛，会影响双方今后的合作。所以，保持适度的收款态度是非常重要的。

（3）**正确掌握并灵活运用收款技术**　常用的收款技术有：按约定的时间上门收款，推销人员自己拖延上门收款的时间，会给对方再次拖欠以借口；注意收款的时机，了解客户的资金状况，在客户账面有款时上门收款；争取客户的理解和同情，让客户知道马上收回这笔货款对你的重要性；收款时要携带事先开好的发票，以免错失收款机会，因为客户通常都凭发票付款。

如果确实无法按约收款时，则必须将下次收款的日期和金额，在客户面前清楚地做书面记录，让客户明确认识到这件事情的严肃性和重要性。

如果按约收到货款，也不能掉以轻心。收到的若是现金，需仔细清点；收到的若是支票，更要看清楚各项内容，不能有误；否则，依然不能及时收到款项。

### 3. 售后服务

售后服务是指企业及其推销人员在推销品到达客户手里后继续向客户提供的各项服务工作。售后服务是企业参与市场竞争的利器，是一种有效的促销手段。对推销人员而言，良好的售后服务，不仅可以巩固已争取到的客户，促使他们继续购买，还可以通过这些客户的宣传，争取到更多的新客户，开拓新的产品销售市场。售后服务的主要形式有以下5种。

（1）**送货服务**　对购买较为笨重、体积庞大的产品，或一次购买较多，自行携带不便或其他有特殊困难（如残疾人）的客户，均有提供送货服务的必要。

送货的形式包括自营送货和代营送货。自营送货由销售公司使用自己的人力和设备进行该项服务，代营送货则由销售公司委托有固定关系的运输单位进行代理服务。送货对一个企业来说并不是十分难的事情，但它却大大方便了客户，解决了实际困难，为争取"回头客"打下良好基础。

（2）**安装服务**　客户购买的产品，有些在使用前需在使用地点进行安装，如空调、组合设备及某些系统线路用户的设备等。对这些产品，由企业或推销员安排有关人员上门服务，提供免费或收费安装，既可当场试用，保证出售产品的质量，也解决了客户的安装能力问题。

（3）**包装服务**　在产品出售后，根据客户需求为其提供各种包装服务，如针对具体情况对推销品实行普通包装、礼品包装、组合包装等。这样的服务既为客户提供了方便，同时也是一种重要的广告宣传方法。

（4）**"三包"服务**　是指对售出产品实行包修、包换和包退的做法。推销员既要对企业负责，又要对广大消费者负责，保证产品使用价值的实现。作为企业，也应根据不同产品的不同特征和性能，制订具体的产品售后"三包"的办法，满足客户购买产品后的要求。

包修是指对客户购买本企业的产品在保修期内实行免费维修，超过保修期限则收取一定维修费用的服务项目。包换是指客户购买后发现产品不适合自己，或者产品存在某种缺陷，可以在一个短暂期限（如3天至1个星期）内调换同种类产品。若存在调换品与原购品的价格差异，则补交或退回其差价。包退是指客户对购买的产品感到不满意，或者质量有问题，而又不接受调换处理时，允许其退货。

（5）**处理客户意见，做好善后处理工作**　推销人员与客户达成的交易不可能令客户百分之百满意，成交后客户常常会对推销产品产生抱怨，对推销人员及企业进行批评，甚至会出现索赔的情况。推销人员保持与客户的联系，便于妥善合理地处理这些问题，从而提高推销人员及其企业的信誉。

### 4.与客户建立良好的关系

推销成交后，推销人员是否重视与客户的联系，直接关系到推销活动能否持续发展。推销人员应积极主动、经常地深入客户之中，加强彼此之间的联系。联系的方法多种多样，一是可以通过信函、电话、走访和面谈等形式加强与客户的联系，既可以加深感情，又可以询问客户对企业产品的使用情况，以及用后的感受，是否满意是否符合自己预期的要求，有什么意见和建议，并及时将收集到的信息反馈给企业的设计和生产部门，以便改进产品和服务。二是可以通过售后服务、上门维修的方式，加强与客户的联系。三是推销人员可以利用本企业的一些重大喜庆事项，邀请客户参加或寄送资料来加深与客户的联系。如新产品开发成功，新厂房落成典礼，新的生产流水线投产，产品获奖等，都是很好的机会。

## 情景训练9-6

### 训练要点

在了解商品成交的基本方法及技巧上拓展、丰富相关理论知识；充分运用相关理论从事推销活动。

### 情景问题

假定某一商场内，有一顾客打算购买某产品，顾客说："我再考虑考虑……"你是如何应对的？

### 自我检测

当顾客购买产品犹豫不决时，我有没有换位思考？有没有用到上述的成交方法呢？

### 心得体会

通过换位思考总结成交的方法，各组组长对组员的讨论进行总结。

# 第七节　客户关系维护

## 导入案例9-7

一位客户在客户推销员的帮助下买了一所大房子。房子虽说不错，可毕竟是价格不菲，所以总有一种买贵了的感觉。几个星期之后，房产推销员打来电话说要登门拜访，这位客户不禁有些奇怪，因为不知他来有什么目的。星期天上午，推销员来了。一进屋就祝贺这位客户选择了一所好房子。在聊天中，推销员讲了好多当地的小典故。又带客户围着房子转了一圈，把其他房子指给他看，说明他的房子为何与众不同。还告诉他，附近几个住户都是有身份的人，一番话，让这位客户疑虑顿消，得意满怀，觉得很值。那天，推销员表现出的热情甚至超过卖房子的时候，他的热情造访让客户大受感染，这位客户确信自己买对了房子，很开心。

一周后，这位客户的朋友来这里玩，对旁边的一幢房子产生了兴趣。自然，他介绍了那位房产推销员给朋友认识。结果，这位推销员又顺利地完成了一笔生意。

▲点评：成功的推销员往往把留住老客户作为企业与自己发展的头等大事来抓。留住老客户在很多时候比增加新客户甚至比市场占有率更加重要。

客户是企业最重要的资源之一，也是企业利润的源泉，也是推销人员生存的根本。所谓客户关系管理，就是通过对客户行为长期地施加影响，强化公司与客户之间的合作关系，从客户利益和公司利润两方面实现客户关系价值的最大化。客户关系维护得好，老客户忠诚于企业，他就会为企业作出贡献，带来源源不断的收入；处理得不好，就会对企业造成损失。客户关系管理的目的就是要培养能够给企业带来价值的好客户。

## 一、客户关系管理理念[1]

要做好客户关系维护工作，推销人员就必须树立正确的客户关系管理理念。

### 1. 正确认识企业与客户的关系

长期以来，在企业与客户的关系方面，一直是以企业为主导、以产品为中心的，企业决定生产和销售何种产品，并以此出发向客户进行推销，以达成企业的经营目标。在人类社会从产品导向时代转变为客户导向时代的今天，客户的选择决定着一个企业的命运。

因此，客户已成为当今企业最重要的资源之一。新型的企业与客户的关系应当是以客户为中心，通过满足客户需求提高客户满意度来吸引和留住客户，形成与客户的互动关系，建立和保持企业的竞争优势。

### 2. 与客户建立"学习型关系"

现代营销理念越来越强调企业的个性化服务，强调与每一个客户建立"学习型关系"，尤其是那些"金牌客户"。什么是"学习型关系"呢？就是每当与客户打一次交道，企业就多一分见识。客户提出需求，企业就需要改进产品或服务，这样周而复始的过程自然就提高了企业的产品或服务让客户满意的能力。最终，哪怕竞争对手也这样与客户打交道，也愿意对产品或服务做出调整，客户也不会轻易转移了。因为客户除非再给竞争对手上一遍同样的"课"（而你已经从客户那里学到这些"内容"，并进行了改进），否则他不会从竞争者那里得到满意的产品或服务。企业建立"学习型关系"的主要举措就是实施"一对一营销"策略，即商家愿意并且能够根据客户的特殊需求来相应调整自己的经营行为。这些特殊需求可能是客户主动提供的，也可能是企业主动从各种各样的渠道搜集到的。"一对一营销"的成功依赖于两点：企业同客户建立了广泛而持续的联系，并且这种联系被完整地记录下来；企业有能力储存、分析和处理有关客户的数据。如果应用得当的话，"一对一营销"将有助于拓展并巩固客户群体，帮助企业发现并留住客户。

### 3. 关注完整的客户生命周期

客户与企业之间的关系要经历一个由远及近、由浅入深的发展过程。一个完整的客户生命周期包括考察期、形成期、稳定期和退化期4个阶段。从完整的客户生命周期来看，客户终身的贡献度包括现有的贡献及潜在的贡献。在工业品销售中，稳定一个老客户所需成本只是找到一个新客户平均成本的1/8～1/5。而且客户处在不同的生命周期阶段，客户关系管理的重点和策略也不同。所以在进行客户管理时，要关注完整的客户生命周期。这是一项长期的、深入细致的工作，需要对客户的相关历史资料有完整的记录与管理，并能有效地挖掘与利用。

### 4. 重新认识客户价值

客户价值的衡量公式为客户价值＝当前销售＋终身潜在销售预期＋需求贡献＋信用等级＋利润贡献。传统的营销模式中，客户价值等于销售额，而在今天，客户的价值不仅包括销售额，也包括其对需求的贡献，那些常常对企业提出比别人更多要求的客户也许与出手豪爽的客户一样富有价值。因为他们的要求及易变的态度为企业研究客户需求和行为提供了更多的数据。随着时代的

---

[1] 资料来源：吴金法. 现代推销理论与实务. 大连：东北财经大学出版社. 2002.

发展，客户的需求及其价值观也在不断变化。通过对个别客户的喜好进行深入的研究最后综合相似客户的喜好，建立一个源于客户的全新需求组合，以此进行产品或服务的改进，并开展营销服务，是提高客户满意度的重要前提。另一方面，不同的客户在潜在购买力、信用等级、利润贡献等方面是不一样的。据统计，20%的客户贡献了80%的利润，因此企业必须对客户进行动态的价值分析与管理。

### 5. 建立以客户为中心的工作协同

以"客户为中心"的目标，面临着与企业现有的组织机构和业务流程之间的矛盾。企业与客户之间的关系，是由企业所属的各个部门和人员，通过不同的事件与方式，在不同的时间、地点与客户的不同部门、人员之间的接触来形成、发展与维护的一个涉及全员的非常具体而又复杂的关系。

但是，每一个具体的部门或客户都有自己特定的工作任务和目标，很难从全局出发并全程关怀客户，这是客观存在的。为此，企业的CRM（Customer Relationship Management）系统必须能够为相关的部门和人员提供客户信息的实时共享，以保障部门间的工作衔接，建立跨部门、跨业务的以客户事件为线索的跟踪管理，确保为客户提供及时、有效的服务。

## 二、巩固老客户的方法

### 1. 保持与顾客的定期联系

推销员必须定期拜访顾客，并清楚地认识到：得到顾客重复购买的最好办法是与顾客保持接触。

在市场不景气的时候，企业与顾客良好的关系可以将企业的经营推向高潮；在市场低迷的时候，企业与顾客牢固的关系可以使企业安然渡过难关。如在IBM公司，销售人员与客户的关系非常密切，销售员经常走访老客户；公司也经常邀请客户到公司里来。再如，美国一个生产医疗器械的公司要求其推销人员，每周3次用电话与前两个月内购买了本公司产品的顾客进行联系，问他们是否对产品感到满意。

在今天，私人场合写信的情形已经不多了。但在商业领域，传统的信件仍是一种比较好的联系方式。人们对电话干扰、垃圾邮件比较厌烦，而对传统的信件有一种亲切感。当然，发电子邮件也是一种较好的联系方式，此种方式快捷、成本低廉。不管哪种方式，推销人员要力争做到"三勤原则"：口勤——勤打电话，手勤——勤写信，腿勤——勤登门拜访。

推销员应当多长时间拜访一次客户，没有固定模式，可根据问题的重要性、顾客的特征、产品的特性等具体来确定。推销员或企业将客户购买量的大小作为衡量客户重要性的标准，以此进行客户分类。某企业运用这种方法将客户分为ABC三类，针对每类客户，制订相应的措施。

对A类客户：为每一个用户建立一份用户档案，详细收集用户的经济技术信息，包括用户产品产量、产值、利润、品种变动、新产品发展方向、对该厂产品的评价意见和要求等。对他们的需求优先满足，保证供应，送货上门，做到按月交货不延期，什么时候要就什么时候送。指定专门的推销人员对口联系，定期走访，及时了解用户新产品的研制方向，根据用户要求进行新产品研制和开发。推销人员应邀请公司领导每半年带领自己登门拜访，亲自听取用户的意见和要求，聘请用户单位的质量和供应部门，作为己方公司的特邀信息反馈员，建立起对公司产品的质量和服务信息反馈网络，以使公司能及时发现问题，解决问题。定期召开各种类型的座谈会、洽谈会。总之，要使A类用户对公司的产品从理智到感情都有充分的认识，对公司的产品无论是质量、数量、供货期还是服务工作都有绝对的信任感和安全感。

对B类客户：分别建立用户卡片，主要收集用户对公司产品的要求变化以及新产品发展方向的信息。严格执行供货合同，做到按质按量及时供货。销售人员每年要走访用户一次，每半年发一次征询意见、了解需求的信函。

对C类客户：严格执行供货合同，尽量满足他们的要求。当企业确实无法满足他们的要求时，耐心向用户说明情况，帮助他们联系其他供货渠道，尽力使这类用户满意。

除上述介绍的联系方法之外，其实贺年卡也是推销员与顾客联系的一种好方法。

**2. 正确处理顾客的抱怨**

好多企业把订货热线安排得简单、好记，而把顾客投诉电话弄得复杂，很难记，或者外线转内线，或者打不通，或者好不容易打通了却还没人接。这种做法无疑是将顾客推向竞争对手。

推销人员要正确处理顾客的抱怨，提高顾客的满意度，努力增加顾客认牌购买倾向，还可以赢得顾客的忠诚。专家研究表明：当顾客从一家企业获得良好服务，并满意企业所提供的产品，顾客对企业的拥护度为60%；然而，在购买产品后出现问题的情况下，如果企业能礼貌而有效地处理问题，顾客对企业的拥护度可提高至90%。

**资料阅读9-8**

一位销售专家提出了处理顾客抱怨的10个步骤。

告诉他们，你很了解他们的感受；

听完整个经过，确定客户把所有事情都说出来了，不要插嘴，你可以提出问题，把事情弄得更清楚，同时找出可以令他们满意的做法；

尽可能赞同他们的说法（绝对不要争辩或生气）；

将顾客的抱怨记录下来；

不要推卸责任说"这不是我的工作""他现在不在这儿""这种事有别人会负责"，这些答复顾客是绝对不会接受的；

立刻解决，事情出了错，就应该有人立即去处理；

达成一个解决的方案，如果可能的话，给客户一个选择的机会，告诉他们你打算怎么做，然后就去做；

事情解决之后，用电话做后续追踪；

可以的话，给顾客写一封信。用亲切、积极的态度解决问题，不仅令人尊敬三分，同时建立好声誉，并为建立长期关系奠定了扎实的基础。告诉客户，如果他们能简单写一两句话，说明这次事情的解决经过，你会非常感激他；

自问："我学到了些什么？我有什么办法可以防止这种情形再度发生？我需要做什么改变？"

**3. 向顾客提供服务**

推销人员是否以应有的态度服务他人？如果推销人员没有时间也没有兴趣，自有别人会去做。服务顾客，推销人员才能再一次将产品卖给顾客。客户服务，是以一百分客户满意度为目标。为顾客提供售后服务，推销员不仅要向顾客描述产品利益，更重要的是在产品售出之后，使顾客真正地享受产品利益。推销员促成每一笔生意的时候，就是售后服务开始的时候。第一次成交，在于产品的魅力；第二次成交，在于服务的魅力。向顾客提供服务，除了产品售后服务外，还可以是顾客需要的其他各种服务。推销员为顾客做一些有益的事情，就是最好的服务。推销员可以不断向顾客提供一些介绍技术最新发展方向的资料，可以向顾客介绍公司计划进行的新的促销手法，可以告诉顾客从哪条渠道买到新产品，可以邀请顾客参加一些体育活动等。

**三、日常客户管理**

**1. 客户管理的原则**

（1）**动态管理** 客户的情况是随着市场环境而不断变化的，如果客户档案在建立以后对它置之不理，就会失去它存在的意义。因此，客户的资料要随时加以调整，及时补充新的资料，剔除无效的资料，对客户的变化进行跟踪，使客户管理保持动态性。

（2）**突出重点**　按照80/20法则，企业80%的销售业绩是由20%的重点客户贡献的。有关不同类型的客户资料很多，要通过对这些资料的分析，从中找出重点客户。可以按交易数量和对企业的重要性，将客户分为关键客户（交易量大、交易时间长等客户）和一般客户。

重点客户不仅要包括现有的客户，而且还应包括未来或潜在的客户，从而为企业选择新客户、开拓新市场提供充分的资料准备，为企业进一步发展创造良好的机会。

（3）**专人负责**　由于客户资料一般都是企业的商业机密，不宜流出企业，只能供内部使用，所以客户管理应确定具体的规定和办法，有专人负责管理，并对客户资料的利用权限进行设置，严格管理客户情报资料的利用和借阅。

**2. 客户档案的建立**

客户档案是用来反映客户基本情况的基础性文件，建立客户档案就是将客户的有关信息资料用文字的形式记载下来，经整理、分类、编目、造册，进行集中存放和管理，以备企业在需要时进行查询和调阅。客户档案的内容是丰富多彩的，归纳起来主要有以下几个方面。

（1）**基础资料**　基础资料也就是客户的基本原始资料，主要包括个人客户的姓名、性格、爱好、兴趣、家庭、学历、年龄、能力、地址、联系电话、E-mail等，企业客户的所有者、法人代表、经营管理者、企业创业时间、资产与负债情况、企业组织形式、业务范围、生产经营规模等方面的信息。这些资料是客户管理的起点和基础，它们主要是通过推销人员进行客户访问收集到的。

（2）**客户特征**　客户特征主要包括客户的服务区域、销售能力、发展潜力、经营观念、经营方向、经营政策、企业规模、经营特点等。

（3）**业务状况**　业务状况主要包括销售实际业绩、经营管理者和业务人员的素质、与本企业竞争者的关系、与本企业的业务关系及合作态度等。

（4）**交易现状**　交易现状主要包括客户的销售活动现状、与本企业交易的时间、存在的问题、保持的优势、未来的对策、企业形象、商誉、信用状况、交易条件及出现的信用问题等方面。

上述4个方面是客户档案的主要内容，建立客户档案基本上应围绕其进行。为了管理和使用上的方便，可将这些信息资料设计成统一的表式，按内容的不同分类进行管理，这样无论是填写还是查阅都会十分方便。

现代电子计算机技术的高速发展和CRM的广泛应用，使得企业可以方便地把上千万消费者的资料储存在数据库中。利用计算机，每个客户的资料都可以编为计算机语言储存在数据库内并且通过编写多种计算机程序，按需要取出所需的资料。采用这种方法，除了可以准确地细分市场需求外，还能准确地进行客户资格鉴定，有效地提高客户管理效率。

**3. 客户管理的主要内容**

对一个推销员来说，一个完整的客户管理一般包括客户信息资料的收集、客户信息分析、信息交流与反馈管理、服务管理和时间管理等几个方面的内容。

（1）**客户信息资料的收集**　该项工作主要是收集、整理和分析谁是企业的客户、客户的基本类型及需求特征和购买行为，并在此基础上分析客户差异对企业利润的影响等问题。

收集、整理和分析客户信息可以帮助推销人员分辨谁是一般客户、合适客户和关键客户，与合适客户和关键客户建立深入关系，根据客户信息制订客户服务方案，满足客户个性化需求，提高客户价值。

需要说明的是，在收集、整理和分析客户信息时，客户的原始资料是非常重要的，它构成客户信息基本内容，是企业客户关系管理的基础。因此，企业应该做好客户信息的收集，搞好客户原始记录。客户原始记录就是有关客户的档案资料。

收集客户信息的方法有自己收集、向咨询机构购买及信息交换等。在互联网时代，利用网络收集也是一种重要的方法。

（2）**客户信息分析**　客户信息分析不能仅仅停留在对客户信息的数据分析上，更重要的是对客户的态度、能力、信用、社会关系的评价。

对客户信息的分析应当是客户信息管理的核心部分，但这方面工作很多推销人员做得远远不够，大量信息要么没有被充分利用，要么没有通过客观分析得以应用。

对客户信息进行分析时寻找共同点是必要的，它可以帮助企业找准发展方向。但进行差异化分析却是关键，因为差异化分析能够帮助推销人员准确地把握合适客户和关键客户，他们才是客户管理的主体对象。

对客户进行差异化分析的主要内容如下。

① 哪些客户是企业的关键客户和一般客户？

② 哪些客户在什么期间导致了企业成本的增加？

③ 企业本年度最想和哪些企业建立商业关系？

④ 上年度有哪些合适或关键客户对企业的产品或服务多次提出了抱怨？

⑤ 去年最大的客户今年是否也订了不少的产品？

⑥ 是否有些客户从你的企业只订购一两种产品，却从其他地方订购很多种产品？

（3）**信息交流与反馈管理**　信息交流这里指的是一种双向的信息交流，其主要功能是实现双方的互相联系、互相影响。从实质上说，客户管理过程就是与客户交流信息的过程。实现有效的信息交流是建立和保持与客户良好关系的途径。客户反馈对衡量企业承诺目标实现的程度、及时发现客户服务中的问题等方面具有重要作用。投诉是客户反馈的主要途径，如何正确处理客户的意见和投诉，对消除客户不满、维护客户利益、获得客户信任都是十分重要的。

（4）**服务管理**　服务管理的主要内容包括：服务项目的快速录入，服务项目的安排、调度和重新分配，搜索和跟踪与某一业务相关的事件，生成事件报告，服务协议和合同，订单管理和跟踪，问题及其解决方法。

（5）**时间管理**　时间管理的主要内容有按照日历设计约会、安排活动计划，进行事件安排；填写备忘录进行团队事件安排；查看团队中其他人的安排，以免发生冲突；把事件的安排通知相关的人；查看任务表；记事本预告或提示；翻阅电子邮件、传真；进行配送安排等。

### 章节回顾

本章节着重介绍了推销过程的基本步骤，推销程序可以分为：推销对象的选择，客户调查、约见、接近、面谈，客户异议处理、成交阶段。这个过程分为：前期，包括推销对象的选择、客户调查；中期，包括约见、接近、面谈；后期，包括客户异议处理、成交及售后客户关系维护。只有掌握推销的基本过程，我们才能更有效地实施推销策略，完成推销活动。

### 关键词汇

准客户；地毯式访问法；链式引荐法；中心开花法；客户资格鉴定；二八法则；推销接近；产品接近法；利益接近法；直接提示法；间接提示法；客户异议；但是法；询问法；成交信号；直接请求成交法；假定成交法；选择成交法；小点成交法；成交后跟踪；售后服务；"学习型关系"；"一对一营销"；80/20法则；客户档案

### 知识训练

**一、复习思考题**

1. 寻找准客户的必要性和意义是什么？

2. 寻找准客户的方法有哪些？各有何特点和适用范围？

3. 寻找准客户的各种方法中，你认为哪些方法比较适合你个人的特点？你还能提出一些新方法吗？

4. 客户资格鉴定包括哪些内容？为什么接近客户之前要进行客户资格鉴定？

5. 约见客户前要做好哪些方面的准备工作？

6. 约见客户有哪些具体的方法？各有什么利弊？

7. 推销面谈的提示法和演示法各包括哪些具体内容？

8. 举例说明间接提示法和消极提示法的应用。

9. 什么是客户异议？你是如何看待客户异议的？

10. 客户异议都有哪些类型？它产生的原因有哪些？

11. 如何处理客户异议？

12. 什么是成交？成交的基本策略有哪些？

13. 成交的方法有哪些？各种方法有何特点？实际应用中应注意哪些问题？

14. 什么是成交后跟踪？包括哪些方面的内容？这一环节的工作有什么意义？

15. 售后服务有哪些内容？你是如何认识售后服务的？

16. 商品推销出去后，还有必要再与客户建立和保持良好的关系吗？你是如何看这个问题的？

17. 你是如何认识企业与客户的关系的？

18. 如何认识客户价值？

19. 客户档案包括哪些内容？

20. 简述客户关系维护的内容。

## 二、案例分析题

[案例1]

### 小刘如何寻找他的潜在客户

小刘是某大学管理学院的三年级学生，刚刚接受了一份阳光岛度假村俱乐部的暑期工作。小刘第一次参加销售会议，女经理谭某在阐述她对销售人员的希望。

谭某：我知道当你们被聘时就已经知道需要做什么。但是，我还想再次就有关事情做进一步说明。现在你们的第一项工作是销售阳光岛会员卡。每一张会员卡价值为2000元人民币。如果你们有什么问题，直接提问。

小刘：每一笔买卖我们可以提取多少佣金？

谭某：每销售一张会员卡，你可以拿到其会员卡价值的10%，也就是200元。会员卡赋予会员很多权利，包括每年可以到阳光岛度假村免费入住2天，届时可以享受度假村的桑拿浴与健身房，可以获得两份免费早餐。若会员平时到度假村度假的话，住宿、餐饮、娱乐、健身等都可以享受50%的优惠折扣。而且，你还可以从会员的所有费用中提取5%报酬。

小刘：那么，我可以获得双份的报酬了。

谭某：不错。你销售得越多，提取的佣金就越高。

小刘：我到哪里去寻找阳光岛度假村的会员呢？

谭某：你完全可以自己决定如何做。但是，寻找潜在客户是你成功的关键。根据以往的经验发现，每10个你找到的潜在客户中，你将会与其中的3个客户面谈，最后与一个客户成交。可以从你的亲朋好友开始。

问题：

1. 小刘应集中于哪一个目标市场？

2. 小刘应该怎样寻找潜在客户？

3. 小刘应如何制订访问计划呢？

[案例2]

### 两次推销接近的比较

请对下面两个销售员在推销活动中的表现及结果进行评价。

### 销售员甲的谈话

销售员：刘经理，你好！我今天向你推荐我们的一个新产品。

刘经理：你好。请坐。

销售员：我向你推销一种新产品，并提供一个样品。

刘经理：那么怎么卖呢？

销售员：400元一斤。

刘经理：太贵了，北方市场不好卖。

销售员：质量好啊。

刘经理：你先把样品放在这儿，这几天较忙，过几天再联系吧。

销售员：谢谢，再见。

刘经理：再见。

### 销售员乙的谈话

销售员：刘经理，你好。

刘经理：你好。

销售员：我是××饮料有限公司的业务代表×××，这是我的名片（双手呈上）。今天我想向你介绍一种我们公司的新产品。

刘经理：让我先看一下名片。××饮料有限责任公司，请坐。

销售员：谢谢。这是我们的新产品，你看一下。

刘经理：好好。

销售员：这是我们公司的简介。

刘经理：挺漂亮的。

销售员：我们公司成立于1994年，现在年产量达到了30万吨，最近我们从国外引进了一套新的生产线，开发出了新的产品。

刘经理：从哪个国家引进的？

销售员：从德国引进的。并且我们请了多名专家研究开发，才推出这一新产品。上市以后，市场相当不错。北京市场我们还没有开始做。今天找你来就是想跟你商量一下，怎样把北京市场做起来，看你有没有这个意思？

刘经理：嗯，看起来你们的产品还不错。我听了你的介绍后，对你的产品也很有兴趣，能不能介绍一下，你们作为供应商，对批发商都有哪些服务？

销售员：我们的服务是多方面的，比如广告、促销、设计。如果我们通力合作，一定会收到很好的效果。

刘经理：那你先把样品和公司介绍材料留下来，我过一两天跟其他几位采购经理一起研究一下。好吧！

销售员：好吧！

刘经理：研究以后，我们再给你一个明确的答复。

销售员：那你什么时候能给我们一个消息呢？

刘经理：今天是周二，嗯……我下周一给你一个答复吧！

销售员：好的，那么下周一我再到你的办公室等你的消息。

刘经理：好的。

销售员：谢谢你，再见。

刘经理：再见。

[案例3]

### 空调推销员与客户的一次交谈

空调公司的推销员正在拜访一位家庭主妇。

推销：您好！我是×××空调公司的业务员。您一定还记得曾在我们公司的一次新产品展示会上填过一张客户调查表。如果我没弄错的话，您有意向在今年5月购置空调。"

家庭主妇："哦，是的。当时的确是这样打算的。但我现在又在犹豫是否有这个必要。"

推销员："夏天眼看就要到了，您一定还记得去年夏天的炎热。如果装上空调，就不一样了。您想，当先生和孩子从外面回来挥汗如雨，若能享受一片清凉，那该多惬意啊！"

家庭主妇：……

试分析：以上案例中推销人员采用了什么样的推销洽谈方法？其优点何在？

[案例4]

### 化妆品的推销面谈

一位化妆品推销员在向一名中年妇女推销。

推销员取出一瓶润肤膏："这种润肤膏可防止皮肤干裂。您有兴趣吗？"

准客户拿过润肤膏，审视着包装说明。

推销员："如果希望随着年龄的增长皮肤仍然柔嫩的话，您就要使用润肤膏了。这种牌子的润肤膏效果很好。您打开盖子看看。"

准客户拧开润肤膏瓶盖。

推销员："您看，膏体润滑，气味幽香，最适合像您这种身份的女士了。影星×××就长期使用它，她40多岁的人了还像个青春少女。"她掏出一些照片，"这里还有许多使用过这种润肤膏的女士们的照片。看看，她们个个都光彩照人。"

准客户一边看着照片，一边在思量。

推销员："我看，您用这种润肤膏最合适不过了。"

准客户："好吧，我先买点试试。"

推销员把润肤膏递给对方，收款："以后有需要可随时来找我。"

问题：推销员在推销面谈中使用了哪些方法？效果如何？

[案例5]

下面是销售经理查克与求职者汤姆之间的对话。

查克：早上好，汤姆，在我的办公室里请随便点。你要咖啡吗？

汤姆：太好了。

查克：给你咖啡（查克递过一杯咖啡）。从你的申请表上看，你过去踢过足球？

汤姆：是的，我踢后卫。

查克：噢，好，我过去也是踢后卫的。事实上，当我将要从中学毕业时，我获得了为州足球队效力的资格。我大部分时间都在踢球。约翰尼·罗兰是前锋，记得他吧？

汤姆：记得。他能回传漂亮的空心球。他该得全美冠军。

查克：你当然认为他该得全美冠军，只有他才配获得这一殊荣。

汤姆：绝对如此。

查克：噢，我想我们应该开始面试了。我应该同你谈谈你的工作问题，而不是讨论足球。

汤姆：我想是的。（笑）

查克：你现在工作吗？

汤姆：是的。在约翰逊的食品店。他是食品销售代理，我为他推销食品。

查克：那你已经有销售经历了。

汤姆：是的。我还推销过无线电。

查克：太好了。你什么时候能来上班？

汤姆：我下个月就要离开。

查克：然后怎样？

汤姆：我要结婚了，并且……

查克：并且你需要钱，对不对？我记起了我结婚的时候，我肯定只用了很少的钱。

汤姆：我懂你的意思。

查克：噢，我跟你说。关于工作，我会向你解释的，只要你努力工作，我认为我们的潜力是无限的。就这些。

汤姆：我会的。

查克：很好。可是，你要知道，你将在一天里进行6～8次的销售拜访，而其中的一些可能是遭受冷落的。你有办法对付这些吗？

汤姆：我想我能对付的。

查克：很好。你还必须出差，有时候，一周可能有几个晚上要出门。对此，你感觉如何？

汤姆：我不介意出差。而且，我知道我的未婚妻玛莎也不会介意。

查克：太好了。我跟你说，我马上要召开一次销售会议，需要看一些文件。我回头再跟你联系，告诉你有关工作的事。你是我们需要的那种人。

汤姆：非常感谢。盼望收到你的来信。

问题：查克在会见汤姆时犯了哪些错误？

### 三、自测题
#### 对客户异议的自我测试

以下购买产品的异议属于哪一种？列出你对每一个异议的回答。

1. 对汽车：现在买不起，等降价后再说吧。
2. 对复印机：我需要和办公室人员商量一下。
3. 对人寿保险：我感到相当健康。
4. 对吸尘器：这个产品比你们竞争对手的要贵。
5. 对除草机：产品资料先放这儿，我过几天再考虑。
6. 对个人计算机：我们通常购买××公司的。
7. 对手机：我现用的手机很好，没必要换。
8. 对房屋：当我能自己卖出时，为什么我要付房产代理人佣金？
9. 对推销员：算了，连你也不明白，我不买了。
10. 对推销员：给我10%的折扣，我今天就给你下订单。
11. 对鞋：这种鞋设计太古板，颜色也不好看。
12. 对牙膏：嗯，听起来不错，但我店里现在有7个品牌的牙膏了，没地方放你的牙膏了。

# 附　录

## 测试试卷A

班级：_____　　姓名：_____　　学号：_____

### 一、单项选择题（每小题1分，共10分）

1. 谈判主体是指（　　）。
   A. 谈判对手　　　　B. 谈判存在的问题　　　C. 参与谈判的当事人　　D. 谈判的目标

2. 商务谈判是企业经营活动与市场竞争的重要手段，参与谈判的人员并非是完全竞争者与敌对者，而是合作者，这体现商务谈判的（　　）原则。
   A. 实事求是　　　　B. 互惠互利　　　　　　C. 利益至上　　　　　　D. 合作性

3. 本国政府及各种经济组织之间与外国政府及各种经济组织之间所进行的商务谈判，这类型的谈判叫（　　）。
   A. 国内商务谈判　　B. 国际商务谈判　　　　C. 大型谈判　　　　　　D. 现代式谈判

4. 在谈判中，监督谈判程序，掌握谈判进程，决定谈判过程中的重要事项，协调班子成员意见，汇报谈判工作，这是谈判人员中的（　　）在履行职责。
   A. 专业人员　　　　B. 经济人员　　　　　　C. 首席代表　　　　　　D. 法律人员

5. 商务谈判追求的主要目的是（　　）。
   A. 让对方接受自己的观点　　　　　　　B. 让对方接受自己的行为
   C. 平等的谈判结果　　　　　　　　　　D. 互惠的经济利益

6. 坦诚式开局策略适用于（　　）。
   A. 高调开局气氛　　　　　　　　　　　B. 低调开局气氛
   C. 自然气氛　　　　　　　　　　　　　D. 高调气氛、低调气氛和自然气氛

7. 谈判中，一方首先报价之后，另一方要求报价方改善报价的行为被称作（　　）。
   A. 要价　　　　　　B. 还价　　　　　　　　C. 讨价　　　　　　　　D. 议价

8. 商务谈判沟通中，无声语言（　　）。
   A. 可以传播任何信息
   B. 无法传播信息
   C. 传播信息是有限的，但可以补充、扩大传播的信息
   D. 传播信息是有限的，且不能补充、扩大传播的信息

9. 下列不属于马斯洛需要层次理论的是（　　）。
   A. 生理需要　　　　B. 思想需要　　　　　　C. 社会需要　　　　　　D. 安全需要

10. 有一类谈判对手心理表现为：希望自己做主，不让对方看透自己，根据自己的意志和感觉来决定，考虑很多，容易裹足不前。该类型的谈判对手属于（　　）。
    A. 自以为是的对手　　　　　　　　　　B. 倔强的对手
    C. 情绪不稳的对手　　　　　　　　　　D. 犹豫不决的对手

## 二、多项选择题（每小题3分，共15分）

1. 商务谈判的特点有（　　　）。

A. 广泛性和不确定性　　　　　　　　　B. 排他性和合作性

C. 多变性与随机性　　　　　　　　　　D. 公平性与不平等性

E. 公开性与选择性

2. 商务谈判的意义为（　　　）。

A. 传递信息，沟通情报　　　　　　　　B. 保障推销

C. 降低价格　　　　　　　　　　　　　D. 克服传统的定价方式

3. 国内商务谈判中，常见现象有（　　　）。

A. 谈判双方不习惯用通用语言　　　　　B. 一般不明确规定违约责任

C. 谈判人员准备不充分，不细致　　　　D. 认为交易靠双方关系、面子甚至交情

4. 按照谈判内容划分，把商务谈判分为（　　　）。

A. 商品贸易谈判　　　　　　　　　　　B. 国际产品贸易谈判

C. 技术贸易谈判　　　　　　　　　　　D. 非商品贸易谈判

5. 推销的准则是（　　　）。

A. 满足顾客　　　　　　　　　　　　　B. 互利互惠

C. 着重推销产品使用价值　　　　　　　D. 建立人际关系

E. 尊重为本、诚信为上

## 三、名词解释（每小题5分，共15分）

1. 商务谈判

2. 马斯洛的需要层次理论

3. 商务谈判的广泛性

## 四、简述题（每小题10分，共20分）

1. 作为一名商务谈判人员，需要注意哪些服饰礼仪？

2. 结合个人生活实际分析怎样提高商务谈判语言技巧？

## 五、案例分析（每小题20分，共40分）

[案例1] 1994年，山东某编织厂欲从日本购买一条生产线。在谈判桌上，日方报价240万美元，我方厂长立即答复："根据我所掌握情况，贵国另一家公司所提供的产品跟你们一样，开价只是你们的一半，建议你们重新报价。"一夜之间，日方列出详细报价，第2天总报价180万美元。在随后9天的持续谈判中，日方在130万美元上不再妥协。我方厂长有意同另一家西方公司进行洽谈，日方得知后，总价立即降至120万美元，我方厂长仍不签字，日方大为震怒，我方厂长拍案而起："先生，中国不再是几十年前任人摆布的中国了，你们的价格你们的态度是我们不能接受的。"说罢把提包甩在桌上，里面同西方公司的照片撒在地上，日本代表大吃一惊，忙解释说："先生，我的权限仅到此为止，请允许我同老板请示后再商量。"第2天，日方报价110万美元。我方厂长在拍板成交的同时，提出安装所需要一切费用由日方承担，又迫使日方作出了让步。

问题：1. 我方厂长在谈判中运用了怎样的技巧？

2. 我方取得胜利的原因是什么？

3. 分析日方选择成交的心理？

[案例2] 某公司推销组赴日本某公司谈判，到会议室时，门口站着几位日本公司代表，由于推销组长是第一次到公司，不认识对方人员，于是就按站立人员离门的远近依次挨个与对方人员握手，小组成员就这么进了会议室。

问题：1. 该组人员这么进会议室有问题吗？如果有问题出在哪里？

2. 日方人员的做法有问题吗？如果有请指出，并说明日方应该怎样做能使双方的沟通更方便？

# 测试试卷B

班级：_____　姓名：_____　学号：_____

## 一、单项选择题（每小题1分，共10分）

1.（　　）性格谈判对手对成功期望高、关系要求高、权力要求低。

    A. 进取型　　　　　B. 关系型　　　　　C. 权力型　　　　　D. 保守型

2. 礼仪的基本功能是用来规范各行的（　　）。

    A. 制度　　　　　B. 规章　　　　　C. 行为　　　　　D. 习惯

3. 顾客购买的意志过程可以分为购买决策和（　　）两个过程。

    A. 执行购买　　　　　B. 执行　　　　　C. 购买　　　　　D. 决策

4.（　　）是推销成功的障碍。

    A. 约见方式　　　　　B. 谈判技巧　　　　　C. 人员组织　　　　　D. 顾客异议

5.（　　）是整个推销过程中最关键的阶段。

    A. 洽谈　　　　　B. 安排　　　　　C. 成交　　　　　D. 议程

6. 推销洽谈是一个循序渐进的过程，一般包括下面哪5个步骤？（　　）

    A. 准备　开局　磋商　报价　成交　　　　B. 准备　开局　报价　磋商　成交

    C. 准备　报价　开局　磋商　成交　　　　D. 准备　磋商　报价　开局　成交

7. 谈判过程中发现对方刻意营造低调气氛，若不扭转会损害本方的切实利益，可以用下列哪种开局策略？（　　）

    A. 协调式开局策略　　　　　　　　　　B. 保留式开局策略

    C. 坦诚式开局策略　　　　　　　　　　D. 进攻式开局策略

8. 下列哪个选项不是商务谈判的特点？（　　）

    A. 谈判对象的广泛性　　　　　　　　　B. 谈判环境的复杂性

    C. 谈判的目的性　　　　　　　　　　　D. 谈判条件的原则性和不可伸缩性

9. 需要理论是由（　　）提出的。

    A. 罗杰·费希尔　　　　　　　　　　　B. 查勒德·尼尔伦伯格

    C. 马什　　　　　　　　　　　　　　D. 马斯洛

10. 商务谈判中，摸清对方需要，掌握对方心理的手段是（　　）。

    A. 问　　　　　B. 听　　　　　C. 看　　　　　D. 说

## 二、多项选择题（每小题2分，共14分）

1. 商务谈判的基本要素有（　　）。

    A. 谈判当事人　　B. 谈判议题　　　　C. 谈判目的　　　　D. 谈判地点

2. 当商务谈判陷入僵局时，以下哪种技巧有助于改变气氛？（　　）

    A. 改变谈判话题　　B. 改变谈判环境　　C. 改变谈判日期　　D. 更换谈判人员

3. 国际经济贸易活动中解决争端的普遍的、基本的方式是（　　）。

    A. 第三方协调　　B. 仲裁　　　　　C. 诉讼　　　　　D. 贸易报复

4. 选择自己所在单位作为谈判地点的优势有（　　）。

    A. 便于侦查对方　　　　　　　　　　B. 容易寻找借口

    C. 易向上级请示汇报　　　　　　　　D. 方便查找资料与信息

5. 进行报价解释时必须遵循的原则是（　　）。

    A. 不问不答　　　B. 有问必答　　　　C. 避实就虚　　　　D. 能言不书

## 三、名词解释（每小题4分，共12分）

1. 协商式开局策略

2. 互利互惠原则

3. 谈判僵局

## 四、简述题（每小题6分，共18分）

1. 怎样营造良好谈判气氛？

2. 怎样提高商务谈判的语言技巧？

3. 分析谈判僵局产生的原因。

## 五、案例分析（每小题15分，共30分）

[**案例1**] 根据一份资料记载，20世纪60年代，考虑到我国所处国际环境，大庆油田——我国战略工业建设项目——从规模、技术范围、产量甚至地名都是严格保密的，但1966年某画报刊登了一幅照片，其中一张是铁人王进喜站在一铁栏旁边。日本情报人员根据王进喜的服饰推测出是齐齐哈尔附近，又根据那段铁栏杆推测出反应塔的扶栏，其炼油能力在360万吨左右。因此立即着手准备向我国出卖石油设备的谈判，掌握了谈判的主动。

问题：1. 日本人如何揭开大庆油田秘密的？

2. 日本为什么获得谈判主动权？

3. 本案例给你什么调查启示？

[**案例2**]

2017年3月，在春城昆明召开的全国招商酒会上，某公司的林总看到了久闻大名的某集团的刘董事长。晚餐会上，林总主动上前做自我介绍，并单手递给了对方一张名片，刘董事长接过名片，随意地用眼睛看了一下，放在了桌子上，然后继续用餐。

问题：1. 运用所学礼仪知识，分析回答他们的做法是否正确，为什么？

2. 请说出递名片和接名片的礼仪。

## 六、案例实操（每小题20分，共20分）

某电脑公司销售经理张晓通过渠道得知有一家银行准备更新所有的电脑设备，这可是一笔大业务，张晓和银行方面接触后，对方也愿意和张晓合作，于是双方就约好时间在下周三进行初次的商务洽谈，张晓非常希望能做成这笔业务，经过信息的收集，筛选和整理，明确了信息的主次和对方的需求，确定了最重要的信息就是虽然对方非常急需更新设备，但同时有多家电脑公司都在和这家银行联系。张晓通过分析，认为采用后报价方式可以有效了解对方的价格预期，A行根据自己所要求的电脑配置，给出了3600元/台的价格，张晓还价为4100元/台，实际张晓则希望能够在3800元/台的价格上进行成交，因此，双方争执不下。

问题：1. 如何解决目前所形成的对抗关系？

2. 有哪些对抗策略和让步策略可供张晓来选择，从而为企业争取最大的利益？

# 参考文献

[1] 龚荒.商务谈判与推销技巧.4版.北京：北京交通大学出版社，2023.

[2] 冯华亚.推销技巧与实战.北京：清华大学出版社，2012.

[3] 李光明.现代推销实务.北京：清华大学出版社，2011.

[4] 杨群祥.商务谈判与推销.大连：东北财经大学出版社，2005.

[5] 王国梁.推销与谈判技巧.2版.北京：机械工业出版社，2009.

[6] 吴金法.现代推销理论与实务.大连：东北财经大学出版社，2002.

[7] 潘肖珏，谢承志.商务谈判与沟通技巧.上海：复旦大学出版社，2019.

[8] 孙庆和.实用商务谈判大全.北京：企业管理出版社，2005.

[9] 周琼，吴再芳.商务谈判与推销技术.北京：机械工业出版社，2017.

[10] 陈企华.最成功的推销实例.北京：中国纺织出版社，2003.

[11] 李红梅.现代推销实务.6版.北京：电子工业出版社，2022.

[12] 方明亮.商务谈判与礼仪.2版.北京：科学出版社，2011.

[13] 冯华亚.商务谈判.3版.北京：清华大学出版社，2015.

[14] 徐文，谷泓.现代商务谈判.北京：中国人民大学出版社，2012.

[15] 李炎炎.国际商务沟通与谈判.北京：中国铁道出版社，2012.

[16] 李嘉珊.国际商务礼仪.3版.北京：电子工业出版社，2018.

[17] 杨震.模拟商务谈判.北京：经济管理出版社，2010.

[18] 黄琳.商务礼仪.3版.北京：机械工业出版社，2018.

[19] 李品媛.现代商务谈判.4版.大连：东北财经大学出版社，2020.

[20] 李爽.商务谈判.4版.北京：清华大学出版社，2021.

[21] 周延波.商务谈判.2版.北京：科学出版社，2010.

[22] 李伟.商务谈判.北京：科学出版社，2006.

[23] 易开刚.现代推销学.4版.上海：上海财经大学出版社，2017.

[24] 吴健安.现代推销理论与技巧.5版.北京：高等教育出版社，2024.

[25] 刘志超.现代推销学.3版.广州：广东高等教育出版社，2016.